『랭귀지 오브 코칭』에 대한 칭찬

"『랭귀지 오브 코칭』에서 닉 윙켈만은 그 누구도 하지 못했던 일을 해냈습니다. 그는 운동 학습에 대한 교과서 수준의 내용과 모든 분야의 모든 수준의 코치들이 즉시 활용할 수 있는 실용적인 전략을 결합하였습니다. 코치들은 그 경력 전체를 통틀어 윙켈만이 알려주는 역량 중 몇 가지를 우연히 습득하는 데도 시간이 걸리며, 그마저도 충분히 습득하지 못할 것입니다. 닉의 작업은 코치들이 선수와 고객을 위해 효과적인 커뮤니케이션을 하고, 최종적으로 뛰어난 결과를 얻을 수 있도록 빠르게 안내해 줄 것이라 확신합니다. 20년 전에 이 책이 있었으면 얼마나 좋았을까!"

- 에릭 크레시, CSCS
Cressey Sports Performance의 사장 겸 공동 설립자
뉴욕 양키스 선수 건강 및 퍼포먼스 디렉터

"닉은 우리 분야에서 가장 영리한 젊은 인재 중 한 명입니다. 『랭귀지 오브 코칭』은 코치에서 강사로, 그리고 이제는 작가로서 뛰어난 발전을 거듭하고 있는 닉의 행보를 이어가고 있습니다."

- 마이클 보일
Mike Boyle Strength and Conditioning 오너

"닉 윙켈만은 제가 '코치의 코치'라고 부르고 싶은 사람입니다. 닉을 알고 지낸 10년 동안 그는 코칭 기술뿐만 아니라 근력 및 컨디셔닝 분야에서 업계 최고의 권위자 중 한 명임을 스스로 입증했습니다. 닉은 공감할 수 있는 방식으로 정보를 전달하는 능력을 갖추고 있어 따뜻하고 친근한 언어로 정보를 전달합니다. 그는 제가 업계에서 조언을 구하고 싶은 몇 안 되는 사람 중 한 명이며, 앞으로도 계속해서 닉을 리소스로 활용할 수 있게 되어 기쁩니다. 수십 명의 코치와 운동선수에게 『랭귀지 오브 코칭』을 선물할 예정입니다."

- 돈 살라디노
유명 트레이너
건강 및 퍼포먼스 전문가, Drive Health Clubs 설립자 겸 소유주

"스포츠 코치, 근력 및 컨디셔닝 전문가, 물리 치료사 등 누구든 운동선수 또는 고객과 효과적으로 소통할 수 있어야 합니다. 닉 윙켈만은 『랭귀지 오브 코칭』을 통해 효과적인 코칭의 과학을 한 단계 끌어올리고, 커뮤니케이션뿐만 아니라 궁극적인 목표인 고객의 결과를 개선하기 위한 효과적인 실제 전략을 제공합니다. 『랭귀지 오브 코칭』은 걸작입니다. 얼마 지나지 않아 코칭에 대한 최고의 가이드가 될 것입니다. 이미 제 모든 코치들이 필독서로 삼고 있습니다."

- 앨윈 코스그로브
피트니스 코치, Results Fitness 소유주

"닉 윙켈만의 열정, 지혜, 지식은 운동 학습의 과학을 이해 가능하고 적용 가능한 프레임 워크로 전환하는 데 큰 도움이 되었습니다. 그의 저서인 『랭귀지 오브 코칭』은 운동선수 및 고객과 함께 결과를 이끌어내는 데 귀중한 도구가 될 것입니다."

- 알렉스 짐머만
Equinox의 Tier X Program 수석 디렉터

"닉 윙켈만은 제가 콤바인에서 우위를 점하고 훈련을 최대한 활용할 수 있도록 도와주었습니다. 그의 저서인 『랭귀지 오브 코칭』은 다른 운동선수들에게도 도움이 될 것입니다."

- 돈타리 포
Carolina Panthers의 수비 태클 선수

"『랭귀지 오브 코칭』은 획기적이고 세심하게 연구된 책으로, 코치가 결과를 위해 연결할 수 있는 실용적이고 사용자 친화적인 방법을 제공합니다. 이 책은 모든 코치의 책꽂이에 꼭 있어야 합니다."

- 마틴 루니
수백 명의 NFL, UFC, NBA, WNBA, MLB, 올림픽 선수 코치를 위한 Training for Warriors 설립자
『Coach to Coach』의 저자

"닉 윙켈만은 제 사고방식을 개선하고 최고 수준의 성과를 낼 수 있는 새로운 방법을 소개해 주었습니다. 『랭귀지 오브 코칭』을 통해 여러분도 똑같이 할 수 있을 것입니다."

- 프린스 아무카마라
Chicago Bears 코너백

"닉은 논리적이고 증거에 기반한 접근 방식을 사용하여 본질적으로 코치와 선수 간의 소통 장벽을 없애줍니다. 고객의 신체적 능력을 향상시키는 데 설명의 중요성을 인식하고 있다면 『랭귀지 오브 코칭』을 읽어보세요."

- 안드레오 스피나, BKin, DC, FRCCSS(C)
스포츠 전문 카이로프랙터
움직임 및 가동성 코치
Functional Anatomy Seminars CEO

"『랭귀지 오브 코칭』은 높은 수준의 선수들과 함께한 윙켈만의 방대한 개인적 경험을 바탕으로, 우리가 가졌던 가정들의 결함을 해결하고 말하는 내용과 방식의 작은 변화가 어떻게 더 많은 결과를 가져올 수 있는지 밝히고 있습니다. 이 책은 분명히 코칭에 대한 중요한 서적이 될 것이며, 그 영향을 오래도록 지속될 것 입니다."

- 더그 레모프
『Teach Like a Champion, Teach Like a Champion 2.0, and Practice Perfect』의 저자

"『랭귀지 오브 코칭』에서 닉은 코칭 세계에 중요한 공헌을 했습니다. 이 책은 과학적인 내용을 포괄하고 있으며 실무자들이 반드시 읽어야 할 필독서입니다."

- 스튜어트 맥밀란
ALTIS Sprint Coach의 CEO

"나는 한 워크숍에서 닉에게 집중적으로 배울 수 있는 영광스러운 시간을 가졌습니다. 이 세션은 올림픽 코치들을 위한 워크숍과 프레젠테이션이었습니다. 그의 큐잉에 대한 지침은 증거에 기반하고 매우 실용적이며 즉시 적용 가능하다고 솔직하게 말할 수 있습니다. 닉의 지식, 매너, 커뮤니케이션 스킬은 선수들의 경기력 향상에 있어 타의 추종을 불허하는 수준입니다. 그의 작업과 프로세스는 다양한 스포츠 종목에 걸쳐 적극 추천하며, 그의 방법은 당신을 더 나은 코치로 만들어줄 것입니다!"

- 바비 맥기
올림픽 코치(애틀랜타, 런던, 리우 올림픽 메달 보유)
팀 리더 및 High-Performance Support 스태프

"시각장애인 선수들의 코치로서 저는 끊임없이 더 나은 방법을 찾고 있습니다. 시각적 참조 없이 움직임을 설명할 수 있는 더 나은 방법을 끊임없이 찾고 있습니다. 닉과 함께 일한 후, 저는 팀을 가장 잘 가르칠 수 있는 완벽한 언어적 큐잉 기술을 갖추게 되었습니다!"

- 제이크 체코스키
미국 여자 Goalball 국가 대표팀 수석 코치

"닉의 큐잉 지도는 제가 지금까지 적용한 것들 중 가장 효과적인 코칭 기술을 제공했습니다. 우리 코칭스태프에게 복잡한 상황을 방지하는 방법을 가르쳐 주었고 선수들이 진정으로 중요한 것에 집중할 수 있게 해주었습니다."

- 마이크 콘
미국 봅슬레이 대표팀 수석 코치

"닉의 콘텐츠는 국가 대표팀 코치 과정에서 중요한 요소입니다. 그리고 더 나은 퍼포먼스를 이끌어내기 위해 선수들과 소통하는 데 있어 독특하고 실용적인 통찰력을 제공합니다. 그의 실용적인 접근 방식과 방법은 전략적이고 논리적인 방식으로 코치와 선수의 이해를 높이는 데 도움이 됩니다. 코치 과정의 일부로 그의 교육을 받은 코치들은 즉시 상당한 성과를 거두었습니다. 닉의 콘텐츠는 다양한 수준과 스포츠에 적용될 수 있는 귀중한 도구입니다."

- 크리스틴 볼거
미국 올림픽 및 패럴림픽 위원회 코칭 교육부서

"(USOC 국가대표팀 코치 세미나에서) 닉에게 배운 매우 실용적인 전술은 페어 피겨 스케이팅 선수들에게 즉시 도움이 되었습니다. 큐잉에 대한 이해도가 향상되고 목적에 맞는 비유를 사용함으로써 특히 트리플 트위스트와 같은 기술을 더 빨리 습득할 수 있었습니다."

- 바비 마틴
미국 피겨 스케이팅 코치

"닉은 전 세계의 매우 뛰어난 코치들이 공통적으로 가지고 있는 초능력을 발휘했습니다. 훌륭한 코칭은 정확하고 목적이 분명한 커뮤니케이션과 직접적인 관련이 있습니다. 커뮤니케이션을 정리하는 것은 보상적 움직임 패턴을 교정하는 것만큼이나 중요합니다. 닉은 끊임없는 연구를 통해 수천 번의 코칭 세션에서만 얻을 수 있는 실용적인 지식을 보유하고 있습니다. 『랭귀지 오브 코칭』은 여러분과 우리 분야를 더 나은 곳으로 만들 것입니다."

- 마크 버스테겐
EXOS의 설립자 겸 대표

"자신의 업무에 대해 아는 것은 코치가 해야 할 일의 일부일 뿐입니다. 더 중요한 부분은 그 지식을 전달하는 것입니다. 이를 위해서는 무엇을 말하고 어떻게 말해야 하는지 숙달하는 고급 말하기 기술뿐만 아니라 경청과 이해가 필요합니다. 경청은 이해의 문이며, 이해는 동기 부여는 물론 효과적인 관계로 가는 길이기 때문에 의식적인 경청도 필요합니다. 퍼포먼스 성과 코칭에서 가장 중요하지만 오랫동안 간과되어 온 커뮤니케이션에 초점을 맞춘 닉의 책은 오랫동안 사랑을 받을 것입니다."

- 줄리안 트레저
『How to Be Heard』의 저자이자 5회 TED 강연자

"재활부터 퍼포먼스까지 '움직임의 게임'에 오래 종사할수록 정보, 경험, 성찰에 동등한 가치를 부여할 때 더 큰 가치를 느낍니다. 『랭귀지 오브 코칭』에서 닉은 한 측면을 과대평가하고 다른 측면을 과소평가하지 않도록 우리를 안내합니다."

- 그레이 쿡, MSPT, OCS, CSCS
Functional Movement Systems의 공동창립자
『움직임』의 저자

"이제 우리 모두는 도구 상자에서 가장 강력한 도구인 '언어'를 잘 사용할 수 있게 되었습니다. 닉은 『랭귀지 오브 코칭』에서 선수들의 운동 능력을 극대화할 수 있는 운동 환경을 조성하는 데 있어 의도적이고 효과적인 커뮤니케이션의 중요성을 강조합니다!"

- 애나 하트만, ATC
MovementREV 설립자

"『랭귀지 오브 코칭』에서 닉 윙켈만은 복잡한 주제와 방대한 양의 연구 및 증거를 자신의 전문 지식과 결합하여 매우 실용적이고 이해하기 쉬운 책으로 압축했습니다. 사람들과 함께 일하며 그들을 더 나은 사람으로 만들고자 하는 사람이라면 반드시 읽어야 할 책입니다."

- 브랜든 마르첼로, 박사
하이 퍼포먼스 전략가

"결론: 우리가 하는 말이 중요합니다. 코칭의 과학과 코칭의 예술 사이의 간극을 메우는 것은 바로 우리의 말입니다. 이 책에서 닉은 코치들이 우리 모두가 가지고 있는 가장 중요한 도구인 커뮤니케이션을 통해 프로그램에 생명을 불어넣을 수 있도록 도와줍니다. 이 책은 코치로서 성장하는 데 도움이 될 뿐만 아니라 고객과 더 잘 소통하여 궁극적으로 고객의 성과를 개선하는 데 도움이 될 것입니다."

- 수 팔손, MS, PT, SCS, ATC, CSCS, COMT
Structure & Function Education 대표
『브릿지 더 갭: 재활에서 퍼포먼스까지』 저자

THE LANGUAGE OF COACHING

랭귀지 오브 코칭

움직임을 가르치는 예술과 과학

닉 윙켈만 지음
김도연, 전용주, 차민기 옮김

대성의학사

내 사랑에게: 당신은 나의 전부이자 가장 친한 친구이며 영감의 원천입니다.

그레이시와 매든을 위하여: 좋아하는 것을 찾아서 최선을 다하길 바라.

매디, 록시, 케그에게: 우리에게 있어 너희는 영원히 존재야.

Contents

PART II 코치

PART III 큐

추천사

스포츠의 모든 위대한 순간은 두 번 일어난다.

그 첫 번째는 성취의 순간, 즉 선수가 경기를 마무리하는 골을 넣거나 손가락 끝으로 겨우겨우 공을 막아내거나와 같은 경기 승리에 직결되는 짜릿한 순간이다. 대부분의 사람들은 이와 같은 스포츠 하이라이트를 기억한다.

하지만 몇 초 후 밝은 조명에서 벗어난 또 다른 순간이 있다. 바로 선수들과 코치가 서로 교감하며 축하하는 감격스러운 모습이다. 주먹을 부딪치거나 포옹하거나 서로를 향해 함박웃음을 짓는 순간이 바로 그 순간이다. 아무 말이 필요 없는 순간이다. 우리가 해냈다는 따뜻한 진실만 공유하면 된다.

성취의 첫 순간은 짜릿하다. 이것이 바로 우리가 스포츠를 사랑하는 이유다. 하지만 나는 이 두 번째 순간을 더 좋아한다. 이 순간에는 선수와 코치 사이에서 일어나는 미치도록 짜증나고, 고통스럽고, 감동적인 여정이 모두 담겨 있다. 그리고 이 행복한 순간을 목격할 때마다 한 가지 의문이 생긴다. 어떻게 하면 이런 일이 더 자주 일어나게 할 수 있을까? 다시 말해, 훌륭한 코칭이란 과연 무엇으로 이루어질까?

바로 이 질문이 이 책의 주제이다.

역사적으로나 전통적으로 훌륭한 코칭은 일종의 마법으로 여겨져 왔다. 이러한 마법은 대부분 코치의 예리한 안목, 직관, 사람들을 대하는 방식과 같이 그 코치의 내재적인 부분이라고 여겨졌다. 그래서 우리는 위대한 코치(우든, 롬바르디, 스텡겔, 포포비치)를 마법사라고 생각해 왔다. 이러한 사고방식은 일리가 있지만 몇 가지 문제를 야기하기도 한다.

첫째, 비과학적이다. 우리는 의사, 엔지니어, 건축가 및 기타 모든 전문가의 기술이 증거 기반 연구와 지속적으로 개선되는 방법의 토대 위에 구축되는 세상에 살고 있다. 코칭 문화는 수수께끼 같은 이유로 과학의 영향을 거의 받지 않는 것으로 드러났고, 코치들은 전통, 직관, 경험담이라는 흐릿하고 신뢰할 수 없는 별빛에 의지해 스스로를 인도해야 했다. 때때로 그것은 잘 작동한다. 하지만 깊이 들어가면 불분명하다. 가장 근본적인 질문조차도 불확실성으로 메아리친다. 실무를 설계하는 가장 좋은 방법은 무엇일까? 피드백을 주는 가장 좋은 방법은 무엇일까?

또 한편으로는 모방자의 수를 늘리는 결과를 낳기도 한다. 성공한 코치들이 선수들에게 소리를 지르는 것을 보면 자연스럽게 그것이 가장 좋은 코칭 방법일 것이라고 생각하게 된다. 다른 성공한 코치들이 선수들에게 귓속말을 하는 것을 보면 그 코치가 옳다고 생각하게 된다. 또 다른 코치들이 선수들에게 다정하게 대하는 모습을 보면 그들도 옳다고 생각한다. 하지만 실제로는 어느 쪽이 맞을까?

다행스럽게도 새로운 세대의 연구자들과 코치들이 주도하여 과학과 코칭 기술의 연결고리를 만들고 있다. 그리고 닉 윙켈만은 누구보다도 선두에 서 있는 사람이다.

나는 2017년 9월 애리조나주 굿이어에 있는 Hampton Inn의 회의실에서 윙켈만을 만났다. 윙켈만은 당시 내가 컨설팅을 맡고 있는 클리블랜드 인디언스 팀과 이야기를 나누기 위해 그곳을 방문했었다. 인디언스는 대형 시장의 경쟁팀과 달리 인재를 살 여력이 없고, 인재를 키워야 하기 때문에 코칭 기술을 이해하고 향상시키는 데 집착하고 있다. 그날 회의실은 코치, 야구 운영 담당자, 선수 개발 담당자, 단장, 구단

사장 등 50여 명의 사람들로 가득 찼다. 대부분은 윙켈만에 대해 잘 알지 못했다. 럭비 선수로 활동한 경력이 있고, 운동 학습으로 박사 학위를 받았으며, 주의 집중과 큐잉에 관한 흥미로운 연구를 했다는 것 정도만 알고 있었다. 회의실은 기대와 약간의 의심이 공존했다. 그리고 그는 입을 열었다.

"적응력을 갖춘 선수를 만들려면 우리도 그렇게 할 수 있는 코치가 되어야 합니다"라고 그는 말했다. 그러고는 방법을 보여주었다. 이틀동안 윙켈만은 팀원들을 선수들과 코치들의 현장으로 데려갔다. 그는 가브리엘 울프의 내부 및 외부 단서에 대한 연구부터 시작하여 연습 설계의 기술을 향해 나아가는 등 기초부터 차근차근 가르쳤다. 그는 명확하고 실행 가능한 아이디어로 구성된 강력한 도구 키트를 제공했다. 흥미진진하고 유용하며 마음을 넓혀주는 강의였다. 그 후 저는 윙켈만에게 책을 써야 한다고 말했다. 그는 웃으며 "이미 시작했어요"라고 말했다.

그리고 책이 나왔다. 그의 책에 대한 설명은 그에게 맡기겠지만, 두 가지 간단한 조언을 하자면 (1) 메모를 하고 싶을 테니 연필이나 형광펜으로 책을 읽고, (2) 당신이 감사히 여기는 코치들을 찾아가 이 책을 선물하는 것이다.

스포츠계가 급변하는 지금, 이 책이 출간되는 것은 시의적절하다고 말할 수 있다. 지난 몇 년 동안 데이터 혁명은 선수와 코치 사이의 관계를 근본적으로 재정의했다. 우리는 주말 골퍼와 조깅하는 사람들이 불과 10년 전만 해도 프로 운동선수들은 꿈도 꿀 수 없었던 수준의 퍼포먼스 데이터에 액세스할 수 있는 세상에 살고 있으며, 이러한 새로운 세상은 절실한 질문을 낳고 있다. 선수가 정확한 피드백을 받을 수 있는 세상에서 코치는 어떻게 가치를 제공할 수 있을까? 인공지능의 코칭을 받을 수 있을까? 코칭의 진정한 의미는 무엇일까?

일각에서는 데이터 혁명이 코칭의 종말을 의미한다고 우려하지만, 나는 그와는 정반대 의견을 주장하고 싶다. 코칭의 가치는 점점 더 높아지고 있다. 코칭 모델이 스포츠에서 비즈니스 및 기타 사회 각계각층으로 계속 확장되고 있는 것에서 그 증거를 찾을 수 있다. 가까운 미래에 모든 사람들이 업무, 인간관계, 건강, 영양 및 리더십을 포함한 모든 분야에서 코치의 도움을 구하게 될 것이다. 즉, 이 책에서 윙켈만이 탐구하는 질문은 바로 미래에 우리를 안내할 질문이다. 어떻게 하면 사람들의 능력을 끌어낼 수 있는 방식으로 사람들과 대화할 수 있을까? 장애물을 어떻게 파악하고 극복할 수 있을까? 이러한 질문은 단순히 스포츠에 관한 질문이 아니라 인생에 관한 질문이다. 그리고 이 책을 통한 윙켈만의 가르침은 우리에게 인생에 관한 질문의 통찰을 줄 것이다. 마법은 코치가 누구인가에 있는 것이 아니라 코치가 무엇을 하는가에 있다.

- 다니엘 코일

『탤런트 코드』 저자

역자 서문

『랭귀지 오브 코칭』의 한국어로 번역하게 된 것을 큰 영광으로 생각합니다. 이 책은 단순한 교육 지침서가 아니라, 코칭의 본질을 깊이 탐구하며 효과적인 커뮤니케이션을 통해 운동 수행을 최적화하는 방법을 다루고 있습니다. 닉 윙켈만Nick Winkelman 박사의 탁월한 지식과 풍부한 경험이 녹아 있는 이 책은 운동 코치, 퍼스널 트레이너, 물리치료사, 그리고 관련 종사자들에게 귀중한 자료가 될 것입니다.

움직임을 가르치는 언어는 단순한 단어의 나열이 아니라, 학습자의 몸과 마음을 움직이게 하는 강력한 도구입니다. 최신 연구와 뇌과학의 성과, 저자의 경험이 녹아든 이 책의 핵심 개념과 실제 사례들을 한국의 독자들이 쉽게 이해하고 적용할 수 있도록 많은 주의를 기울였습니다.

이 책을 번역하며 느낀 것은, 성공적인 코칭은 단순히 기술적 지식에 의존하는 것이 아니라, 학습자와의 소통과 신뢰 구축이 중요하다는 점입니다. 이 책이 제시하는 다양한 방법론과 사례들이 독자 여러분의 코칭에 큰 도움이 되기를 바랍니다.

마지막으로, 이 책이 한국의 운동 코치들과 학습자들에게 새로운 시각을 제공하고, 보다 나은 운동 수행과 건강한 삶을 위한 도구가 되기를 진심으로 바랍니다.

감사합니다.

역자 약력

김도연
- 물리치료사
- 대한오스테오파시 의협회 정회원
- 펠든크라이스MBS 프랙티셔너
- KSI(한국소마틱연구회) 정회원
- FMS Lv2
- SMFA Lv2
- IKN Lv2
- 공역: 유어바디유어요가 시리즈

전용주
- 리오피트니스
- Westside barbell PT&AC
- 리빌딩 마일로 공동 역자
- NSCA's Essentials of Sport Science
- 공역: Conjugate tactical 통역

차민기
- epicio co-founder
- KSCPA co-founder
- FMS Korea 공식 강사

감사의 글

이 책을 쓰면서 느낀 모든 감정 중에서 감사는 그 무엇보다도 우선한다.

부모님께: 인생이라는 선물과 그것을 마음껏 살 수 있는 도구를 주셔서 감사합니다. 어머니, 제 어린 시절을 경이로움, 기발함, 상상력으로 가득 채워주셨어요. 어머니가 아니었다면 이 이야기를 이런 식으로 풀어내지 못했을 거예요. 아버지, 한번 시작한 일은 끝까지 완수하고 탁월함을 위해 최선을 다하라고 가르쳐 주셨어요. 쉬운 길을 택할까 고민하거나 이 책을 완성할 수 있을지 의문이 들 때 제 마음속에 울려 퍼진 것은 바로 아버지의 목소리였습니다.

할아버지께: 끝없는 지원에 감사드립니다. 이 여정이 어디서 시작되었는지 아시고 계시고, 지금도 저희와 함께 계신다면 얼마나 자랑스러워하실지 잘 알고 있습니다.

고등학교 시절 근력 및 컨디셔닝 코치였던 Rudy에게: 훌륭한 코치, 그리고 더 중요한 것은 훌륭한 사람이 되는 것이 어떤 의미인지 알려주셔서 감사합니다. 선수를 코치하는 것만큼이나 사람을 코치하는 것도 중요하다는 것을 가르쳐 주셨습니다.

나의 멘토 J.C.에게: 코칭 언어의 가치를 가르쳐 주셔서 감사합니다. 코칭 단서를 정확하게 사용해 주셔서 코칭 대상만큼이나 코칭 방법도 중요하다는 사실에 눈을 뜨게 되었습니다.

나의 멘토 Guido Van Ryssegem에게: 변함없는 믿음과 지원, 도전에 감사드립니다. 제가 코칭 언어에 대한 첫 아이디어를 나누고 언젠가 이 주제에 대한 책을 쓰겠다고 말씀드린 것은 선생님 사무실에서였습니다. 많은 사람들이 제 젊은 시절의 꿈을 비웃었지만 선생님은 그러지 않으셨죠. 대신 일을 시작하라고 하셨죠.

나의 멘토 Mark Verstegen에게: 매일 일어나 자신의 일에 전념하고, 누군가에게 모든 것을 바치고 대가를 바라지 않으며, 다른 사람이 성공할 수 있도록 봉사하는 겸손한 종의 자세가 무엇인지 가르쳐 주셨어요. 저는 겸손한 종으로서 이 책을 썼습니다. 제 희망은 여러분이 저에게 해준 것처럼 다른 사람들에게도 도움이 되기를 바랍니다.

Craig Friedman, Luke Richesson, Darryl Eto, Ken Croner, Joe Gomes, John Stemmerman, Jeff Sassone, Masa Sakihana, Katz Abe, Kevin Elsey, Eric Dannenberg, Ben Dubin, Denis Logan, Percy Knox, Tristan Rice, J.P.. Major, John Barlow, Joel Sanders, Nicole Rodriguez, Brett Bartholomew, Brent Callaway, Victor Hall, Russ Orr, Anthony Hobgood, Scott Hopson, Amanda Carlson-Phillips, Danielle Lafata, Michelle Riccardi, Bob Calvin, Debbie Martell, Sue Falsone, Anna Hartman, Darcy Norman, Omi Iwasaki, Graeme Lauriston, Trent Wilfinger 및 Dan Zieky: 여러분은 동료 그 이상의 친구입니다. 우리가 함께한 시간이 제가 쓴 모든 단어에 지울 수 없이 새겨져 있기 때문에 여러분 각자가 이 책에서 어떤 식으로든 자신을 발견하기를 바랍니다.

과거와 현재의 모든 선수들에게: 여러분의 목표와 열망에 대해 저를 믿어주셔서 감사합니다. 제가 항상 옳았다고 말할 수는 없지만 항상 최선을 다했다고 말할 수 있습니다. 여러분이 없었다면 이 책은 불가능했을 것이며, 여러분 덕분에 많은 선수와 코치들이 혜택을 받을 것입니다.

Chris Poirier, Perform Better 팀, Anthony Renna에게: 코칭 언어와 플랫폼 큐잉에 대한 아이디어

를 주셨습니다. Anthony, 제가 처음 큐잉과 커뮤니케이션에 대한 제 견해를 공유한 것은 The Strength Coach 팟캐스트에서였습니다. Chris, 제가 이 책에서 큐잉 모델을 처음 소개한 것은 Perform Better 무대에서였어요. 여러분이 없었다면 '코칭의 언어'를 정당화하는 데 필요한 인식의 기반이 마련되지 못했을 것입니다.

Gabriele Wulf와 Jared Porter에게: 운동 학습 및 코칭 분야에 기여한 두 분에 대한 감사는 말로 다 표현할 수 없습니다. 이 책의 어느 부분도 두 분의 작업에 영향을 받지 않은 부분이 없습니다. 사고와 움직임의 교차점에 대해 함께 논의했던 시간에 대해 영원히 감사할 것입니다.

주의 집중, 언어, 코칭 분야에 기여한 많은 연구자와 전문가, 즉 Sian Beilock, Anne Benjaminse, Nikolai Bernstein, Suzete Chiviacowsky, Dave Collins, Edward Coughlan, Mihaly Csikszentmihalyi, Anders Ericsson, Damian Farrow, Paul Fitts, Timothy Gallwey, Dedre Gentner, Alli Gokeler에게 감사의 마음을 전합니다. Rob Gray, Nicola Hodges, William James, Marc Jeannerod, Daniel Kahneman, Rebecca Lewthwaite, Keith Lohse, Richard Magill, Cliff Mallett, David Marchant, Richard Masters, Nancy McNevin, Wolfgang Prinz, Friedemann Pulvermüller, Thomas Schack, Richard Schmidt, Charles Shea, Robert Singer, Mark Williams, Daniel Wolpert, Will Wu, Rolf Zwaan: 보이지 않는 것을 보이게 하기 위해 헌신해 주셔서 감사합니다.

Michael Posner: 시간을 내어 주의력에 관한 제 챕터를 검토해 주셔서 감사합니다. 여러분의 통찰력과 피드백은 매우 귀중했습니다.

Daniel Schacter에게: 시간을 내어 기억에 관한 제 챕터를 검토해 주셔서 감사합니다. 여러분의 통찰력과 피드백은 매우 귀중했습니다.

Lisa Feldman Barrett, Benjamin Bergen, Nick Chater, Julian Treasure에게: 시간을 내어 각자의 책과 코칭 언어와의 관계에 대해 논의해 주셔서 감사합니다. 여러분의 미묘한 관점이 이 책의 많은 부분에 영향을 미쳤습니다.

머리말

본론으로 들어가겠다. 이 책의 내용이 무엇인지, 왜 관심을 가져야 하는지 궁금할 것이다. 하지만 이러한 질문에 답하기 전에 두 가지 가정을 먼저 공유해야 한다.

1. 여러분은 움직임을 가르치는 데 관심이 있다. 움직임을 가르친다는 것은 다른 사람들이 더 잘 움직이는 법을 배우도록 도울 수 있는 방법을 알고 싶다는 뜻이다. 더 잘 움직인다는 것은 어린이가 자전거 타는 법을 배우도록 돕는 것처럼 기본적인 것일 수도 있고 프로 골퍼가 스윙을 다듬는 것처럼 복잡한 것일 수도 있다. 궁극적으로 움직임은 움직임이며, 여러분은 이를 더 잘 가르치고 싶다고 가정하고 있다.
2. 코칭 언어에 관심이 있다. 코칭 언어란 사람의 움직임에 영향을 주기 위해 하는 말을 의미한다. 여기에는 퍼스널 트레이너가 고객에게 런지 방법을 가르칠 때 사용하는 지침, 농구 코치가 선수가 점프슛을 다듬을 때 사용하는 짧은 큐잉, 물리 치료사가 뇌졸중 생존자의 걸음걸이를 재훈련할 때 제공하는 피드백 등이 포함된다. 맥락이 무엇이든, 나는 여러분의 말이 움직임에 어떤 영향을 미치는지 알고 싶다고 가정하고 있다.

제 가정이 틀렸다면 이 책은 여러분에게 적합하지 않을 수도 있다. 하지만 동의하는 부분이 있다면 계속 읽어보시기 바란다.

이 책의 잠재력은 여러분이 처한 상황의 맥락에서 가장 잘 드러난다고 생각한다. 따라서 이 책에 담긴 아이디어를 적용하고자 하는 상황을 상상해 보기 바란다. 예를 들어 미식축구 코치라면 훈련 중인 자신의 모습을, 체육 교사라면 수업 중인 자신의 모습을, 물리 치료사라면 재활 세션 중인 자신의 모습을 시각화해 보라.

이제 자신의 상황을 시각화했으니 과거에 직면했던 실제 교육 시나리오로 채워보기 바란다. 미식축구 코치라면 태클 기술을 가르쳤을 때, 체육 교사라면 초등학생에게 축구공을 패스하는 방법을 가르쳤을 때, 물리 치료사라면 환자가 스쿼트 패턴을 다시 익히도록 도와주었을 때가 될 수 있다.

멘토링 영화처럼 여러분의 교육 시나리오를 머릿속으로 그려보기 바란다. 이 영상을 보면서 앞에 있는 사람들과 소통하는 방식에 주목해 보라. 특히, 여러분이 말하는 내용과 상대방의 움직임 사이의 관계에 집중해 보라.

다음은 실제 상황을 지켜보면서 고려해야 할 몇 가지 질문이다.

- 무슨 말을 해야 할지 어떻게 알았나?
- 언제 말해야 하는지 어떻게 알았나?
- 얼마나 많은 말을 해야 하는지 어떻게 알았나?
- 그것이 변화를 가져왔는지 어떻게 알았나?

방금 머릿속에서 펼쳐진 시나리오는 단 하나의 가르침의 순간을 나타낸다. 이 순간들 중 하나하나를 따로 떼어놓고 보면 별것 아닌 것처럼 보일 수 있지만, 궁극적으로 한 사람이 배우는 것을 결정하는 것은 이 순간들의 총합이다. 여기서 배움이란 학습자가 가져가는 것이다. 자신의 움직임에서 개선된 것을 소유할 수 있는 능력이다. 이러한 변화를 촉진한 트레이너, 코치 또는 치료사로부터 영향을 받지 않고 스스로 표현할 수 있는 능력이다.

따라서 가르치는 모든 순간에는 학습의 잠재력이 숨어있다. 하지만 동작을 가르치는 사람이라면 누구나 알 수 있듯이 반드시 그렇다는 보장은 없다. 체육관을 떠나면 모든 것을 잊어버리는 고객이나 연습한 만큼의 성과를 내지 못하는 운동선수와 함께 일할 때, 모든 운동 전문가는 학습이 얼마나 어려운지 알고 있다.

바로 이 가르침과 배움의 교차점에서 우리의 이야기가 시작된다.

하지만 이야기를 계속하기 전에 몇 가지 용어를 명확히 하는 것이 중요하다. 교육과 학습에 대해 이야기하려면 가르치는 사람과 배우는 사람을 무엇으로 부를 것인지에 대해 합의해야 한다. 교사-학생, 트레이너-고객, 치료사-환자, 부모-자녀, 코치-운동선수 등 다양한 이름으로 이 쌍을 부를 수 있다. 나는 근력 및 컨디셔닝에 대한 배경 지식이 있기 때문에 이 책에서 코치와 선수의 조합을 사용하기로 결정했다.

내가 이 단어를 선택한 이유를 강조하는 이유는 코치라는 단어에서 자신을, 운동선수라는 단어에서 함께 일하는 파트너로 보는 것이 중요하기 때문이다. 따라서 내 표현은 코치와 선수의 짝을 의미하지만, 이 책은 모든 운동 전문가에게 보편적으로 적용될 수 있다는 점을 알아주기 바란다.

나는 커리어 내내 사람들이 어떻게 움직이는 법을 배우는지 이해하는 데 전념해 왔다. 정확히 말하자면, 학습 과정에서 코치가 가장 큰 영향을 미치는 부분을 이해하는 데 전념해 왔다. 수년간 연구하고 적용하고 성찰한 결과, 학습에 대한 코치의 영향력은 프로그래밍과 코칭이라는 두 가지 범주로 나눌 때 가장 잘 이해된다고 생각한다.

프로그래밍은 점진적 훈련 프로그램의 맥락에서 선수에게 요구되는 모든 신체적인 것(예: 훈련, 게임, 연습, 동작 또는 기술)을 의미하며, 나는 이를 '무엇'이라고 부른다. 코칭은 코치가 신체적 훈련이 수행되는 방식에 영향을 미치기 위해 하는 모든 말을 의미하며, 나는 이를 '어떻게'(방법)라고 부른다.

이제 두 가지 질문을 스스로에게 해보기 바란다.

1. 100명의 동료에게 프레젠테이션을 할 때 프로그래밍과 코칭 중 무엇이 더 편할까?
2. 프로그래밍과 코칭 중 어떤 학습에 더 많은 시간을 할애하는가?

만약 내가 경력 초기에 이 질문을 받았다면 프로그래밍에 대한 프레젠테이션을 하는 것이 훨씬 더 편한 반면, 매일 코칭에 더 많은 시간을 할애한다고 재빨리 대답했을 것이다. 굳이 추측하자면, 내 대답은 이 글을 읽는 대다수의 사람들의 대답을 반영한다고 할 수 있다. 실제로 내 경험에 따르면 대부분의 운동 전문가들이 이러한 질문에 이렇게 대답할 것이다.

우리는 프로그래밍보다 코칭에 훨씬 더 많은 시간을 할애하지만, 대부분의 사람들은 전자보다 후자를 훨씬 더 쉽게 이야기할 수 있다. 왜 그럴까? 나는 그 이유가 두 가지라고 생각한다. 첫째, 운동 전문가들의 교육을 살펴보면 학위와 자격증이 '어떻게'보다 '무엇을'을 훨씬 더 강조한다는 것을 알 수 있다. 둘째, '무엇'이 더 강조되는 이유는 눈에 보이고, 손에 잡히며, 움직임 전문가의 기반이 되기 때문이다. 따라서 사람들이 어떻게 하는 것보다 무엇을 하는지에 대해 이야기하는 것이 더 편한 것은 당연하다. 하지만 움직임 전문가를 양성하는 과정에서 우리는 누락의 범죄를 저질렀다. 우리도 모르게 코칭이라는 보이지 않는 기술을 개발하는 데 소홀했다. 방법(어떻게) 없이 무엇을 하는 것은 운전자가 없는 자동차와 같다는 사실을 잊고 있었다. 우리는 움직임 전문가들이 선택보다는 우연에 가까운 시행착오의 과정을 통해 스스로를 지키고 배우도록 내버려 두었다.

코칭의 언어는 여기서 멈추지 않는다.

이 책은 코치의 말과 선수의 움직임 사이의 상호작용을 살펴봄으로써 보이지 않는 것을 보이게 하려고 한다. 이 책의 핵심은 커뮤니케이션과 관계에 관한 것이다. 코치의 아이디어가 말을 통해 어떻게 선수의 움직임으로 바뀌는지 이해하는 것이다. 코칭의 예술에는 과학적 요소가 있으며, 위대한 코치들은 의도적이든 아니든 이 예술과 과학을 선수에게 가장 도움이 되는 방식으로 결합시킨다는 사실을 밝히는 것이다.

코칭하는 내용만큼이나 코칭하는 방법도 중요하다는 데 동의한다면, 코치들의 한 마디 한 마디 세상을 더 잘 움직일 수 있도록 돕는 나의 사명에 동참해 줄 것을 환영한다. 이를 위해 나는 모든 수준과 배경을 가진 운동 전문가들이 메스를 든 외과의사처럼 정확하게 말을 다루는 데 필요한 기술을 배울 수 있도록 이 책을 집필했다.

이 책은 세 부분으로 나뉜다. 1부와 2부는 각각 3개의 장으로 구성되어 있으며, 3부는 4개의 장으로 구성되어 있다. 각 부는 저 자신의 코칭 여정과 코칭이 여러분과 여러분이 돌보는 사람들에게 미칠 수 있는 심오한 영향을 기록하는 오프닝으로 시작한다.

Part 1. 학습: 코치가 가장 큰 영향을 미치는 요소를 강조하면서 사람들이 움직이는 법을 배우는 방식에 초점을 맞춘다.

1장 '학습하기'에서는 (1) 코칭이 필요한 사항(3P 퍼포먼스 프로필 사용), (2) 학습의 모습, (3) 단기적인 퍼포먼스 변화와 우리가 원하는 장기적인 학습의 차이를 파악하는 데 도움이 되는 세 가지 섹션으로 나뉜다. 학습이 무엇인지 이해한 후에는 학습에 영향을 미치는 요인에 대해 살펴본다.

2장 '주의 집중'에서는 학습의 첫 번째 단계인 주의 집중에 대해 다룬다. 이 장에서는 세 가지 섹션으로 나누어 뇌를 둘러보고 (1) 방황하다가 주의를 잃었을 때, (2) 다시 주의 집중을 만들 때, (3) 집중을 유지하고 있을 때의 마음을 살펴본다. 그 과정에서 선수들의 주의를 사로잡고 유지하기 위해 사용할 수 있는 간단한 전략에 대해 설명한다.

3장 '기억하기'에서는 학습의 마지막 단계인 기억하는 방법을 다룬다. 세 개의 섹션으로 나뉘어 있는 이 장에서는 먼저 단기 기억과 장기 기억에 대해 소개한다. 기억이 어디에 존재하는지 살펴본 다음에는 기억이 어떻게 만들어지는지 살펴본다. 그 과정에서 기억에 남는 학습을 이끌어내는 뛰어난 코치가 되기 위한 비결을 공유할 것이다.

Part 2. 코치: 코치의 말이 선수의 집중력에 어떤 영향을 미치는지, 그리고 이러한 집중력이 동작을 배우거나 다듬는 데 어떤 영향을 미치는지 살펴본다.

4장 '초점 찾기'에서는 코칭 커뮤니케이션 루프를 분석하여 코칭 언어가 움직임 패턴을 가르치거나 개선하는 데 언제, 어떻게 사용되는지 설명한다. 코칭 언어의 다양한 범주를 이해한 다음에는 큐잉(단서)이라는 범주에 초점을 맞출 것이다. 큐잉은 코치가 선수가 움직이기 직전에 사용하는 짧은 문구이다. 선수의 집중력과 학습에 가장 큰 영향을 미치기 때문에 큐는 가장 많은 관심을 받는다. 총 3장으로 구성된 이 장에서는 학습과 퍼포먼스를 최적화하기 위해 코치가 사용해야 하는 단서의 유형에 대해 설명하는 단서의 연속체와 설득력 있는 연구 결과에 대해 설명한다.

5장 '큐 잇 업'에서는 동작과 동작을 수행하는 선수에 맞게 단서를 만들고 조정하는 기술을 쌓는 데 중점을 둔다. 이를 위해 함께 작업하는 개인에 맞게 큐를 만들고 조작할 수 있는 체계적인 방법을 제공하는 3D 큐잉 모델에 대해 배운다. 그 과정에서 가장 까다로운 코칭 시나리오에 맞게 단서를 다듬는 데 도움이 되는 다양한 포인터(내가 큐 팁이라고 부르는 것!)를 공유할 것이다.

6장 '유추 적용'에서는 선수가 익숙한 것과 배우려는 동작의 특징을 비교하는 것, 즉 유추라는 특정 유형의 큐에 초점을 맞춘다. 비유 모델을 사용하면 내가 지금까지 접한 가장 강력한 코칭 도구 중 하나를 적용하는 방법을 배울 수 있다. 선수의 경험과 언어를 코칭에 사용하는 비유로 압축하는 방법을 배우면 선수를 빠르게 이해하고 더 강력한 관계를 구축할 수 있다.

Part 3. 단서: Part 2에서 확립한 단서 행동을 키우는 데 중점을 둔다.

7장 로드맵에서는 커뮤니케이션 방식을 바꾸는 것이 얼마나 어려운 일인지 잘 알기 때문에 독자들을 위해 작성했다. 이 장에서는 큐잉 습관을 만드는 데 도움이 되는 계획을 제시한다. 습관을 살펴봐야만 습관을 깨고, 도전하고, 새로운 습관으로 만들 수 있다. 앞의 여섯 장에서 배운 모든 내용을 현실에 적용하려면 이 장의 내용을 이해하는 것이 매우 중요하다.

8장 '스트롱 잉', 9장 '파워풀 큐잉', 10장 '패스트 큐잉'에는 총 27개의 동작 시퀀스가 포함되어 있다. 이 예제들은 동작과 언어가 만나 우리를 움직이게 할 때 어떤 일이 가능한지 아름다운 이미지를 통해 큐잉 방법과 팁을 생생하게 전달한다. 이 예제는 이 책의 개념을 설명하고, 창의력을 자극하며, 큐잉 습관을 기를 수 있는 토대를 제공하기 위한 것이다.

나는 여러분을 위해 이 책을 썼다. 왜일까? 여러분은 사람들에게 직접적으로 미치는 영향력이 연습 횟수와 세트 수보다 더 크다는 것을 알고 있고, 여러분이 하는 말이 중요하다는 것을 알고 있으며, 궁극적으로 여러분의 영향력을 결정하는 것은 여러분과 선수 사이의 공간(관계)이라는 것을 알고 있기 때문이다.

우리가 앞으로 알아볼 것은 바로, '그 공간을 무엇으로 채우는가?'이다.

PART I
학습

빠르게 다가오는 사이렌처럼, 알람이 높게 울리고 새로운 하루의 시작을 알리며 잠을 깨운다. 어둠을 향해 가면서, 갑자기 가슴이 두근거리며, 무시할 수 없게 끊임없이 쿵쿵 울렸다. 다른 날 심장에서 이런 느낌이 났다면 911로 바로 전화를 했겠지만 그러나 그날은 평범한 날이 아니었다. 그래 아니었다! 내 인생의 경력이 결정되는 날이었다. 견습생에서 마스터로, 학생에서 교사로 직책이 공고되는 날이었고, 내가 EXOS에서 NFL 콤바인NFL conbine 준비 프로그램을 맡게 된 날이었다.

NFL Scouting Combine은 1982년에 처음 개최되어, NFL 희망자들이 리그에 진입할 준비가 되었음을 보여주는 최고의 이벤트다. NFL 콤바인은 NFL 드래프트 2개월 전인 2월 마지막 주에 인디애나주 인디애나폴리스의 루카스 오일 스타디움Lucas Oil Stadium에서 열리는 연례행사다. NFL에 드래프트된 사람보다 매년 하버드에 입학하는 사람이 더 많다는 걸 고려하면, 초대받은 평균 330명의 미국 최고의 유망주들은 고된 3일간의 과정 동안 광범위한 신체 및 정신 테스트를 마치고, 이에 걸맞은 호칭인 'The Biggest Interview of Your Life'라는 타이틀을 얻는다.

선수들은 처음 이틀 동안 오전 5시에 일어나, 의료적인 면과 관련해 광범위하게 평가받고 심야에 인터뷰를 하게 되며, 마지막 날엔 NFL 콤바인에서 국제적인 관심을 끌게 된다(호주식 축구는 자체 AFL Draft Combine을 따른다). 경기의 마지막 날, 전국적으로 중계되는 속옷 올림픽이라고 불리는 행사에서 선수들은 자신의 신체 능력을 과시해야 한다. 모든 선수는 수직 점프, 멀리뛰기, 40야드(37m) 전력질주, pro-agility drill, 3 콘 드릴 및 선택한 위치별 드릴들을 완료해야 한다. 자신이 가진 것을 보여줄 수 있는 단지 몇 번의 기회와 당신의 모든 움직임을 면밀히 살피는 미래의 고용주가 있는 이 압박적인 이벤트의 준비에, 선수와 에이전트들이 심혈을 쏟는 모습은 새삼 놀랍지 않다.

나는 Athletes' Performance(AP)라고 불렸던 회사와 함께 Exos에서 3년 동안 일했고, 함께 일한 첫해에 콤바인 준비 프로그램을 처음 경험했다. 나는 곧 AP가 2월에 개최되는 엘리트 경기를 통해, 4월에 있을 선수 드래프트에 도움이 되기를 희망하며, 콤바인을 위해 육체적으로 정신적으로 준비하려는 최고의 대학 축구 선수들에게 가장 인기 있는 '마무리 학교'라는 것을 알게 되었다. 굉장히 자제하며 말하지만, 나는 거기에 정말 푹 빠졌고, '언젠가 이 프로그램을 진행하겠다'고 스스로에게 다짐했었다.

AP는 프로 선수나 곧 프로 선수가 될 선수의 성지가 됐다. AP의 창립자이자 사장인 Mark Verstegen의 통솔력과 비전을 통해 AP는 Human Performance에서 인정받는 대표가 됐다. 이런 AP의 위치는 Verstegen이 선수의 태도, 영양, 움직임 및 회복 전반에 걸친 최적의 사고방식과 체계들을 통합해, 오늘날까지 세계가 퍼포먼스에 대해 생각하는 방식에 영향을 준 훈련 환경과 시스템을 만든 결과였다.

AP에서의 첫해, 나는 콤바인 코칭 엘리트인 Luke Richesson, Darryl Eto, Joe Gomes를 만나는 특권을 가지게 됐다. 이후 3년 동안 이 코치들과 함께 일하고 배우며 미래의 NFL 스타를 지원했다. 나는 그들 각각에게서 엄청난 책임감과 그와 동시에 AP의 유산으로 살아남아, 다른 세대의 운동선수들이 그들의 인생에서 가장 큰 시험을 치르는 동안 그들의 수행능력을 극대화할 수 있게 보장하는 프로그램들을 개선하려는 지칠 줄 모르는 그리고 형언할 수 없는 노력들을 보았다.

어둠을 통과해 빛이 보이고, 이 책임들이 이제 내 것이라는 깨달음이 내 머리를 가득 채웠으며, 가슴에선 피할 수 없는 두근거림이 일었다. 그러나 애리조나주 피닉스에 있는 행사장 진입로에 들어서자, 어떠한 두려움이나 불확실성조차 빠르게 결단과 집중으로 바뀌었다.

루크는 이후 NFL에서 일한다는 목표를 위해 Jacksonville Jaguars로 이적했다. 대릴은 또한 Houston Rockets로 이적했다. 이는 Joe Gomes와 내가 콤바인 준비 프로그램 중 Speed 부분의 공동 코치라는 것을 의미했고, 따라서 혼자 프로그램을 운용할 수 있으리라는 기대를 가지게 했다. 인생의 대부분이 그렇듯, 계획은 바뀌었고, 예상보다 빨리 프로그램을 이어받을 것이라고 연락 받았다.

이제 나는 운전석에서 모든 세부 사항에 집중하며, 프로그램을 실행했다. 성공적인 세션을, 임상적인 세부 사항을 준수해 움직임을 설명하고, 시간을 칼같이 정확하게 모든 반복과 세트의 수행하는 세션으로 정의했다. 나는 이 프로그램들이 우리 시대의 가장 성공적인 운동 경기 코치들에 의해서 수년에 걸쳐 탄생했다는 사실을 잊지 않았기에 그들의 유산을 더럽힌 코치가 되지 않기 위해 또 프로그램을 망가뜨리지 않기 위해, 훈련의 작은 부분까지 계속해서 땀을 흘리며 노력했고, 그 과정에서 선수들도 그럴 수 있도록 했다.

이 마지막 요점과 이러한 유형의 코칭이 학습 운동에 미칠 수 있는 영향들이 내가 이 책을 집필하게 만들었다. 모든 것이 1월 초 월요일 아침에 시작됐다. 이어지는 전력질주 세션을 준비하기 위해, 일련의 훈련을 진행하는 트랙 위에 있었고, 각 조의 차례의 전,중,후에 세세한 지시를 내리고 말을 휘두르며 동작을 외형적으로 정확하게 교정했던 기억이 난다. 내 머릿속에는 내가 말하고 있는 모든 것이 아주 명료했었고 정확한 타이밍들이었다. 그러나 만약 내 말이 이해하기 좋았고 효과적이었다면, 나는 행복했을 것이고, 이 이야기는 그래도 끝을 맺었을 것이다. 그러나 이 이야기는 끝나지 않았다. 사실, 그것은 단지 내 말이 이치에 맞다고 해서, 그들이 차이를 만든다는 것을 의미하지 않는다는 것을 곧 깨달았기 때문이다. 이야기는 이제 시작에 불과했다.

왜 이 세션이 내 마음속에서 두드러졌는지는 모르겠지만, 뒤이은 성찰로 인해 내가 어떻게 지도하는지 의문을 갖게 됐고, 깨어있는 진실을 많이 드러냈기에 이 의문을 가지게 된 것에 감사한다. 첫째, 나는 선수들에게 너무 많은 정보를 제공하고 있었고, 그렇기에 그들이 내가 말한 모든 것을 기억하고 적용하기를 기대하는 것은 불공평할 수 있었다. 내가 겪은 경험과 교육들이 집중과 기억력은 유한한 자원이라고 말해줬지만, 코칭에 관해서는 이 사실을 일관되게 무시했었다. 좋은 의도에도 불구하고, 나는 많은 코치들과 마찬가지로 만성적인 과잉 소통자였다. 둘째, 이러한 과잉 의사소통의 결과는 내가 내 선수들이 무엇에 집중하고 있는지 몰랐다는 것을 의미했다. 나는 너무 많은 단서를 주고 있었기 때문에 어떤 것이 도움이 되고 어떤 것이 방해되는지 알 방법이 없었다. 이러한 관찰을 고려하여, 나는 스스로에게 일련의 어려운 질문을 했다. 질과 양이 선수들의 학습 및 발전 능력에 어떤 영향을 미치는가? 먼저 훈련 중에 선수들의 집중력을 단순화하고 최적화함으로써 선수들의 성과를 얼마나 높일 수 있을까? 흔히 예술이라고 불리는 것을 알려줄 수 있는 코칭 과학이 있는가?

이 이야기는 코치로서의 나의 어린 시절의 진정한 반영이며, 이 책의 1부의 기초를 제공한다. 무엇보다도, Exos에서 일했던 그 첫해에, 나는 프로그램을 지도하는 것만으로는 충분하지 않으며, 또한 사람을 '코치'해야 한다는 점을 배웠다. 우리는 한 사람이 어떻게 학습하는지에 영향을 미치는 모든 요인, 특히 주의력과 기억력의 영향을 고려할 필요가 있다. 우리는 주의력이 기억을 형성하는 방식과 결과적으로 기억력이 학습에 도움이 되는 방식을 이해함으로써, 지속적인 변화를 촉발하는 코칭 언어를 훨씬 더 잘 활용하게 될 것이다.

1 학습하기

학습: 도입부

2월 말 비행기에서 내리자, 상쾌한 인디애나폴리스의 공기는 감각을 날카롭게 해, 코치와 선수들이 NFL 콤바인이라는 혹독한 환경에 대비할 수 있도록 준비시키는 것 같았다. 나는 이번이 첫 참석이었기에 전해들은 이야기 외에 무엇을 해야 할지 몰랐다. 그럼에도 단 한 가지는 확실했고 분명했기에 다시 내 가슴이 두근거렸다. 단 3일 동안 내 선수들은 전 세계가 주목하는 가운데 자신들의 포지션에서 가장 최고의 선수들과 경쟁하게 될 것이다.

우리의 8주 프로그램의 효과는 콤바인 마지막 날에 시험되겠지만, 선수들은 먼저 이틀 간의 집중적인 인터뷰와 의학 평가를 견뎌내야 했다. 새벽의 약물 테스트부터 자정 회의까지 선수들은 성격 테스트, 지식 평가, 건강 검진을 받았다. 그래서 불필요한 스트레스와 불안을 피하기 위해 세부 사항에 대비하고 가능한 할 수 있는 것들을 통제했다. 우리 EXOS 팀은 수하물 찾는 곳의 도시락부터 선수들을 준비시키기 위해 호텔에 임시 시설을 마련하는 등, 선수들이 평소 훈련 받던 우리 시설과 차이를 느끼지 못하도록 노력하였다.

마지막 날 우리 선수들의 달리기를 기다리는 동안은 긴장감에 때때로 숨이 막힐 정도였다. 선수 드래프트가 콤바인의 결과보다 더 많은 것들에 의해 결정됨을 알지만, 40야드(37m) 달리기 결과가 놀라울 정도로 매우 빠르다면 드래프트 팀들이 다시 한 번 선수들을 재고한다는 것을 알고 있었기 때문이다. 그래서 각 코치들은 자신의 선수가 뛰는 것을 기다리며 호텔 무도회장의 TV 주위에 조용히 앉아 있었다. 마침내 선수들이 나타나자 심장이 뛰기 시작하며 시간이 느려지는 것 같았다. 순식간에 선수들이 출발선 밖으로 폭발하면, 5초 정도 후에 시간이 화면에 표시되어 선수의 40야드(37m) 운명이 결정된다.

Exos에서 일하는 첫해에 나는 선수들의 경기 수행을 지켜보면서 시간을 평가하고 사전 테스트 점수와 비교하며, 경기 수행이 기록된 테이프를 처음부터 끝까지 검토하여 스프린트 기술의 발전을 평가했다. 내 목표는 변경 사항이 생겼을 때, 어디에서 발생했는지 이해하는 것이었다. 내 선수들이 더 강해졌기에 더 빨리 달릴 수 있었을까? 더 많은 힘 또는 전력질주 속도에 영향을 미치는 퀄리티들을 더 많이 만들어낼 수 있었기에 더 빨리 달렸는가?[20] 아니면 엘리트 단거리 전력질주 선수들의 특징인 힘의 방향을 최적화하는 협응의 변화로 인해 더 빨리 달렸던 걸까?[8, 16] 사실, 이러한 요소들의 조합들이 스프린트 성능을 향상시킬 수 있지만, 내 경우에는 한 가지 요소가 나머지 요소들보다 우위에 있는 것 같았다.

선수들은 40야드(37m) 넘게 더 빨리 달렸었지만, 내 안목으로 보기엔 단거리 전력질주의 향상을 위해선 운전자의 기술(즉, 힘의 조정 및 방향)보다 자동차의 업그레이드(즉, 힘의 강도 및 크기)가 더 필요해 보였다. 각각의 40야드(37m) 전력질주를 재생하면서 준비 과정에서 우리가 해결했다고 생각했던 움직임 오류들을 일관되게 볼 수 있었다. 예를 들어 한 선수는 준비 자세에서 평평하게 유지할 수 있었던 등이 결승선을 향해 지면을 박차며 달려 나갈 때에는 거의 넘어질 듯 구부려졌었다. 강력한 전방 무릎 드라이브의 중요성을 배웠던 다른 운동선수들은 이제 화를 잘 내는 두 살배기에게서 볼 수 있는 짧고 고르지 못한 걸음으로 회귀하고 있었다. 피할 수 없는 진실은 내 선수들이 피닉스에 있는 훈련 시설을 떠나 인디애나폴리스에서 40야드(37m) 전력질주를 하는 사이에 무슨 일이 일어났다는 것이다.

목표를 달성하기 위해 선수들이 사용한 기술들은 변하지 않았지만 내 운동선수들의 경기력은 변했다. 이 관찰 속에서 다음과 같은 질문이 튀어나왔다. 왜 내 선수들은 훈련 중에는 향상된 스프린트 기술과 시간으로 경기를 치를 수 있었지만 콤바인 동안에는 그럴 수 없었는가? 좋든 나쁘든, 연습 중의 성과와 앞으로 있을 훈련이나 대회에서 관찰된 성과 사이의 차이를 어떻게 설명할 것인가? 이 질문에 답할 수 있을 때 인간이 움직이는 법을 배우는 방식과 결과적으로 그렇게 되도록 지도해야 하는 방식에 대한 근본적인 진실을 확실히 찾을 수 있을 것이다.

PART 1. 프로필

긍정적이든 부정적이든, 연습에서 연습으로 또는 연습에서 시합으로의 과정에서 나타나는 변화들을 논의할 때 우리가 먼저 말한 변화에 맞춰 말해야 한다. 시간에 따라 신체가 겪게 될 모든 유형의 적응에 대해 논의하는 것은 이 책의 범위를 벗어나기에. 우리는 주로 운동/기술 학습으로 알려진 이동, 조정 및 표현하는 능력을 향상시키는 것과 관련된 적응 과정에 관점을 둘 것이다. 따라서 운동/기능 학습이 무엇인지 더 잘 이해하기 위해서 무엇이 이 학습의 능력이 아닌지 간단히 알아보자. 이를 위해 친숙한 비유의 렌즈를 통해 논의를 구성해 봤다.

다음 비유를 고려하여 빈칸을 채우자.

자동차는 사람의 신체고 운전자는 사람의 ______________________________.

어떤 대답을 했는가? 내게 있어 가장 빨리 떠오른 단어는 뇌였다. 자동차는 신체와 마찬가지로 움직일 수 있는 가능성을 가지고 있다. 그러나 운전자, 특히 운전자의 두뇌가 없으면 움직임이 거의 없다. 자율주행 자동차도 운전자가 자동차의 운영 체제에 맞게 모델링되어야 한다. 따라서 이 비유는 자동차로 대표되는 주변 적응과 운전자로 대표되는 중심 적응과의 관계를 운동/기술 학습 측면에서 논의할 수 있는 유용한 프레임워크를 제공한다.

3P 수행력 프로필

먼저, 이 비유의 시작 지점으로 가, 정신적 모델(또는 지름길)로서의 유용성을 논의한다면, 코치들이 해결하려고 하는 움직임 문제의 우선순위를 정할 수 있게 된다. NFL 콤바인과 일반적으로 스포츠를 위한 선수들을 준비하는 동안 한 가지는 분명해졌다. 각 선수들은 자신의 잠재능력을 발휘하기 위해 방식들을 택해야 한다는 것이다. 이를 설명하기 위해 NFL 콤바인을 준비하는 세 명의 수비수(DB)가 있다고 가정해 보자. 도착하자마자 우리의 수비수들은 개별화된 운동 프로파일을 구성하는 데 사용되는 일련의 평가와 테스트를 거친다. 그런 다음 이 운동 프로파일을 사용하여, 수비수들의 나아지고자 하는 갈망을 그들의 개선되고자 하는 능력으로 바꾸는 데 도움이 될 운동 특성들의 우선순위를 지정한다. 우리가 사용할 운동 프로필인 3P 수행력 프로필*은(그림 1.1 참조) 주어진 동작(예: 점프, 전력질주 및 민첩성)의 성능에 영향을 미치는 제한 요소를 신속하게 구분하기 위해서 비롯됐다. 특히, 우선순위 지정에 대한 이러한 접근 방식은 운동선수에게만 국한되지 않고, 모든 인구 내의 모든 움직임을 프로파일링 하는 데 사용할 수 있으며 코치, 트레이너 및 치료사 모두에게 운동/기술 학습을 진행하는 개별화된 경로를 제공할 수 있다. 그럼 수비수 이야기로 돌아가기 전에 3P 수행력 프로필의 각 요소와 이 접근 방식이 운동/기술 개발에 미칠 수 있는 영향을 간략하게 살펴보자.

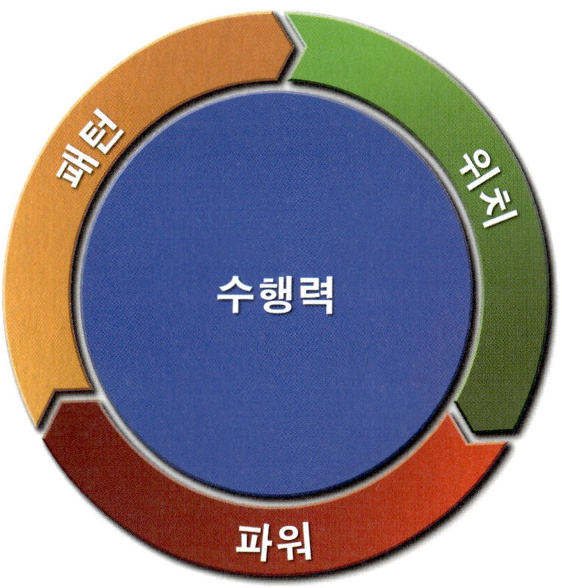

그림 1.1 3P 수행력 프로필.

위치POSITION

3P의 첫 번째 P인 위치에선 운동선수가 동작을 효과적으로 수행하는 데 필요한 가동성과 안정성을 갖추고 있는지 묻는다. 달리 말하면, 운동선수가 운동 기술과 관련된 신체 자세를 취하고 유지할 수 있는지이다. 예를 들어 그림 1.2a와 같이 운동선수에게 10야드(9m) 이상 가속하는 방법을 가르칠 때, 척추의 중립을 유지하며 동시에 고관절의 굴곡과 신전을 할 수 있는지 보고 싶을 수 있다. P의 설정을 통해 개인의 변화를 허용하면서 생체역학적으로 우리가 원하는 패턴을 실행하는 데 필요한 신체 가동범위 내에서 훈련을 수행할 있게 한다. 또한, 우리는 선수가 가속과 관련된 관절에서 적절한 안정성(예: 몸통 안정성, 엉덩이 안정성, 발목 및 발 안정성)을 갖고 있는지 확인할 수 있다. 이러한 안정성 또는 운동조절은 보다 복잡한 움직임 또는 조정 패턴을 구축할 수 있는 기반을 제공하게 된다.

파워POWER

두 번째 P인 파워는 운동선수가 동작을 효과적으로 수행하는 데 필요한 근력과 파워 특성을 갖추고 있는지를 묻는다.** 파워는 모든 동작에 중요하지만, 특히 자신의 체중을 빠르게 극복해야 할 때 중요하다. 따라서 운동선수가 몸을 특정 방향으로 던져야 하는 모든 탄도성 움직임은 파워 의존 패턴으로 간주된다. 예를 들어 그림 1.2b와 같이 선수가 달리기를 시작할 때(점프 또는 방향의 변경), 적절한 순간에 올바른 방향으로 큰 힘을 발생시켜서 체중에 대응해야 한다. 파워 의존 움직임 패턴의 효과는 관련된 근육들의 힘 생성 특성에 의

* 3P Performance Profile(포지션, 파워, 패턴의 약자)에 대한 영감은 이전 동료인 빅터 홀(Victor Hall)로부터 시작됐다. 2010년 홀 코치는 파워 클린에 대한 교육용 비디오를 제작하여 자신의 블로그 'Coach 'Em Up'에 'Clean It Up'이라는 제목으로 게시했다. 비디오에서 Hall은 파워 클린 교정을 위한 3단계 우선순위 목록을 다음과 같이 간략하게 설명한다. 1단계: 정확한 신체 자세를 취할 수 있는가? 2단계: 올바른 동작 패턴을 실행할 수 있는가? 3단계: 정확한 속도로 움직일 수 있는가? 나는 EXOS에서 이 모델을 3P 수행력 프로필로 발전시켰다. 결국 이 프로필은 EXOS 교육 시스템 및 교육 서비스로 통합되었다.

** 이 장에서 나는 주어진 동작의 수행과 그와 관련된 집단적인 힘과 힘의 특성을 파워(power)로 지칭해 사용하고 있다. 이와 같이 내가 파워라는 단어를 사용할 때는 모든 움직임의 운동적 특성을 설명하는 힘과 속도의 곱(Force×Velocity)임을 인식하여 그것을 포괄할 수 있는 용어로 사용하고 있다.

해 결정되기 때문에 운동선수에게 적절한 수준의 파워가 부족하게 된다면, 그 성능을 극대화하는 데 어려움을 겪을 것이다. 대조적으로 제한된 탄도성 요구가 있는 동작(예: 스쿼트, 케틀벨 스윙, 이두근 컬)은 무게가 너무 무거운 경우, 코치가 운동 패턴의 변화가 필요에 의해 무게를 조절할 수 있기에 최대 근력의 영향을 더 받는다. 따라서 움직임의 유형과 관련 맥락은 힘의 상대적 중요성과 결과적으로 가지고 있는 움직임 패턴에 미치는 영향을 결정하게 된다.

패턴PATTERN

세 번째 P인 패턴은 운동선수가 효과적으로 동작을 수행하는 데 필요한 협응 기능을 갖추고 있는지 묻는다. 이러한 맥락에서, 협응은 그림 1.2c에 묘사된 바와 같이 움직임 패턴의 실행과 관련된 관절 움직임의 공간적, 시간적 조직화를 의미한다. 따라서 정의에 따라 협응력 또는 움직임 패턴이 위치 및 파워 범주와 관련된 특성과 불가분하게 연결되어 있음을 알 수 있다. 글의 시작에서 말했던 비유의 렌즈를 통해 선수들의 수행을 관찰해 보면, 위치와 힘으로 대표되는 물리적 특성은 수행력의 크기를 담는 자동차와 같고, 반면 패턴은 그 성능을 구현하기 위해 필요한 운전자와 같다. 고성능 스포츠카라도 숙련된 운전자 없이는 그 효과가 없고, 숙련된 운전자도 고성능 스포츠카 없이는 똑같이 그 효과가 없어진다. 따라서 코치의 주요 책임은 3P 퍼포먼스 프로필을 사용하여 자동차 문제인지 운전자 문제인지 또는 문제가 이 둘의 조합에 있는지 식별하는 것이다.

퍼포먼스PERFORMANCE

일단 3P에 대한 정보가 갖춰지면, 3개의 P값으로 운동 기술의 측정값으로 정의될 수 있는 최종적인 P값을 만들 수 있다(예: 들어올린 무게, 달성한 시간 또는 득점한 점수). 이를 DB에 적용하면 40야드(37m) 전력질주에서 퍼포먼스에 영향을 미치는 위치, 파워 및 패턴을 이해할 수 있게 된다. 이를 해석하기 위해 3P 수행력 프

그림 1.2 (a) 신체의 위치를 교정하기 위해선 가동성과 안정성이 필요
(b) 동작을 수행하는 데 필요한 힘의 생성과 관련된 근육
(c) 동작의 기반이 되는 패턴과 관련된 협응력

로필에서 DB가 어떻게 쌓이는지 살펴보자. 표 1.1에서 세 가지 P를 프로파일링하는 데 사용할 수 있는 관련 평가 및 화면에 대한 분석의 예를 볼 수 있다. 또한 그림 1.3은 DB별 프로파일을 제공한다. 각 프로필은 0.5에서 +5까지의 3가지 P에 대한 DB의 성능을 기반으로 구축되며 0은 평균 결과를 나타낸다. 이 예의 목적을 위해 한 측정값에 대한 성능을 논의하는 것은 중요하지 않으며, 한 영역의 상대 성능이 다른 영역의 상대 성능과 어떻게 비교되는지 이해하는 것이 중요하다.

표 1.1 40야드(37m) 전력질주 검사와 평가의 예시

카테고리	질	검사와 평가의 예시	측정과 수치
위치	가동성과 안정성	관절 가동범위	움직임의 각도
		FMS	21점
파워	상대적 스트렝스	하지 밀기(프론트 스쿼트)	체중 대비 중량
	상대적 파워	하지 밀기(수직 점프)	체중 대비 와트수
패턴	협응	0~10야드(가속)	비디오 분석: 기술
		10~20야드(전환)	비디오 분석: 기술
		20~40야드(절대 속도)	비디오 분석: 기술
퍼포먼스	결과	0~10야드 스플릿	스플릿 시간
		10~20야드 스플릿	스플릿 시간
		20~40야드 스플릿	스플릿 시간
		0~40야드 스플릿	스플릿 시간

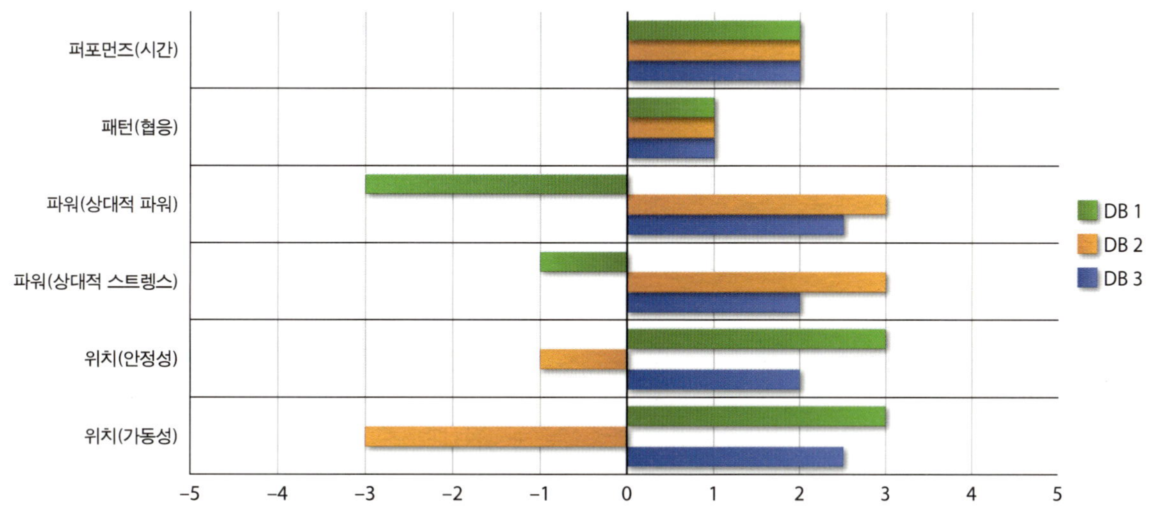

그림 1.3 표 1.1에 요약된 검사와 평가에 대한 DB's 퍼포먼스 프로필. 결과가 −5에서 +5로, 평균은 0으로 표시됐다. 긍정적인 수치는 평균 이상을, 부정적인 수치는 평균 아래를 의미한다. 개별 DB's 강점과 약점을 비교해, 훈련의 우선순위를 설정한다.

3P 퍼포먼스 프로필 적용하기

각 프로필(그림 1.3 참조)을 맨 위에서부터 참조해 보면, 세 DB 모두 퍼포먼스와 패턴이 유사하다는 것을 알 수 있다. 즉 비슷한 시간에서 40야드(37m)를 다루기 위해 공통된 스프린트 기술을 사용했다는 것이다. 이는 일반적으로 운동 패턴과 경기 결과가 균일하게 나오는 선수를 찾기에 매우 중요한 점이 된다. 다만 이러한 기준 측정을 개선하는 경로는 항상 각각의 선수마다 고유하다.

DB의 패턴과 퍼포먼스와 달리 세 DB 모두 파워와 위치 값이 측정에 따라 다르다는 것을 알 수 있다. 즉, 각 운동선수들은 독특한 자동차를 다루고 있기에, 해당 차량을 정비사에게 가져간다면, 차량의 각기 다른 부분에 대한 서비스가 필요할 것이다. 따라서 코치의 주요 책임은 차량과 운전자가 어떻게 상호작용하여 측정된 퍼포먼스 결과를 달성하게 하며, 이 과정에서 서비스가 필요한 지점에 대해서 통찰력의 제공이 필요하다는 점을 이해하는 것이다.

이 마지막 요점을 설명하기 위해서 관찰한 패턴에서 위치와 파워를 살펴봐야 한다. 우리가 언급했듯이 DB들은 유사한 스프린트 패턴을 사용하며, 이런 경우 다리 동작이 지나치게 빠른 것을 나타낸다. 이는 그들이 주어진 거리를 커버하는 데 필요한 것보다 더 많은 단계를 밟고 있다는 것을 의미하며, 그 과정에서 그렇지 않은 경우보다 더 적은 전체 힘과 속도를 생성하고 있음을 볼 수 있다. 이 스프린트 기술의 결과로 고관절 굴곡 및 신전이 감소되며, 잘 고쳐지지 않는 이 고유한 패턴들이 시각적으로 잘 나타나게 된다. 그런데 이 스프린트 기술이 나타나는지 이해하기 위해서는 각 DB의 위치와 파워의 특성을 고려할 필요가 있다.

각 DB의 가장 큰 개선 영역에 우선순위를 두고 그림 1.3의 프로파일을 잠시 살펴보자. 무엇을 알아챘는가? 아마도 당신은 DB 1이 적절한 가동성과 안정성(즉, 포지셔닝)을 가지고 있지만 상대적인 힘과 파워와 관련된 결핍이 있고, DB 2는 적절한 상대적인 힘과 파워를 가지고 있지만 가동성과 안정성은 부족하다는 것을, DB 3은 명백하게 부족한 부분이 없음을 알 수 있을 것이다. 이 결과들을 종합적으로 고려해 이전에 설명한 스프린트 패턴에 적용하면, 이제 동일한 스프린트 패턴에 대해서 세 가지의 설명이 가능해진다. 구체적으로 DB 1은 파워 부족으로 대표되는 큰 힘의 빠른 생성을 할 수 없어 고르지 못한 스프린트 패턴을 사용한다고 생각할 수 있으며, DB 2가 이러한 스프린트 스타일을 채택한 이유는 그 시점에서 요구되는 고관절의 굴곡과 신전을 만들어내고 유지할 수 없기 때문으로 추측할 수 있다. 게다가, DB 3는 운동 프로필 내에서 뚜렷한 결손이 없었기에 그들의 스프린트 스타일은 어떤 기초적인 신체적 결핍과는 대조적으로 그들의 자연스러운 협응의 순수한 결과라고 추론하는 것이 타당할 것이다.

이 접근 방식은 다소 환원주의적이지만 우리가 다루고 있는 운동 문제의 본질을 이해하는 실질적인 방법을 제시한다. 예를 들어 3개의 DB로 작업하는 데 4주가 걸렸다고 가정해 보자. 세 선수 모두가 훈련을 하는 동안 DB 1과 DB 2는 DB 3만큼 빠르게 발전되고 있지 않는다는 것을 발견했다. 논리적으로 세 선수 모두 비슷한 지시를 받고 같은 과정을 겪고 있기 때문에 이 점은 코칭의 결과가 아니라고 말할 수 있다. 따라서 DB 1 및 DB 2는 자동차와 관련된 기계적 문제가 진행을 방해하는 반면, DB 3에서는 말하자면 운전자와 문제를 해결해야 할 것으로 보인다. 따라서 DB 3은 운전자 학원의 혜택을 받게 하고, DB 1과 DB 2는 자동차 작업장에서 좀 더 많은 시간을 보내야 한다. 이런 전략을 위해 세 선수 모두 유사한 스프린트 프로그램을 계속 따를 수 있지만 DB 1과 DB 2는 개선점을 극복하기 위한 구체적인 전략이 필요하다. 일단 개선점들이 해결되면 패턴과 퍼포먼스의 결과가 빠르게 반응하고 변화해야 한다.

비록 가설이지만, 이 예시는 내가 몇 번이고 반복해서 발견한 상황과 수많은 대화를 바탕으로 코칭과 재활 내의 일반적이고 공통적인 현상을 반영하고 있다. 따라서 필요와 유용성에서 비롯된 3P 퍼포먼스 프로필과 이와 관련된 자동차 및 운전자 비유는 운동 패턴 및 물리적 의존성(예: 위치 및 파워)을 개발하기 위한 실용적인 프레임워크를 제공한다. 따라서 다음 장에서 더 자세히 정의할 운동 학습에 대해 논의할 때, 협응에 실질적인 영향을 미치는 물리적 요인이 있음을 인식해야 한다. 결과적으로, 때때로 운전자의 문제로 보일 수 있는 것들이 실제로는 자동차에 대한 오진으로 생기는 문제일 수 있다. 이러한 이유로 이 책의 메시지를 명확히 하기 위해서 운동 패턴 개발에 가장 적합한, 운동 학습 전략 특히 큐잉에만 초점을 맞출 것이다. 따라서 효과적인 코칭 전략이 실패했을 때, 해당 실패는 사실 위장하고 있는 신체적 결함일 수 있음을 이해하는 것은 코치의 책임이다.

PART 2. 프로세스

이전 장에서는 움직임 패턴의 개발을 뒷받침하는 요소를 이해하기 위한 프레임워크를 제공했다. 이제 이 장의 첫 번째 섹션을 마무리한 질문으로 다시 주의를 돌려보자. 연습 중 성과와 앞으로의 연습 또는 시합 중 수행 사이에 발견된 차이점을 어떻게 설명할 수 있는가? 특별히, 위치와 파워의 향상과 관련된 구조적(말초) 적응은 신체를 변화시키는 지속적인 효과를 갖는 반면, 운동 패턴의 변화와 관련된 신경(중추) 적응은 훨씬 덜 안정적인 경향이 있고, 해당 적응을 발생시킨 조건에 매우 민감하게 반응한다. 다시 말해서, 우리가 충분히 유연해지면 우리는 원하는 대로 움직일 수 있을 것이고, 충분히 들어 올리면 우리는 강해질 것이다. 그럼에도 움직임 패턴의 수행이 퍼포먼스의 최적화를 보장하지는 않는다.

이를 증명하기 위해, 한 주의 초반에 운동선수의 움직임 패턴이 눈에 띄게 개선된 것을 관찰한 후, 같은 주 후반에 원래의 (바람직하지 않은) 패턴으로 완전히 회귀했던 때를 되돌아보는 것, 그 이상은 하지 말자. 이 시나리오는 코치와 운동선수 모두에게 너무 흔하며 단기적인 운동 학습의 모습과 장기적으로 지속되는 수행력 사이에는 근본적으로 다른 것이 있음을 시사한다. (운동 기술에 대한) 급격한 변화가 항상 지속되지 않는 이유를 이해하기 위해, 우리는 몇 가지 정의를 세울 필요가 있다. 이러한 정의를 구성하기 위해 다음 사례를 살펴보자.

- **이야기 A**

  운동 경기 코치가 선수와 함께 올림픽 리프팅 작업을 하고 있다. 그 선수는 대학 축구 프로그램의 신입생이고 들어올리는 방법에 대해 제대로 지도받은 적이 없다. 코치는 몇 주 동안 선수와 함께 훈련한 후 일관된 성향을 파악했다. 구체적으로, 코치가 개별화된 피드백을 제공하여 선수가 훈련하면, 선수들의 기술이 뚜렷하게 개선되었다. 그러나 개선은 짧았고 코치는 후속 훈련 세션에서 선수의 기술이 기준선으로 빠르게 후퇴한다는 것을 알아차렸다.

- **이야기 B**

  고객에게 스쿼트를 시키고 있는 개인 트레이너가 있다. 이 고객은 트레이너에게 아이들과 놀 때 무릎이 아프다고 얘기했다. 트레이너는 고객의 스쿼트를 평가한 뒤, 스쿼트 시, 고객의 무릎이 안쪽으로 움직이는 것을 발견했다. 이 점이 통증을 유발할 수 있음을 확인한 뒤, 트레이너는 그의 고객이 해당 움직임 패턴에서 벗어날 수 있게 도왔다. 그는 고객에게 "무릎을 발가락 위에 올려놓으세요, 그리고 무릎을 밖으로 밀어내세요"라고 코칭하지만, 고객은 매 세션마다 계속해서 예전의 습관으로 되돌아갔다. 자신의 동료와 상의한 뒤, 트레이너는 고객의 무릎 바로 위쪽에 미니 밴드를 걸어두고 고객이 스쿼트를 할 때마다 밴드의 긴장이 유지하도록 하는 식으로 코칭의 방식을 바꿨다. 이 새로운 전략을 적용하자 고객의 스쿼트 패턴이 눈에 띄게 변하였고, 몇 번의 훈련 후 밴드나 트레이너의 코칭 없이도 쉽게 유지됐다.

많은 코치들은 이야기 A와 B의 시나리오들이 너무 익숙할 것이다. 이야기 B는 모든 코치들이 추구하는 결과를 담아내는 반면, 연습을 잘해놓고 경기를 못하는 모든 선수에게서는 이야기 A의 메아리를 보게 될 것이다. 따라서 코치들이 선수들의 이야기를 A에서 B로 옮기기 위해서는 두 시나리오의 근본적인 차이를 이해하는 것이 필수적이다.

운동 퍼포먼스 대 운동 학습

이야기 A와 이야기 B의 결정적인 차이점은 결말이다. 즉, A 이야기에서 코치는 선수가 자신이 지시했을 경우에만 원하는 수준으로 경기를 할 수 있기에 당황했었다. 대조적으로, 이야기 B의 개인 트레이너는 그들의 코칭 전략을 수정했고 그들 고객의 스쿼트 기술에 지속적인 변화를 유도할 수 있었다. 두 사례 모두, 코치와 개인 트레이너는 연습 중 또는 훈련 직후에 측정하고 볼 수 있는 운동 행동의 단기적 변화를 의미하는 운동 퍼포먼스를 개선할 수 있었다. 하지만 오직 개인 트레이너만이 운동 기술의 장기 기억을 지지하는, 운동 행동의 비교적 영구적인 변화를 반영한 운동 학습을 촉진할 수 있었다.[15] 따라서 이야기들의 구별에 의해 강조되듯이, 운동 퍼포먼스의 변화가 반드시 운동 학습의 변화를 나타내는 것은 아니다. 더욱이, 수많은 방법들이 연습 수준에서 운동 퍼포먼스를 향상시키는 것으로 나타났지만, 단지 소수만이 장기 운동학습을 지속적으로 개선시켰다. 이러한 이유로 우리는 운동 기술을 개발하고 평가하는 데 사용되는 내용들을 정의해, 코칭 방법의 효과를 평가할 수 있는 자연스러운 프레임워크를 제공할 것이다.

단기 대 장기학습

두 이야기 모두, 운동선수와 고객이 그들의 퍼포먼스 코치와 개인 트레이너로부터 조언을 받으면서 운동 기술을 연습하는 기간을 가졌다. 이 연습 초기에는 단일 실습이든 일련의 훈련이든 관계없이 학습 단계로 설명할 수 있다. 이러한 운동 기술의 발달 단계는 일반적으로 코치들이 운동을 수행하기 전에 선수들에게 지시사항, 운동 후에 피드백을 제공하는 것으로 특징지어진다. 또한 코치는 바람직한 변화를 장려하기 위해 운동 기술의 특징들을 수정할 수도 있다(예: 이야기 B의 무릎 위에 미니 밴드를 놓는 것). 실질적으로 말하자면, 직접적이든 간접적이든 간에 운동 기술에 영향을 주려는 모든 시도는 학습 단계의 확인으로 여겨진다. 따라서 잘 학습된 동작의 경우에도 운동 퍼포먼스를 개선하려는 추가적인 시도는 학습 단계로의 재진입으로 분류된다.

코치들은 종종 단기 학습 단계에서의 변화를 다음 단계로 나아가기 위한 지표로 사용하는데, 운동 학습의 궁극적인 평가는 코칭의 영향이 없이도 지속할 수 있는 미래의 어느 시점에 발생하는 장기적인 유지 단계를 필요로 하며 이와 관련한 맥락 내에 존재한다. 예를 들어 이야기 A에서 코치가 지시사항을 제공하기 전에 선수가 올림픽 리프트를 실행하는 것을 지켜본다면 각 연습 세션은 이전 단계의 유지와 지속 단계로 사용될 수 있다. 그러나 코치가 선수에게 필수적인 정보를 빠르게 상기시킨다면, 코치는 선수의 단기학습과 장기유지를 직접 평가할 기회를 잃게 될 것이다. 따라서 다음 단락에서 볼 수 있듯이, 현재 코치가 만든 변화가 앞으로도 지속적으로 운동선수의 변화로 나타난다고 가정하지 않도록 주의해야 한다.

PART 3. 구별하기

많은 사람들에게 가장 기억에 남는 어린 시절의 경험 중 하나는 자전거 타기다. 딸이 처음으로 자전거 타기를 배우던 날, 나는 내 경험에서 유용해 보이는 경험들을 떠올렸다. 딸이 혼자서 타려고 했었던 첫 번째 시도처럼 그녀가 덤불 속에 빠지는 것을 원하지는 않았지만 그럼에도 내 아버지가 가르쳐주신 "앞을 보렴", "페달을 밀어", "자전거의 균형을 잡아보렴"처럼 단순한 주의사항을 포함한 접근법의 가치를 깨달았었기에, 이런 신호들과 '그냥 해보는 것'의 중요성을 강조하는 내 아버지의 목소리와 함께, 나와 딸은 연습을 시작하기 위해 공원으로 향했다.

예상했던 대로, 처음 몇 번은 딸이 "놓지 마"라고 소리쳤고 나는 "놓지 않을 거야"라고 재확인하며 내 손의 지지 없이 딸이 천천히 타게 했다. 필연적으로 그녀의 능숙함과 균형감이 늘어났으며, 딸은 내가 그녀의 옆에서 함께 뛸 수 있게 돼 기뻐했다. 이 순간에 이르기까지 몇 주 동안, 일관된 현상이 있었다. 딸은 자전거 타기의 실력이 다소 향상된 다음 연습을 끝냈었고, 다음 연습에선 우리가 끝마쳤던 것 이상으로 눈에 띄게 향상된 상태로 새 연습을 시작했다. 즉, 이전의 연습에서 그녀가 경험한 개선은 며칠 후 다음 세션까지 향상되는 것처럼 보였다. 딸이 마침내 자전거를 탈 수 있음에 기뻐할 때, 나는 내 일에 있어 가장 중요한 운동 학습 원리 중 하나의 실현을 볼 수 있음에 흥분했다.

새로운 기술을 배우는 모든 사람에게 공통적으로 나타나는 이 관찰은 일반적으로 코치의 영향에 의해 유발되는 운동 기술(즉, 운동 퍼포먼스)의 단기적 변화와 대조되는 코칭의 유무와 상관없이 독립적으로 발생할 수 있는 장기적인 변화(즉, 운동 학습)이며, 운동 수행력과 운동 학습 구분의 완벽한 예이다.[7, 13] 따라서 연습하는 동안 관찰된 딸의 운동 수행력의 향상은 전부 운동 학습으로 전이됐다고 볼 수 없다. 단일 연습 내에서 확인되는 개선을 보고 효율성을 평가하는 경우가 많다. 그러나 이전 단락에서 논의한 바와 같이 초기의 운동 수행력이 항상 운동 학습의 장기적인 변화를 나타내는 것은 아니기에 이것은 잘못된 조언이며,[3, 15] 코치들에게 중요한 고려 사항이다.

이 마지막 요점에 대한 증거들에 대해서 알아보기 전에 수행력-학습의 구별을 설명할 수 있는 세 가지 결과를 살펴보자(그림 1.4 참조). 첫 번째는 초기 단계에서 성취한 운동 수행력이 유지 단계에서 달성된 운동 수행력보다 효과가 좋다는 것이다. 이는 코치가 신호를 보낼 때(즉, 초기 단계)는 운동선수의 리프팅 기술이 향상됐었지만 코칭의 영향력이 제거되면(즉, 유지 단계) 빠르게 이전으로 돌아갔던 이야기 A의 경우다. 운동 수행력의 퇴행은 운동선수가 우리의 코칭 전술에 의존하고 있거나 우리가 설계한 학습 환경에 적응하지 못하고 있다는 신호로, 코치로서 우리는 이 시나리오를 신속하게 파악해야 한다. 두 번째 가능한 결과는 초기 단계에서 습득한 운동 수행력이 유지 단계까지 지속됐을 때다. 고객의 스쿼트 기술이 초기부터 이후까지 향상되고 지속됐었던 이야기 B가 이에 속한다. 운동 학습이 일어나 유지 단계까지 운동 수행력이 지속되거나 안정화됐다면, 이후 추가적인 향상과 개선이 필요한 경우에는 코칭 전술

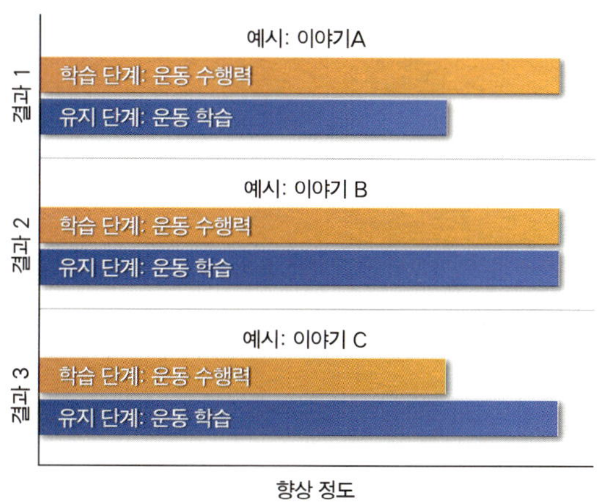

그림 1.4 학습 자극(초기 학습 단계)과 해당 학습의 자극 평가(유지 단계) 사이에 나타날 수 있는 세 가지 결과. 각 결과는 논의된 이야기 중 하나이며, 여기서 결과 1은 이야기 A를, 결과 2는 이야기 B를, 결과 3은 이야기 C를 나타낸다.

또는 프로그래밍의 변경이 필요하다는 강력한 표시가 된다. 내 딸이 자전거 타기를 배우는 경우(이야기 C)인 세 번째 결과는 후기 유지 단계의 운동 수행력이 초기 학습 단계의 운동 수행력보다 나았을 때다. 개인이 새로운 기술을 배울 때 공통적으로 일어나는 이 결과는, 연습의 조건이 운동 적응 및 기억의 저장 단계가 발생한 후에야 완전히 실현되는 운동 시스템의 변화를 장려했기 때문에, 코치가 효과적인 코칭 전술을 사용했다는 좋은 신호가 된다.

그림 1.4에 설명된 세 가지 시나리오는 선수가 올바른 방향으로 움직이고 있는지 코치에게 알려주는 일종의 학습용 GPS를 제공한다. 이 정보는 선수가 이 연속체에서 어디에 속하는지에 따라 코치가 코칭 전술을 재조정하는 데 도움이 된다. 또한 코치는 이러한 유지 단계에서 운동학습을 평가할 때 움직임 패턴과 수행 결과를 일관되게 사용하는 것이 바람직하다. 운동 기술과 관련된 지표(예: 들어올린 무게, 거리를 달리는 시간, 패스 정확도)가 있다고 가정할 때 코치는 패턴, 수행 능력 또는 두 가지 모두에 긍정적인 변화가 있는지 확인하려고 노력해야 한다.

코치들은 이 전략을 적용할 때 내가 좋아하는 **침묵의 세트**라고 부르는 것을 사용할 수 있다. 예를 들어 이야기 A의 코치가 올림픽 리프팅을 위한 새로운 큐잉을 시도했고 그 결과가 운동 수행력의 유지에 향상을 가져오는지 확인하고 싶나고 가정해 보자. 이를 테스트하기 위해 코치는 후속 훈련 세션 동안 선수에게 큐들을 즉시 상기시키는 대신 아무 말도 하지 않고, 단순히 선수가 동작을 수행하는 것을 관찰하는 하나 이상의 **침묵의 세트**를 사용해 본다. 선수가 과거 훈련에서 관찰된 변화를 유지하거나 개선됐다면 코치는 학습이 이루어졌다고 확신할 수 있을 것이다.

수행력-학습의 구분과 관련된 핵심 용어를 설정했으니, 이제 이 구분이 활용되는 모습을 볼 수 있는 연구 영역 두 가지를 살펴보자.

훈련과 학습

농구 또는 축구 팀 연습을 본 적이 있는가? 만약 그렇다면 의심할 여지없이 훈련을 위해 줄을 서서 슛, 킥, 패스를 반복하고 반복하는 운동선수들을 봤을 것이다. 언뜻 보기에 이 물리적인 형태의 암기 방식은 어렸을 때 어휘를 공부하며 사용했던 접근법과 다르지 않아 보인다. 1단계, 색인 카드의 한쪽에 단어를 놓고 다른 한쪽에 그에 대한 정의를 놓는다. 2단계, 당신이 기억할 수 있을 때까지 단어와 정의를 응시한다. 3단계, 철자를 쓰고 단어를 소리 내어 정의한다. 4단계, 맞게 했는지 확인하고, 이 과정을 반복한다. 이런 방법은 쪽지시험 바로 직전에는 잘 먹힐 수 있겠지만, 교사가 3일 후, 구술하는 문장에 각 단어들을 다 사용해야 하는 기억력 시험에는 통하지 않을 것이다. 앞으로 살펴볼 스포츠에서도 다르지 않다. 연습 방식에 따라 경기를 얼마나 잘 치를 수 있는지가 크게 결정된다.

지난 40년 동안 연구원, 코치 및 교사들은 운동 학습을 향상시킬 수 있는 최적의 실습 방법이 있다고 생각해 왔다.[14] 원칙적으로 연구원들은 학습이 최적화되려면 연습이 선수에게 바람직한 수준의 어려움을 줘야 한다는 데 동의한다.[1] 이 점은 처음에는 직관에 어긋나는 것처럼 보이지만, 아이의 눈높이로 본다면 이 논리를 이해하는 데 도움이 될 것이다.

내 아들은 세 살 때, 여동생이 여러 소아용 직소퍼즐을 완성하는 것을 보고 퍼즐에 관심을 갖게 되었다. 비록 여동생이 하고 있던 100조각 공주 궁전에 할 수준은 아니었지만, 오래된 8조각 나무 퍼즐은 동생 이상으로 잘했다. 아들은 이 퍼즐들을 여러 번 정복한 후에, 금세 흥미를 잃고 더 도전적인 무언가를 찾았다. 선수들이 하는 꾸준한 연습 역시 이와 비슷한 단계에 속한다. 또한 코치는 이러한 유지 단계에서 운동 학습을 평가할 때, 움직임 패턴과 수행 결과를 지속적이고 일관적으로 사용하도록 권장한다. 운동 기술과 관련된 측정 기준(예: 웨이트 리프팅, 주행 시간 또는 패스의 정확도)이 있다고 가정할 때, 코치는 패턴, 수행력 또는 두 가지 모두에 긍정적인 변화가 있는지 여부를 확인한다. 한편, 이 예에서는 학습에 대한 두 가지 진실을 설명한다. 첫째, 배우는 내용에 관심을 가지고 있어야 하며 둘째, 배울 수 있는 무엇이 있어야 한다. 즉, 내 아들은 8조각 직소퍼즐이 더 이상 도전적이지 않게 되자 새로 배울 것이 없었기 때문에 흥미를 잃었다. 마찬가지로 100조각 퍼즐에 직면했을 때는, 그만큼의 복잡성을 다루는 데 필요한 기술을 아직 개발하지 못했기에 결과적으로 반복된 실패 후 흥미를 잃었다. 하지만 20조각 퍼즐을 제시했을 때는 극복할 수 있는 새로운 도전이 있었기에 다시 흥미를 느꼈다.

골디락스의 원칙

우리가 원하는 변화(예: 학습)를 만들기 위해선 주어진 노출(예: 어려움)이 특정 대역폭(즉, '적절한') 내에 있어야 한다. 이는 일반적으로 **골디락스의 원칙**이라고도 불린다. 운동 학습에서 이 아이디어는 과다놀리Guadagnoli와 리Lee[5]에 의해 **도전점 가설**challenge point hypothesis이라고 불리며, 학습은 학습자가 이용할 수 있는 지식의 결과라고 제안한다(그림 1.5 참조). 즉, 정보가 너무 적거나 많으면 학습을 제한한다. 학습은 사용 가능한 정보가 학생의 정보 흡수 준비 상태(능력)와 일치할 때 최적화된다. 학습자가 사용할 수 있는 정보의 양을 결정하는 것은 과제의 상대적 난이도이다. 무언가에 초심자라면, 작은 도전(멈춰있는 야구공을 치는 것)이 작업에 대한 모든 사용 가능한 정보를 소비할 수 있기에 초기에 큰 학습 효과를 가져올 것이다. 하지만 자신의 능력을 넘어선 도전에 직면한다면 넘쳐나게 제공되는 정보(예: 날아오는 야구공을 받아치는 것)를 받아들이지 못할 것이다. 반대로, 내가 전문가라면 주어진 운동 기술에 대한 새로운 정보를 추출하기 위해 도전의 수준이 높아야 한다(예: 실제 투수가 던진 공을 치는 것). 궁극적으로 직접적이든 간접적이든 정보는 퍼즐을 해결하면서 오게 되며, 우리의 경우 움직임 문제를 해결하는 데서 오는 보상이다. 코치로서 우리의 임무는 선수가 자신의 편안한 영역을 넘어설 수 있도록 학습 조건을 만드는 것이다. 목표는 항상 새로운 정보를 사용할 수 있도록 하는 것이다.

훈련의 변동성

훈련 환경의 중요성을 더 자세히 설명하기 위해 포터Porter와 동료들의 연구를 살펴보자. 위에서 설명한 개념을 바탕으로 포터와 매길Magill[10]은 초보자 그룹의 농구의 패스 정확도에 대한 연습 가변성의 영향(일반적으로 상황적 간섭이라고 지칭)*을 조사했다. 참가자들은 세 그룹으로 나뉘었다. 두 번째, 세 번째 패스 방법을 연습하기 전에 첫 번째 방법을(예: 양손 오버헤드 패스) 반복 수행한 가변성이 낮은 집단(즉, 블록화 연습 집단), 세 가지 패스 유형을 모두 무작위 순서로 수행한 가변성이 높은 그룹(즉, 무작위 연습 집단), 낮은 가변성(즉, 블록화 연습)에서 높은 가변성(즉, 무작위 연습) 구조로 진행시키는 집단. 나중에 포터와 새미Saemi[11]가 확인하고 포터와 베커만Beckerman[9]이 확장한 결과에 따르면, 습득 단계에서는 집단 간 차이가 없었지만 유지 단계에서는 연습 방법을 진행시킨 집단이 블록 및 무작위 연습 집단을 앞선 것으로 나타났다(그림 1.5 참조). 이것은 연습 가변성의 체계적인 증가가 단순히 낮거나 높은 가변성 조건(즉, 골디락스 원리)에서 연습하는 것보다 더 큰 운

* 연습 가변성과 상황 간섭은 모두 연습 세션 중 상황이 얼마나 자주 바뀌는지를 설명하는 용어다. 따라서 예를 들어 선수들이 전체 세션 동안 정확히 동일한 패스 훈련을 수행하는 연습을 한다면 연습 변동성이 최소화된다고 말할 수 있다. 대조적으로, 코치가 훈련을 1분마다 변경한다면 훈련에 높은 연습 가변성이 적용된다고 말할 수 있다. 이제, 연습 가변성의 적절한 수준은 선수의 기술 수준에 따라 달라지지만, 원칙적으로, 우리는 누군가의 능력이 향상되면, 그들이 증가된 연습 가변성으로부터 이익을 얻는다는 것을 알고 있다. 만약 당신이 대부분의 스포츠, 특히 팀 스포츠가 본질적으로 가변적이라는 것을 고려한다면, 이 발견은 타당할 것이다.

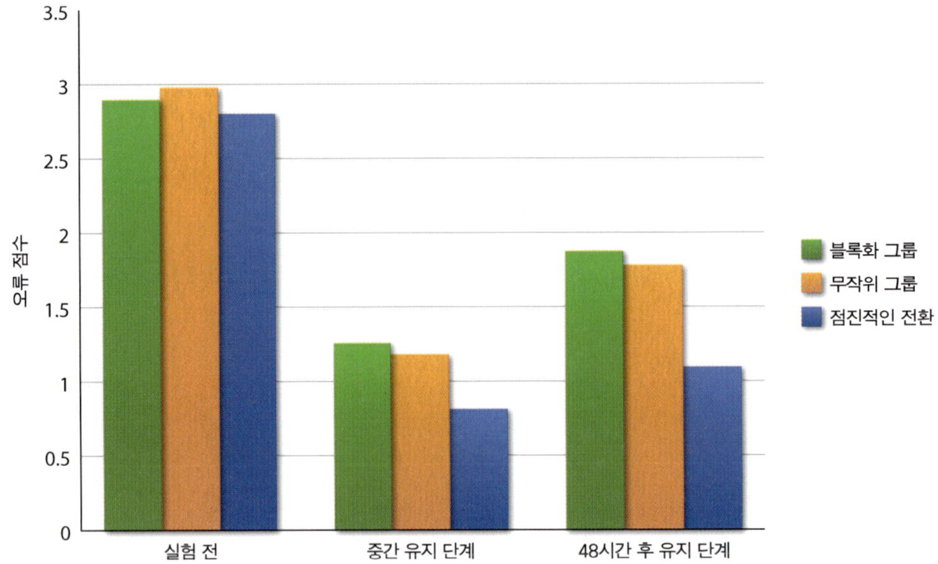

그림 1.5 사전 테스트, 즉시 유지력 테스트, 48시간 유지력 테스트의 평균 절대 오차(absolute error, AE) 점수.

Reprinted by permission from J.M. Porter and E. Saemi, "Moderately Skilled Learners Benefit by Practicing With Systematic Increases in Contextual Interference," *International Journal of Coaching Science* 4, no. 2 (2010): 61-71.

동 학습 결과를 가져온다는 것을 의미한다.

이 연구와 이와 유사한 다른 연구들은 일에서의 수행력과 학습의 구분에 대한 첫 번째 명확한 예를 제공한다.[2] 블록 연습, 무작위 연습, 가변성을 높여나가는 연습이 학습 초기에는 모두 유사한 효과를 나타내더라도, 유지 단계를 평가했을 때는 가변성을 높여나가는 연습이 더 우수한 결과를 보였다.* 즉, 어떤 연습 구조를 설정하는가가 장기적 운동 학습에 직접적인 영향을 미친다는 것을 알 수 있다. 이는 선수의 현재 수행능력에 비례하여 훈련 가변성을 조작한 결과로, 적절한 수준의 가변성 또는 도전 과제를 통해 선수의 참여를 유도하고 과제 관련 정보에 주의를 집중할 수 있도록 한다.[4] 다음 섹션에서 살펴보겠지만, 효과적인 훈련 설계뿐만 아니라 효과적인 코칭을 뒷받침하는 것은 바로 이러한 주의 집중을 조정하는 것이다.

코칭과 학습

코칭을 배우고 있는 학생이라면 'J.C. Anderson의 재미있는 골프 팁'[21]이라는 비디오를 필연적으로 보게 될 것이다. 코칭 큐에 대한 풍자적 견해가 지나치지만, 놀랍도록 친숙하게 대부분의 코치들이 오랜 경력 후에 깨닫게 되는 진실을 전달한다. 코치로서 우리는 쉽게 너무 많이, 너무 자주 말하는 함정에 빠진다(확실히 내 경력의 초기에 그랬다). 예를 들어 스쿼트에 대한 설교를 하다가 운동선수가 당신을 돌아보며 "그래서 내가 뭘 어떻게 해야 하는 데요?"라는 질문을 했을 때, 아니면 단거리 달리기에서 당신이 바라는 것과 정반대로 하는 선수들에게 계속해서 연설과 설명을 한 적이 있었는가? 이러한 예는 코칭 실수 중 일부에 불과하지만, 코치

* 맥락적 간섭 연구는 전통적으로 블록화된 훈련과 무작위 훈련의 차이를 조사했었고, 그 결과 블록화 훈련이 더 나은 단기 수행력을 보이는 반면 무작위 훈련은 장기 학습(즉, 수행력-학습 구분)에서 우수한 경향이 있음을 보여준다. 그러나 모든 훈련 설계를 블록화, 무작위 또는 가변형으로 집약할 수는 없다. 오히려 언급한 것처럼 우리는 선수들이 배우고 있는 기술에 적절한 수준의 가변성으로 일치시켜야 한다. 즉, 우리가 훈련을 너무 쉽게 만들거나 너무 자주 그렇게 만든다면 선수가 연습에서 향상되고 있는 것처럼 보이고 단순히 '아직 경기에서는 알아내지 못했다'는 사실에 의해 장기적인 운동학습에 직접적으로 영향을 미치는 잘못된 안도감에 빠질 위험이 있다.

들이 얼마나 쉽게, 그리고 현명하지 않게 언어를 오용할 수 있는지를 잘 보여준다. 대조적으로, 코칭의 언어와 운동-기술의 학습 사이의 교차점에 익숙한 코치는 무슨 말을 해야 할지, 언제 말해야 하는지, 그리고 시간이 지남에 따라 안정적인 개선을 장려하기 위해 얼마나 말해야 하는지 이해할 것이다.

코칭 큐

코칭의 언어(즉, '무엇을 말할 것인가')가 수행력과 학습에 미치는 영향을 조사하기 위해 이 책의 끝에 가서 당신이 꽤 잘 알게 될 연구원인 가브리엘 울프Gabriele Wulf 박사의 두 가지 연구를 살펴볼 것이다. 다양한 유형의 코칭 큐가 배구 서브 학습에 미치는 영향에 관심이 있던 울프와 동료들은 배구 경험이 없는 초보자 그룹과 배구 경험이 있는 상급 참가자 그룹을 초대해 연구했다.[19] 이 실험은 참가자들이 배구 코트의 오른쪽에 자리를 잡고 네트 너머로 공을 서브하여 코트 반대편 중앙에 위치한 3×3m 표적(4×4m와 5×5m 표적으로 둘러싸여 있음)의 중앙을 맞추도록 했다(각 영역에 대해 각각 3, 2, 1점이 부여되며, 목표 범위를 벗어날 경우 0점이 부여됐다). 코칭에 대한 중재는 참가자의 절반(즉, 초보자 절반과 상급 절반)은 신체의 움직임과 관련된 코칭 큐(내부 초점)를 받는 반면, 나머지 절반은 자신이 달성하고자 하는 결과와 관련된 코칭 큐(외부 초점)를 받았다(표 1.2a 참조). 참가자들은 5개의 서브 5블록을 수행했다. 각 블록 이후 실험자는 참가자들에게 기술적으로 가장 확실하지 못한 데이터를 기반으로 한 개별 코칭 큐(외부 또는 내부 초점)를 제공했다. 두 번째 연습 후 일주일 뒤, 참가자들은 코칭 큐, 힌트 또는 지난 실험을 떠올릴 수 있는 안내 등을 받지 않고 15번의 서브 유지 테스트를 했다(표 1.2b 참조). 예상대로 상급 참가자들은 내부 또는 외부 초점 그룹에 관계없이 초보자보다 우수한 성과를 보였다. 그러나 흥미로운 점은 상급 그룹과 초보자 그룹 모두에서 외부 초점의 큐를 받은 사람들이 내부 초점 큐를 받은 사람들보다 더 높은 정확도의 점수를 달성했다는 사실이다. 더욱이 이 성과 격차는 유지 테스트 동안 더 커졌기에, 내부 초점이 아닌 외부 초점 큐를 받은 사람들에게 뚜렷한 학습 이점이 있음을 보여주었다.

표 1.2a 실험 참가자들에게 적용한 내/외부 초점 큐(상급자, 초보자 모두 동일)

내부 초점	외부 초점
서브하는 팔 앞으로 공을 충분히 높게 던져라. 배구공을 칠 때 손목을 이용해, 공이 앞으로 회전하게 하라. 배구공을 서브하기 직전에 체중을 뒤에서 앞다리로 옮겨라. 몸을 활처럼 펴고, 어깨에서부터 상완, 하완 손으로 가속하라.	공을 똑바로 위로 던져라. 손에 그릇을 들었고 배구공을 앞으로 회전하기 위해 그 그릇으로 배구공을 잡고 있다고 상상해 보라. 공을 치기 직전에 체중을 목표물 방향으로 옮겨라. 기수가 말을 몰 때처럼 채찍을 사용하듯이 공을 쳐라.

표 1.2b 배구 코칭 연구 설계

초기 학습 단계		유지 보존 단계
첫날(1주차)	둘째 날(2주차)	셋째 날(3주차)
5블록×5서브 매 블록 후 개별화된 코칭 큐 제공(25번 서브 간 총 5번)	5블록×5서브 매 블록 후 개별화된 코칭 큐 제공(25번 서브 간 총 5번)	3블록× 5서브 코칭 큐, 힌트, 지난번 코칭을 떠올릴 수 있는 안내가 없음(15번 서브)

이 실험과 함께 발표된 후속 연구에서 울프와 동료들은 연구 결과를 축구장으로 확장시켰다. 이번에는 축구를 한 경험이 있지만 상급자로 간주되지 않는 대학생을 모집했다. 이 실험은 참가자들이 15m(16야드) 떨어진 목표물을 향해 축구공을 차도록 했다(목표물은 1.4×1.4m 크기의 정사각형이며 지상에서 1m[1.1야드] 높이에 매달려 있었다. 중앙은 80×80cm 크기이며, 각 15cm[6인치] 폭의 두 개의 바깥 영역이 있었다. 각 영역에 대해 각각 3, 2, 1점이 부여되고 목표물을 벗어나면 0점이 부여된다). 참가자는 매 실험마다 큐를 받은 외부 초점 그룹(EXT 100%), 3번의 실험마다 코칭 큐를 받은 외부 초점 그룹(EXT 33%), 매 실험마다 큐를 받은 내부 초점 그룹(INT 100%), 3번의 실험마다 코칭 큐를 받은 내부 초점 그룹(INT 33%), 총 4개 그룹 중 하나에 무작위로 배정됐다(표 1.3a 및 1.3b 참조). 코칭 큐는 단일 연습(초기 학습) 간 전달됐으며 이에 대한 유지 테스트는 1주일 후에 진행했다. 연습은 5번의 슈팅을 6번의 블록으로, 유지력 테스트는 5번의 슈팅을 2번의 블록으로 나누어 구성했다. 배구 연구와 유사하게, 실험자는 참가자에게 할당된 큐 빈도(100% 또는 33%)를 기반으로 단일 개별화된 코칭 큐(EXT 또는 INT)를 참가자에게 제공했다. 배구 실험과 마찬가지로, 두 외부 초점 그룹이 연습하는 동안 두 내부 초점 그룹보다 전반적으로 더 높은 슈팅 정확도를 달성했음을 보여주었다. EXT 100% 그룹은 EXT 33% 그룹과 유사한 결과를 보였고 INT 33%는 INT 100%를 능가했다. 유지 테스트 동안 정확도는 계속 향상되었고 각 그룹의 상내적 수행력은 일정하게 유지됐다.

종합적으로, 이 연구는 모든 운동 학습[17]의 영역에서 가장 신뢰 있는 발견 중 하나인 움직임 환경(예: "공 밑에서 차라") 또는 결과(예: "목표를 향해 공을 차라")와 같은 외부적인 초점에 맞춘 코칭이 문자 그대로의 언어나 비유와 관계없이 움직임 과정 자체에 대해 설명하는(예: '발목을 고정하라') 내부적인 초점보다 일관되게 우수한 퍼포먼스와 학습 결과를 가져온다는 점을 강조한다. 이 결과는 매우 강력하여 축구 실험에서 본 것처럼 참가자들이 내부적인 초점의 노출에서 감소됨에 따라 실제로 이익을 얻는 것을 볼 수 있다(연습 및 유지 중에 INT 33%가 INT 100%를 능가).

훈련의 가변성과는 달리, 아직 명확하게 연구된 바는 없지만 내부 초점에서 외부 초점으로 점진적으로 진행하는 방식이라는 중간 선택은 효과가 분명하지 않은 것 같다. 반대로, 가브리엘 울프의 엄청난 기여로 이뤄진 20년 이상의 연구들은 코치들이 운동선수들이 움직이는 동안 외부 초점을 채택하도록 격려해야 한다는 것을 일관되게 보여주었다.[17] 이렇게 함으로써, 코치들은 연습하는 동안 향상된 퍼포먼스를 촉진할 뿐만 아니라, 더 중요하게는 그들이 고수하는 학습이 지속되도록 기여할 것이다. 따라서 학습을 결정하는 것은 단순한 연습의 내용이 아니라 마음의 내용이라는 사실을 밝히는 수행력-학습의 구분에 대한 두 번째 예를 가지게 된다.

그리고 우리가 다음으로 향하는 것은 바로 이 마지막 지점이다. 외부 초점을 채택함으로써 얻을 수 있는 학습의 이점을 뒷받침하는 20년 이상의 연구에도 불구하고 내 경험과 여러 증거들에 따르면 규모가 큰 코칭(참고자료 12) 및 재활(참고자료 6) 커뮤니티가 이에 대한 이해가 느리다는 것이다. 이러한 이유로 이 책의 나머지 페이지를 코칭 언어가 주의력에 어떻게 영향을 미치는지, 또 주의력이 운동 기술 습득에 미치는 영향을 이해하는 데 할애할 것이다. 나는 코치, 트레이너, 치료사 모두에게 그들이 다른 어떤 것보다 더 많이 사용하는 코칭 도구인 그들의 목소리를 통해 정보를 얻는 방법을 줌으로써, 보이지 않는 것이 보이게 하도록 노력할 것이다.

요약

역사상 가장 위대한 코치 중 한 명으로 꼽히는 존 우든John Wooden은 "(선수들이) 깨우치기 전까지는 가르친 적이 없다"는 유명한 말을 남겼다. 이 장의 주제에 걸맞게 당신은 (코치, 트레이너, 치료사 등 직책에 상관없이) 학습자가 성공할 수 있는 여건을 조성할 책임이 있으며, 따라서 당신은 먼저 선생님이라는 것에 자각하라는 것이 우든 코치가 이야기하는 의도이다. 나는 이 책임의 중대함을 짊어지고 움직임을 가르치는 모든 사람과 움직임을 더 잘하고자 하는 사람들을 위해 이 책을 썼다. 운동에 대한 애정을 일찌감치 키우는 체육 교사, 개인의 움직임 독립성을 회복하도록 돕는 물리 치료사, 운동선수가 가능한 한계까지 움직이도록 돕는 코치 등 모든 사람이 이 책을 통해 지속 가능한 학습을 만드는 데 필요한 도구를 얻을 수 있길 바란다.

우리는 3P 퍼포먼스 프로필이라고 하는 멘탈 모델을 검토하는 것으로 여정을 시작했다. 기억하듯이 세 가지 P는 포지션(위치), 파워, 패턴이며 이것들이 모여 퍼포먼스가 나온다. 우리는 언어와 운동기술 학습에 대해 알아보는 중이다. 그렇기에 운동 학습이 무엇인지 자동차와 운전자의 비유를 통해 알아보자. 자동차는 신체 특성(가동성, 안정성, 힘, 파워 등)을 나타내며 운전자는 뇌와 중추 신경계의 역할을 한다. 우리는 운전자에 초점을 맞출 것이다. 따라서 이 책에서 제안하는 전략을 성공적으로 적용하려면 자동차 문제가 아니라 운전자 문제를 다루고 있다고 가정해야 한다. 물론 자동차가 중요하지 않다는 것이 아니다. 그러나 이 책을 최대한 활용하려면 코칭이 가능한 문제(코칭 언어의 영향을 받을 수 있는 문제)와 훈련이 가능한 문제(신체적 한계를 극복하기 위해 지속적인 훈련 자극이 필요한 문제)를 구분할 수 있어야 한다.

또 우리는 운동 학습에서 논의될 핵심 용어와 맥락을 고려하면서 계속 진행했다. 구체적으로, 학습의 중재 또는 초기 획득 단계에서 코치는 초기의 운동 수행력을 측정하고 평가할 수 있는 반면 장기 지속적인 운동 학습의 평가는 이후 유지 단계에서 일어난다는 것을 입증했다. 그리고 수행-학습의 구분을 운동 수행과 운동 학습 사이에 나타나는 차이로 정의하고 연습/훈련 설계(즉, 연습 가변성) 및 코칭 큐(즉, 큐잉) 영역에서 이에 대한 증거를 이끌어냈다. 또한 집중력 또는 주의 집중을 연습 가변성[7] 및 효과적인 큐잉[18]의 이점을 설명하는 이론과의 연결을 통해 학습의 지표로 구체화시켰다. 따라서 2장에서는 우리는 주의 집중으로 초점을 옮겨 의도적인 움직임(목표를 위해 학습하려는 움직임)을 뒷받침하는 인지 현상을 풀 것이다.

2 주의 집중

주의력: 도입부

당신은 잠에서 깨어나자마자 갑자기 새로운 언어를 말하거나 이해할 수 있게 된 적이 있는가? 아니면 피아노에 앉아 당신의 향수를 유발하는 젓가락 행진곡 대신 베토벤 5번 교향곡을 마법처럼 연주할 수 있게 된 적은 있는가? 아마 당신은 그런 적이 없다 말할 것이다. 하지만 만약 이 새로운 능력에 눈을 뜨게 된다면 이것은 당신이 아직 잠에서 깨지 않았다는 것을 의미할 것이다. 왜냐하면 이건 꿈에서나 일어날 법한 것들이기 때문이다. 비록 먼 미래에는 새로운 능력을 다운로드 받는 것이 우리가 새로운 앱을 설치하는 것과 같이 쉬워질지는 모르겠지만, 우리는 아직 운동 기능을 옛 방식인 연습을 통하여 배워야 한다.

그렇지만 우리가 1장의 마지막에서 다뤘듯이, 만약 우리가 지속적으로 운동 기능 학습을 향상시키고 싶다면, 연습만으로는 이를 충족시키기 어려울 것이다. 오히려 연습의 '질'을 연습의 '양'과 동등하게 (혹은 더 중요하게) 여겨야 할 것이다.[16] 그렇다면 어떤 것을 높은 퀄리티의 연습이라 할 수 있으며, 이것이 우리가 집중하는 방식에 따라 어떻게 영향을 받을 수 있을까? 이에 대한 답을 찾기 위해서는 전문적인 지식들과 증거들을 토대로 접근하는 것이 좋을 것이다.

전문지식의 발전

앤더스 에릭슨Anders Ericsson 박사는 플로리다 주립 대학에서 일하는 스위스 출신 심리학자이다. 에릭슨 박사는 많은 과학 분야에 큰 기여를 하였지만, 그는 연습이 전문성에 미치는 영향에 대한 연구로 가장 잘 알려져 있다. 「전문적인 수행능력 습득에서 계획적인 연습의 역할」이란 그들의 논문에서 에릭슨 박사와 그의 동료[16]들은 서베를린의 음악 아카데미에서 3개 그룹의 바이올리니스트를 모집하였다. 이들 모두 성별과 나이가 일치하였으며 10명의 바이올리니스트는 '최고의 바이올리니스트', 다른 10명은 '잘하는 바이올리니스트', 또 다른 10명은 음악 교육 부서에 등록되어 있는 것에 따라 '음악 선생님'으로 구분되었다. 세 차례의 인터뷰 세션을 통해 대상자들이 바이올린을 시작한 시기와 연주를 시작한 후 매년 쌓은 평균 솔로 연습량에 대한 정보를 수립하였다. 에릭슨과 그의 연구팀은 이 데이터를 통해 음악적 능력의 차이를 설명하는 것이 연습양의 축적인지, 아니면 연습 습관인지 파악할 수 있었다.

이 유명한 연구는 분명한 경향성을 보여주었다. '최고의 바이올리니스트' 그룹(평균 7,410시간)은 18세가 될 때까지 '잘하는 바이올리니스트' 그룹(평균 5,301시간)보다 확연하게 더 많은 개인 연습 시간을 누적해 왔으며 이 두 그룹 모두 '음악 선생님' 그룹(평균 3,420시간)보다 더 많은 연습 시간을 쌓아왔다. 이 발견에 대한 추가적인 증명을 위하여 베를린에서 국제적으로 잘 알려진 두 개의 오케스트라의 '전문 바이올리니스트' 10명에 대한 두 번째 분석이 제공되었다. '최고의 바이올리니스트'와 비슷하게 '전문 바이올리니스트'들은 평균적으로 7,336시간을 그들이 18세가 될 때까지 개인 연습에 할애하였다. 따라서 이 데이터는 축적된 개인 연습 시간과 전문가의 길로 가는 비율에 대한 관계를 명백하게 보여주었다.

에릭슨의 논문은 지금까지 8,000번이 넘게 인용되었으며 스포츠 전문성에 중점을 둔 연습과 전문성의 상관관계에 대한 추가적인 연구에도 영감을 주었다. 예를 들어 베이커Baker, 꾸띠Côté, 그리고 애버네시Abernethy[4]는 15년의 운동 경력을 가진 국가적인 레벨의 전문 팀스포츠 선수들(5,709시간)이 지방이나 시 대표 레벨의 비전문 선수들(2,900시간)보다 확연하게 많은 운동 중점의 연습 시간을 쌓아왔다는 것을 알 수 있었다. 또한, 전문 운동선수들은 그들이 국가대표에 속하기까지 그들의 스포츠 종목을 주 20시간 연습한 가운데 같은 기간 동안 운동을 한 비전문 운동선수들은 오직 주 9시간의 연습밖에 하지 않았다.

논리적으로는 연습을 한 시간이 전문지식의 발전에 가장 최우선이 되는 요인이라고 생각되지만 연구원들은 연습의 질이 핵심이라고 이야기한다. 예를 들어 베이커, 꾸띠, 그리고 애버네시[5]는 전문적인 운동선수들이 비전문 운동선수들보다 비교적으로 훨씬 더 많은 시간을 경쟁, 연습, 그리고 개인에 맞춰진 교육에 투자한다는 것을 보여주었고 이에 비해 비전문 운동선수들은 많은 시간을 대부분 친구들과의 운동, 웨이트 트레이닝, 또는 유산소를 통한 컨디셔닝에 쓰고 있다는 것을 보여주었다. 운동 시간이 어디서 어떻게 쓰이는 것의 중요성을 확인하며 워드Ward, 호지스Hodfes, 스타크스Starkes, 윌리엄스Williams[51]는 같은 나이와 경력의 비전문 축구 선수를 엘리트 선수들과 비교했을 때 엘리트 선수들이 연습에 더 많은 시간을 쓸 뿐만 아니라 더 높은 수준의 의사결정 활동을 포함한 연습을 중점적으로 한다는 것을 알 수 있었다.

키, 몸무게, 체형, 구조, 성격과 같은 선수들 고유의 신체적 그리고 심리적인 부분들을 결정하는 유전적인 요인들의 영향을 무시할 수 없지만,[25, 48] 축적된 높은 퀄리티의 연습 시간들이 전문성의 문제에 있어서 필수적인 요인이라는 것을 부정할 수 없다.[31] 따라서 효과적인 연습의 기반이 되는 특징을 살펴보고 주의 집중이 어떤 촉진 효과를 보이는지 파악하는 것이 중요하다.

계획적인 연습

이 아이디어는 말콤 글래드웰의 저서 『아웃라이어』[53]에서 에릭슨의 연구를 요약한 데서 비롯된 것으로 많은 사람들이 생각한다. 즉, 전문성이란 1만 시간만 투자하면 가질 수 있을 것이라는 인식이 심어진 것이다. (하지만 이는 아웃라이어를 제대로 이해한 것이 아니다.) 사람들은 시간만 투자하면 전문가가 될 수 있다고 생각하게 되었다. 이 아이디어는 매력적이지만, 한 가지 작은 문제가 있다. 사실이 아니라는 점이다.

그의 책 『Peak』에서 에릭슨은 "이 법칙은 압도적으로 매력적이지만…. 불행하게도, 요즘 많은 사람들이 유일하게 알고 있는 연습의 영향력은 '양적인 것이다'라는 법칙은 틀렸다"[14]라며 이야기를 바로잡았다. 많은 연구들을 통해 특히 팀스포츠는 전문가 레벨의 수행능력을 보여주기 위해서 필요한 연습 시간이 다양하다는 것을 보여주었다. 국가적인 레벨의 자격증을 따는 데 걸리는 시간이 1만 시간이 안 걸리는 예들이 많다는 것이 이를 뒷받침한다.[24] 따라서 에릭슨이 1993년 논문에서 지적했던 것처럼 전문 선수와 일반 성인을 구분하는 차이는 특정 영역에서 성과를 향상시키기 위해 인생을 주기로 한 계획적인 노력을 반영한다.[16] 계획적인 연습의 본래 뜻을 나타내는 이 말은 기초가 되는 효과적인 연습은 의도적이며 집중적인 노력이라고 설명한다. 이 특징에 대하여 강조하며 에릭슨은 **계획적인 연습**deliberate practice이 즉각적인 피드백에 대한 대비, 문제 해결과 개선을 하는 데 걸리는 시간, 그리고 행동을 개선하기 위한 반복적인 수행 기회를 포함한다며 의미를 확장시켜 나갔다.[15] 이 정의를 바탕으로 에릭슨은 계획적인 연습이 분명한 목표, 뚜렷한 초점, 적절한 피드백,

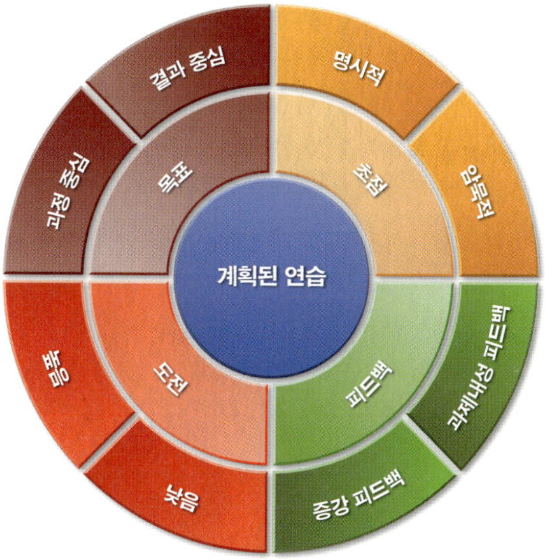

그림 2.1 앤더슨 에릭슨의 계획된 연습 모델의 주요 및 부차적인 특징.

그리고 적당한 레벨의 도전을 포함하는 것을 권장한다(그림 2.1).

목표

목표 설정이 수행능력에 미치는 긍정적인 영향은 심리학에서 가장 안정적인 발견 중 하나이기에 에릭슨이 목표 설정을 계획적인 연습의 4원칙 중 하나로 확정지은 것은 놀랍지 않다.[29] 잘 짜여진 목표는 배움의 환경에 목표를 불러오며 우리가 무엇에 집중해야 하는지 알려준다.

1993년 논문에서 에릭슨 박사와 그의 동료들[16]은 수행능력에 영향을 미치는 목표의 특징에 대해 설명했다. 먼저 목표는 선수들이 목표와 관련된 운동 기능에 관심을 기울이도록 도와준다. 예를 들어 만약 테니스에서 포핸드 샷으로 서브를 받아내는 방법을 배우는 경우, 공을 쳐내는 것에 집중하는 것이 풋워크나 팔의 위치를 어떻게 해야 하는지에 집중하는 것보다 훨씬 더 합리적이다. 왜냐하면 후자는 전자로부터 이어지기 때문이다. 두 번째로 도전적인 목표는 쉽거나 분명하지 않은 목표보다 더 나은 끈기와 노력으로 이어진다. 1장에서 적절히 어려운 난이도의 퍼즐을 찾으려는 내 아들의 욕구에 대한 우리의 대화에 대해 다시 떠올려보자. 만약 그 목표가 너무 쉬웠다면 이것을 성취했을 때 만족감이 낮아질 것이다. 그리고 목표 성취에 대한 인지된 만족감이 사라진다면 끈기와 노력은 확연히 떨어질 것이다.

세상에는 많은 종류의 목표가 있지만 운동 기능을 향상시키려는 목적을 위해서는 두 개의 카테고리가 관련이 있다. 첫 번째로, 코치나 선수는 연습 중인 운동 기술의 특정 기술적 특징과 관련된 **과정 지향적 목표** process-oriented goals를 정할 수 있다. 예를 들어 선수의 왼쪽 패스 속도를 향상시키고 싶어 하는 럭비 코치가 있다 상상해 보자. 코치는 선수가 패스하는 데 오랜 시간이 걸리는 이유가 몸을 가로질러 일직선으로 공을 움직이는 것과 반대되는 포워드 루핑forward-looping 동작 때문이라 확인한다. 이를 바로잡기 위해서 럭비 코치는 그 선수가 전방으로 움직일 때 수비수가 그를 향해 온다는 실제 경기 상황과 비슷한 상황을 고안해 낸다. 그리고 코치는 선수에게 최대한 마지막 순간에 왼쪽으로 공을 패스하라는 간단한 큐를 준다. 이 큐는 수비자가 공을 가지고 노는 능력을 제한하고 그 선수가 그의 팀에게 빠르고 직선적인 패스를 하도록 해준다. 코치는 훈련을 계속하며 선수에게 왼편으로 6.5야드(6m) 떨어져 달리고 있는 그의 팀에게 10개의 성공적인 패스를 하라는 목표를 설정해준다. 코치는 수비수가 공격수에게 접근하는 속도에 변화를 주거나 과제의 난이도를 변경하는 것이 쉽게 가능하고 매 반복마다 외적인 피드백이 형성된다는 것을 고려했을 때 이 시나리오의 특징은 운동 기능 수행능력에 변화를 주는 데 충분하다는 것을 보여준다.[30]

과정 지향적 목표 외에도 코치나 운동선수는 연습 중인 운동 기능의 결과 또는 성과에 집중하는 **결과 지향적 목표**outcome-oriented goals를 세울 수 있다. 럭비 예시를 토대로 그 선수가 기술을 성공적으로 수정하고 결과적으로 공이 날아가는 방향과 속도를 개선했다고 가정해 보자. 자연스러운 진행은 목표를 원하는 결과의 특징으로 바꾸는 것이다. 이 경우에 목표는 **공간적**(예: 정확도)이고 팀이 공을 잡기 위해서 반대로 돌지 않고 가슴 앞으로 공을 받을 수 있도록 그 선수에게 공을 패스하도록 요구할 수 있다. 다른 경우로는 목표는 **시간적**(예: 속도)이고 이때 럭비 코치는 패스 속도를 정하기 위해서 속도 측정기를 사용할 수 있다. 따라서 코치는 적당히 어렵게 느껴질 속도×정확도 관계를 형성해서 선수들이 얼마나 빨리 공을 패스하기 원하는지를 매개변수로 설정할 수 있다.

우리는 일반적으로 단기, 중기, 장기 시간 척도의 렌즈를 통해 목표를 본다. 하지만, 계획적인 연습의 원칙에 따르면 운동 기술 연습의 반복 수준에서 적용할 수 있는 마이크로 목표를 식별해야 한다. 이 접근 방식은 본질적으로 무엇(행동)에 왜(목표)를 심어주는 것이며, 집중을 유도하는 데 필요한 소선을 제공한다.

집중(초점)

내 딸이 5살이 되었을 때 레고에 관심을 가지기 시작했다. 어렸을 때 레고를 가지고 노는 것을 좋아했던 사람으로서 나는 내 딸이 그 조그마한 블록에서 내가 느꼈던 것과 같은 기쁨과 기발한 상상력을 느낄 수 있는 것에 신이 났다. 한번은 딸과 함께 미래적인 닌자 성을 만들고 있었고 나는 가볍게 딸에게 학교생활은 어떤지 물어보았다. 나를 쳐다보지 않고 닌자 악당을 조립하는 데 몰두한 채 딸은 말했다. "아빠, 나는 지금 집중하려 하고 있어요. 1분만 기다려주실 수 있으세요?" 나는 반가우면서도 놀라웠다. 딸의 대답은 집중의 중요성이라는 계획적인 연습의 두 번째 특징을 떠올리게 해주었다.

어떤 것에 집중한다는 것은 다르게 말하자면 모든 것에 집중할 수는 없다는 뜻이다. 이것은 우리가 고속도로에서 예상치 못한 교통 상황에 접했을 때 차에 타고 있는 사람들과 대화를 멈추거나 음악 볼륨을 낮추는 이유다. 비슷하게도 이것은 도서관이 조용하고, 음악 스튜디오는 시끄럽고, 팀 스포츠에서 하나의 공을 쓰는 이유와도 같다. 우리는 선천적으로 집중할 수 있는 범위가 한정적이기 때문이다. 과학계에서는 오랫동안 한 사람이 선택할 수 있는 수와 선택할 수 있는 속도 사이에 균형이 존재한다고 이해해 왔다. 이 법칙은 **힉의 법칙**Hick'a Law[30]이라고 알려져 있고 이는 누군가가 결정을 내리기 위해서 걸리는 시간이 그들에게 주어진 선택의 가짓수에 의해 결정된다고 설명한다. 예를 들어 만약 10개의 조명이 벽에 원형으로 설치되어 있고 당신이 불이 켜질 때마다 빠르게 반응하여 조명을 (한 번에 하나씩) 터치하라고 한다면 조명이 10개일 때의 당신의 평균 반응속도가 같은 작업에서 조명이 5개일 때보다 훨씬 더 느리다는 것을 알 수 있을 것이다. 나중에 이야기해 보겠지만 이 현상은 주의력 수용 제한 기능으로 우리가 10가지에 집중력을 분산하는 것이 5가지에 분산하는 것보다 왜 더 어려운지 설명해준다.

이러한 내용을 코칭에서는 어떻게 해석해 볼 수 있을까? 만약 선수들이 무언가(이상적으로 옳은 일)에 집중하지 않으면 그들은 다른 무언가에 방해를 받을 수 있게 된다. 이는 특히 선택지가 많아질 때 일어난다. 그러므로 계획적인 연습을 촉진하는 데 중요한 부분은 큐를 구두로 전하거나(예: "다음 반복에서는 ~에 더 집중해 봐!") 은연 중에 특정 초점에 성공적인 결과를 연결하는 활동을 설계하여 분명하게 집중력을 이끄는 것이다. 많은 방면으로 효과적인 구두로 전하는 큐는(Part 2에서 더 자세히 다뤄진다) 일종의 소규모 목표와 같은 취급을 할 수 있다. 어떤 단거리 주자가 10m(11야드)를 1.85초 안에 달리는 것을 결과적인 목표로 설정하고 있다고 하자. 하지만 이를 이루기 위해서 코치는 단거리 주자에게 "가장 빠른 속도로 스타팅 블록에서 질주하라"는 요구를 할 수 있다. 이 큐는 어떻게 매 반복, 세트 또는 세션에서 소규모의 목표가 선수가 채택한 초점 안에서 밀접하게 연결되었는지 설명해준다.

하지만 속담에 따르면 당신은 말을 물이 있는 곳으로 데려갈 수 있겠지만 말이 물을 마시게는 하지 못한다. 이는 코치의 언어로 변역하면 우리가 항상 정답을 줄 수는 없으며 언젠가는 선수 스스로 답을 찾아야 할 때가 온다는 것을 의미한다. 예를 들어 움직임 시나리오가 너무 복잡하여 구두로 전하는 큐가 작업 전체를 담지 못할 수도 있고(예: 쿼터백이 공을 던져야 할 최고의 리시버를 선택하기 위해 필드를 스캔하는 것) 운동선수들이 움직임 문제를 어떻게 해결할지 스스로 알아내기를 원하기도 한다(예: 일대일 훈련에서 다가오는 수비수를 회피하기). 이러한 맥락적 의도를 고려하여 선수들이 원하는 목표를 달성할 수 있도록 코치는 초점이 올바르게 지시된 경우에만 해결할 수 있는 움직임 시나리오를 구축하는 법을 이해해야 할 필요가 있다.

이 마지막 요점을 설명하기 위해 아이스하키 선수가 1대 1 수비 상황에서 더 나은 의사 결정을 할 수 있도록 하는 능력을 향상시키고 싶어 하는 코치가 있다고 고려해 보자. 증거에 따르면 이러한 유형의 빠른 의사 결정은 관련 없는 것은 무시하고 과제와 관련된 특징에 집중하거나 집착하는 선수의 능력으로 부분적으로 설명할 수 있다.[22] 따라서 코치는 하키 선수가 1대 1 상황에서 수비 결정을 향상시키는 방향으로 집중할 수 있는 기회를 제공할 수 있도록 움직임 시나리오를 만들어내고 싶어 한다. 우리는 수비적인 추적의 관점에서 볼 때 공격수의 무게 중심은 신체의 궁극적인 움직임과 이동할 방향과 직접적인 관련이 있음을 알고 있다.[7] 따라서 팀스포츠의 전문가는 일반적으로 머리와 팔다리의 움직임으로 인해 잘못된 방향을 잡기 쉬운 비전문가보다 몸통 또는 무게 중심에 초점을 맞춘다.[8] 이를 아는 코치는 보드와 빙판 중안(이동 공간) 사이에 13야드(12m)의 트랙을 만들고 수비수 윙어로부터 16야드(15m) 떨어진 곳(결정 공간)에 공격수 윙어를 배치한다. 코치는 결정 시간을 조작하기 위해 신호를 받아야만 뒤를 돌 수 있고 공격수의 반대를 보고 시작하는 수비수 윙어를 배치한다. 실질적으로 코치는 첫 번째 신호를 공격수의 전진 움직임을 유발하기 위해 하고 두 번째 신호를 수비수가 뒤로 방향을 틀어 시작하도록 하기 위해 한다. 궁극적으로 우리 선수의 성패는 공격자의 움직임을 빠르게 읽고 이 정보를 사용하여 전진 또는 턴오버를 지연시키는 방어적인 작전을 만드는 능력에 달려 있다. 선수가 신체적으로 충분히 빠르고 강하다는 가정하에 이 상황에서 실패는 초점이 잘못 배치되거나 시기가 맞지 않은 것이 직접적으로 반영된 것이다. 따라서 반복이 충분히 되었다면 결과에 대한 피드백은 선수가 올바르게 집중하여 그들의 성공률을 높일 수 있도록 해준다.

명시적이든 암묵적이든, 우리가 실제로 집중하는 방식이나 연습이 집중하도록 하는 방식은 계속되는 학습의 질에 직접적인 영향을 미친다. 따라서 우리의 목표와 초점은 주어진 반복에 대한 주의력 집중 조명 attentional spotlight을 정의하는 역할을 한다. 코치는 목표가 기술에 적합하고 초점이 목표와 관련이 있는지 확인할 책임이 있다. 그러나 운동 기술은 지속적으로 진화하고 있기 때문에 코치와 운동선수는 목표를 재설정하고 초점을 새로 고칠 때를 알기 위해 시기적절한 피드백이 필요하다.

피드백

가차 없는 직업 윤리와 태도로 잘 알려진 마이클 조던은 "나는 선수 생활 동안 9,000개가 넘는 슛을 놓쳤고 거의 300개에 가까운 시합에서 졌으며 나는 게임을 끝낼 수 있겠다고 믿은 슛을 26번이나 놓쳤다. 나는 내 인생에서 계속해서 실패하고 또 실패했다. 그리고 그것이 내가 성공한 이유다"라는 유명한 말을 남겼다. 1990년대의 많은 아이들이 그랬던 것처럼 나도 이 문장을 벽에 붙여놓았지만 "실패는 없다. 오직 피드백만 있을 뿐이다"Rober Allen라는 것을 깨닫게 될 때까지 그 의미를 이해하지 못했다.

피드백은 계획적인 연습에 포함된 모든 요소들 중에서 가장 중요하다. 피드백이 없으면 운동선수들은 진행 상황에 대한 감을 전혀 잡을 수 없으며 정체기가 왔을 때 조치를 취하기 어렵다. 다행히도 피드백에는 여러 종류가 있으며 그중 일부는 운동 기술 자체에 직접적으로 연결되어 있다. 특히, 구기 종목이나 이와 비슷한 장비를 사용하는 스포츠는 궁극적으로 정확도라는 요소가 있기 때문에 자연적으로 피드백이 많은 수밖에 없다. 농구에서 배드민턴, 크리켓에서 컬링에 이르기까지 이러한 스포츠들은 선수에게 득점 시도의 성공에 관한 즉각적인 피드백을 제공한다(예: 바스켓, 골, 안타, 숏 위치, 목표에 근접한 정도). 마찬가지로, 이 같은 스포츠들은 득점 기회로 이어지는 역동적인 플레이에서 움직임의 결과에 대해 가치 있는 피드백을 제공한다(예: 패스의 정확성, 캐치의 성공, 럭비에서의 라인 브레이크와 같이 공격적이거나 방어적인 결정의 결과). 그렇지만 스포츠에서 피드백을 주기 위해서 항상 공이 필요한 것은 아니다. 이와 반대로 주어진 운동 기술의 결과에 대한 감각 정보(시각, 청각, 촉각, 고유감각)가 내장된 스포츠는 **과제 내재성 피드백**task-intrinsic feedback이 있다고 한다.

모든 운동 기술에는 최소한의 수준의 과제 내재성 피드백이 있지만 이러한 형태의 피드백은 때때로 향상된 결과(예: 골킥의 정확성)를 이끌어낼 운동 수행의 변화를 촉진하기에는 충분하지 않을 수 있다. 따라서 코치의 존재란, 운동선수가 일반적으로 **증강 피드백**augmented feedback이라고 하는 외부 요인으로부터 어떤 보충적인 피드백을 필요로 한다는 차원에서 필요한 존재이다. 예를 들어 객관적인 점수 기준(예: 점수, 시간, 거리, 무게)이 아닌 주관적인 점수 기준(예: 심사위원)을 기반으로 하는 스포츠를 떠올려보자. 체조, 다이빙, 피겨 스케이팅과 같은 스포츠는 운동 기술과 관련된 기술적인 점수와 예술성이 원하는 기준에 부합하는지 전달하기 위해 항상 어떤 외부적인 피드백을 필요로 한다. 게다가, 이 문단의 시작 부분에서 말한 것과 같이 운동 기술에 피드백(예: 축구에서 헤딩의 정확도)이 내장되어 있다 할지라도, 결과 오류 안에 숨겨진 기술적인 오류가 있을 수 있다. 따라서 정확도 오류에 대한 피드백이 운동 기술에 대한 암시적 또는 명시적인 변경을 유도하기에 충분하지 않은 경우 코치는 선수에게 필요한 변화를 줄 수 있도록 증강 피드백을 도입해야 한다.

증강 피드백 영역에서는 두 가지의 기본 형태가 나타난다. 첫 번째 형태는 결과 지향적 목표에 대한 설명과 일치하는 **결과에 대한 지식**(KRKnowledge of results)이라고 하며 이는 운동 기술의 결과와 관련된 외부 정보로 정의된다. 이것은 선수가 한 시도가 성공했는지 아닌지(예: 전력질주 동안 목표한 시간 또는 속도에 도달했는지 여부) 알려주는 것처럼 간단할 수 있다. 이외에도 더 일반적으로 코치는 결과에 대한 구체적인 설명을 해줄 수 있다(예: 점프한 거리, 달성한 높이, 달린 시간, 득점한 점수, 숏 거리 등). 이러한 정보는 선수에게 달성한 결과가 예상한 결과에 근접했음을 알려줄 수 있다. 만약 예상한 결과가 성취한 결과와 근접하면(예: 목표: 자유투 성공률 75% 달성, 결과: 자유투 성공률 77% 달성), 선수는 현재 운동 전략을 성공으로 간주하고 운동 기술이 강화되었다고 볼 수 있다. 반대로, 달성한 결과가 예상한 결과와 많이 차이가 나는 경우(예: 목표: 벙커에서 칩샷의 60%를 홀에서 5피트[1.5m] 이내로 배치, 결과: 벙커에서 칩샷의 30%를 홀에서 5피트[1.5m] 이내로 배치), 선수는 운동 전략의 오류 가능성에 대해 즉시 인지하고 변화를 만들어내기 위해 추가적인 정보를 필요로 한다.

이 추가적인 정보는 **수행지식**(KPKnowledge of Performance)의 형태로 제공되며, 이는 수행 결과로 이어지는 동작 특징 또는 과정에 관한 외부적으로 제시된 정보로 설명된다. 다시 말하지만, 이는 우리가 이전에 설명한 과정 지향 목표와 잘 일치한다. 1장의 3P 퍼포먼스 프로필에 대한 이야기를 다시 생각해 보면 KP가 운동 기술에서의 운동 패턴 또는 협응력에 대한 우리의 이야기와 직접적으로 연결되었다는 것을 알 수 있다. 따라서 코치가 움직임 패턴의 오류 또는 효과가 일관적이라고 판단되면 KP 피드백을 사용하기 위한 요구 사항을 충족한 것이다.* 이 요구 사항이 충족되면 코치는 활용할 수 있는 두 가지 유형의 피드백을 갖게 된다. 첫 번째 유형의 KP 피드백은 기술적인 용어로 패턴을 설명해 주는 **설명적 KP**Descriptive KP라고 한다(예: "파워 클린의 세컨드 풀을 하는 동안 힙을 완전히 펴지 않았다", "수직 점프를 하는 동안 힙을 완전히 잘 폈다"). 두 번째 유형의

KP 피드백은 **지시적 KP**Prescriptive KP라고 하며, 이는 움직임 패턴의 특징을 설명할 뿐만 아니라 지금의 움직임 전략을 수정하거나 확인하기 위한 중점적인 큐를 제시해준다(예: "티에서 럭비공을 찰 때 위를 올려다본다. 다음 반복 때는 공을 찰 때 로고에 집중해라", "티에서 골프공을 칠 때 머리를 숙이고 있는다. 접촉을 통해 계속 공에 집중해라.").

이 시점에서 우리는 논리적인 질문을 하게 된다. 어떤 유형의 피드백이 더 나은가? 대부분의 경우와 마찬가지로 이 질문에 대한 답은 여러 상황적 요인에 따라 달라지기에 한 가지로 정의할 수 없다. 하지만 가능한 근접한 정답을 찾는 데 도움이 될 수 있는 학습 이론들은 많이 있다. 우리의 피드백에 관한 논의와 가장 관련성이 높고 널리 받아들여지고 있는 것 중 하나는 피츠Fitts[19]가 처음 제시하고 후에 피츠와 포스너Posner[20]가 대중화를 시킨 3단계 학습 모델이다. 구체적으로 말하자면 피츠와 포스너는 학습이 본질적으로는 비선형적일지라도 인지 단계, 연관 단계 그리고 자율 단계에 의해 포장된 경로를 따른다고 제시했다. 간단히 말하자면, 인간은 운동 기술을 수행하면서 명시적으로 집중해야 하는 것(예: 적은 경험 - 걷거나 자전거를 타는 것을 처음 배우는 것)에서 명시적인 집중 없이 운동 기술을 수행할 수 있는 것(예: 많은 경험 - 걷거나 자전거를 타면서 대화를 이어나갈 수 있는 것)으로 발전할 수 있다는 것이다. 따라서 우리는 경험이 적은 운동선수가 주어진 운동 기술의 내부 움직임을 완벽히 이해하지 못하기 때문에 과제 내재성 피드백과 연결되지 않은 움직임 기능을 스스로 교정할 준비가 되어 있지 않다고 가정할 수 있다. 따라서 증강 피드백과 관련하여, 경험이 적은 사람들은 일반적으로 지시적 성격의 KP로부터 혜택을 받을 것이고 경험이 많은 사람들은 설명적인 성격의 KP나 KR이 더 잘 맞을 수 있다. 실제로 코치는 세 가지 유형의 피드백을 모두 사용하고 궁극적으로 코칭 프롬프트에 대한 선수들의 반응(운동 수행능력)과 개선 사항에 대한 그들의 지속적인 의견에 따라 앞으로 나아갈 것이다.

아직 피드백에 대해 할 말이 많지만 앞선 단락들은 코치들이 충분히 피드백의 다양한 형태의 기초가 되는 핵심 원칙들은 효과적으로 적용할 수 있는 로드맵을 제공한다. 이에 관심이 있는 코치는 매길과 앤더슨Anderson의 저서 『Motor Learning and Control: Concepts and Applications』[32]에서 증강 피드백에 대한 부분을 읽어보고 피드백 적용에 영향을 미치는 상황적 요인에 대한 심층적인 학습을 해볼 것을 추천한다.

요약하자면, 요인들에 상관없이 피드백은 계획적인 연습의 심장박동과도 같다. 모든 동작들이 맥박을 치면서 한 번의 반복을 통한 학습에서 뻗어나 다음 것에 주입된다. 코치로서 피드백이 풍부한 환경을 조성하는 데 있어 타협하지 않고 있다면 우리는 선수들의 진행 상황을 살펴보기만 하는 것만으로 선수들이 언제 새로운 도전을 할 준비가 되었는지 알 수 있다.

도전

선수에게 주어진 도전은 계획적인 연습의 마지막 요소이다. 1장에서 이야기한 것처럼 적절한 수준의 도전은 선수가 좌절하지 않고 계속해서 연습을 할 수 있도록 하기 위해 필요하다. 다니엘 코일Daniel Coyle은 『Little Book of Talent』에서 이 주제에 대해 이야기하며 재능 향상을 위한 52가지의 팁을 간략히 설명한다. 도전과 관련된 팁은 13번 팁으로 코일은 여기서 '스위트 스팟 찾기Finding the sweet spot'[10]라는 아이디어를 언급한다. 재능 소굴로 알려진 세계의 특정 지역에서 어떻게 특정 스포츠에 비정상적인 양의 재능을 만들어낼 수 있는지

* 수정하려는 움직임 오류나 강화하려는 스킬의 특성을 명확하게 이해할 때까지 스킬에 대한 피드백(즉, KP)을 제공하지 않는 것이 가장 좋습니다. 따라서 선수의 실제 움직임 패턴을 판단하기 위해 충분한 반복 횟수(예: 침묵의 세트 검토)를 관찰하는 것이 중요합니다. KP 피드백은 그다음에 제공해야 합니다. 실제로 충분한 관찰 없이 코칭이 이루어지는 경우가 많으며, 이로 인해 오히려 운동선수의 정상적인 움직임 패턴을 모호하게 만드는 새로운 정보가 유입될 수 있습니다. 그렇기 때문에 코치가 선수를 변화시키려고 하기 전에 선수의 움직임을 관찰하는 것이 매우 중요합니다.

수년간 연구하며 코일은 재능을 "현재 능력을 약간 넘어서서 '스위트 스팟'이라고 불리는 어려움의 영역에서 시간을 보내며" 얻을 수 있다고 결론지었다. 이것은 행동이 빨라지고 자동적일 수 있도록 반복의 힘을 받아들이는 것을 의미하며 당신이 도달하여 반복하고, 계속 참여하며, 시간이 지남에 따라 기술을 향상시킬 수 있는 연습 공간을 만드는 것을 의미한다.[10]

1장의 골디락스 이론에 대한 설명과 유사한 '스위트 스팟'은 '편안한 영역'과 '생존 영역'의 중간에 위치해 있다. 이름에서도 알 수 있듯이 '편안한 영역'은 운동선수가 질적 또는 양적으로 평가된 것의 80%를 성공하고 수월함과 편안함을 느낄 수 있다는 특징이 있다. 반대로 '생존 영역'은 선수의 성공률이 50% 미만이고 운동선수가 혼란과 절망을 느낀다는 특징이 있다. 하지만 이 둘 중간에는 '스위트 스팟'이 있다. 이때 운동선수는 대략 50~80% 수준의 성공률을 보여주고 감당 가능한 수준의 과절과 어려움 또는 달성 가능한 도전을 다룬다는 것이 특징이다.

'스위트 스팟'은 과다놀리와 리[23]의 도전점 가설Challenge point hypothesis과 비요크Bjork와 비요크[6]의 바람직한 어려움Desirable difficulties을 생성하는 개념과 유사하다. 따라서 당신이 찬성하는 모델과 상관없이 코치는 코칭 언어(즉, 말하는 내용, 말하는 양, 말하는 시기)를 잘 다룰 수 있어야 하고 함께 일하는 선수들 수준에 적합한 도진을 생성할 수 있도록 계획(즉, 훈련 또는 활동의 유형, 횟수 그리고 순시)하는 법을 연습해야 한다.

디제잉에서의 계획적인 연습

이전 부분까지 우리는 계획적인 연습 구조의 기능적인 요소에 대해 설명했다. 우리는 각 구성 요소가 개별적으로 조작될 수 있다는 것을 이해하지만, 네 가지 변수의 결합된 영향이 학습 중인 운동 기술의 가장 관련 있는 특징에 주의를 집중시키는 단일 목적을 제공한다는 것도 알고 있다. 이때 우리는 목표, 초점, 피드백, 그리고 난이도를 DJ 믹서의 볼륨 다이얼이라 생각하며 모든 수행 반복에서 발생하는 주의력을 일괄적으로 조절

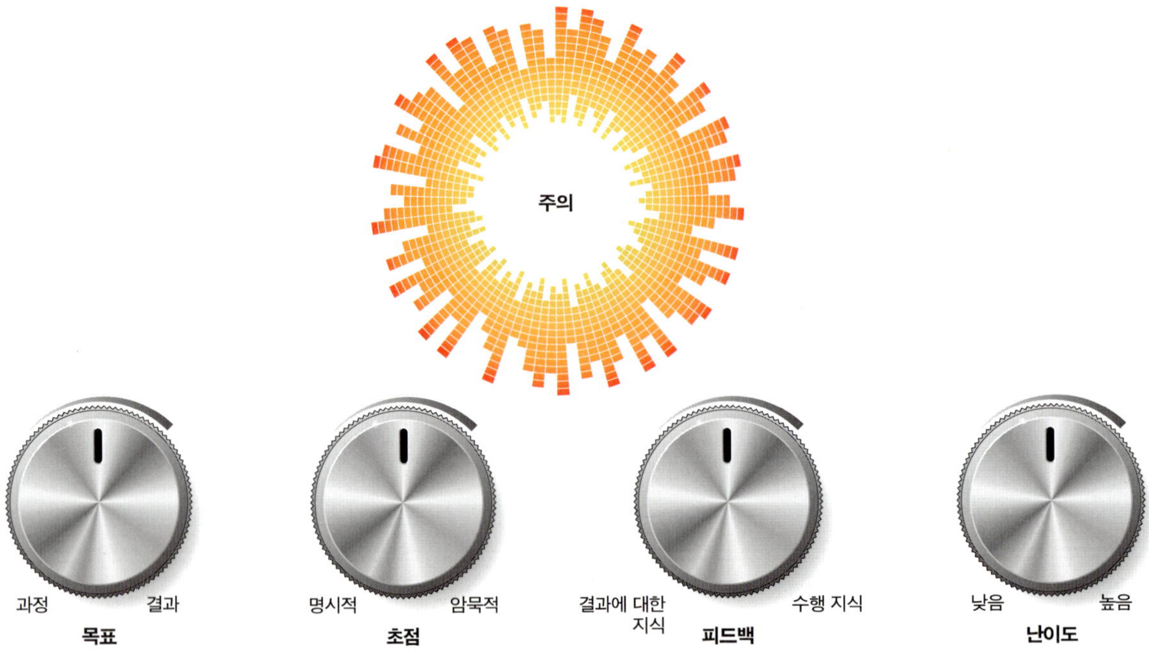

그림 2.2 주의력 조절을 위한 디제잉.

할 수 있다. 이 상황에서 코치를 DJ라 한다면 코치는 각 요소를 올리거나 내리면서 주의력 볼륨조절기가 그 순간, 그 움직임 그리고 그 분위기에 맞는지 확인해야 한다.

우리는 이제 뒤로 물러나서 우리가 영향을 미치고자 하는 주의력 시스템의 기본 속성을 조사할 것이다. DJ가 음악의 구조를 이해해야 하는 것처럼 코치는 주의력의 구조를 이해해야 한다.

직장에서의 주의력

당신이 애리조나주 피닉스로 처음 이사할 때, 더위와 방울뱀 두 가지를 날카롭게 인식하게 된다. 이러한 인식은 공항 터미널에 들어서면서부터 맞이하는 뜨거운 바람과 수하물 찾는 길에 튀어져 있는 타일 뱀이 따라오는 것 같은 느낌으로 알 수 있다. 내 경우, 타일 뱀들은 내 마음속에서 진짜 뱀으로 변해있었고, 내가 지나다니는 수풀에 실제로 있을 것만 같았다. 그래서 출근길에 줄지어 늘어선 덤불을 지나다 보면, 나는 생각에 잠기게 되고 그렇게 멍을 때리다가 갑자기 덤불 속에서 부스럭거리는 소리를 듣게 된다. 어김없이 나는 그 소리를 피해 머리를 빙글빙글 돌리면서 파충류가 공격하기를 기다리며 주의를 기울이곤 했다.

센세이셔널하기는 하지만, 이 이야기는 사실이고 우리의 주의력 시스템이 어떻게 작동하는지에 대한 본질을 보여준다. 우리가 자세히 논의할 것처럼, 우리의 주의력 초점은 주어진 상황에 대한 가장 중요한 정보로 끊임없이 업데이트되고 있다. 따라서 덤불에서 부스럭거리는 소리가 나자마자 나는 위험을 감지하게 되고 내가 출근길에 생각하던 스피드 프로그램은 빠르게 잊혀지게 된다. 비록 이런 산만함이 때로는 우리의 집중력과 대립될 수 있지만, 궁극적으로는, 자동으로 위험을 감지하는 주의력 시스템이 있기 때문에 우리는 생존에 있어서 큰 이점을 얻게 된다. 그리고 비록 이러한 산만함이 때때로 우리의 집중력과 상충될 수 있지만, 궁극적으로는, 자동 조종을 통해 위험을 감지하는 주의력 시스템이 있는 것이 뚜렷한 생존 이점이다. 하지만 위협적인 상황이 끝나게 되면 우리는 우리의 초점을 다시 우리에게 가장 중요한 것으로 빠르게 돌릴 수 있는 능력을 원한다.

어떻게 보면 우리의 주의력 시스템은 마음의 영화관과 같아서, 장편영화가 우리 스스로의 생각과 우리 주변의 세계 사이를 매끄럽게 흘러 우리가 의식이라고 말하는 것에 대한 끊임없는 감각을 제공한다. 이러한 주의력의 관점에 따라 윌리엄 제임스William James[52]는 그의 중요한 저서인 『The Principles of Psychology』에서 다음과 같이 말했다.

> 수백만 가지의 외적 질서가 내 감각에는 존재하지만 내 경험에는 제대로 반영되지 않는다. 왜 그럴까? 그 이유는 그것들이 나에게 가치가 없기 때문이다. 내 경험에는 내가 주의하도록 동의하는 것만 반영될 수 있다. 내가 알아차린 것만이 내 생각을 형성한다. 관심을 선택할 수 없다면, 경험은 완전히 혼란 그 자체이다. (p. 402)

최근에 플로우 상태flow state에 대해 밝혀낸 연구자인 미하이 칙센트미하이Mihaly Csikszentmihalyi[12]는 주의력을 다음과 같이 묘사했다.

> 주의력은 의식에 어떤 것이 나타나는지, 나타나지 않을지를 결정하며, 또한 기억, 생각, 느낌, 그리고 결정과 같은 다른 정신적 사건들이 그곳에서 일어나도록 하기 위해 요구되기 때문에, 이를 [인

> 지] 에너지로 생각하는 것이 유용하다. 주의력은 인지 에너지가 없으면 어떤 일도 할 수 없고, 일을 하는 데 있어서도 에너지가 소모된다는 점에서 에너지와 유사하다. 이 에너지를 어떻게 투자하느냐에 따라 우리는 우리 스스로를 만들어나간다. 기억, 생각, 감정 모두 우리가 그것을 사용하는 방법에 따라서 형성된다. 그리고 이 에너지는 우리가 원하는 대로 할 수 있도록 우리가 통제할 수 있는 에너지이다. 그러므로 주의력은 경험의 질을 향상시키는 일에서 있어서 가장 중요한 도구이다. (p. 79)

윌리엄스와 칙센트미하이는 우리가 수용할 수 있는 주의력의 아름다움과 복잡성을 포착한다. 기능적으로, 우리는 우리가 주의하는 것만을 인식할 수 있다. 따라서 주의력은 학습의 화폐(지불 또는 투자)이자 코치가 가장 기민하게 영향을 미쳐야 하는 선수의 정신적 특성으로 볼 수 있다. 하지만 다른 사람의 주의력에 영향을 미치는 능력에 숙달되기 위해서는, 우리의 주의력 시스템이 어떻게 구성되어 있는지를 먼저 이해하는 것이 중요하다. 특히, 주의력은 자동 배전반과 같이 작동하며, 우리 모르게 어떠한 상황이 요구하는 대로 우리의 초점을 빠르게 변화시킨다. 하지만 놀랍게도, 우리의 주의력은, 우리의 세계에 대한 하나의 통일된 감각을 주면서도, 주의력 네트워크라고 불리는 뇌 전체에 기능적으로 분포되어 있다.[17] 이 글로벌 네트워크는 기능(알림, 방향 지정 및 중앙 관리)에 따라 명명되는 세 개의 하위 네트워크로 구성된다.[37] 이 글로벌 주의력 네트워크는 인간이 작동하는 데 있어서 매우 중요하기 때문에 일부 연구자들은 그것이 마치 내부 장기 시스템처럼 작동하여 내부 장기가 생명을 유지하는 호르몬을 분비하는 것과 유사한 방식으로 의식의 내용을 제공한다고 생각한다.[39] 그러나 무엇이 집중력을 유발하는지에 대해 논의하기 전에, 먼저 마음 방황이라고도 하는 집중하지 않는 주의에 대해 논의하는 것이 유익할 것이다.

PART 1. 집중력 상실

팀 스포츠 계열에서 일하는 사람들에게는 너무 익숙한 시나리오인 훈련 시작 전 대화 상황에 대해 생각해 보자. 농구 코치와 선수들은 교실에 있고 코치는 그 주말에 있을 경기를 위한 팀의 수비 전략에 대한 영상을 미리 보고 있다.

코치: "좋아, 다들 진정하고 앉아봐. 이번 주말이 올해 우리의 가장 큰 도전이라는 것은 말할 필요도 없지. 브레이든턴 센트럴Bradenton Central은 우리 주의 최고의 공격수들 중 하나를 가지고 있고 승리하기 위해서는 올해 최고의 수비 성적이 필요할 거야. 언제나 그렇듯이, 우리는 빠른 템포로 농구를 해야 해. 애쉴리, 우리의 수비 전력에서 그것이 무엇을 의미하는지 아니?"

선수(애쉴리): "구역 수비에서 지속적인 소통과 명확성을 유지하고, 몸싸움을 위해 상대방 보다 먼저 자리를 선점해야 하며, 먼저 백보드에 다가가기 위해 점프를 해야 합니다. 그리고 또한 우리의 존 프레스에서 인사이드에 위치하며 공간을 유지해야 합니다."

코치: "좋아, 애쉴리. 그럼 케이티, 우리는 어떤 종류의 존 프레스를 운영해야 할까?" (침묵)

코치: "케이티?"

선수: "아, 죄송합니다. 코치님. 뭐라고 하셨죠?"

대부분의 코치들은 이런 유형의 반응을 경험해 본 적이 있다. 팀과 대화하든, 운동선수와 직접 대화하든, 항상 누군가 멍을 때리는 것을 보는 입장이었다. 하지만 우리가 다른 사람들의 집중력을 잃는 것에 대해 비판하기 전에, 이것이 우리 자신의 삶에서 얼마나 흔하게 일어나는 일인지 한번 생각해 보자. 예를 들어 당신이 책을 읽고 있다는 것을 까먹어버리거나 대화하던 사람이 "그래서 여러분은 어떻게 생각하나요?"라고 말했을 때 다시 현실로 되돌아간 기분을 느낀 적이 얼마나 많은지 생각해 보자. 또 차에서 운전을 할 때 뒤에 차들이 경적 소리를 내서야 파란불인 줄 알고 움직인 적은 얼마나 많은가.

진실은 우리 모두 집중력을 쉽게 잃고, 만약 선수가 멍을 때린다고 해도 우리가 감정이 상해서는 안 된다는 것이다. 그보다 우리는 왜 집중력 상실이 일어나는지, 그리고 코치로서 이에 대해 무엇을 할 수 있는지 이해하려고 노력해야 한다.

방황하는 정신

정신의 방황Mind wandering은 주요 작업 목표에서 개인적이거나 관련이 없는 목표로 정신이 팔리는 것으로 정의될 수 있다.[46] 이론상으로 정신 방황은 주의력 집중의 반대이다. 그렇기 때문에 배움에 있어서 가장 큰 위협 중 하나이다. 그렇다면 이러한 일이 일어나는 이유는 무엇일까?

정신의 방황에는 두 가지 주요한 이유가 있다. 첫째, 정신의 방황은 개인의 작업 기억 수용력에 비례하여 변화하는 것으로 나타났다.[45] 예를 들어 휴대폰 번호와 같은 정보를 단기 기억 저장하는 데 어려움을 겪는다면, 당신은 평균적으로 정신적인 방황을 겪을 가능성이 더 높다.[33] 이 경우, 작업 기억 수용력이 낮은 운동선수는 작업 기억 수용력이 높은 운동선수에 비해 많은 경기들 또는 일련의 코칭 큐들을 떠올리는 데 더 큰 어려움을 겪을 것이다. 결과적으로, 그들은 너무 많은 정보에 직면했을 때 정신적으로 방황할 가능성이 더 높고, 이는 그들이 듣거나 읽은 것에 대한 이해력을 감소시킨다. 따라서 코칭의 관점에서, 전달하는 모든 메시지에 대해 명확함과 간결함을 추구해야 하며, 이것이 전달한 정보를 유지하는 데 있어 더 중요하다는 것을 기억해야 한다.

둘째, 정신의 방황은 당연하게도 배우고 있는 주제에 대한 관심과 동기부여에 영향을 받는다.[50] 그러므로 재미없는 책을 읽으면 정신이 방황하게 되는 것처럼, 다가오는 훈련 세션에 대한 긴 설명 또한 정신을 방황하게 만들기 마련이다. 따라서 다음 섹션에서 이야기할 것처럼, 코치들은 선수들 개인에게 중요하고, 매혹적이며, 쉽게 이해되는 메시지를 만들어내려고 노력해야 한다.

정신의 방황은 정보의 이해와 유지에 부정적인 영향을 미칠 수 있지만[35] 희망적인 부분이 있다. 첫째, 우리가 하루 종일 방황하는 데 얼마나 많은 시간을 소비하는지 고려한다면(일부 추정에 따르면 50%) 정신적 방황에 어떤 이점이 있다는 것은 놀랄 일이 아니다. 특히, 정신의 방황은 자전적 계획autobiographical planning과 연관되어 있는데, 이는 우리가 생각에 잠긴 순간 동안 미래를 계획한다는 것이다. 과거나 미래에 대해 생각하는 데 너무 많은 시간을 보내면 불행한 생각을 야기할 수 있지만[27] 적절한 양의 사색은 긍정적인 영향을 끼칠 수 있다. 훈련 전 운동선수들에게 5~10분 정도 생각하고 휴식할 시간을 준다면, 그들이 기본적인 준비 운동을 하는 동안 훈련에서 무엇을 얻어가고 싶은지 생각할 수 있도록 한다. 이러한 과정은 앞으로 할 훈련에서의 세부적 사항을 미리 생각해 볼 수 있는 이상적인 역할을 한다.

더 중요한 두 번째 장점은 창의적 통찰력을 만들어준다는 것이다. 특히, 많은 사람들이 강렬한 집중에서 벗어나는 것이 돌파구를 마련하는 데 필요하다는 것을 직관적으로 알고 있지만, 창의적인 노력에 있어 마음의 방황이 가져다주는 이점에 대한 연구는 제한적으로 이뤄져 있다. 하지만 베어드Baird와 그의 동료들[3]은 정신적인 휴식을 취하고 정신이 방황할 수 있도록 하는 것이 창의적인 문제 해결에 실제로 도움이 된다는 것을 보여주었으며, 이는 특히 복잡한 기술을 가르치거나 운동선수들에게 집중적인 의사 결정 훈련을 하도록 할 때 훈련 휴식을 전략적으로 프로그래밍해야 하는 또 다른 이유이다. 프리드리히 니체Friedrich Nietzsche가 말했듯이, '진정하게 위대한 모든 생각들은 걷는 것으로부터 구상되었다.' 우리의 경우, 짧은 산책과 물 한 잔이면 선수가 다음 수행반복을 올바르게 하기 위해 필요한 모든 것이 될 수 있다.

기본 모드 네트워크

밝혀진 바에 따르면, 마음의 방황은 우리 뇌에 집이 있으며, 이 집을 기본 모드 네트워크default mode network라고 부른다. 구체적으로, 기본 모드 네트워크는 휴식 상태 동안 지속적으로 더 높은 뇌 활동을 보여주고 자발적인 인식 또는 정신의 방황[42]에 관여하는 뇌 영역들의 무리이다. 레이클Raichle과 동료[43]는 세 가지 주요 뇌 영역이 휴식 중에 활동이 증가하고 목표 지향적인 생각과 행동에 반응하여 활동이 감소하는 것을 처음으로 확인했다. 따라서 우리의 DJ 믹서 비유로 돌아가면 기본 모드 네트워크는 크로스 페이더가 왼쪽 위치에 있을 때 활성화되는 채널 A와 같고, 주의력 네트워크는 크로스 페이더가 오른쪽 위치에 있을 때 활성화되는 채널 B로 생각할 수 있다. 페이더를 앞뒤로 밀면 스피커에서 재생되는 노래가 바뀌는 것처럼, 뇌 네트워크도 생각의 내용을 바꿀 것이다.

기본 모드 네트워크를 구성하는 세 가지 주요 뇌 영역은 복내측 전전두엽 피질(VMPC), 배내측 전두엽 피질(DMPC), 그리고 후두엽 피질(PCC)이다. 이러한 뇌 영역을 기억하지 못한다고 해도 큰 영향은 없지만, 정신 방황의 측면에서 뇌 영역의 기능을 주목하는 것은 꽤나 흥미롭다. 더 자세하게는 VMPC는 사회적 행동, 기분 조절, 동기부여 추진력과 관련이 있으며, DMPC는 자기주도적 판단과 생각과 관련이 있고, PCC는 해마의 자전적 기억 형성과 직접적인 관련이 있다.[42] 마음의 방황이 보통 우리의 과거, 우리의 미래 또는 창의적인 노력에 대한 것이란 걸 고려한다면, 이러한 기능적 뇌 영역이 기본 모드 네트워크를 구성한다는 것은 놀랄 일이 아니다. 더욱이 당신은 기본 모드 네트워크가 뇌의 총 에너지의 60~80%를 차지한다는 것을 알면 흥미로워할 것이다. 이는 뇌가 신체의 2%를 차지하며 신체의 총 에너지 요구량의 20%를 소비한다는 것을 고려할 때 상당한 양이다.[44] 따라서 머릿속에 머물러 있는 자연스러운 경향을 극복하려면 선수들이 채널을 바꾸고 방황에서 궁금증으로 마음을 옮길 수 있도록 도와야 한다.

PART 2. 집중하기

우리가 멈췄던 곳에서 다시 시작해 보자. 케이티는 방금 팀 회의에서 코치가 그녀에게 질문을 했을 때 다시 현실로 돌아왔다.

선수(케이티): "죄송해요 코치님. 뭐라고 하셨죠?"

코치: "우리가 어떤 종류의 존 프레스를 사용한다고 팀에게 상기시켜 달라고 했다."

선수(케이티): "아 맞다. 우리는 2-2-1 존 프레스를 사용합니다. 코치님."

코치: "맞아. 우리는 2-2-1을 통해 무엇을 성취하려고 하는 거지?"

선수(케이티): "우리는 코트의 75%를 압박하면서 인바운드 패스를 계속 압박해야 합니다. 또 우리는 상대편이 중앙으로 공을 옮기게 하지 못하게 하며 인사이드 포지션을 유지해야 합니다."

코치: "우리가 인사이드 포지션을 유지하는 게 중요한 이유는 무엇이지?"

선수(케이티): "왜냐하면 이는 우리가 공격수를 사이드라인으로 몰 수 있도록 해주어서, 상대편 선수를 공과 함께 가둘 수 있는 가능한 기회를 만들 수 있게 해주기 때문입니다."

앞서 말했듯이, 뇌는 (a) 인지된 위협이 없어 외부 세계를 감시할 이유가 없거나, (b) 새롭거나 흥미로운 정보가 주위에 존재하지 않거나, (c) 내적인 생각 또는 외부의 자극에 주의력을 집중해야 할 필요가 없을 때, 정신을 헤매거나 공상에 잠기게 된다. 그러므로 컴퓨터를 사용하지 않으면 필연적으로 수면 모드로 들어가는 것처럼, 우리도 고려할 만한 생각이나 자극이 없을 때 수면 모드로 들어간다. 이때 코치의 경우, 무엇이 기본 모드 네트워크에서 주의력 네트워크로의 전환을 유발하는지 이해하는 것이 중요하다.

다니엘 레비틴Daniel Levitin 박사는 캐나다 맥길 대학의 심리학과 교수다. 나는 레비틴 박사의 베스트셀러인 『The Organized Mind: Thinking Straight in the Age of Information Overload』를 읽고 나서 처음으로 그를 알게 되었다. 인간의 생각을 이해하는 데 관심이 있는 누구에게나 추천하는 이 역작은 우리 뇌의 '주의력 스위치'[28]에 대한 가치 있는 통찰력을 드러냈다. 이 경우, 전구 스위치 또는 철도 스위치와 같이 스위치라는 단어는 문자 그대로 기본 모드 네트워크에서 주의력 네트워크로의 정신의 이동을 나타낸다. 따라서 코치가 케이티의 이름을 반복해야 하는 순간, 우리는 변화가 일어나는 것을 알 수 있었다. 자신의 생각 깊은 곳에서 벗어난 케이티는 자신이 놓친 것을 볼 준비가 되어 다시 나타났다.

평생까지도 갈 필요없이, 하루에 이런 종류의 변화가 일어나는 것을 얼마나 많이 목격했는지 생각해 보자. 눈은 흐리멍덩했다가 번쩍번쩍 빛이 나고, 머리는 아래를 보다가 위를 바라보고, 자세는 느슨해졌다가 다시 단단해지고, 기분은 낙담에서 결심으로 바뀐다. 우리 선수들의 행동에 그 증거가 내장되어 있기 때문에 우리 모두 효과적인 의사소통과 효과적인 세션 설계의 결과를 볼 수 있었다. 그러므로 우리가 정신의 방황에 대한 논의에서 했던 것처럼, 이 변화가 어떻게 일어나는지, 뇌의 어디에서 일어나는지, 그리고 우리가 이를 촉진시키기 위해 무엇을 할 수 있는지 생각해 보자.

새로움을 추구하는 마음

위니프레드 갤러거Winifred Gallagher는 자신의 저서 『New: Understanding Our Need for Novelty and Change』에서 새로움을 추구하는 기계로서의 마음에 대해 설명하면서 "잠재적 위협과 자원에 대한 중요한 정보는 똑같은 오래된 것보다는 새롭거나 낯선 것에서 나올 가능성이 높다"고 말했다.[21] 그녀는 알렉산더 포프Alexander Pope의 말을 인용했는데, 그는 "새로운 것을 시도하는 첫 번째 사람도, 오래된 것을 버리는 마지막 사람도 되지 마라"라고 말했다. 이 명언의 지혜와 재치를 과소평가해서는 안 되는 이유는 싸우거나, 도망치거나, 얼어붙거나, 친구가 될 기회를 갖기 전에 먼저 경각심을 가져야 한다는 점을 분명히 알려주기 때문이다. 이와 같이, 우리는 레비틴 박사가 말한 것처럼 뇌를 '변화 감지기'로 생각해야 한다.

우리는 이러한 변화 감지를 항상 경험하고 있으며, 우리가 스위치를 누르는 주체라고 믿기 쉽다. 우리의 뇌는 **상향식 처리**bottom-up processing라고 하는 외부 및 내부 세계의 감각 정보(예: 시각, 청각, 촉각, 고유 수용성 및 상호 수용성)를 처리하기 훨씬 전에 해당 정보와 관련된 의식적인 판단, 혹은 **하향식 처리**top-down processing를 하기 때문에[34] 현실은 사실과 거리가 멀 수밖에 없다. 따라서 오트밀을 먹다가 고개를 들어 뒷마당에서 여우를 보거나, 갑자기 도로에 요철이 느껴지면 핸들을 더 세게 잡거나, 큰 소리가 들리면 고개를 돌려 몸을 피하거나, 승부를 결정짓는 골을 넣었을 때 손을 공중에 올리는 등의 반응을 경험해 보았다면 이러한 반응이 환경의 의미 있는 변화에 의해 자동으로 유발된 것임을 확신할 수 있을 것이다. 우리의 반응이 자동적으로 이루어진다는 말이 곧 우리가 통제할 수 없다고 받아들이면 안 된다. 반사적인 반응의 결과는 판단으로 이어진다. 걷다가 갑자기 나는 소리가 풍선 터지는 소리였기에 계속 걸어도 안전하다고 판단할 수 있으며, 뒷마당에 여우가 있다고 확인되어 흥분한 개를 밖으로 내보내지 않기로 하는 것 같은 반사적 반응은 의식적인 결정으로 이어질 수 있다. 따라서 우리의 변화 감지기는 예상치 못한 일이 일어났다는 사실을 우리에게 경고할 뿐이며 그 정보에 어떻게 대응할지는 우리에게 달려 있다.

진화론적 관점에서 볼 때, 새로움을 추구하는 행동은 생존을 하는 데 도움이 되었을 것이라는 것은 꽤 명백하다. 비록 어떤 사람들은 바스락거리는 덤불 소리에 놀라 점프를 한 것이 웃기다고 생각할지도 모르지만, 다른 사람들은 이것이 아프리카 사바나에서 우리에게 많은 도움이 되었다는 것을 상기시켜 줄 것이다. 하지만 오늘날의 세계에서 현실적으로 우리는 동물 공격보다 심장마비로 죽을 가능성이 더 높고, 결과적으로, 우리는 새로움에 대한 우리의 근본적인 욕구를 충족시킬 수 있는 새로운 방법을 찾았다. 이러한 요구는 모든 기업과 기관이 우리의 관심의 일부를 두고 경쟁하면서 우리가 참여하거나 클릭하거나 구매할 수 있도록 하는 새롭고 더 나은 방법을 지속적으로 모색하는 소위 관심 경제라고 불리는 것을 창조하는 것으로 이어졌다. 실질적으로 말하자면, 라커룸이나 대기실에 들어가보면, 전화가 허용된다고 가정하에, 다들 휴대폰만 만지고 있는 것을 볼 수 있을 것이다. 이런 면에서, 스마트폰은 새로움을 추구하는 행동을 위한 유도 장치가 되었다. 우리의 관심을 쟁취하기 위한 싸움이 계속되는 동안, 내 목표는 이 문제의 파멸과 암울함에 집중하는 것이 아니라, 코치들이 이것을 어떻게 그들에게 유리하게 사용할 수 있는지 살펴보는 것이다.

무엇이 어떤 것을 새롭거나 흥미롭게 만드는지 이해하기 위해서는 신체 내부든 외부에서든 일어나는 자극으로 묘사될 수 있는 두드러지거나 다른 사람들과 다른 현저함의 개념Concept of saliency을 정의하는 것이 중요하다.[49] 특히, 두드러진 자극은 다음 특성 중 하나 이상을 갖는다고 한다.[13]

문맥 의존성 현저함

운동선수는 자극이 자신에게 유용할 때, 즉 관련성이 있을 때 눈에 띄는 자극으로 간주할 수 있다. 『월리를 찾아서』 책을 볼 때 월리의 그림이 눈에 띄는 것처럼, 러닝백이라면 수비 라인의 구멍이, 암벽 등반가라면 산의 발판이 눈에 띄는 것처럼 말이다. 맥락에 따른 두드러짐은 프라이밍과 비슷하게 생각하면 되는데, 인지된 유용성이 클수록 눈에 띄게 될 가능성이 커진다.

강도 의존성 현저함

선수는 강도나 돌발성이 충분한 수준일 경우 자극이 두드러진다고 생각할 수 있다. 따라서 평소 조용한 코치의 고함 소리나 갑작스러운 호루라기 소리는 운동선수의 주의력을 이끌기에 충분할 것이다.

빈도 의존성 현저함

운동선수는 자극이 충분히 자주 제시된다면 자극이 두드러진다고 생각할 수 있다. 따라서 반복하여 나타나는 일상적인 자극은 빈도의 특성으로 인해 선수들의 주의를 끌 수 있다. 마케팅에서는 이것을 '7의 법칙'이라고 부르는데, 이는 사람들이 클릭하거나 사기 전에 광고를 7번 봐야 한다고 말한다. 코치로서, 우리는 아리스토텔레스 3요소를 사용하여 (a) 우리가 말할 것을 그들에게 말하고, (b) 우리가 말을 하고, (c) 우리가 말한 것을 그들에게 말할 수 있도록 할 수 있다. 이렇게 하면 모든 사람이 가장 중요한 메시지가 전달되었음을 명확히 알 수 있다.

새로움 의존성 현저함

우리가 새로움의 관점에서 현저함에 대해 논의하는 동안, 때때로 가장 두드러진 자극은 사실, 단순히 새롭고 다른 자극들이다. 따라서 코치로서 관심을 끌기 위한 가장 좋은 도구 중 하나는 단순히 변화를 주는 것이다. 이는 직선이 아닌 큰 원을 그리면서 준비운동을 하거나, 항상 지시하는 대신 질문을 하거나, 항상 지정하는 대신 선택권을 주는 것(예: 다른 운동 두 가지 옵션에서 선택할 수 있게)처럼 쉽게 할 수 있다.

또한 자극의 현저성은 다음과 같은 요인에 의해 영향을 받는다고 한다.[49]

이전 경험과 기억

분명하게 긍정적이거나 부정적인 감정과 관련된 자극은 현저함으로 인식될 것이다. 이것이 바로 나의 세 살배기 아이가 병원에 간다는 말을 들었을 때 주사(진료실에서 가장 두드러진 기억)를 맞는다고 가정하고 눈물을 흘리는 이유이다. 특정 컨디셔닝 세션을 언급하거나 연습을 일찍 마칠 것을 암시하는 것 외에도 선수들이 주의 깊게 서서 인내심을 갖고 규칙대로 기다리는 모습을 지켜보라.

현재 신체적 상태

현재 신체 상태에 대한 자극의 상대적 이득은 자극의 현저함에 영향을 미칠 것이다. 즉, 누군가가 반복 스프린트 컨디셔닝 세션 중에 있고 완전히 지쳐있다면, 지금은 사이드라인에서 코칭 큐를 외칠 수 있는 가장 좋은 시기가 아닐 것이다. 반대로, 역도 선수가 리프팅을 끝내는 것을 힘들어하고 있다면, 그들은 도움이 될지도 모르는 그 어떤 코칭 큐든 받아들일 것이다.

목표와 동기

자극이 누군가의 목표와 동기와 일치하지 않는다면, 두드러진 자극에 우선순위가 내려갈 가능성이 높다. 퍼포먼스 코치는 선수에게 스포츠와 관련된 기술(예: 스프린트 또는 스쿼트)을 가르치지만 스포츠 자체는 가르치지 않는다는 점에서 항상 이러한 문제에 주의를 기울여야 한다. 따라서 우리는 특정 운동선수들에게 웨이트룸에 들어가라고 하는 것에 대한 응답으로 "나는 단지 경기만을 하고 싶다" 또는 "어떻게 이것이 내 샷을 향상시키는 데 도움이 될 것인가"와 같은 말들을 듣는다. 이러한 이유로, 코치들은 평범한 것을 의미 있는 것과 연결시키기 위해 은유와 비유를 그릴 수 있어야 한다. "이것은 스쿼트가 아니다. 이것은 스크럼 중 우리가 취하는 자세이다. 이것은 점프하는 것이 아니다. 이것은 당신이 네트에서 게임을 이기는 블록을 만들기 위해 올라가는 것이다"(6장 참조).

이름 게임

코칭의 관점에서, 이 주의력 스위치를 뒤집는 가장 쉬운 방법 중 하나는 선수들의 이름을 사용하는 것인데, 이것은 '칵테일 파티' 효과를 만들어내는 현상이다. 연구에 따르면 파티와 같은 시끄러운 환경에서도 특정 비율의 인구가 그들이 하고 있는 것과 관련이 없는 대화에서 그들의 이름이 불려지더라도 자신의 이름을 감지하는 것을 알 수 있다.[9] 따라서 우리는 일찍부터 우리의 이름에 반응하도록 조건화되었으며(이름을 외치는 것은 부모들이 그들의 어린 자녀가 거리로 뛰쳐나가거나 뜨거운 난로를 향해 손을 뻗었을 때 할 수 있는 유일한 방법이다), 그것은 모든 코치가 사용할 수 있는 간단한 전략이다(여기에 이름을 적고, 지시를 내리고, 큐를 주거나, 피드백을 제공함).

종합적으로 볼 때, 상황, 내적 상태, 우리를 둘러싼 외부 세계가 결합하여 특정 자극에 대한 순 현저성 점수를 산출하고, 이 점수가 충분히 높으면 변화를 감지하고 주의를 기울인다는 것을 알 수 있다. 따라서 이 '매력도 스위치'를 전환하려면 코치는 말, 행동, 환경을 통해 선수들이 주의를 기울이도록 만드는 경험을 만들어야 한다. 실제로 이러한 전략을 현재 코칭 커리큘럼에 적용하고 어떤 일이 일어나는지 지켜보는 것이 좋다. 어떤 전략이 웃음, 긍정적인 비언어적 반응 또는 행동의 변화를 가져온다면 그 전략을 고수하라. 내가 자주 하는 말처럼, 사람들이 웃고 있다면 내 말을 듣고 있는 것이다. 또는 전략이 효과가 없다면 다른 것을 시도하고 원하는 반응을 얻을 때까지 계속 반복하라. 이 책은 전략으로 가득하지만 정해진 규칙은 없다. 선수처럼 우리도 주변 환경의 피드백을 활용하여 행동의 지침으로 삼아야 한다. 다음으로, 우리의 호감도 스위치를 배선하는 장치를 간략하게 살펴보자.

현저성 네트워크

기본 모드 네트워크default mode net work와 마찬가지로 현저성 네트워크Salience Network 또한 자체적인 신경해부학적 영역을 가지고 있습니다. 현저성 네트워크는 다음과 같은 상황에서 확인할 수 있다.

1. 한국 도로의 사진을 보면, 미국인이나 캐나다인은 별다른 감흥을 느끼지 못할 수 있다. 하지만 일본인이나 영국, 남아프리카 공화국 출신의 사람들은 차들이 움직이는 차선 방향이 이상하다고 느낄 것이다.
2. 하얀 도화지 위의 검은 점은 아무리 도화지가 넓더라도 한 눈에 알아볼 수 있다.
3. 핼러윈 문화가 없는 나라에서는 지하철에서 할리퀸이나 배트맨 복장을 하고 타는 사람의 사진을 보면 "핼러윈인가?" 하는 생각을 할 수도 있겠지만 그렇지 않은 나라의 사람이라면 그 사진을 이상하게만 생각할 것이다. 따라서 패스 프로텍션pass protection에서 라인맨이 고개를 들어 쿼터백을 공격하려는 수비수를 스캔하는 것처럼, 주의력도 이미지를 스캔하여 '이 중 어떤 것이 다른 것과는 다른지'를 찾는다. 어떤 경우든 현저성 네트워크는 열심히 작동하여 다음에 주의를 집중해야 할 위치를 정확히 찾아낸다.

고양이가 당신의 얼굴을 밟아서 꿈에서 깨어났든, 파티에서 누군가가 갑자기 방 건너편에서 당신의 이름을 불러서 깨어났든, 당신의 반응은 두 개의 뚜렷한 뇌 영역으로부터 활성화된다. 첫 번째 뇌 영역은 아마도 둘 중에 더 잘 알려진 전측뇌섬엽(AI)이다. 안토니오 다마시오Antonio Damasio 박사의 저서 『Descartes' Error: Emotion, Reason, and the Human Brain』[54]에 의해 대중화가 된 AI는 흔히 내수용 감각이라 불리는 신체 내부의 감각 정보(통증, 온도, 근육 및 본능적 감각, 배고픔, 갈증)를 주의력 네트워크로 전달해 감정 태그(기쁨, 슬픔, 분노, 두려움 또는 혐오)를 받을 수 있도록 하거나 행동(배가 고프면 먹고, 관심이 있으면 기대고, 겁이 나면 도망가고, 호기심이 생기면 전화번호를 물어보는 것)[11]하도록 하는 데 중심적인 역할을 한다. 다른 뇌 영역, 특히 두정엽이 신체 외부에서 오는 두드러진 감각 정보에 반응한다는 점을 고려할 때, AI가 현저성 네트워크의 중심이라는 것은 놀랍지 않다.[13]

현저성 네트워크와 관련된 두 번째 뇌 영역은 전대상 피질(ACC)이다. 이는 AI와 일부 해야 할 일들을 공유하지만, 두드러진 자극의 결과로 오는 인지 운동 반응을 제어하는 데 더 뛰어난 역할을 한다.[34, 36] 생명 유지 정보를 뇌로 전달하는 것의 결과로 AI와 ACC는 중앙에 위치하여 VENvon Economo neuron이라는 고유한 섬유군을 통해 기본 모드 네트워크와 주의력 네트워크를 연결한다.[47] 메논Menon과 우딘Uddin[34]은 이러한 연결과 현저성 네트워크의 기능에 대해 "AI와 ACC는 상향식 주의 전환과 하향식 제어를 통합하는 데 도움이 된다. 이러한 차별적인 해부학적 경로와 AI와 ACC 사이의 빠른 신호를 촉진시키는 VEN 덕분에, 현저성 네트워크는 주의력뿐만 아니라 영향을 미치도록 하는 데도 좋은 위치에 있다(p. 9)"고 말했다.

평범함의 바다 속에서, 현저성 네트워크는 우리가 특별하거나, 적어도 우리와 관련된 정보를 찾도록 하는 것을 보장해준다. 따라서 코치로서, 우리는 위에서 설명한 전략과 통찰력을 사용하여 스위치가 뒤집히도록 하고 선수의 주의력이 환경 내에서 가장 관련성이 높은 집중을 돕는 큐나 자극에 향하도록 해야 한다. 분명히 말하지만, 만약 당신이 이것을 제대로 이해하지 못한다면, 이 책에 있는 다른 어떤 것도 쓸모가 없을 것이다. 효과적인 집중을 돕는 큐를 전달하는 것의 이점은 선수가 움직이는 동안 큐를 듣고 이해하고 능동적으로 집중하는 것에 기초한다. 이와 같이, 우리의 훈련 세션의 현저함과 의사소통의 질은 궁극적으로 우리가 우리 선수들의 주의력을 얼마나 잘 사로잡는지를 결정할 것이다. 그러나 우리 선수들의 주의력을 유지하는 방법을 이해하기 위해서는, 우리는 마지막 네트워크 한계를 이해해야 할 필요가 있다.

PART 3. 집중력 실행

수년 동안 선수들의 주의를 사로잡고 유지하는 가장 좋은 방법 중 하나가 선수들이 직접 체험하게 하는 것이라는 사실을 알게 되었다. 이를 위해 내가 즐겨 사용하는 방법은 몇 가지 트릭을 통해 스트렝스가 감소하는 현상을 보여주는 것 이다. 다음은 내가 사용하는 기법을 설명한 것이다.

코치: "자, 시작해 보자. 우리가 마주하고 있는 세션을 고려할 때, 우리는 스스로에게 중요한 질문을 던져야 해. 내가 오늘 더 나아지도록 하기 위해서 무엇을 해야 할까? 너희 각자가 그 질문에 다르게 대답하겠지만, 여기에는 하나의 진실만이 있어. 우리는 우리가 집중하는 기술과 능력만 향상시킬 수 있어. 즉, 훈련하는 동안 집중력이 떨어지고 산만해진다면, 너희가 바랄 수 있는 최선의 것은 쇠퇴된 기술과 일관성 없는 결과일 것이야. 이를 증명하기 위해서, 너희 중 한 명이 가운데로 나와줬으면 해."

"로버트Robert, 너는 여기서 팀을 마주보고, 발을 어깨너비로 벌리고, 두 팔 중 더 강한 팔을 너의 몸에서 떨어뜨려 똑바로 뻗어봐. 그리고 너의 팔과 몸이 강철로 만들어졌다고 상상해 봐. 그러니까, 내가 네 손목을 누를 때, 내가 네 팔을 밀지 못하게 해봐."

행동: 가능한 한 팔을 똑바로 하고 강하게 유지하도록 하면서 운동선수의 손목을 천천히 눌러라. 다른 선수들은 그 선수를 응원하도록 해라. 팔이 약간 아래로 움직일 때까지 힘을 증가시키면서 천천히 누르고 5초간 유지하라. 전반적으로, 운동선수는 강해질 것이고, 팔을 넓은 범위로 움직이는 것은 어려울 것이다.

코치: "로버트, 기분이 어땠어? 너는 힘이 강했니, 약했니?"

선수(로버트): "힘이 강하게 느껴졌습니다. 코치님."

코치: "바로 그거야. 너는 그 일에 모든 집중과 관심을 쏟았고, 너는 결국 성공했어. 한 번 더 같은 것을 하는데 조금만 변형을 줘보자. 발을 넓게 벌리고 팔을 곧게 뻗어봐. 이제 100부터 2씩 거꾸로 세어봐. 아, 그리고 네 눈으로 내 손가락을 추적해 봐. 이 모든 일을 하는 동안, 내가 너의 팔을 아래로 밀지 못하게 해. 준비됐어?"

선수(로버트): "네!" (팀이 응원을 한다.)

행동: 선수는 100부터 2씩 큰 소리로 센다. 당신은 아까와 같이 그들을 마주보고 그들의 손목에 한 손을 얹고, 반대편 손의 검지를 그들의 눈앞에 두고 서 있게 된다. 그들이 숫자를 세기 시작할 때, 손가락을 이리저리 움직여서 그들의 시선을 손가락에 고정시키도록 해라. 이 일이 일어나는 동안, 손목에 천천히 압력을 가해라(이전처럼 같은 시간과 압력으로). 그들의 팔은 훨씬 쉽게 밀릴 것이고, 그들은 그들의 팔에 집중하기 위해 숫자를 세는 것과 눈으로 손가락을 따라가는 것을 멈추고 싶어 할 것이다. 이때 그들이 그렇게 하지 못하도록 해야 한다.

코치: "로버트, 기분이 어땠어? 너는 힘이 강했니, 약했니?"

선수(로버트): "힘이 훨씬 약하게 느껴졌습니다."

코치: "바로 그렇게, 나는 네가 마주한 일에 집중을 못하게 함으로써 너의 힘을 빼앗을 수 있어. 이 증명은 네가 눈앞의 일에 집중하지 않는 것과 차이가 없어. 너희의 마음이 너희의 수행능력을 좌우한다는 것을 절대 잊지 마."

당신도 이렇게 한번 해보라. 이 활동은 주의력 네트워크의 가장 중요한 특징인 집중적인 노력을 필요로 한다. 하지만 우리가 보았듯이, 이러한 집중적인 노력은 우리 자신의 생각과 동기의 중대함과 참신함을 추구하려는 내재적인 욕구에 의해 약화되고 있다. 따라서 일단 현저성 스위치를 올려 불을 켜게 되면, 우리는 불을 켜는 비용을 지불하고 이를 계속 유지할 수 있도록 해주는 코칭 전술을 사용할 필요가 있다. 이 방법을 설명하기 위해, 우리는 주의력 네트워크의 구성에 대해 간략하게 논의한 다음 집중된 주의력을 지속할 수 있는 우리의 능력을 좌우하는 주요 요인들에 대한 최종 토론으로 넘어갈 것이다.

주의력 네트워크: 경계, 지향 및 실행 제어

마이클 포즈너Michael Posner 박사는 오리건 대학의 인지신경과학자이며 심리학과의 명예교수이다. 심리학 분야에서 엄청난 공헌을 한 것으로 알려진 포즈너 박사의 중요한 연구는 주의력 네트워크에 대한 그의 조명을 통해 이루어졌다. 여러 뇌 영상 기술을 사용하여 포즈너 박사와 그의 동료들은 주의력 네트워크를 총체적으로 구성하는 세 개의 다른 뇌 네트워크들을 확인했다.[17] 포즈너 박사의 저서 『Attention in a Social World』에서 세 가지의 뇌 네트워크를 설명하면서 그는 "우리의 주의력은 각성 상태의 달성 및 유지, 감각적 사건에 대한 방향 설정, 생각과 감정 조절 등의 기능을 수행하기 위한 특수한 네트워크가 [실행 시스템을 통해] 관여하는 것으로 볼 수 있다"고 말한다.[38] 포즈너와 로스바트Rothbart[40]는 세 개의 네트워크를 정의하면서 **경고 네트워크**alerting network를 '들어오는 자극에 대한 높은 민감도 상태를 달성하고 유지하는 것'으로 설명하고, **지향 네트워크**orienting network는 '감각 입력에서 정보를 선택하는 것'으로 설명하며, **실행 제어 네트워크**executive control network는 '생각, 감정 및 반응 사이의 갈등을 모니터링하고 해결하는 것'으로 설명한다"(p. 7).

당신이 눈치챈 것과 같이, 경고 및 방향성 네트워크는 마지막 섹션에서 설명한 현저성 네트워크와 매우 유사하다. 구체적으로, 그들은 공통의 신경 해부학적 영역을 공유하고 우선순위 지도라고 불리는 것을 통해 실행 주의 네트워크executive attention network(우리의 의식적 인식)에 들어가는 것을 총체적으로 결정한다. 이름에서 알 수 있듯이, 우선순위 지도는 현저성 네트워크를 통한 상향식 감각 정보(우리의 내부 및 외부 세계의 감각 정보)와 주의력 네트워크의 하향식 정보(관련성, 보상 및 목표)를 통합하여 궁극적으로 주의력이 집중되는 위치를 결정한다.[18, 41] 일단 주의력이 목표물에 고정되면, 우리는 그것이 우리의 실행 제어 네트워크의 신경 구조(전전두피질) 안에 편안하게 자리 잡고 있다고 확신할 수 있다. 하지만 코치로서 우리의 일은 끝나지 않았다. 관심을 끄는 것은 쉬운 부분이다. 그러나 여기서 중요한 것은 선수들의 주의력을 유지하는 것이다.

주의력 습득

이 장에서 우리는 계획적인 연습의 틀 내에서 주의력의 역할을 이해하는 것을 돕기 위해 음악 제작과 디제잉을 예시로 사용했다. 그렇다면 이에 걸맞게 우리는 주의력을 어떻게 습득할 것인가에 대해 이야기하기 위해 마지막으로 음악을 예시로 들어보자. 음악적인 의미에서 마스터링은 곡을 만드는 마지막 과정이다. 음악에서 마스터링(습득)은 곡을 제작하는 마지막 과정, 즉 가장 신경을 많이 쓰는 작업이라고 할 수 있다. 마스터링은 트랙을 하나로 묶어 사운드를 통일하는 컴프레션, 각 노래 요소의 볼륨을 적절히 조절하는 볼륨 조절, 노래의 가장 중요한 요소가 돋보이도록 하는 이퀄라이징 또는 EQ 작업이 포함된다. 코칭 관점에서 주의력을 마스터링하는 것은 이와 다르지 않다. 가장 중요하고 흥미로운 부분들이 눈에 띄도록 언어를 이퀄라이징하는 동시에 정보의 과부하를 피하기 위해 우리의 메시지를 압축하거나 단축해야 하기 때문이다.

주의력 컴프레션: 적은 것이 많은 것이다

노벨상 수상자이자 『Thinking Fast and Slow』의 저자인 다니엘 카너먼Daniel Kaneman 박사는 주의력 수용력에 대해 "활동에 할당할 수 있는 제한된 주의력의 양을 처리할 때, 그 양을 초과하려고 하면 당신은 실패할 것이다"라고 말했다.[26] 스포츠에서, 우리는 이것에 대해 '분석에 의한 정체'라는 이름으로 부른다. 그리고 우리는 종종 "그들은 목이 메었다", "그들은 정신적으로 충분히 강하지 않다" 또는 "그냥 듣지 않는다"와 같은 말을 하면서 이것을 운동선수들에게 다시 투영하지만, 우리는 그냥 "우리의 메시지가 명확하고 간결하지 않다", "우리는 그들에게 올바른 초점을 맞추지 않았다" 또는 "우리가 너무 많이 말했다"고 말할 수도 있었다.

그림 2.3 주의 집중력.

Adapted from R.A. Magill and D.L. Anderson, *Motor Learning and Control: Concepts and Applications*, 11th ed. (New York: McGraw-Hill Education, 2017), 203.

선수들에게 경기력 부진의 책임이 없다고 주장하는 것은 아니지만, 뻔뻔스럽지만 내가 하고자 하는 말은 우리 코치들도 책임의 일부를 인정하자는 뜻에서 거울을 우리 자신에게 돌리자는 것이다.

이를 설명하기 위해 그림 2.3을 생각해 보자. 우리는 여기 은유적으로 크기가 고정되어 있고 한 번에 아주 많은 정보만 처리할 수 있는 주의력 스포트라이트를 가지고 있다. 이 섹션의 시작 부분에서 논의했듯이, 신체적 작업에 주의력을 기울이기 위해 필요한 일반적인 조건이 있다. 비록 주의력의 양은 작업에 대한 경험과 복잡성에 비례하지만, 모든 신체적 작업은 주의력 영역의 일부를 필요로 한다는 것은 확실하다. 따라서 위쪽 초승달 모양에 의해 나타나는 것처럼, 우리 선수들의 주의력의 일부는 과제 자체에 의해 쓰인다. 게다가, 당신은 어떤 종류의 구두로 전해지는 설명을 할 가능성이 높고, 그렇지 않더라도, 운동선수들이 무언가에 집중할 가능성이 높다. 따라서 아래 초승달로 대표되는 선수들의 생각 또한 그들의 주의력 영역의 일부를 차지할 것이다. 이렇듯 메시지가 짧고 선수들에게 친숙할수록 필요한 주의력은 줄어들고, 그 반대 또한 성립된다. 주의력이 쓰이고 남은 것들을 우리는 주의력 비축이라고 할 수 있다. 코치로서, 특히 우리가 이미 논의한 것처럼 결정을 내리는 것을 가장 최우선으로 해야 하는 스포츠 기술이나 시나리오를 코칭하는 경우, 항상 가능한 한 많은 주의력을 남겨두도록 노력해야 한다. 따라서 우리는 이 부분을 책 전체에서 가장 중요한 권장 사항 중 하나로 마무리할 수 있다. '가장 적은 것이 가장 많다' 말하고 '매 반복마나 하나의 큐'라는 주의력 절약 법칙을 사용하라.

분명히 말하자면, 우리는 광범위한 피드백을 제공하고 움직임 기술이나 시나리오에 대한 논의를 할 수 있다(4장 참조). 그러나 선수들이 움직일 때가 되면, 우리는 우리의 아이디어를 한 번에 하나의 큐와 하나의 중점 사항으로 요약하기 위해 모든 노력을 기울여야 한다. 이에 대한 대안은 선수들이 정신적으로 견딜 수 있는 것보다 더 많은 정보를 주는 것인데, 그 후에 이 세 가지 중 하나가 발생할 가능성이 높다. (a) 정보의 과부하 때문에, 그들은 당신이 말한 모든 것을 무시하고 다른 것에 집중할 것이다. (b) 그들은 모든 것을 동시에 집중을 하려고 시도할 것이지만 성공하지 못할 것이다. 아니면 (c) 그들은 가장 흥미롭거나 마지막에 들은 것 중 하나에 초점을 맞출 것이다. 여기서 중요한 점은 당신은 그들이 무엇에 초점을 맞추고 있는지 전혀 모른다는 것이다. 결과적으로, 당신은 그들의 움직임을 통해 코칭의 효과를 판단할 수 없다는 것을 의미한다. 따라서 코칭이 미치는 영향을 기회에서 선택으로 바꾸고 싶다면 한 번에 하나의 큐만을 제공하고 한 번의 수행으로부터 나온 피드백이 다음 수행의 집중력에 영향을 미치도록 해야 한다.

주의력 이퀄라이징: 관련성, 보상 그리고 목표

이전 섹션에서, 우리는 새로움과 현저성 기반의 주의력 유발에 대해 이야기했다. 우리는 두드러진 자극에 대한 뇌의 자연스러운 유사점을 활용할 수 있도록 코치가 사용 가능한 다양한 전략을 샘플링했다. 그러나 모든 큐, 세션 또는 경험이 이전과 다를 것이라고 생각하는 것은 합리적이지 않다. 따라서 일단 주의력을 끌면, 우리는 선수가 이를 유지할 수 있도록 하기 위한 최선의 투자 방법을 알 수 있도록 도울 책임이 있다.

이 마지막 점을 고려할 때 선수의 입장에서 당신은 장기적으로 어떤 정보에 집중하고 싶은가. 당신은 무엇을 생각해 냈는가. 내 생각에 당신은 "내가 가치 있다고 여기는 아이디어", "목표를 달성하는 데 도움이 될 정보" 또는 "나에게 어떤 식으로든 보람이 있는 생각"과 같은 말을 했을 것이다. 만약 내 생각이 당신과 비슷하다면, 우리는 올바른 방향으로 가고 있는 것이다. 그 이유는 무엇이 사고력을 지속시키는지에 대한 우리의 직감을 뒷받침할 수 있는 많은 과학적 사실이 있기 때문이다.

텍사스 A&M 대학의 심리학과 조교수인 브라이언 앤더슨Brian Anderson 박사는 현저성 및 새로움 유발 요인 외에도 목표 및 가치 유발 요인 또한 있다고 주장한다.[1, 2] 결과적으로 우리의 삶에 우리의 주의력을 필요로 하는 즉각적인 위협이 없다고 가정할 때, 우리는 목표지향적인 생각에 자유롭게 주의를 기울일 수 있다. 따라서 우리가 앞에서 이야기했듯이, 집중력이 주어졌을 때 운동선수가 목표를 달성하는 데 어떻게 도움이 될 것인지 명확하게 설명하면 그것이 마음속에 남을 가능성이 커진다. 더 나아가, 만약 우리의 주의력이 어떻게든 보상을 받는다면, 그 생각 또는 환경적인 자극은 다음에 가능할 때 더 높은 우선순위로 작용할 것이다.

코칭의 관점에서 우리는 우리의 큐의 효과를 통해 주의력 값이 어떻게 생성되는지 볼 수 있다. 예를 들어 우리가 운동선수에게 하나의 큐를 주고 이것이 퍼포먼스에 미치는 영향을 평가한다고 가정해 보자. 큐가 긍정적인 영향을 미쳤다는 가정하에, 반복은 긍정적인 피드백으로 보상되며, 결과적으로 변화를 이끌어낸 초점 또한 마찬가지로 보상된다. 이 시점에서, 운동선수는 큐와 그것이 촉진시키는 초점을 긍정적인 경험과 연관시키기 때문에, 주의력 값 측면에서 큐는 우선순위가 된다.

같은 맥락에서 우리는 선수들이 익숙해하고 흥미를 갖고 있는 단어, 구문 및 예시들을 코칭 언어에 미리 채울 수 있다. 예를 들어 내가 젊은 운동선수들과 함께 일하고 있고, 그들이 플라이오메트릭 훈련 동안 더 높이 뛰도록 하고 싶다면, 나는 그들에게 "아이언맨처럼 하늘로 폭발하듯 날아라"라고 말할 수 있다. 이 운동선수들이 마블 영화에 빠져 있다고 가정할 때, 내가 그들에게 "가능한 한 빨리 엉덩이를 통해 폭발하듯 움직여라"고 말하는 것보다 이 큐로 성공할 가능성이 더 높다. 궁극적으로, 우리가 큐를 전달하기 위해 사용하는 언어는 큐의 지속력을 결정하기 때문에 현명하게 선택되어야 한다.

요약

이 장에서 우리는 주의력에 대한 입문을 시작으로 목표, 초점, 피드백 및 도전과 같은 계획적인 연습이 주의력에 영향을 미치는 특징들에 대해 논의했다. 우리는 효과적인 연습에 대한 그림을 스케치 할 수 있었고 당신에게 일종의 청사진을 제공하였다. 하지만 알다시피, 설계도가 건물이 아닌 것처럼 스케치는 조각상이 아니다. 따라서 이러한 개념들을 3차원 세계에 도입하기 위해, 우리는 배움의 생명력인 주의력에 대해 논의할 필요가 있었다.

주의력에 대해 논의하면서, 우리는 세 가지 다른 정신의 상태에 대해 알아보았다(그림 2.4 참조). 첫 번째, 우리는 정신 방황이라고 부르는 집중력을 잃은 정신 그리고 머릿속 빈 공간에 대한 관련 비용 편익 분석에 대해 이야기하였다. 그런 다음 정신 방황의 신경 해부학적 집과 같은 기본 모드 네트워크에 대해 살펴보고 형태와 기능이 어떻게 연결되어 있는지에 대해 알아보았다. 두 번째, 우리는 현저성 스위치를 뒤집는 과정을 통해 집중력이 생기는 정신에 대해 논의하였다. 즉, 우리의 뇌는 우리가 주의해야 할 가장 중요한 정보를 끊임없이 우선시하고 있으며, 이 우선순위 결정 과정의 중심에는 현저성 네트워크가 있다. 마지막으로, 우리는 주의력 스포트라이트의 내용을 경고, 방향성 및 제어하는 능력에 초점을 맞춘 학습의 주요 요소인 주의력 네트워크에 대해 논의했다. 중요한 것은, 우리는 가장 적은 것으로 가장 많은 것을 전달한다는 의미의 정보 압축과 선수들에게 가장 중요한 것을 언어와 연결하도록 하는 정보 이퀄라이징이 어떻게 모든 큐가 잘 달라붙도록 하는지에 대해 이야기해 보았다.

결론적으로 이 장의 목표는 당신에게 두뇌 속과 작업 중 우리의 주의력 네트워크에 대해 알아보는 것이다. 지금 이 정보를 이해해야 이 책의 나머지 부분을 구성하는 토대를 마련할 수 있다. 지금 알고 있든 없든간에, 앞의 정보가 타당하다고 느낀다면, 당신은 다음에 나올 권장 사항들을 잘 적용하게 될 것이라는 것을

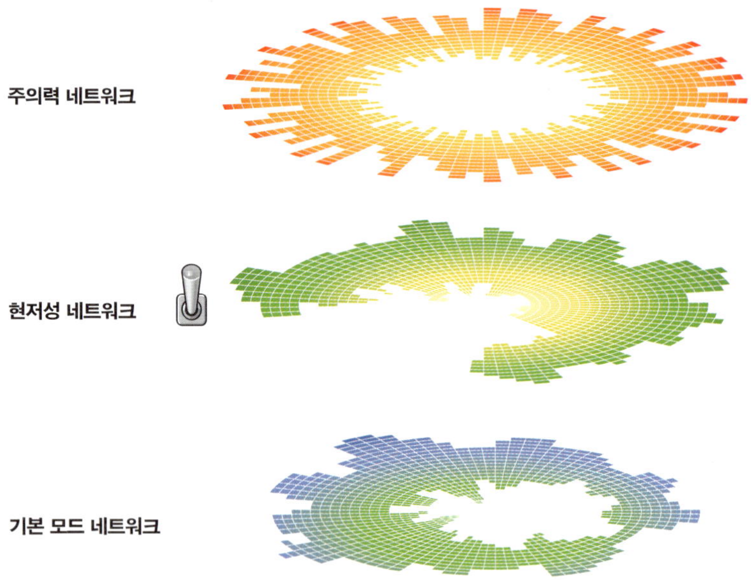

그림 2.4 세 가지 통합 네트워크는 우리의 주의가 이동할 수 있는 다양한 모드를 구성한다.

의미한다. 하지만 우리가 실용적인 통찰력에 대해 알아보기 전에, 우리는 마지막으로 배움의 마지막 휴식처인 우리의 기억 시스템에 대해 살펴볼 필요가 있다.

3 기억의 시간

도입부: 기억하기

기억의 길로 여행을 시작하기 전에 빠르게 기억에 관련한 테스트를 해보도록 하자. 이를 위해선 단기 및 장기 기억력을 테스트하도록 설계된 일련의 게임을 해볼 것이다. 각 게임에서는 간단한 지침, 일련의 단어 또는 구절, 그리고 얼마나 기억을 가지고 있는지 확인하기 위한 기억 유지 테스트가 포함된다. 주의 깊게 읽고 집중하면 어떻게 하는지 알 수 있을 것이다.

작업 기억 게임

자, 작업(단기) 기억력을 테스트하도록 설계된 두 가지 게임을 해보자. 첫 번째 게임에서는 단어 목록을 읽고 기억해야 한다. 두 번째 게임에서는 같은 개수의 단어들을 기억해야 하지만, 이번에는 이야기가 첨가될 것이다. 두 게임의 공통 목표는 가능한 한 많은 단어를 기억하는 것이다.

기억력 게임 1

다음은 임의로 선정된 단어 15개이다(컨닝 금지). 목록을 읽기 전에 타이머를 30초로 설정하라. 타이머를 시작하고 시간이 다 될 때까지 단어를 열심히 공부하라. 펜과 종이를 준비하라. 30초가 지나면 책을 덮고 얼마나 많은 단어를 기억하는지 확인하라. 이제 타이머를 30초로 설정하고 시작하라.

말　연필　폴더　버니　브레이크
테이블　딸기　타이어　기린　분필
바퀴　우유　창　바닥　땅콩

빨리 책을 덮고 가능한 한 많은 단어를 적는다. 이제 결과를 확인해 보자. 15개의 단어 중 몇 개를 맞혔는가? 테스트를 마치면 다음 게임으로 넘어갈 수 있다.

기억력 게임 2

존의 딸이 7살이 되어, 존은 그녀의 생일 파티를 위해 15개의 품목을 사러 가게에 가야 한다. 다음 글은 존의 외출과 그가 상점에서 선택한 물건들에 대한 설명이다. 지문을 읽기 전에 타이머를 켜고 60초로 설정한다. 그런 다음 15개 물건 항목을 기억하겠다는 마음으로 지문을 읽어라. 펜과 종이를 준비하고, 책을 덮은 뒤 기억한 항목을 적도록 한다.

이제 타이머를 60초로 설정하고 시작하라.

매장에 도착한 존은 쇼핑 목록을 살펴보고 음식, 바비큐, 파티의 세 섹션으로 구분되어 있음을 확인했다. 존이 가게에 들어갔을 때 음식 코너가 바로 보였기에 해당 물건들을 집었다. 농산물 섹션에서 존은 자신의 목록에 있는 처음 두 항목인 양상추와 토마토를 집었다. 그 뒤 다음 두 가지 항목인 빵과 과자를 구입하기 위해 빵과 스낵 코너로 이동했다. 그리고 칠면조 버거를 사려고 카운터로 갔다. 존은 바비큐 용품을 사기 위해 재빨리 매장의 야외 섹션으로 이동했다. 이번 시즌의 첫 바비큐였기 때문에 존은 새 그릴, 금속 집게, 그릴 브러시, 라이터 연료, 숯 한 봉지를 집었다. 마지막으로 존은 가게의 파티 섹션으로 가서 공주 테마의 접시, 선물 가방, 풍선, 포장지, 파티용 사탕박스를 집어 들었다. 성공적으로 쇼핑을 마치고 가게를 나와 존은 딸의 생일 파티를 준비하기 위해 집으로 향했다.

빨리 책을 덮고 존이 가게에서 가져온 물건을 최대한 많이 적어라. 이제 지문에 있는 15개의 기울임꼴로 표시된 항목에 대해 확인하라. 몇 개를 맞혔는가?

자, 당신이 만약 카지노에서 이 게임을 한다면 어떤 게임에 판돈을 걸고 싶은가? 나는 당신이 게임 1보다는 게임 2를 선택하는 것에 합당한 돈을 걸 것이다. 왜 그럴까? 두 게임 모두 15개의 단어가 있지만, 게임 1에서는 머리에 남는 단어가 적고, 게임 2에서는 머리에 남는 단어가 많다. 그 이유는 무엇일까?

우선, 게임 1에는 맥락 없는 단어 목록이 주어졌고, 게임 2에서는 단어들이 광범위한 맥락과 함께 제공되어 이야기의 서사 구조에 포함되었다. 또한, 게임 1은 단어와 기존 지식 사이에 어떠한 연관성도 만들지 않은 반면, 게임 2는 관련 단어를 클러스터cluster하거나 청크chunk하여 묶고 지식 범주(즉, 생일 파티 및 바비큐를 위해 구입하는 종류의 물건들이라는 범주)와 연관시켰다. 따라서 게임 2는 존의 경험과 그가 구매한 항목을 이미지화하도록 권장하여 이 새로운 정보를 이미 알고 있는 지식들과 연관시키고 머릿속에 각인시킬 수 있도록 하였다. 반대로, 게임 1에서는 단어들에 대해 스토리를 만들려고 노력하지 않았다면(나중에 더 자세히 설명), 기억이 사라지기 전에 모든 단어를 종이에 기록하기를 바라며 빠른 리허설을 통해 각 단어를 마음에 담아두려고 시도했을 가능성이 높다. 전화번호를 기억하여 적을 수 있는 방식과 유사하게, 게임 1은 당신의 작업 기억력의 한계를 드러냈다. 그러나 게임 2에서 알 수 있듯이, 우리가 이미 알고 있는 어떤 것의 렌즈를 통해 새로운 정보가 제시된다면 이러한 명백한 한계를 극복하거나 우회할 수 있다. 따라서 기억력 게임은 제시된 정보의 양에 관계없이 정보의 프레임이 정신적 끈적임mental stickiness에 어떻게 영향을 미칠 수 있는지 보여준다.

장기 기억 게임

이제 단기적으로 여러분의 마음을 살펴보았으니, 여러분의 기억이 장기적으로 어떻게 작동하는지 되짚어 보자. 다음의 기억력 게임은 꽤 간단하다. 해당 지문을 읽고, 묘사되고 있는 경험을 가능한 한 자세히 기억하려고 노력하라. 가능한 한 기억을 간직한 채 고화질 텔레비전에서 비디오를 재생하라.

잠시 시간을 내어 다음과 같은 경험을 떠올려 보도록 한다.

▸ **기억 A**

지난 몇 년간을 되돌아보고 매우 긍정적인 기억을 찾아보라. 아마도 멋진 휴가를 떠났을 때나, 결혼식의 장면이 떠오를 것이다. 혹은 첫아이가 태어났을 때나, 대학 졸업식을 떠올릴 수도 있을 것이다. 그 기억이 무엇이든 간에, 이때의 상황을 마음속에 간직하고 시간을 거슬러가 그때의 감각을 되새겨보라. 당시에 어디에 있었는지, 무엇을 입고 있었는지, 그리고 어떤 느낌이 들었는지 생각해 본다.

▸ **기억 B**

오늘부터 일주일 전을 생각해 보라(예: 오늘이 수요일이라면 지난주 수요일에 대해 생각해 보라). 다시 한 번 어디에 있었는지, 무엇을 하고 있었는지, 무엇을 입고 있는지, 그리고 어떤 느낌이 들었는지 생각해 본다.

어떠한가? 아마도 기억 A가 훨씬 더 생생하게 떠올랐을 것이다. 반대로, 기억 B를 생생하게 떠올리려고 하는 것은 오래된 텔레비전의 안테나를 조정하는 것처럼 느껴졌을 것이다. 문제는 왜냐는 것이다. 즉, 왜 어떤 기억은 되살리기 쉽고, 어떤 기억은 되살리는 것이 힘들거나 불가능해 보이는가? 2장으로 되돌아 살펴본다면, 이 질문에 대한 답은 대부분 우리가 주의를 기울이는 방식에 달려 있다는 것이다. 우리가 논의했듯이, 뇌는 항상성보다 새로움에 더 민감하다. 즉, 우리는 익숙한 환경에서 예상치 못하거나 흥미로운 것이 없다면, 주의의 경고를 받지 않을 것이다. 따라서 우리는 일반적인 상황에서는 여러 상황들에 대한 상세한 경험을 기억하기 힘들어하고 그 대신, 경험들을 요약하여 필요에 따라 출력할 수 있는 평균적인 기억을 만든다. 당신은 사람들에게 당신이 직장에서 '주로' 무엇을 입거나 저녁식사로 무엇을 먹는지 말할 수는 있겠지만, 만약 직장 생활의 기억 중에서 특정한 옷이나 식사를 떠올리라고 하면 분명히 어려움을 겪을 것이다. 반대로, 결승골을 넣거나 차를 들이받는 등의 가장 짧은 경험은 연습 없이도 우리의 기억에 즉시 각인될 수 있다. 실제로, 당신은 이 책의 첫 번째 장의 제목보다 당신이 처음 산 차의 제조사와 모델을 기억하는 것이 더 쉽다는 것을 알게 될 것이다. 그 이유는 간단하다. 어떤 경험이 흔하지 않고 개인적으로 중요할수록, 우리는 완전한 기억력을 가질 가능성이 더 높다.

기억 속에 무엇이 있는가?

내가 자라면서 가장 좋아하는 영화 중 하나는 1990년판 '토탈 리콜'이다. 이 영화의 줄거리는 '그리 멀지 않은 미래'를 배경으로, 기억을 이식하는 전문 회사인 Rekall 사를 중심으로 펼쳐진다. "비용 걱정 없이, 심해 속으로 휴가를 떠나고 싶습니까? 혹은 화성으로 여행을 떠나고 싶지는 않습니까? 그렇다면 Rekall 사는 당신에게 실제 여행을 떠났을 때보다 저렴하고 안전하며 더 나은 이상적인 휴가의 추억을 제공해 드립니다."

아놀드 슈워제네거가 연기한 더글러스 퀘이드는 이 홍보 문구에 설득되어 비밀 요원으로 2주간의 화성 여행에 대한 기억을 심기 위해 Rekall 사에 들어가지만, 무언가 잘못되고, 더글러스는 스스로 믿지 못하는 기억을 가지고 낯선 세계를 헤쳐 나가게 된다.

이 영화는 현실과 동떨어진 것 같은 내용을 보여주지만, 조금 더 생각해 보면 코치와 Rekall 사와의 유사점이 있음을 알 수 있다. 예를 들어 Rekall 사는 사람들에게 (가짜) 기억을 넣고, 코치는 사람들에게 (실제) 기억을 넣는다. Rekall 사는 고객들에게 잊을 수 없는 경험을 선사하고, 코치는 선수들이 잊을 수 없는 경기를 경험하기를 원한다. 한편, Rekall 사는 하이테크놀러지를 사용하여 기억을 사용자에게 이식하는데, 코치는 어떤 기술을 사용하는가? 이 점이 바로 문제이다. 선수들의 머릿속에 잊을 수 없는 기억을 심어주기 위해 코치들은 무엇을 사용하고 있는가? 이를 위해서는 다양한 언어적 방법뿐만 아니라, 올바른 시간에 올바른 장소에서 올바른 움직임을 수행하는 데 필요한 운동 기억motor memory도 사용해야만 할 것이다. 이 질문에 제대로 답하기 위해서는 더 간단한 것부터 대답하는 것으로 시작할 필요가 있다. 어떻게 기억을 심는지를 이해하기 전에, 우리는 먼저 기억이 무엇인지 알아야 한다.

캐나다의 유명한 심리학자 D.O. 헵Hebb이 기억력에 대한 우리의 이해를 한층 더 깊게 만들어주었다. 헵은 1949년[75]에 『The Organization of Behavior』을 출판했다. 이 상징적인 텍스트에서, 헵은 기억과 학습이 상호 연결된 뉴런의 네트워크로 표현된다고 제안했는데, 그는 이것을 '세포 집합체'라고 불렀다. 헵은 이러한 신경 네트워크는 감각 입력(예: 코칭 지시, 일몰의 광경 또는 악취가 나는 참치 샌드위치)에 반응하여 발화하며, 그 결과 뇌 활동은 자극에 대한 인식을 나타낸다고 했다. 만약 이 신경 네트워크가 감각 입력이 없는 상태에서 발화하면, 이에 따른 결과적인 활동은 자극에 대한 개념, 즉 기억으로 나타난다고 한다. 이러한 기전은 흥미로운 정보를 떠올리고, 생생한 세부적인 사항을 다시 경험하거나, 과거의 경험을 바탕으로 미래를 시각화하는 우리 인간의 독특한 능력을 설명할 수 있다. 궁극적으로 이러한 신경 네크워크가 충분히 자주 활성화되면 연관성이 만들어지고, 뇌는 신경 연결을 융합하는 변화를 겪으며, 세상에 대한 우리의 인식을 뇌에 해부학적으로 각인시킨다. 기억에 대한 내용을 뒷받침하는 뉘앙스들과 세부 사항들이 헵의 책이 출판된 이후 발전하고 있지만, 변하지 않은 내용은 바로 뇌가 무한한 연관 능력을 가진 적응 가능한, 가소성이라는 성질을 가진 뉴런 네트워크라는 견해이다. 이러한 시각을 통해 우리는 860억 개의 뉴런과 100조 개 신경 간의 연결이 어떻게 우리의 의식을 작동시키는지, 그리고 뇌가 어떤 존재인지 이해하기 시작할 수 있는 것이다.

D.O. 헵은 기억의 구조적인 측면에 대한 훌륭한 설명을 제공하였고, 윌리엄 제임스는 그의 1890년 저서 『The Principles of Psychology』[40]에서 기억의 구성에 대한 최초의 설명 중 하나를 제공했다. 제임스는 기억에 대해 다음과 같이 묘사하였다.

> 생각의 흐름은 계속 흘러가지만, 그 부분의 대부분은 망각의 바닥 없는 심연에 빠진다. 어떤 기억들은 지나가는 순간 영원히 살아남지 못한다. 한편 다른 기억들 중에는 단 몇 분, 몇 시간, 또는 며칠 정도 남아 있다. 또 다른 어떤 기억들은 영원한 흔적을 남기고 생명이 지속되는 한 그 흔적들을 회상할 수 있다. (p. 1286)

이 묘사를 풀어보면, 제임스는 순간적인 기억을 우리의 일차적인 기억, 지금은 작업 기억이라고 부르는 것에 대응시켰고, 영원한 흔적을 남기는 기억은 이차적인 기억, 또는 지금은 장기 기억으로 불리는 것에 대응시켰다. 한편 제임스는 중요한 질문 역시 던졌다. "과연 이러한 기억들의 차이가 일어나는 이유는 무엇인가?" 즉, 우리의 외부 세계는 어떻게 우리의 내부 세계가 되고, 왜 특정한 기억은 평생의 회원 자격을 얻는 반면, 다른 기억들은 하루만 허용되는 통행증만 받는가? 여기서 우리는 Rekall 사와 코치들의 차이에 대한 질문으로 돌아온다. 우리는 어떻게 선수들의 머리에 잊을 수 없는 기억을 심어줄 수 있을까?

이 질문에 답하기 위해 헵, 제임스와 다른 많은 사람들이 제공한 수십 년간의 연구와 실제적인 통찰력을 활용하여, 작업 기억과 장기 기억에 대해 알아봄으로써 기억 시스템에 대해 알아볼 것이다. 우리의 장기 기억에 대해 탐구하다 보면 갈림길을 만나게 될 것이다. 이 갈림길은 명시적 기억explicit memories으로 이끄는 길, 아는 것과 관련된 다양한 기억으로 이끄는 길, 행동과 관련된 다양한 기억으로 이끄는 다른 길로 나뉜다. 이 지점에서 우리는 이와 같은 뚜렷한 형태의 기억을 발생시키는 정신적 과정을 고려할 것이다. 마지막으로, 내가 가장 좋아하는 어린 시절 TV 프로그램 중 하나인 매직 스쿨버스(TV 교육용 프로그램)의 정신으로, 우리는 프리즐 선생님의 수업에 참여하여 우리가 뇌 속으로 뛰어들어 부호화encoding, 저장consolidation(응고화), 그리고 출력retrieval의 과정을 통해 기억이 어떻게 형성되는지 자세히 살펴볼 것이다.

PART 1. 작업 기억

우리는 잘 쓰인 책과 그렇지 않는 책의 차이를 알 수 있다. 즉 잘 쓰인 책은 읽는 것이 어렵지 않지만, 그렇지 못한 책은 읽는 데 부담을 준다. 어떤 사람들은 이러한 점이 이야기의 질에 달려 있다고 생각하겠지만, 사실은 작업 기억이 역할을 한다는 것을 알면 놀라게 될 것이다. 이를 설명하기 위해 다음 문장들을 살펴보자.

1. 한 선수가 골대 위로 공을 찬다.
2. 선수가 공을 차면 공이 골대를 넘어간다.

어떤 문장이 더 읽기 쉬웠는가? 대부분의 사람들은 첫 문장을 더 수월하게 읽었을 것이다. 그 이유는 꽤 간단하다. 문장 1은 능동태로 쓰였는데, 사람의 활동은 이처럼 순서대로 일어나기 때문이다(선수가 공을 찼고, 공은 골대를 넘어갔다). 반면 문장 2는 문장이 끝날 때쯤에야 누가 행동을 수행하였는지 알 수 있다(공이 골대를 넘어가고, 그 공은 어떤 선수가 찬 것이다). 이는 농담에서 자주 쓰이는 기법이라 의미를 파악하는 데 시간이 걸린다. 한편, 문법적인 이야기는 둘째 치더라도 당신은 두 문장의 의미를 이해할 수 있는데, 이는 당신의 작업 기억 덕분이다. 구체적으로 이야기하자면, 두 번째 문장을 이해하기 위해 당신은 문장이 끝날 때까지 앞의 내용(결과)를 마음속에 담아두고 누가 행동의 주체인지를 알아내야 한다. 이를 위해서는 첫 번째 문장보다 작업 기억을 더 많이 발휘해야 하는 것이다. 그러므로 여러분의 뇌는 첫 번째 문장보다 두 번째 문장을 이해하기 위해 더 열심히 일해야 했다.

이와 같은 간단한 예시는 우리 여정의 첫 번째 기억 시스템인 단기 기억 또는 작업 기억이 어떠한 성격을 가졌는지 보여준다. 단기 기억과 작업 기억은 종종 상호교환적으로 사용되지만, 연구자들은 **단기 기억**은 정보의 일시적인 저장을 의미하는 반면, **작업 기억**은 이해, 학습, 추론에 필요한 정보의 일시적인 저장 및 조작을 위한 시스템을 의미한다고 이야기한다.[4, 6] 작업 기억의 정의를 운동 학습motor-learning 관점에서 확장에서 보자면, 작업 기억은 장기 기억에서 의사결정과 움직임 실행을 지원하는 새로운 정보의 통합에 어떤 역할을 한다고 볼 수 있다.[47] 단기 기억의 저장 기능이 작업 기억의 정의에도 포함되기에 이 책의 나머지 부분에서는 작업 기억이라는 용어를 사용할 것이다.

우리는 이 기억 시스템에 대해 잘 알고 있다. 우리가 방금 찾아본 전화번호를 잊어버리거나 방금 만난 사람의 이름을 써보려 할 때 어려움을 겪는 경험이 있기 때문이다. 언뜻 보면 이러한 '기억의 결함'은 인간 시스템의 결함으로 보이며, '진화적 불행'으로 생각될 수도 있다. 하지만 더 자세히 들여다보면 이러한 결함은 실제로 의미 있는 것만 남겨 실행 가능한 '청크'로 정보를 필터링하기 위해 고안된 기능이라는 것을 알 수 있다.[62]

저명한 하버드 연구원인 다니엘 샥터Daniel Schacter는 그의 책 『The Seven Sins of Memory: How the Mind Forgets and Remembers』에서 다음과 같이 말했다.[76] 만약 **주의산만**absentmindedness, 즉 주의하지 못하고 약한 기억을 잊게 하는 기능이 뇌에 내장되어 있지 않다면, 우리는 저장된 것들에 대한 통제력을 잃고 일상적이고 방대한 정보를 모두 기억해야 할 것이다. 어떤 사람들은 이러한 완전한 기억을 초능력으로 여기겠지만, 사실 이러한 능력을 가진 사람들을 살펴보면 매우 다른 해석이 나온다.

어린 시절부터 지금까지 겪었던 모든 경험들을 놀라울 정도로 자세히 기억하는 증상을 가진 사람들을 일컬어, 초월적 자전적 기억highly superior autobiographical memory, 혹은 줄여서 HSAM을 가졌다고 부른다.[43] HSAM 진단을 받은 최초의 사람인 질 프라이스Jill Price는 자신의 상태에 대해 다음과 같이 진술하였다.[52]

> TV에서 어떤 날짜가 깜박이는 것을 볼 때마다(또는 다른 이유로) 나는 자동으로 그날로 돌아가서 내가 어디에 있었는지, 무엇을 하고 있었는지, 어떤 기분이었는지 기억합니다. 이러한 일은 도중에 그만두거나 제어할 수 없어 나는 완전히 지치게 됩니다. 대부분의 사람들이 이를 선물이라고 하지만, 제게는 너무나 부담스러운 일입니다. 매일 내 인생 전체를 머릿속에서 훑어보게 되는데 정말 미칠 노릇입니다!

2장에서 논의했듯, 주의력은 가장 관련성이 있고, 흥미롭고, 중요한 정보만을 허용하는 작업 기억의 문지기, 즉 마음의 수문장 역할을 한다. 당신이 가게에 갔을 때 모든 물건들을 사려고 하지 않는 것처럼, 당신의 뇌는 모든 기억이 마음속에서 동등한 지위를 가지길 원하지 않는다. 애매모호한 것을 싫어하고 분명하길 원하는 것이다. 그러므로 다음에 새로운 전화번호나 새로운 사람의 이름을 잘 기억하지 못하더라도 애석해하지 말고 당신의 기억 시스템이 제대로 작동하고 있다는 것에 감사하라.

한편, 작업 기억의 명백한 한계가 결점이 아니라 특징이라는 점을 받아들인다 하더라도, 우리 마음의 극장에 좌석이 제한되어 있다는 사실이 바뀌진 않는다. 따라서 코치들은 항상 올바른 아이디어가 마음의 극장 제일 앞줄에 앉을 수 있도록 해야 하는 과제를 안고 있다. 이를 위해 우리는 2장에서 소개한 개념을 바탕으로, 작업 기억의 구조와 기능을 고찰하여 말의 울림이 어떻게 움직임의 역학으로 변화하는지 이해할 수 있는 기초를 마련할 것이다.

작업 기억의 구조

1934년 영국에서 태어난 앨런 배들리Alan Baddeley는 작업 기억에 대한 이론적, 다성분 모델multicomponent model과 관련된 중요한 연구로 잘 알려진 인물이다.[7] 비록 작업 기억 모델은 당시에도 존재하였고[3, 14] 그 이후로도 제안되고 있지만,[19] 1974년 배들리와 그레이엄 히치Graham Hitch에 의해 확립된 모델이 작업 기억의 형태와 기능에 대해 가장 정확히 표현한 것으로 널리 받아들여지고 있다. 이러한 이유로, 우리는 배들리의 최근 논문인 「Working Memory: Theories, Models, and Controversies」에 제시된 작업 기억에 대한 해석을 사용할 것이다.

배들리와 히치가 제안한 원래 모델[7]에서는 작업 기억이 하나의 단일한 시스템이 아니라,[3] 주의력attention과 마찬가지로 세 개의 하위 시스템으로 구성된다고 제안했다. 이는 언어와 시각적 정보를 기억하는 인간의 능력에 대한 수십 년간의 연구에서 비롯되었으며, 일부는 장기 기억에 관한 정보들도 고려된 것이다.

정보를 분류하는 일반적인 형식을 생각해 본다면, 배들리와 히치가 작업 기억의 세 가지 하위 시스템이 음운적 고리(즉, 언어와 소리 시스템), 시공간 메모장(즉, 시각, 공간 및 운동 감각 시스템), 그리고 중앙 관리자(즉, 2장 주의 체계attentional system 참조)로 구성된다고 제안한 것이 납득될 것이다.[7] **음운적 고리**phonological loop는 쓰이거나 말로 내뱉어지는 다양한 언어의 정보를 순간적으로 저장하고 음성으로 반복, 리허설하기 위한 하위 시스템으로 정의된다. 따라서 당신의 지시사항, 큐잉, 피드백을 이해하고, 생각하며 적용할 수 있는 선수들의 능력은 잘 다듬어진 음운적 고리를 필요로 한다. 또한, **시공간 메모장**visuospatial sketch은 시각적, 공간적, 운동 감각적 종류의 정보를 순간적으로 저장하고 조작하기 위한 하위 시스템으로 정의된다. 그러므로 만약 당신이 지도하는 단거리 주자에게 출발 신호가 울리기 전 '치타가 그들 뒤에서 기어오르고 있다고 상상하도록 격려하는 신호를 제공한다면, 혹은 팀 선수들에게 분석 영상을 보여주고 어떻게 패스를 하면 팀 동료가 공간을 파고들 수 있는지 설명한다면, 다이버에게 물에 들어가기 전에 물속에서 어떻게 느껴야 하는지 물 밖에서 시연을 해 보인다면, 그들은 시공간 메모장을 두드릴 수 있을 것이다. 마지막으로, 우리는 2장에서 **중앙관리자**central executive가 주의력 네트워크에서 어떤 역할을 하는지에 대해 정의하였다. 이 하위 시스템은 음운적 고리와 시공간 메모장의 정보를 결합하고 고려하여 우리가 의식적 경험이라고 부르는 정신적인 교향곡을 만들어 내는 지휘자(마음의 마에스트로)로 작동한다.

지난 25년간, 이 세 개의 하위 시스템은 배들리와 히치의 다성분 모델 작업 기억 모델을 구성했다. 하지만 이 모델만으로 모든 정보가 어떻게 장기 기억 내의 기존 정보와 통합되고 결합되는지 설명할 수 없다는 점이 명백해졌다. 따라서 2000년, 배들리는 모델의 네 번째 기둥인 **일화적 완충기**episodic buffer를 제안했는데, 이 시스템은 음운 루프, 시공간 메모장, 장기 기억을 통해 정보를 결합하여 중앙 관리자가 접근하고 정보를 추출 할 수 있는 일관된 의식 흐름을 생성한다고 한다. 이 모델에 대한 가장 최근의 이론적 논의에서, 배들리는 "작업 메모리는 인식과 행동 사이의 인터페이스(접속기)를 제공할 수 있는 복잡한 상호작용 시스템으로, 일련의 양식들과 처리 과정 단계에서 정보를 처리할 수 있는 인터페이스라고 할 수 있다"라고 말했다.[6]

작업 기억의 용량

작업 기억을 인지와 행동이 만나는 집합소와 같다고 본다면, 우리는 또한 그 크기를 고려하고 작업 기억의 용량이 학습에 어떤 영향을 미치는지 논의해야 한다.

> **비유하자면, 작업 기억은 어둡고, 크기가 고정된 방이며, 주의력은 이 방을 비춰 살펴볼 수 있는 스포트라이트라고 할 수 있다. 그러나 이 방은 많은 정보를 담을 수 없고, 방보다 더 작은 것은 우리가 주의를 기울일 수 있는 용량이다.**

이와 같은 이유에서 선수들은 현재와 가장 관련이 높은 정보들로 작업 기억 공간의 우선순위를 지속적으로 재지정하고 업데이트해야 한다. 이러한 점을 염두에 둔다면 다니엘 코일이 내게 코치들은 커뮤니케이션 선수가 되어야 한다고 한 말을 이해할 수 있다. 코치들은 자신이 관리하는 선수가 발전할 수 있도록 충분한 정보를 제공하지만, 선수들의 작업 기억이 가진 용량을 넘어서게 해서는 안 된다.

작업 기억 용량은 언어적 회상verbal recall과 시각적 회상visual recall으로 나눌 수 있으며, 여기에는 보여준 동작을 우리 자신의 움직임으로 전환하는 능력이 포함된다. 1956년 조지 밀러George Miller는 「The Magical Number Seven, Plus or Minus Two」[77]라는 논문에서 인간의 언어 기억 능력은 논문 제목에서 알 수 있듯이, 7 더하기 또는 빼기 2 정보라고 제안했다. 그러나 같은 글에서 밀러는 우리가 정보의 일부들을 함께 '청크'하면 분명히 더 많은 정보를 기억할 수 있다고 주장했다. 예를 들어 다음과 같은 12개의 문자를 생각해 보자.

N B A M L B N H N F L

밀러의 추정에 따르면, 당신은 이 문자들을 일부만 기억할 수 있을 것이다. 하지만 당신의 뇌가 패턴을 포착한다면, 당신은 이 정보를 NBA, MLB, NHL, 그리고 NFL라는 세 문자로 나눌 수 있다. 현재까지의 연구에 따르면 우리의 작업 기억은 한 번에 4개에서 플러스 마이너스 2개의 청크 단위를 저장할 수 있다고 하지만, 1개 청크의 한계는 어느 정도인지에 대해서는 합의가 이루어지지 않고 있다.[20, 21]

작업 기억의 궁전

이 마지막 개념을 설명하기 위해, 세계 기억력 챔피언십에 대해 살펴보자. 매년 열리는 이 행사는 세계 최고의 기억력 선수들이 모여 정신력을 발휘하고 그 우승자는 기억력의 챔피언으로 등극한다. 2017년, 몽골 출신의 무크슈르 나르만다크Munkhhur Narmandak는 2시간 이내에 1,924장의 카드를 암기하고 세계 신기록을 세웠다. 이 업적을 놀라운 것은 무크슈르가 카드를 외우는 데 단 한 시간밖에 사용하지 않았다는 점인데, 이는 그녀가 1.87초당 1개의 비율로 카드를 외워야 했다는 것을 의미한다.

당신은 무크슈르에게 뭔가 특별한 점이 있을 것이라고 생각할지도 모르겠다. 하지만 그녀의 뇌가 우리의 뇌와 다르지 않다는 것을 알면 놀랄 것이다.[49] 물론 그녀가 평균적인 사람들보다 더 나은 작업 기억력을 가지고 있을지도 모르겠지만, 작업 기억력이 조금 더 뛰어나다고 해도 1,924장의 카드를 기억할 수 있는 부분을 설명하는 것은 쉽지 않다. 그럼 이 결과를 어떻게 설명해야 할까? 다행히도 프리랜서 기자이자 『Moonwalking With Einstein: The Art and Science of Remembering Everything』의 저자인 조슈아 포어Joshua Foer[78]는 평범한 사람에서 기억력 프로 선수로의 여정을 직접 거치면서 이 질문에 답했다. 조쉬는 2012년 TED 강연[84]에서 2005년 미국 기억력 챔피언십 취재에 나섰다가 영국 출신의 괴짜 기억력 그랜드마스터인 에드 쿡Ed Cooke을 만난 이야기를 공개하였다. 에드는 챔피언십에 참가한 모든 사람들이 평균적인 기억력을 가지고 있으며 조쉬도 스스로 노력한다면 성취도가 높은 기억력 선수가 될 수 있다고 이야기하였다. 이 아이디어에 의해 고취된 조쉬는 2005년 내내 고전 영화인 '레인 맨'에서 더스틴 호프먼의 캐릭터에 영감을 준 학자 킴 픽Kim Peek을 포함하여 에드와 다른 사람들로부터 배운 기술을 적용하는 시간을 보냈다. 2006년, 1년 동안 매일매일 기억력을 훈련시킨 후, 조쉬는 1년 전에 취재했던 미국 기억력 챔피언십에 언론인이 아닌 참가자로 나타났고, 놀랍게도 1위를 차지했다.

조쉬는 어떻게 이러한 성과를 냈는가? 이 이야기는 작업 기억에 대해 어떠한 이야기를 전하는가? 그리고 가장 중요한 것은 선수들의 기억력에 도움을 주기 위해 이러한 통찰력을 어떻게 활용할 수 있는가? 이 질문에 답하려면 그리스 시인 케오스의 시모니데스가 테살리아의 귀족 스코파스를 기념하여 시를 완성한 2,500년 전 시점으로 거슬러 올라가야 한다. 당시 연회에서 자리에 막 앉으려던 시모니데스는 급한 소식이 왔다는 이야기를 듣고 갑자기 연회장 밖으로 나서게 되었다. 그가 연회장을 빠져나오자마자 갑자기 건물이 무너지는 소리가 들리며 한 밤의 정적이 깨져버렸다. 웃음소리는 비명 소리로 바뀌고 사고로 인한 고인들의 형태는 알아볼 수 없을 정도가 되어버렸다. 유족들은 고인들을 구분하기 힘들게 되어 고민에 빠지게 되었다. 시모니데스는 자신이 앉았던 테이블 위치로 돌아가 당시 참석한 모든 사람들이 어디에 앉았었는지 확인해 주었다. 시모니데스는 각 가족들을 사랑하는 사람들이 앉아 있던 곳으로 조심스럽게 안내하여 그들이 간절히 원했던 위로와 고인에 대한 배웅을 할 수 있도록 도왔다.

이 옛 이야기는 슬픔에 싸여 있지만, 배울 점을 내포하고 있다. 이 이야기를 통해 우리는 기억이 생생한 맥락에 놓일 때, 특히 그 맥락이 감정적으로 두드러지고 경험적으로 독특할 때 그 기억이 훨씬 더 강하다는 것을 알 수 있다. 조쉬가 기억력을 증진시키는 방법을 배울 때, 이 이야기를 통해 **기억 궁전**memory palace, 또는 loci의 방법memory palace(loci는 라틴어로 '장소'를 의미)으로 알려진 기억 기술을 적용할 수 있었다. 기억의 궁전을 적용하려면 먼저 기억하고 싶은 것이 있어야 하는 데, 당신은 이제 막 새로운 팀의 감독으로 부임하였다고 가정해 보자. 자리에 앉아서 억지로 선수 구성원들의 이름과 얼굴을 암기하려는 대신, 당신의 집에 그들이 와 있다고 상상해 보자. 그렇다. 당신의 집을 상상하는 것이다. 자, 여러분이 첫 번째 선수의 사진을 보고, 조던 핸슨이라는 이름을 확인한다. 당신은 조던을 현관 앞에 배치한다. 조던은 에어 조던 티셔츠를 입고 있고 당신을 위해 현관문을 열어주며 귀가한 것을 환영한다. 그리고 당신은 이에 고마워하고 기뻐한다. 집안으로 들어서면 두 번째 선수인 바이니 라슨이 계단 아래에 앉아 바이올린을 연주하고 있다는 것을 알아차린다. 당신은 부엌으로 들어가면서 그의 연주 실력을 칭찬한다. 거실로 나와 보니, 세 번째 선수인 찰리 프랭클린이 잘 차려입은 양복, 볼링 모자, 지팡이와 함께 찰리 채플린처럼 꾸미고 있는 것을 볼 수 있었다. 그가 추는 춤을 기억하면서, 당신은 기억의 궁전에 팀의 모든 선수들을 배치할 때까지 집안을 계속 돌아다닌다. 이 이야기의 교훈은 새로운 정보가 우리가 이미 알고 있는 것의 맥락에서 포장되어 있을 때 이를 떠올리는 것이 훨씬 쉽다는 것이다.

작업 기억 해킹하기

기억의 궁전이 똑똑해 보이지 않거나 지나친 방법이라고 보일 수 있지만, 효과적인 이유가 바로 그렇게 보이기 때문이다. 구체적으로 말하자면, 기억의 궁전 기술은 **정교 부호화**elaborative encoding라고 불리는 잘 확립된 학습 전략을 사용하는데, 이는 학습할 정보를 기억 내에 이미 존재하는 정보와 연관시켜 기억 보존 능력을 향상시키는 것을 의미한다. 이 개념이 처음 제안되었을 때에는 기억의 처리 과정 수준에서 이야기되었는데, 크릭Craik과 록하트Lockhart[22]는 학습 초기 단계에서 처리 과정의 '깊이'가 회상할 수 있는 기준이 된다고 주장하였다. 예를 들어 크릭과 툴빙Tulving[23]은 피실험자들에게 처리 과정의 깊이를 '얕음'에서 '깊음'으로 가는 네 가지 전략을 사용하여 단어들을 부호화시켜 보았다. 전략 1에서는 피험자들은 단어가 대문자인지 소문자인지에 대해 생각해 보라고 하였다. 전략 2에서는 대상 단어가 제시된 단어와 운율이 일치하는지 질문을 받았다(예: 제시된 단어: possum과 운율적으로 유사합니까?, 대상 단어: awesome, 답변: 네, 두 단어는 운율적으로 비슷합니다). 전략 3에서 피실험자들은 대상 단어와 제시된 단어가 서로 관련이 있는지 질문을 받았다(예: 제시된 단어: 이 단어는 자동차의 한 종류인가요? 대상 단어: 사과, 답변: 아니요). 전략 4에서 피험자들은 대상 단어가 제시된 문장과 맥락적으로 적절한지 질문을 받았다(예: 제시된 문장: 그 소년은 친구들과 도로에서 ___를 하며 놀았다. 대상 단어: 수영, 답변: 아니오). 부호화 전략에 따라 피실험자들은 얼마나 많은 대상 단어를 기억할 수 있는지 알아보기 위해 깜짝 기억력 테스트를 받았다. 예상대로, 더 깊은 수준의 처리(즉, 전략 3과 4)를 사용하여 대상 단어를 부호화한 사람들은 얕은 수준의 처리(즉, 전략 1과 2)를 사용하여 부호화한 사람들보다 더 나은 기록을 보였다. 명확하고, 깊고, 정교하게 기억하기 위해서, 부호화는 사람들이 기억될 정보의 표면적인 특징이 아닌 의미를 고려하고 되새김의 과정을 통해 이 정보를 기존의 의미론적, 시각적, 공간적, 운동감각적 또는 음향적 지식 구조와 통합해야 한다.

따라서 기억의 궁전은 최고로 정교한 부호화 과정이라 할 수 있다. 음운 고리와 시공간 메모장을 통해 들어오는 정보들을 중앙 관리자가 장기 기억에 존재하는 기억들과 연관 짓는데, 이러한 일들은 작업 기억의 일화적 완충기에서 일어난다. 즉 처음부터 기억을 위한 공간을 새로 만들 필요 없이, 이미 확립된 신경망을 사용하고 새로운 정보를 그곳에 받아들이는 것이다. 이는 마치 컴퓨터 작업을 할 때 기존에 있던 문서 양식을 재활용하는 것과 비슷하다.

이러한 기억력 기술을 사용하기 위해 기억력 대회의 챔피언처럼 노력할 필요는 없다. 운동선수들의 코치로서 당신이 이용할 수 있는 부분들만 활용하면 되는 것이다. 당신에게 필요한 것은 선수에게 지시 사항, 큐잉, 또는 피드백을 주려 할 때 약간의 생각을 더하기만 하는 것이다. 즉, 선수들이 가지게 되길 원하는 정보를 이미 그들의 머릿속에 있는 생각과 개념에 연결할 수만 있다면 그들의 이해력과 기억력은 향상될 것이다. 이 기술을 적용하는 가장 좋은 방법 중 하나는 유추analogy와 은유metaphor를 사용하는 것이다. 이 방법은 6장에서 다룰 것이다. 요약하자면 당신은 선수들이 친숙한 것의 관점에서 익숙하지 않는 것을 설명해야 하는 것이다. 이러한 아이디어의 사례를 보자.

제인은 벤의 스트렝스 & 컨디셔닝 코치이다. 제인과 벤은 최근 벤의 스쿼트 기술을 효율적으로 만들기 위해 노력하고 있다. 벤은 스쿼트를 할 때 무릎이 발가락 앞으로 이동하는 경향이 있는데, 이는 비래에 무릎 통증을 유발할 수도 있기 때문에, 제인은 그에게 필요한 기술적 변화를 만들기 위한 큐잉을 알아내려고 고심하고 있다. 그녀가 효과 있을 것이라고 생각하는 큐잉은 다음 두 가지이다.

- 큐잉 A: "스쿼트에서 내려갈 때 고관절을 뒤꿈치 뒤로 보내세요."
- 큐잉 B: "불안정한 공원 벤치에 앉을 때처럼 조심스럽게 엉덩이를 뒤로 보내세요."

어떤 큐잉에 더 집중이 잘될 것 같은가? 대부분의 경우 두 번째 큐잉이 심정적으로 연관성이 높은 이미지를 제공한다. 즉, 불안정한 공원 벤치에 앉는 느낌이 어떤 것인지 고객이 심상화할 수 있고 시뮬레이션을 잘할 수 있는 것이다. 이와는 반대로, 누군가에게 "고관절을 발뒤꿈치 뒤로 보내라"라고 하는 것은 지시하는 문장의 단어를 먼저 떠올리게 하여 지시 사항의 내용보다는 단어의 형태를 먼저 머릿속에 심는 것을 요청하는 것과 같은 방법이다. 즉, 듣는 이는 머릿속으로 단어를 그리고 그 뒤에 머릿속에 넣는 공부하는 듯한 방식으로 받아들인다. 공원 벤치의 비유는 실제 스쿼트를 수행하는 방식으로 변형될 수 있는 의미를 제공한다. 따라서 정교 부호화를 유발하는 연상하기 쉬운 언어를 사용하면 선수들이 기존의 기억 고리에 새로운 개념을 걸 수 있도록 도와 한 큐잉을 줄 때 한 번의 작은 기억의 궁전을 만들 수 있다.

작업 기억과 코칭 행동학

대부분의 코치들은 과도한 코칭 또는 과도한 큐잉을 제공하는 것이 작업 기억에 부담을 주고 선수들이 이를 분석하려고 할 때 일종의 마비 상태에 빠질 수도 있다는 것에 동의하지만, 정작 실제 실무에 있어서는 이러한 점을 간과하고 있다. 예를 들어 'Understanding Power and the Coach's Role in Professional English Soccer'라는 연구에서 포트락Potrac, 존스Jones, 쿠션Cushion[57]은 엘리트 코치의 지도 시간의 분포를 보았을 때, 기술 수행을 시키기 전 지도를 하는 데 훈련 시간의 8.9%를 사용하고, 22.9%를 기술 실행 중 지시하는 것에 사용하며, 기술 실행 후 피드백을 제공하는 데 22.6%를 사용한다고 밝혔다. 이러한 시간 배분은 질문에 2.3%의 시간을 사용하는 것과 침묵하는 시간 14.54%와 대조된다. 이러한 결과는 특이한 사실이 아닌데, (코칭에) 지나치게 의존적인 교육 행태는 코칭-행동학 연구들에서 가장 흔하게 손꼽는 문제 중 하나이기 때문이다.[24, 31]

지시 사항들에는 수행하거나 기억하기 더 쉬운 것도 있고 어려운 것(예: 분석력이 요구되는 것)도 있다. 하지만 난이도를 떠나서, 모든 지시 사항들의 공통점은 작업 기억의 용량을 차지한다는 것은 마찬가지라는 점이다. 따라서 우리가 선수들에게 제공하는 정보의 양(지시, 지도 사항)은 선수가 동작을 수행하는 동안 이해하고 집중할 수 있는 정보의 양에 비례해야 한다. 부샤드Buszard와 동료는 이러한 점에 주목하여 농구 슈팅 작업을 학습하는 어린이의 능력에 대한 작업 기억과 지침(지도, 지시) 간의 상호작용을 평가했다.[15] 모든 아이들은 연습 전에 동일한 5개의 지시 사항을 읽도록 요청받았고(3일 동안, 20회의 슈팅, 12회 연습을 함), 연구자들은 작업 기억 평가(즉, 언어, 시공간 및 주의력)에서 높은 점수를 가진 아이들의 경우, 1주일 후에 수행한 실력 유지 테스트에서 높은 슈팅 수행능력을 유지한 것을 확인할 수 있었다. 반면, 작업 기억 평가에서 낮은 점수를 보인 아이들의 수행능력은 사전 테스트에서 유지 테스트에 이르기까지 점진적으로 나빠진 것을 확인할 수 있었다. 다른 연구들에서도 시공간 작업 기억과 주의력이 운동 학습의 예측 인자임을 보여주었기 때문에 이 결과는 놀라운 일이 아니다.[66]

이 섹션에서 제시된 증거들을 통해 우리는 다음 세 가지 핵심 사항을 도출할 수 있다. 첫째, 코치들은 직접적으로 지시하는 방법을 다른 코칭 도구들(질문하기questioning) 또는 유도 발견guided discovery보다 훨씬 더 많이 사용한다. 직접적인 지시는 선수에게 지나치게 많은 정보를 제공하거나, 이해와 학습에 도움이 되지 않는 방식으로 정보가 구성될 위험이 있다. 이러한 이유에서 코치는 작업 기억의 과부하를 피하고 기술에서 관찰되는 변화에 즉각적인 대응을 할 수 있도록 one-cue-per-rep 전략을 사용하도록 해야 한다. 둘째, 모든 사람들의 작업 기억에는 용량 제한이 있지만 개인마다 다르다. 이는 어떤 선수는 퍼포먼스와 학습에 부정적인 영향 없이 많은 지시를 처리할 수 있는 반면, 다른 선수는 그렇지 못한 이유를 설명할 수 있다. 결과적으로 당신은 지도하는 선수를 알아가야 하고 당신의 언어를 그들의 작업 기억 한계 용량에 맞춰야 한다는 뜻이다. 이것은 과학적으로 접근해야 하는 기술이다. 마지막으로 기억의 궁전에 대한 논의에서 알 수 있듯, 정보의 프레임화나 정보가 해석되는 방식은 능동적으로 주의를 기울일 수 있는 정보의 양에 직접적으로 영향을 미친다. 이것이 우리가 그림 한 장이 천 마디 말의 가치가 있다고 말하는 이유이며 코치가 선수의 '마음의 극장'을 자극하는 지침, 큐잉 및 피드백을 제공하기 위해 노력해야 하는 이유이다.

PART 2. 장기 기억

이전 섹션에서 논의한 것처럼 뇌는 작업 기억을 사용하여 관련 정보relevant information는 받아들이고 비관련 정보irrelevant information는 차단한다. 따라서 뇌는 호기심을 자극하거나 동기와 일치하거나 생명을 유지하는 데 도움이 되는 통찰력을 제공하는 생각에는 자원을 투자하는 경향이 있다. 한편, 작업 기억은 정보가 짧은 시간 동안만 제한된 공간을 차지하도록 허용하는 대기실 같은 성격을 가진다. 만약 마음이 어떤 생각이나 경험을 보관할 가치가 있다고 결정하면 보관할 장소가 필요하다. 우리가 **장기 기억**long term memory이라고 부르는 이 기억 은행은 과거를 다시 체험할 수 있게 하여 현재의 경험으로부터 이익을 얻을 수 있도록 돕는다.[69] 이러한 유형의 정신적 시간 여행은 여러 동물들 중에서도 인간을 특별하게 만드는 능력이며 우리의 여정 중 다음 목적지이다.

기억을 만들 수 없었던 남자

기억에 대한 책들을 읽다보면, H.M.Henry Molaison의 일화에 대해 접할 수 있을 것이다. H.M.은 소년 시절, 자전거에 치인 사고에서 머리를 부딪쳐 5분 동안 의식을 잃었다. 이로 인해 그는 치료할 수 없는 뇌 손상을 입게 되었고, 지속적인 발작 증세가 생기게 되었다. 그는 이러한 상태로 10년 넘게 고통받았고 일상적인 일을 할 수 없었다. 1953년 그는 획기적인 수술을 받아 해마, 편도체 및 내측 측두피질 일부를 제거했다.

수술 후 H.M.은 지능과 성격에는 뚜렷한 변화를 보이지 않으면서도 발작이 감소하였다. 그러나 이러한 성공에도 불구하고 H.M.에게는 새로운 문제가 생겼는데, 바로 더 이상 새로운 기억을 만들 수 없게 된 것이다.[65] 명확히 말하자면 그는 수술 하기 전의 초기 장기 기억의 대부분은 유지하였다. 그리고 작업 기억력 또한 온전히 가지고 있었는데, 이는 그가 방금 만난 사람의 이름을 기억할 수 있다는 것을 의미했다. 하지만 그 사람이 다음 날 다시 온다면 H.M.은 그 사람을 만났다는 기억을 하지 못했다. 이처럼 H.M.은 어떤 경험을 새로 하든 간에, 이 새로운 기억을 장기간 저장하는 데 문제가 생긴 것이다.

당시 젊은 심리학자이자 D.O. 헵Donald Olding Hbb의 제자였던 브렌다 밀너Brenda Milner는 H.M.의 특이한 정신 상황을 통해 기억의 본질이 무엇인지를 이해하려 했다. H.M.을 방문한 후 수년 동안 밀너는 매달 역사적인 발견을 할 수 있었다. 그녀는 H.M.이 사람, 장소 또는 사실을 기억할 수 없었지만 새로운 운동 기술motor skill을 개발할 수 있는 능력은 유지할 수 있던 것을 확인했다.[54] 특히, H.M.은 거울에 비친 손을 보면서 5망성 별을 그려보라는 실험을 하였는데, 정작 그 일을 했던 일은 기억을 하지 못했음에도 3일 간 연습했던 능력은 훌륭하게 유지하였다.[67]

이 관찰과 뒤를 이은 수많은 관찰들을 통해 다중 장기 기억 시스템multiple long-term memory systems이 존재한다는 증거들이 만들어졌다. 장기 기억 시스템에는 사실과 사건을 저장하는 시스템이 있고, 또한 기술과 습관을 저장하는 시스템이 있는 것이다. H.M.과 같이 기억상실증을 가진 사람이라면 이러한 시스템들이 존재하는 것을 구분하기 쉽지만, 뇌 손상이 없는 사람은 다중 장기 기억 시스템의 구분을 체감할 수 있는 방법이 없다. 이는 일상생활을 살아가는 데 있어서 구분하지 못하는 것이 장점이기 때문이다. 하지만 각 시스템의 세부 사항에 대한 것들에 집중하고 개발하면 코치가 지도하는 선수의 기억력을 향상시키는 데 도움이 될 것이다.

다중 기억: 짧은 역사

밀너와 그녀의 동료들이 다중 장기 기억 시스템에 대한 초기 증거 중 일부를 제시했지만, 장기 기억의 특성에 대해 위의 사례와 유사한 관찰을 한 많은 과학자와 철학자가 이미 있었다. 예를 들어 1804년 프랑스 철학자 메인 드 비란Maine de Biran은 의식 및 무의식 기억 시스템에 대한 최초의 설명 중 하나인 『The Influence of Habit on the Faculty of Thinking』을 출판했다.[11] 또한 다니엘 샥터는 드 비란의 무의식 기억 시스템에 대한 관점을 설명하면서 "충분한 반복 후, 습관은 결국 해당 행동 자체나 습관을 학습했던 상황을 인식하지 않고도 자동으로 무의식적으로 실행될 수 있다"[61]라고 말했다.

기억상실증 환자를 대상으로 한 초기 연구들은 이러한 관점들을 지지하는 기반을 만들었다. 1911년에 행해진 한 연구에서 에두아르 클라파레드Edouard Claparède[79]는 기억상실증 환자의 손을 바늘로 찔렀다. 그 뒤 후속 면담에서 기억상실증 환자는 과거 손을 찔렸던 기억을 하지 못했음에도 클라파레드와 악수를 거부했다. 이를 통해 과거의 자극적인 경험을 의식적으로 회상하지 않음에도 현재 행동에 영향을 미칠 수 있는 기억의 형태가 있을 것이라는 증거가 마련된 것이다.

클라파레드가 환자의 손가락을 찔렀던 것과 같은 해에, 앙리 베르그송Henri Bergson은 『Matter and Memory』에서 다음과 같은 주장을 제안했다. "과거는 두 가지 뚜렷한 형태로 남는다. 하나는 운동 메커니즘적으로, 다른 하나는 독립적인 회상으로."[10] 어떤 경험은 '행동하는' 기억으로 이어져 행동의 신체적 변화(운동 학습)를 지배하는 메커니즘으로 우리의 무의식에 잠겨 있는 반면, 다른 경험은 '알게 되는' 기억으로 이어져 사람, 장소, 그리고 사실에 대해 의식적으로 회상할 수 있게 한다. 앙리의 주장은 기억 연구의 황금기를 초래할 이론적인 배경을 제공하였다. 그리고 20세기가 기억 연구의 황금기라면 다니엘 샥터는 '황금기의 루키' 중 한 명이었다.

다중 기억: 알기 vs 행동하기

1980년대 중반, 다니엘 샥터와 그의 동료[80, 81]는 이러한 독특한 기억의 형태들을 설명하기 위한 일련의 논문들을 발표하였다. 그리고 현재 우리가 사용하는 이 분야의 용어들은 이 논문들에서 기초한 것들이다. **명시 기억**explicit memory(외현 기억)은 과거의 경험(예: 사람, 장소, 사실 및 아이디어)에서 파생된 정보의 의식적 회상에 관련된 기억의 한 형태이며, 반면에 **암묵 기억**implicit memory은 의식적 통제 없이 숙련된 행위를 돕는 기억의 한 형태(예: 독서, 자전거 타기, 자동차 운전)이다. 샥터[61]는 이 두 가지 기억 형태들을 설명하면서 "암묵 기억은 이전 경험을 의식적/의도적으로 되살릴 필요가 없는 작업의 수행을 용이하게 할 때 드러난다. [반면] 명시 기억은 이전 경험을 의식적으로 되살려야 작업 수행을 할 수 있는 경우 드러난다"고 말했다.[61] 비유하자면 명시 기억은 우리가 알고 있는 것knowing으로, 암묵 기억은 우리가 하는 것doing으로 생각할 수 있다. 스포츠에 적용하자면, 게임의 규칙을 '생각'하는 것은 명시 기억이며, 암묵 기억은 그러한 규칙에 따라 직접 '플레이'할 때 필요하다.

각 기억 형태는 다양한 하위 범주가 있다. 명시 기억은 특정 시간과 고유한 맥락 내에서 발생한 개인적인 경험에 대한 기억으로 정의되는 **일화적 기억**episodic memory과 독립적인 지식(즉, 사실, 아이디어 및 개념)으로 정의되는 **의미적 기억**semantic memory으로 하위 분류를 구성한다.[68] 일화적 기억은 정신적 '시간 여행'의 기초를 제공하여 과거 경험을 다시 방문하고 아직 경험하지 않은 경험으로 빠르게 이동할 수 있는 반면 의미적 기억은 당신의 '세계에 대한 지식'으로 요약할 수 있다.[28] 코칭의 맥락에서 보자면, 코칭 정보가 이미지나 경험을 시각화할 때 선수는 일화적 기억을 사용하고, 코칭 정보가 사실, 규칙 또는 아이디어를 개념화하거나 추상화할 때 선수는 의미적 기억을 활용한다. 많은 경우에 이 두 가지 형태의 기억은 서로 겹쳐 사용한다. 경험에서 의미를 도출할 때 의미적 기억을 사용하기 때문이다. 즉, 다음과 같은 상황인 것이다. 이런 패스를 받으면 다음에 어떻게 슛을 해야 하는가? 특정 수비 상황에 처하게 되면 어떻게 해야 하는가? 이번에 실패한 리프팅을 다음에 성공하려면 기술을 어떻게 향상시켜야 하는가?

암묵 기억 역시 여러 하위 범주로 나뉜다. 여기서는 주로 두 가지 범주에 대해 이야기할 것이다. 첫째, 암묵 기억은 **점화**priming의 형태로 나타날 수 있는데, 이는 어떤 정보에 대한 사전 노출로 인해 지각적 또는 개념적 지식에 더 빨리 접근할 수 있다는 의미이다. 예를 들어 스포츠에서 우리는 상대편의 의도를 미리 알기 위해 영상 자료를 검토하곤 한다. 상대 주요 농구 선수는 주로 왼쪽으로 움직이는 것을 선호한다. 상대편의 주요 투수는 패스트볼일 때 와인드업 전에 글러브를 아래로 내리는 경향이 있다. 또는 상대 주요 럭비 선수는 달려 나가려는 쪽으로 공을 껴안는다. 이러한 영상자료를 사전에 살펴봄으로써 선수들은 경기 중 이러한 단서들을 포착하여 영상자료를 보지 않았을 때보다 더 빠른 결정을 내릴 수 있는 지각적 준비 상태를 갖출 수 있는 것이다.

암묵 기억의 두 번째 유형은 **절차적 기억**procedural memory 형태인데, 이는 뇌와 척수의 피질하 영역에 의해 조정되고 조직되는 복잡한 운동 기술을 지원한다. 이 기억 범주는 선수가 기술을 연습할 때마다 코치가 상호작용하고 수정하려는 신경망이라고 할 수 있다. 워킹, 러닝, 커팅에서 점핑까지의 모든 운동 기술은 신경계의 무의식적 수준에서 제어되고 배치된다. 선수의 의도와 주의, 의식적 통제, 목표 지향적 행동은 어떻게 이루어지는가? 인간의 모든 움직임 제어와 조작은 의식적으로 이루어지는가? 대답하기 복잡한 내용이지만,

간단히 말해 "아니오"이다. 인간의 움직임을 뒷받침하는 모든 자유도, 근육 수축 및 세포 수준에서 일어나는 과정들은 의식의 통제를 받지 않는다.

이러한 점을 설명하기 위해 물 한 잔을 집는 것과 같은 간단한 운동 작업을 예로 들어보자. 목이 마르다는 것을 느끼게 되면 뇌는 암묵 기억과 명시 기억의 완벽한 통합작용을 필요로 하는 일련의 행동을 개시한다. 첫째, 갈증과 갈증을 해소하기 위한 행동을 연관시킨다. 이를 위해서는 주방 세제와 달리 목마를 때는 물이 마시기에 더 적합한 액체임을 알려주는 의미적 기억에서의 지식이 필요하다. 둘째, 최근에 거실의 테이블에 물 한 잔을 놓아두었다는 것을 기억하기 위한 일화적 기억의 지식이 필요하다. 셋째, 유리잔에 손을 뻗어 입으로 가져갔다 다시 테이블 위에 내려놓을 수 있는 운동계획을 위해 암묵 기억의 도움이 필요할 것이다. 이 모든 일이 순조롭게 진행되었다면 (표면적으로) 당신이 의식적으로 알게 된 유일한 것은 갈증을 해소하는 목표가 있었고 목표가 달성되었다는 것, 즉 갈증이 해소되었다는 것뿐이다(이 모든 일이 의식의 뒤편에서 일어난 것이다). 팔을 10도 들어올리고, 팔꿈치를 90도로 편 뒤, 손을 펴고, 유리컵을 잡는 등의 하위 목표들을 일일이 의식적으로 설정하지 않는 것이다. 유리컵을 놓치거나 넘어뜨리는 것과 같은 일이 일어나지 않는 한, 일련의 움직임에 대한 세부 사항을 해야 하는 경고를 받지 않는다. 이와는 반대로, 당신의 움직임은 어떤 목표(갈증 해소를 원함)에서 시작해 목표 달성(갈증 해소)으로 끝나는 명시적 생각의 연속체에 인도되는 은밀한 침묵 속에서 작동한다.

아침에 침대에서 일어나는 일상적인 동작에서부터 경기에 승리를 가져다주는 인상적인 슈팅 동작을 만드는 것에 이르기까지, 우리의 명시(의식적) 기억은 목표를 설정하고 암묵(무의식적) 기억은 목표를 달성하는 데 필요한 운동 패턴을 설정한다. 이제 우리가 해결해야 할 질문은 (오직 선수의 명시 기억에만 상호작용할 수 있는) 코칭 언어로 어떻게 암묵 기억 안에 들어있는 운동 패턴에 영향을 미치고 적응을 이끌어낼 수 있는가이다. 이 질문에 답하기 위해 우리는 부호화, 응고, 인출 과정을 통해 기억이 어떻게 형성되는지 살펴볼 것이다.

PART 3. 기억의 형성

지금까지 기억의 기본 형태를 살펴봤으니 이제 기억이 만들어지고 마음에 새겨지는 과정에 대해 논의할 준비가 되었다. 이를 위해 부호화encoding, 응고화(저장consolidating) 및 인출retriving 단계를 통해 기억을 형성하는 여정에 대해 살펴볼 것이다. 기억 형성 과정의 각 단계에서 우리는 기억 유형(즉, 암묵적 vs 명시적)과 관련된 뇌 영역 사이의 상호작용을 고려할 것이다.

이 논의를 가능한 명확하게 이해하기 위해, 코치가 선수들의 뇌에, 그리고 최종적으로는 선수들의 몸에 입력하기를 원하는 다양한 기억의 종류를 간단히 범주화하는 것이 중요할 것이다. 특히, 운동 기술 학습motor-skill learning에 초점을 맞추면 이러한 기억을 세 가지 범주로 나눌 수 있다. 코치가 선수들에게 만들어주고자 하는 기억의 첫 번째 범주는 운동 기술이 실행되는 맥락을 가리키는 **스포츠 지식**sport knowledge이라고 부르는 것이다. 이 맥락에는 경기의 규칙, 전술과 상대에 대한 이해가 포함될 것이다. 이러한 정보는 운동 기술 자체를 대표하는 것은 아니지만 원하는 결과를 달성하기 위해 운동 기술을 어떻게 배치해야 하는지를 결정하는 유용한 지식이다.

두 번째 기억의 범주는 **운동-기술 지식**motor-skill knowledge으로 운동 기술의 실행과 직접적으로 관련된 지식을 의미한다. 다음 장에서 자세히 설명하겠지만, 여기에는 움직임 프로세스와 관련된 정보, 코치들이 테크닉에 관련된 지식technical knowledge이라고 부르는 것, 그리고 운동 기술 실행으로 달성해야 할 움직임 결과

movement outcome가 포함된다. 요약하자면 이는 코치가 제공하는 지침, 큐잉 그리고 피드백에 포함된 모든 정보이다.

기억의 마지막 범주는 **운동-기술 실행**motor-skill execution으로, 수행해야 하는 상황에서 운동-기술을 정확하게 실행하는 것을 말한다. 이는 선수가 움직임을 다른 제약의 영향 없이 독립적으로 수행(예, 움직임의 방향을 전환함)할 수 있을 뿐만 아니라, 스포츠 상황에서 벌어지는 지각적 제약perceptual constraints(예: 다가오는 수비수에 대응하여 방향 변경)에서도 수행할 수 있다는 것을 의미한다. 이와 같이, 우리는 운동-기술 실행이 운동학습에 반응하여 나타나는 운동 기억(즉, 운동 패턴)과 동의어라고 단정 지을 수도 있다.

종합하면 스포츠 지식은 의미적 특징과 일화적 특징을 모두 지닌 명시 기억의 한 유형임을 알 수 있다. 운동-기술 지식 역시, 코치가 언어를 사용하여 신체 동작을 설명할 수 있도록 하는 명시 기억의 한 유형이기도 하다. 마지막으로, 운동-기술 실행은 연습을 통해 운동-기술 지식에 의해 준비되고 뇌의 무의식 영역에서 일어나는 암묵 기억의 한 유형이다. 이 책의 주된 목적에 따라, 우리는 운동-기술 실행 및 관련 운동-기술 지식 측면에서 기억 형성 과정에 대해 논의할 것이다.

기억의 부호화

기억 형성 과정의 첫 번째 단계는 현재 주의를 기울이고 있는 정보를 기존에 기억에 존재하던 정보와 연관시키는 과정인 **부호화**encoding이다.[63] 세포 네크워크cellular network의 한 종류인 인간의 신경 네트워크는 지각, 행동, 개념화 및 범주화를 수행한다. 우리가 어떤 것을 기억하기 위해 그것에 대해 신경을 쓸 때, 우리의 뇌는 이와 관련된 정보를 가진 뉴런들은 물론이고 이 뉴런들과 연관된 다른 뉴런들까지도 함께 발화시킨다(D.O. 헵의 "cell assemblies" 참고).[28] 예상할 수 있듯이 이러한 신경 네트워크가 더 자주 작동할수록 기억이 형성되고 확장되며 강화될 가능성이 커진다. 이윽고, 함께 발화하는 뉴런들은 서로 연결된다.

뇌는 여전히 많은 미스터리를 품고 있지만, 부호화 과정과 관련된 신경해부학적 내용은 상당히 연구가 많이 진행되었다. 부호화 과정이 어떻게 일어나는지 보여주기 위해, 코치의 조언에 따라 다음 시즌을 위해 자신의 스피드를 향상시키기 위해 여름 스프린트 프로그램에 참여하고 있는 고등학교 축구 선수인 마커스를 살펴볼 것이다. 마커스는 여름 내내 축구를 계속할 것이지만, 그의 협응력과 퍼포먼스를 향상시키기 위해 특별히 고안된 스피드 개발 세션에도 참여할 것이다. 마커스는 스프린터가 아니며 스프린트를 하는 방법에 대해 정식 교육을 받은 적이 없기 때문에 그의 학습은 피츠와 포스너가 제안한 인지, 연관 및 자율 학습 단계cognitive, associative, and autonomous learning stage를 통과할 것이라고 가정할 것이다(2장 참조).

큐잉 부호화

마커스의 첫 번째 스피드 개발 세션에서부터 이야기를 시작하자. 그는 워밍업과 일련의 최대하 20야드(18m) 스프린트를 막 마쳤다. 이제 그의 코치는 마커스가 선호하는 스프린트 스타일에 대한 분석을 끝내고 "전력질주할 때 유리창을 산산조각 낼 것처럼 무릎을 앞으로 내미는 데 집중하라"고 지시한 뒤 다음 스프린트 내내 이 점에 집중할 것을 요청하였다.

마커스 작업 기억은 코치가 준 큐잉 정보를 적용하고 언제든 접근할 수 있도록 최대한 노력한다. 만약 코치의 큐잉이 그의 의식을 관통하는 바로 그 순간에 마커스의 뇌를 확대한다면, 우리는 그의 대뇌피질의 다른 영역들이 이 큐잉 안에 포함된 정보의 종류를 처리하는 역할에 비례하여 활성화되는 것을 볼 수 있을 것이다. 참고로, 대뇌피질은 의식, 지각, 행동, 그리고 목표 지향적인 행동을 지원하는 뇌의 가장 바깥층이다. 마커스의 음운적 고리는 큐잉에 포함된 단어들을 저장하고 시연해 볼 것이다. 마커스는 언어와 관련된 전두엽의 측면 부분인 브로카 영역Broca's area을 동원하는 동시에 큐잉 자체의 내용을 저장하기 위한 노력으로 측두두정 영역temporoparietal region을 가동시킨다.[5]

마커스는 큐잉의 언어적인 부분을 처리하기 위해 음운적 고리를 사용하는 반면, 시각적 의미를 추출하기 위해 시공간 메모장을 사용했다. 마커스의 뇌 뒤쪽에 위치한 후두 피질occipital cortex이 활성화되어 시각적으로 생성된 정보를 저장하는 반면 그의 두정엽 피질parietal cortex, 전전두엽 피질prefrontal cortex 및 전운동 피질premotor cortex 영역이 활성화되어 큐잉의 결과로 유발되는 시각적 정보를 질문하고 통합하고 해석할 수 있다는 것을 발견할 수 있다.[5] 게다가, 마커스의 음운 고리와 시공간 메모장은 큐잉의 내용이 다음번의 스프린트 동작에 대한 의도에 스며들도록 하기 위해 그의 중앙 관리자에 주의를 배정해야 한다. 이를 위해서는 작업 기억의 주의 구성 요소attentional component에 대해 명령하는 뇌 영역인 전전두엽 피질을 활성화해야 한다.[42]

큐잉이 마커스의 마음에 안착하게 되었지만, 큐잉 언어가 그의 다리로 가 작동하기 위해서는 그 의미를 해석할 필요가 있다. 이를 위해 그의 작업 기억은 일화적 완충기episodic buffer를 통해 그의 장기 기억에 대한 접근 권한을 얻어야 한다. 즉 그의 신경 네트워크가 스프린트 동작과 유리창 깨짐을 연관시킬 수 있도록 해야 하는 것이다(즉, "유리창을 깨부수는 것처럼 무릎을 앞으로 보내라"라는 큐잉을 성사시키는 것). 만약 큐잉에 쓰이는 표현들이 마커스의 마음속에 약하게 있거나 아예 존재하지 않는다면, 이 큐잉은 그의 스프린트에 중요한 변화를 주지 못할 것이다. 하지만 만약 마커스의 마음에 이러한 개념이 강하게 존재한다면 그는 큐잉 안에 포함된 정보로 다음번에 하는 스프린트에 강렬한 영향을 미칠 수 있을 것이다. 즉, 어떤 물체가 빠르게 발사되어 유리창을 깨고 그 파편이 온 사방으로 흩어져버리는 이미지를 사용할 수 있는 것이다. 따라서 마커스가 큐잉의 내용을 이해한다면, 그는 스프린트하는 모든 발걸음마다 무릎을 유리창을 깨부수는 물체로 투영함으로써, 시뮬레이션을 실행할 수 있는 것이다.

이 시뮬레이션은 새로운 정보를 받아들이는 능력(이 경우에는 큐잉이 주는 정보)과 이 정보를 장기 기억에 있는 정보와 통합하는 능력에 달려 있다. 할리우드 영화 제작자처럼, 마음은 새로운 생각이 확립될 때까지 서로 다른 기억의 영상 조각들을 가져와서 함께 편집한다. 이 작업이 성공하면 마음의 극장에는 새로운 영화가 업데이트되고 재생하기 시작하여 어떤 아이디어나 이미지를 처음으로 사용할 수 있게 된다.

이와 같은 영화 제작을 위해선, 세 개의 다른 뇌 영역들이 작동해야 한다.[28] 첫째, 앞서 논의했듯이 대뇌 피질이 외부에서 들어오는 감각 정보(즉, 시각, 소리, 후각, 미각, 촉각)를 수신하고 처리한다. 둘째, 이 정보들은 뇌의 피질하 영역인 해마 주변 영역parahippocampal region으로 보내진다. 이 영역은 '무엇을'과 '어디에'라는 경로를 통해 감각 정보를 통합하고 정제하는 역할을 한다. 기능적으로 보면 '무엇을what' 경로는 생각과 경험의 내용(즉, 사람, 장소, 사물 등)을 처리하는 반면, '어디에where' 경로는 맥락(즉, 언제, 어디서)을 처리한다. 이러한 경로들은 콘텐츠들을 맥락적으로 배치하는 해마hippocampus에 수렴한다. 그런 다음 이 새로운 정보는 장기 기억에 포함된 정보와 비교되고 통합된다. 이렇게 정제된 정보는 초기 감각 정보가 나온 원래의 피질 영역으로 다시 이동하고, 새로운 생각이 탄생하는 것이다.*

하워드 아이헨바움Howard Eichenbaum은 『Cognitive Neuroscience of Memory』에서 이 과정을 설명하면서 "내측 측두엽medial temporal lobe(해마 회로hippocampal circuit)의 역할은 피질 표현의 저장력을 향상하고, 구성을 변경하거나, 그렇지 않으면 그 본질을 수정하는 것"이라고 말했다.[28] 따라서 정보가 해마를 통과할 때마다, 해

* 단서를 의식으로 변환하는 이 과정은 컨베이어 벨트처럼 매우 선형적으로 일어나는 것처럼 보이지만, 실제로는 한 뇌 영역과 다른 뇌 영역을 연결하는 여러 피드백 루프를 통해 일종의 견제와 균형을 이루며 병렬적으로 이루어진다. 이 책에서는 명시적 정보를 부호화하는 데 관여하는 주요 뇌 영역과 정신적 과정을 강조했지만, 인지 신경과학 분야에는 아직 밝혀지지 않은 것들이 많다.

마는 그 생각(해마를 통과할 때의)을 수정할 뿐만 아니라 우리의 기억도 수정한다. 이것이 우리가 연습practice 하는 이유이다. 즉 우리가 정보의 조각들을 더 자주 회상할수록, 그 정보를 발현하는 네트워크는 더 강해진다. 반대로, 만약 H.M.처럼 해마에 문제가 있다면, 새로운 기억을 만들거나 기존의 명시 기억을 수정할 수 있는 모든 능력을 잃게 된다. 이처럼, 해마는 작곡가라고 생각할 수 있다. 악보를 만들 때 한 번에 하나의 음표를 그리는 것처럼 해마는 기억을 작성할 때 한 번에 하나의 시냅스를 구성한다. 전전두 피질은 지휘자로, 지휘자가 오케스트라 공연에서 연주자들을 지휘하는 것처럼, 기억들을 조정하여 순간의 분위기에 맞게 마음의 특징들을 형성한다.[53]

지금까지 살펴본 마커스의 뇌에서 일어나는 전체 과정이 몇 분의 1초 만에 일어났다는 것을 알면 놀라울 것이다.[64] 마커스는 우사인 볼트가 스프린트의 첫 10m를 지나가는 것보다 더 빠르게 코치의 큐잉을 의식적인 의도로 전환할 수 있었다. 마커스는 다음과 같은 기억 형성의 첫 번째 단계를 완료하였다. 코치의 신호를 인코딩하여 다음 스프린트 전에 운동 의도motor intentions를 시뮬레이션하거나 시각화한 것이다. 이는 본질적으로 보면 직접 실행에 옮기기 전에 그가 집중하고 있는 사항을 테스트해 본 것이다. 큐잉이 테스트를 통과할 수 있다면 마커스는 이제 스프린트를 할 준비가 된 것이다. 이제 마커스의 뇌로 다시 들어가 운동 의도가 운동 행동으로 바뀌었을 때 어떤 일이 일어나는지 알아보자.

행동 부호화

큐잉 부호화encoding cue와 마찬가지로, 운동 계획motor plan을 운동 행동motor action으로 변환하기 위한 행동 부호화encoding action 역시 여러 개의 연결된 뇌 영역들이 병렬적으로 작동해야 한다. 모든 자발적인 움직임은 명시 기억 형성(의식적 부분인 '운동 의도')과 암묵 기억 형성(무의식적 부분인 '운동 행동')을 필요로 하기 때문이다. 코치의 중요한 역할은 각 기억 시스템이 달성할 수 있는 가장 적합한 작업을 수행하도록 배정하는 것이다. 우리의 명시 기억은 움직임 작업의 목표 또는 결과(예: '바벨을 천장으로 밀어내기' 또는 '와이드 리시버에게 공을 던지기')를 설정하는 데 매우 유용한 반면, 암묵 기억은 그 목표를 달성하는 데 필요한 운동 동작을 배치하고 적응(즉, 협응력-동작의 공간적, 시간적, 그리고 힘에 관한 특성)시키는 데 유용하다. 이런 식으로, 움직임 의도와 관련된 명시 기억은 어떤 위치를 GPS에 넣는 것과 유사하게 뇌에 '무엇'을 제공하는 반면, 움직임 행동과 관련된 암묵 기억은 '무엇'을 달성하기 위한 방향과 과정인 '어떻게'를 뇌에 제공한다. 자, 지금까지 설명한 내용을 염두에 두고, 다시 마커스의 뇌를 들여다보자.

마커스가 자세를 낮추면서 근육은 곧바로 이어질 스프린트를 준비하기 위해 긴장한다. 동시에 마커스의 머릿속에서는 경기장을 질주하기 위한 운동 동작을 실행하기 전 마지막 준비가 이루어진다. 마지막 정신적 리허설이 끝나면 마커스의 뇌는 운동 의도(계획)와 운동 동작(실행)을 지원하도록 진화한 별개의 운동 루프motor loop들을 통해 일련의 신경 불꽃을 보내며 행동에 들어간다. 트랙을 도는 포뮬러 1 경주용 자동차처럼, 신경 신호는 피질과 피질하 뇌 영역 사이를 순환하며 의도를 행동으로 바꾸는 지속적인 정보 흐름을 만들어낸다. 이러한 운동 루프들은 책임과 신경 영역을 공유하지만, 한 루프는 운동 계획을 안내하고 다른 루프는 운동 실행을 안내하는 것으로 보인다. 우리는 이제 이러한 루프들이 움직임을 제어하는 데 통합되어 있다는 것을 알고 각 루프를 개별적으로 살펴볼 것이다.

계획 루프 Planning Loop: 수의적(자발적) 움직임을 만드는 신경학적 방아쇠인 계획 루프는 운동 피질과 기저핵(뇌의 깊숙한 곳 가운데에 위치) 내의 영역을 포함하는 해부학적 구조에서 작동하는 것으로 알려져 있다(즉, 계획 루프는 특정한 뇌 구조에 기반한다는 의미). 이는 이러한 구조의 손상이 있는 사람과 없는 사람들을 비교한

다양한 연구들을 통해 알아낸 것이다. 예를 들어 넷플릭스의 'Black Mirror' 시리즈에도 나온 일련의 수술 실험에서 연구자들은 운동 계획과 관련된 핵심 영역인 보조 운동 피질supplementary motor cortex에 직접적인 자극을 주었더니 환자들이 자발적으로 '움직이고자 하는 충동'을 보였다는 보고를 하였다.[33] 한편, 운동 실행motor execution과 관련된 주요 뇌 영역인 일차 운동 피질에 자극을 가했을 경우에는 환자들이 불수의적(비자발적)이거나 자신이 의도한 것이 아니라고 하는 운동 행동이 초래되었다고 한다.[32] 특히, 움직임을 스스로의 의지로 실행하면 피질의 운동 계획 영역이 밝아지는 반면, 빛이나 소리와 같은 외부 자극에 의해 움직임이 촉발되면(즉, 비자발적으로) 같은 뇌 영역이 어두워진다는 사실은 위의 연구들을 더욱 뒷받침하는 증거이다.[41] 따라서 운동 계획과 운동 실행은 불가분의 관계에 있지만 관여하는 뇌 영역을 서로 다르며, 여러 증거들에 따르면, 작업의 성격에 따라 각 뇌 영역의 관여도가 결정된다고 한다.

운동 피질은 운동 계획을 분명히 지원하지만, 기저핵이 해부학적 선행적인 작용을 하며,[2] 운동이 시작되기 몇 초 전에 이 뇌 영역에서 활동이 나타난다는 것이 그 증거이다.[46] 기저핵에서 운동 피질로의 출력은 '보상'과 관련된 신경전달물질인 도파민에 의해 조절된다.[72] 도파민의 작용은 과거에 긍정적인 운동 결과를 가져왔던 의도적 상태에 보상을 제공하는 방식으로 운동 계획에 영향을 미칠 것이라는 이론이 있다.[56] 한편, 파킨슨병의 특징인 기저핵에서 도파민 수치가 감소하면 운동 피질로의 출력이 감소하여 떨림이 발생하고 운동 제어가 저하된다.[25] 파킨슨 환자의 운동 제어 능력은 매우 약해지므로 가장 단순한 자발적 행동조차도 그들에게는 부담이 된다. 그러나 공을 던지거나 외부 자극에 반응하여 움직이도록 요청하면 많은 파킨슨 환자들이 공을 잡고 정상적으로 반응하기도 하는데, 이는 파킨슨병의 역설paradoxical Parkinson's이라고 부른다. 이는 행동 루프action loop의 책임인 자동적인 운동 동작에 계획 루프는 관여하지 않는 것으로 보이기 때문이다.[8, 35]

1991년 29세의 나이에 파킨슨병 진단을 받은 마이클 J. 폭스와의 인터뷰가 파킨슨병의 역설의 전형적인 예이다. 파킨슨병이 그의 삶에 미친 영향에 대해 이야기하는 마이클의 인터뷰[85]에서 그의 몸이 휴식 시 떨리는 것을 볼 수 있지만, 이 '백 투 더 퓨처'의 스타가 전혀 문제없이 아이스 스케이트를 타는 영상을 보면, 한 줄기 희망이 보이는 것 같다. 기적처럼 보이는 이 영상은 운동 계획 루프와 운동 행동 루프가 해부학적으로 구별되어, 파킨슨병과 같은 운동 제어 질환을 앓고 있는 사람들이 내부 자극이 아닌 외부 자극을 사용하여 운동 제어를 유도함으로써 손상된 계획 루프를 우회할 수 있다는 추가적인 증거이다. 말 그대로 리듬감 있는 소리[44] 또는 시각적 프롬프트[8]를 사용하여 박자감 있는 동작을 유도함으로써 계획 루프[39]의 과도한 기여를 필요로 하지 않는 외부 감각 소스에 의해 행동 루프가 실행될 수 있다. 반면, 파킨슨병은 주의와 의도의 내용이 (자발적인) 운동 제어에 상당한 영향을 미친다는 증거이기도 하다. 코칭 큐잉에 의해 촉진된 집중이 어떻게 우리가 움직이는 방법을 배우는 데 극적인 영향을 미칠 수 있는지 이해하는 실마리는 다음 장에서 좀 더 살펴볼 것이다.

행동 루프Action Loop: 마커스의 계획 루프는 움직임을 위한 의도에 관한 것이므로, 결국 이러한 의도를 행동(동작)으로 변환하기 위한 무언가가 필요하다. 이를 위해선 운동 피질, 특히 일차 운동 피질과 뇌의 기저부에 위치한 나비 모양의 피질 하부 영역인 소뇌를 연결하는 신경 회로인 행동 루프의 도움이 필요하다. 이 행동 루프는 두 가지 중요한 목적을 수행한다. (a) 운동 의도를 운동 동작으로 변환하고, (b) 감각 피드백을 기반으로 움직임을 실시간으로 조정하는 것이다.[45] 특히, 일차 운동 피질의 세포들에는 신체에 대한 상세한 지도가 새겨져 있다. 이 지도에는 모든 가능한 움직임의 운동역학kinetic 및 운동학kinematic적 특징들을 제어하기 위한 운동 부호motor code가 포함되어 있는 것으로 보인다.[60] 행동을 유도하려는 의도에 따라 행동 루프를 작동하기 위해서는 활성화할 패턴과 금지할 패턴을 알려주는 계획 루프가 필요하다.[55] 이를 위해 계획 루프는 감각 예측의 형태로 정보를 제공한다고 알려져 있는데,[59] 이는 의도가 운동 동작이 달성하려는 감각 목표의 형태로 변환됨을 의미한다.

이를 설명하기 위해 새 집으로 이사하기 위해 이삿짐 트럭으로 짐 상자를 싣고 있는 상황을 가정해 보자. 모든 짐을 옮기고 이제 주방 냄비와 프라이팬이라고 적힌 상자 하나가 남았다. 무거운 상자를 들어 올릴 준비를 하고 쪼그려 앉아 힘을 쓰는데, 예상보다 상자가 가벼워서 상자를 던져버리게 되었다. 이러한 일이 벌어진 것은 운동 시스템이 실제보다 상자를 훨씬 더 무거운 것으로 예측했기 때문에, 동작에 예상보다 훨씬 더 신경근 자원을 배치했기 때문이다. 이러한 사례는 운동 행동이 미리 예측하는 감각 결과에 따라 어떻게 코딩(부호화)되는지 보여준다. 간단히 말해, 우리의 운동 행동은 그 행동이 완료된 후 우리가 가져야 할 감각에 의해 정해진다. 그런데 이러한 예측된 감각이 위반되면 운동 시스템은 오류 신호를 수신하고, 종종 자기 수정 과정을 통해 운동 학습으로 진행되며, 확인된 신호는 이미 하드 드라이브에 저장된 운동 패턴을 강화하는 역할을 한다.

'작은 뇌' 일차 운동 피질은 척수와 직접 연결되어 있어 운동 제어의 '최종적인 경로'라고 여겨지지만, 소뇌cerebellum(라틴어로 '작은 뇌'라는 뜻)는 행동 루프에 있는 언성 히어로unsung hero이다. 특히 소뇌는 뇌 용적의 10%에 불과하지만 뇌에 있는 860억 개의 뉴런 중 약 80% 이상이 이곳에 모여 있다.[37] 다니엘 울퍼트Daniel Wolpert의 통찰력 있는 TED 강연[86]의 제목처럼 '뇌가 존재하는 진짜 이유'는 의도와 결과를 연결하는 수단으로 움직임을 사용하는 것이며, 여기에서 중추적인 역할을 하는 소뇌에 우리는 감사해야 한다.

소뇌는 폐쇄 회로를 통해 운동 피질에 연결되므로 소뇌는 일차 운동 피질에서 척수로 보내는 운동 신호에 독립적으로 영향을 미치고 수정할 수 있다. 동시에 소뇌는 척수와도 직접 연결되어 있어 이미 진행 중인 운동 패턴을 조정하고 적응시킬 수도 있다. 이러한 조정은 움직임의 타이밍을 동기화하는 소뇌의 역할을 반영하는 것으로, 리드미컬한 큐잉이 파킨슨병 환자의 보행 제어 능력 향상에 도움이 되는 이유를 설명할 수 있다. 소뇌는 음악적 단서에 주의가 집중될 때 움직임을 제어하는 데 매우 적합하기 때문이다. 움직임의 공간적 매개변수(즉, 어디로 움직일지)는 학습할 수 있지만 움직임의 시간적 매개변수(즉, 언제 움직일지)를 학습하는 데 어려움을 겪는 소뇌 병변이 있는 뇌졸중 환자를 대상으로 한 연구를 보면,[13] 이러한 조정 기능의 면모를 살펴볼 수 있다. 따라서 역학적kinetic(힘) 지도가 일차 운동 피질을 지배하는 것처럼 운동학적kinematic(동작) 지도가 소뇌를 지배하는 것처럼 보이며,[50] 움직임을 제어하는 과정은 일차 운동 피질과 소뇌의 파트너십적 관계에서 나오는 것이다.

소뇌는 운동 시스템motor system을 조정하는 것 외에도 일차 운동 피질에 의한 운동 신호와 '실제로' 일어난 운동 신호를 비교하여, 흔히 '비교기comparator'라고 불리는 역할을 한다.[73] 구체적으로 말하면 소뇌는 일차 운동 피질에 의해 전개된 운동 신호의 복사본인 감각 청사진 또는 원심성 사본efference copy을 수신한다고 알려져 있다.[50] 그런 다음 소뇌는 이 감각 청사진과 척수로 들어오는 실시간 감각 피드백과 비교할 수 있다. 이 비교의 결과로 소뇌는 경로를 벗어난 운동 패턴을 재지시하여 실시간으로 움직임을 조정할 수 있다. 아침 출근길에 붐비는 커피숍에서 김이 모락모락 나는 라떼를 흘리지 않고 들고 다닐 수 있는 이유도 바로 이 때문이다.

소뇌의 비교 능력은 실시간으로 운동을 조정motor adjustment하는 것 외에, 운동 학습motor learning에도 도움을 준다. 소뇌의 입장에서는 실시간으로 변경할 시간이 항상 부족하다. (동작이 빠르게 수행될 때) 혀를 깨물거나 달리다가 넘어지는 등, 다양한 운동 실수를 해본 사람이라면 이 사실을 너무나 잘 알고 있을 것이다. 하지만 우리의 운동 행동이 우리의 운동 의도와 일치하지 않을 때에도 소뇌는 여전히 일어난 일과 우리가 원했던 일을 비교할 수 있기 때문에 두려워할 필요는 없다. 이처럼 퍼즐 조각이 맞지 않는 상황이 벌어지면 뇌는 오류 신호, 즉 "느낌이 딱 맞지 않은데?"라는 신호를 생성하여 이러한 불일치에 대해 경고한다. 이러한 내장된 경고 시스템은 걷기, 자전거 타기 등 우리가 생각할 수 있는 거의 모든 운동 학습에서 일어난다. 소뇌는 오류를 통해 우리 스스로가 교정할 수 있는 능력을 지원하기 때문에 운동 학습의 핵심에 위치한다. 오류는 무언가 잘못되었을 때 감각적 신호(느낌)로 나타난다. 대부분의 경우 운동선수는 이러한 오류를 인식하고 이 정보를 사용하여 스스로 교정할 수 있다. 한편, 선수가 오류를 느끼지만 어떻게 수정해야 할지 모르는 경우도 많다. 이 경우 신체적 제약이 없음을 확인했다면, 큐잉나 제약을 통해 선수가 새로운 움직임 패턴으로 전환할 수 있도록 도와야 한다.

마커스의 예로 다시 돌아가보면, 코치의 큐잉은 기저핵과 운동 피질 사이의 연결로 인해 구체화되게 된다. 이로 인해 만들어진 의도적인 신호가 마커스의 일차 운동 피질에 도달하면 운동 계획이 운동 동작으로 변환되고, 이 동작은 예상되는 감각 결과, 즉 느낌으로 부호화(코딩)된다. 변환 작업이 완료되면 운동 동작은 척수와 직접 연결을 통해 운동 시스템으로 전달된다. 동시에 소뇌는 운동 계획의 사본을 수신하고 지속적인 비교 과정을 통해 운동 시스템을 조정하여 마커스의 의도와 행동이 일치할 수 있도록 준비하며 곧 찾아올 감각 폭풍에 대비한다. 마커스의 근육은 폭발적으로 활동하며 출발선에서 박차고 달리기 시작한다. 한 걸음 한 걸음 내디딜 때마다 마커스는 무릎을 '유리창'에 부딪히며 파편 흔적을 남긴다. 잠시 후, 마커스가 결승선을 통과하며 스프린트를 완료한다. 마커스가 속도를 늦추기 시작하자 감각 스캔이 시작된다. "스프린트 할 때 어떤 느낌이 들었는가?" "코치의 큐잉이 도움이 되었는가?" "내가 무엇을 잘했나?" "다음에는 무엇에 집중해야 할까?" 마커스 마음속에서 일어나는 대화들은 코치의 통찰력과 아이디어로 빠르게 채워진다. 몇 분 후, 방금 수행한 스프린트 움직임 정보를 검토한 마커스와 그의 코치는 새로운 초점과 새로운 큐잉을 찾아내고, 이를 통해 마커스는 다시 출발선으로 돌아올 준비를 마친다.

기억의 응고화

부호화 과정encoding process을 통해 기억이 뇌로 초대되면 기억의 통합이 시작될 수 있다. 몇 분에서 몇 년에 걸쳐 진행되는 통합은 일시적으로 저장되어 있는 불안정한 기억을 뇌에 영구적으로 저장되는 안정적인 기억으로 전환하는 과정이다.[63] 이 과정은 크게 두 단계로 진행된다.[29] 처음에는 기억의 내용과 관련된 신경망 내에서 일련의 분자적 변화인 유동적인 상태로 존재하며, 이를 **화학적 응고화**chemical consolidation라고 부른다. 연습이 계속됨에 따라 기억 네트워크는 반복적으로 활성화되어 장기 기억과 학습을 반영하는 뇌의 구조적 변화, 즉 **구조적 응고화**structural consolidation로 이어진다.

앞서 자세히 설명했듯이 정보의 내용이 기억에 남는 정도에 큰 영향을 미친다. 감정적 가치가 높은 정보는 기억 형성의 전 단계인 주의(집중)를 끌고 유지하는 데 적합하지만, 감정적 가치가 낮은 정보는 머릿속의 극장에 머무르는 데 어려움을 겪는다는 사실을 기억할 것이다. 기억 응고화의 첫 단계가 뇌의 감정 중추인 편도체에 의해 부분적으로 매개되는 신경 화학적 변화와 관련이 있다는 것은 놀라운 일이 아니다.[51]

어떤 경험이 감정적 가치가 높게 지정되면 신장kidney 꼭대기에 있는 삼각형 모양의 조직인 부신에서 호르몬이 분비된다. 에피네프린과 글루코코르티코이드라는 호르몬은 편도체에 작용하여 신경전달물질인 노르에피네프린의 방출을 조절하고, 이는 학습할 정보를 나타내는 신경 네트워크 내의 시냅스 발화에 직접적인 영향을 미친다. 이 과정이 기억 응고화에 있어 얼마나 중요한지 설명하기 위해 케이힐Cahill과 동료들[17]은 참가자들에게 한 이야기를 제시하였는데, 시작 부분은 감정적으로 중립적이고, 중간 부분은, 감정적으로 격해지며(소년이 차에 치여 병원에 가는 장면), 이야기의 끝부분은 감정적으로 중립적이었다. 연구진은 기억력 테스트에서 사람들이 예상대로 감정적으로 중립적인 부분보다 감정적으로 자극적인 부분의 이야기를 더 많이 기억한다는 사실을 발견했다. 그러나 일부 참가자에게 에피네프린과 노르에피네프린의 흡수를 차단하는 약물을 투여한 결과, 높은 감정 상태를 유발한 이야기 중간 단계를 기억하는 능력이 감정적으로 중립적인 내용까지 떨어졌다. 이 연구는 화학적으로 유도된 응고화의 중요성을 분명히 보여주긴 하지만, 코칭을 하는 사람이라면 감정적으로 높은 가치를 가진 정보가 뇌에서 우선적인 대우를 받는다는 사실을 명심해야 한다.

코치가 부호화 과정에서 편도체의 활성화 수준에 궁극적으로 영향을 미칠 수 있는 다른 요소는 기억되는 정보의 양이며, 직접적인 상관관계가 있는 것으로 보인다.[16] 또한 H.M.의 경우처럼 편도체가 손상되었거나 편도체가 제거된 사람은 새로운 명시 기억, 특히 정서적 기억을 형성하는 능력이 심각하게 제한된다.[1] 이를 통해 편도체와 편도체가 조절하는 화학물질의 칵테일이 초기 기억 통합, 특히 명시 기억의 핵심이라는 것을 분명히 알 수 있다. 기억은 감정에 의해 촉발될 때 활성화되므로 훈련 세션 설계와 코칭 큐잉 전달에 접근할 때 이 점을 충분히 고려하라.

기억 응고화의 두 번째 단계는 집에서 빨래를 정리하는 방식에 비유할 수 있다. 먼저, 깨끗한 옷을 바구니에 담아 위층으로 가져와 침대에 널어놓는데, 이는 아직 불안정한(빨래를 펼쳐지지 않은) 상태의 신선한 기억과 유사하다. 그런 다음 옷을 개어서 옷을 종류별로 정리하는데, 이는 연상 네트워크가 비슷한 기억들을 떠올리게 하는 것과 유사하다. 마지막으로 정리된 모든 옷들을 쌓아 서랍, 선반 또는 옷장에 넣는다. 이 마지막 단계는 특정 유형의 장기 기억을 저장하도록 설계된 뇌 네트워크에 기억이 물리적으로 재구성되거나 이동하는 구조적 응고화의 특징이다. 이를 증명하기 위해 마커스가 몇 주 동안 스프린트 스쿨에 다니면서 뇌가 어떻게 변했는지 다시 한 번 확인해 보자.

응고화 큐잉

몇 주 동안 코치와 함께 일한 끝에 마커스는 스프린트와 관련된 상당한 운동 기술 지식을 축적했다. 이제 마커스는 지시, 큐잉, 피드백을 통해 자신이 배우고 있는 운동 기술을 명확하게 이해하고 있으며, 더 중요한 것은 움직임 수행에 도움이 되는 집중 포인트를 파악하고 있다는 것이다. 앞서 설명했듯이, 이러한 명시적인 정보를 처리하려면 마커스의 대뇌 피질과 해마 회로 간의 원활한 상호작용이 필요했다. 따라서 이 두 가지 뇌 영역이 기억의 구조적 응고화에 관여한다는 것은 놀라운 일이 아니다.

하워드 아이헨바움이 『To Cortex: Thanks for the Memories』[82]에서 설명한 것처럼 해마와 피질은 모두 몇 주에서 몇 년에 걸친 초기 기억 응고화에 중요한 역할을 한다. 그러나 기억이 충분히 활성화되면 해마의 해부학적 지원이 더 이상 필요하지 않게 되고 결국 대뇌 피질은 기억의 집이 된다. 이를 설명하기 위해 H.M.의 이야기를 떠올려보자. 그는 더 이상 해마와 편도체가 없어 새로운 기억을 형성할 수 없었지만 수술 전의 기억을 대부분 기억할 수 있었으며, 이는 그의 장기 기억이 해마에서 피질로 이동했음을 시사한다. 그러나 흥미롭게도 H.M.이 장기 기억을 모두 유지하지는 못했다. 실제로 H.M.은 수술 전 몇 년 동안 축적된 기억을 대부분 기억하지 못했다. 이 관찰은 해마가 처음에는 장기 기억 저장에 관여하여 불특정 기간 동안 기억을 보관하고 그 후에는 기억이 관련 피질 영역으로 영구적으로 이동한다는 개념을 알려준다. 따라서 수술팀이 H.M.의 해마를 '제거'했을 때, 해마를 집으로 여기고 있던 기억들도 제거해 버린 것이다.

행동의 응고화

명시 기억이 구조적, 조직적 변화를 겪는 것처럼 암묵 기억도 영구적인 집을 찾을 때까지 뇌를 돌아다녀야 한다. 다시 말해, 운동 피질과 두정엽이라는 두 피질 영역과 기저핵과 소뇌라는 피질 하부 영역들이 암묵적인 운동 기억을 부호화하는 데 관여하는 것이다. 그러나 기술의 특성에 따라 이 암묵 기억이 장기적으로 저장되는 위치가 결정된다.

자발적 움직임: 도용Doyon과 동료들[27]이 설명한 바와 같이, 자발적(자의적)으로 배치되는 불연속적 또는 연속적 기술을 학습할 때, 즉 명시적 인식 조건하에서, 처음에 관여하는 뇌 영역은 전전두피질, 운동 피질, 기저핵, 소뇌이다. 그러나 연습을 하면 이 영역들의 활성화는 전전두엽 피질에서 떨어져 주의력이 감소하고, 운동 피질 내에서 재구성되며, 소뇌 내에서 활성화가 감소하고, 기저핵의 선조체 영역에서는 활성화가 유지될 것이다. 이에 대한 이해를 돕기 위해 이러한 연구 결과를 골프 스윙과 같은 개별적인 기술로 예를 들어보겠다.

처음 클럽 스윙을 배울 때는 운동 계획(운동 피질 및 기저핵)을 지원하기 위해 많은 주의력 자원(전전두엽 피질)을 배치해야 하며, 스윙에 상당한 움직임 오류(소뇌)가 발생한다. 하지만 시간이 지나면서 운동 계획이 효율적이고 집중적으로 이루어지기 때문에 더 이상 이러한 중추뇌들의 도움을 받지 않아도 된다. 또한 패턴이 안정화되기 시작하고 오류 발생이 줄어든다. 그리고 아직은 골프 코스에서 만나게 되는 갑작스러운 사태에 대해 예상할 수 없기 때문에 잘 학습된 스윙을 실행하는 동안 소뇌가 과도하게 활성화되지 않는다. 종합하면, 계획 루프와 행동 루프의 소뇌 외의 영역에서 이 장기 암묵 기억을 소유하고 있으며, 소뇌와 전전두엽 피질은 오류나 참신함이 나타날 때에 개입할 준비가 되어 있는 것이다.

반응적 움직임: 우리가 코칭하는 많은 동작들이 개별적, 그리고 연속적으로 수행할 수 있는 기술들에 속하지만, 혼란스러운 스포츠 현장의 현실에서는 이러한 기술들이 실시간으로 반응을 해야만 한다. 마커스를 예로 들자면, 축구 선수로서 그는 상대편의 방해 없이 전력질주하는 경우가 거의 없다. 이러한 점을 알고 있다면 그의 스프린트 코치는 반드시 공을 가지고 또는 상대 수비수가 있는 상태에 반응하면서 스프린트를 할 수 있는 능력을 자극해야 한다. 운동 시스템이 지속적으로 오류를 수정하고 피드백을 제공해야 하는 이 적응성adaptability을 만들기 위해서는 상대방이 없는 스프린트보다도 훨씬 더 큰 정도로 그의 소뇌의 도움을 필요로 한다. 따라서 개인이 가변성variability과 적응성을 처리해야 하는 움직임이 많을수록 소뇌가 장기 기억 응고화에 기여하는 바가 커진다.

'뇌의 가소성': 뇌 영상 기술, 특히 기능적 자기 공명 영상(fMRIfunctional magnetic resonance imaging)의 출현으로 우리는 엘리트 선수의 머릿속을 쉽게 들여다보고 이러한 구조적 변화를 직접 볼 수 있게 되었다. 예를 들어 런던 택시 운전사에 대한 연구에서 맥과이어Maguire와 동료는 공간 매핑과 관련된 해마 영역이 다른 피험자보다 택시 운전사에서 더 크고 이 뇌 영역의 크기는 근무 기간과 관련이 있음을 보여주었다.[48] 비슷한 발견이 음악가들에게서 관찰되었는데, 연구자들은 음악적 기량(예: 현악기 연주자의 손가락 놀림)과 관련된 피질 영역이 완성된 연습의 양에 비례하여 확장된다는 것을 보여주었다.[30, 34] 흥미롭게도 뇌 내의 이러한 모든 구조적 변화에도 불구하고 기술이 고도로 절차화되면 뇌 활동은 전반적으로 감소한다.[36, 74] 이러한 관찰은 새로운 기술을 배우는 경험에 대해 시사하는 점이 있다. 어떤 기술을 처음 배울 때에는 정신적으로 육체적으로 피곤할 것이다. 그러나 시간이 지남에 따라 동일한 양의 작업을 수행하기 위해 처음만큼의 정신적/육체적 자원을 배치할 필요가 없다고 느낄 것이다. 이와 같이 기억의 구조적 재구성은 저장과 출력의 효율성을 향상시키도록 고안된 과정을 수반하는 것으로 보인다.

마커스는 의심할 여지없이 스프린트 훈련을 계속할 것이지만, 적어도 새로운 기억이 그의 마음속에 구체화되었다는 것을 암묵적으로 그리고 명시적으로 알고 여름 스피드 캠프를 떠날 수 있다. 코치의 머릿속에서 아이디어(큐잉)로 시작된 것이 이제는 그 자신의 기억으로 성숙해졌다. 마치 공상 과학 소설에서나 볼 수 있는 것 같은 일이지만, 이것은 모든 코치와 운동선수, 모든 교사와 학생의 현실이다.

기억의 출력

본 조비의 'You give love a bad name'의 오프닝을 들으면 다음 가사를 떠올리지 않는 것은 사실상 불가능하다. 평소에는 잘 기억나지 않던 노래 가사가 오프닝 음악으로 주어지면 쉽게 기억되는 것이 신기하지 않은가? 마찬가지로, 오래된 재생 목록을 듣다가 현재 노래가 끝날 때쯤이면 머릿속에서 다음 노래의 인트로가 재생되기 시작하는 것을 경험한 적이 있는가? 몇 년 동안 이 재생 목록을 듣지 않았는데도 머릿속에서 다음 노래들의 정확한 순서를 떠올릴 수 있을 것이다.

이러한 예는 기억 형성의 마지막 기능인 **출력**retrieval, 즉 저장된 정보를 불러오는 능력을 보여준다. 원칙적으로 머릿속에 떠오르는 모든 생각은 저장된 기억의 표현이기 때문에 기억에 대해 다루는 이 장의 첫머리부터 회상에 대해 이야기했다. 오랜 친구를 만난 후 머릿속에 떠오르는 이야기부터 운동선수가 올바른 플레이를 부르는 능력에 이르기까지, 이러한 예는 과거를 현재로 가져오는 뇌의 능력을 보여준다. 하지만 기억을 출력하는 과정이 항상 우리가 원하는 대로 작동하는 것은 아니며, 때로는 기억이 날 듯 안 날 듯 하는 경우도 있다. 이는 명시 기억뿐만 아니라 운동 기억에서도 마찬가지이다. 동작을 제대로 하기 위해 큐잉에 의존하는 것처럼 보이는 고객이나 연습한 대로 플레이하는 데 어려움을 겪는 운동선수 등 운동 기억이 사라진 것처럼 보이는 사례는 무수히 많다. 따라서 코치는 기억 출력의 내적 작용과 이를 작동시키는 전략을 이해하는 것이 중요하다.

앞의 예에서 알 수 있듯이, 기억은 단서가 있을 때 머릿속에서 구체화된다. 그 예로 두 친구 사이의 다음 대화를 살펴보자.

마크: "메리, 어떻게 지냈어요? 정말 오랜만에 보는 것 같아요."
메리: "네. 너무 오랜만이에요. 마지막으로 본 게 본 조비 콘서트였던 것 같아요."
마크: "네. 정말 멋진 밤이었지요. 'Livin' on a Prayer'의 연주 버전은 정말 멋졌어요."
메리: "그날 밤은 정말 굉장했어요. 엄마는 좀 어떠세요? 크게 넘어지셨다고 들었어요."
마크: "물어봐주셔서 감사합니다. 꽤 걱정했지만 지금은 완전히 회복되셨어요."
메리: "그 말을 들으니 정말 기쁘네요. 저희 아버지도 작년에 비슷한 부상을 입으셨는데 회복하는 데 몇 달이 걸렸어요."

이 대화를 풀어보면 기억의 단서들이 작동하는 것을 볼 수 있다. 메리는 마크를 보자마자 마지막 만남의 기억을 떠올린다. 이에 따라 마크는 그날 밤의 기억에 남는 순간에 대해 언급한다. 마크가 'Livin' on a Prayer'라는 노래(힘든 일을 잘 견뎌낼 수 있다는 내용을 담은 노래)를 언급하자 메리는 마크의 어머니에 대해 생각하고 있었다는 사실을 떠올리게 된다. 마크의 근황에 이어 메리는 자신의 삶에서 공감할 수 있는 이야기를 나누게 된다. 최근 친구와 나눈 대화를 떠올려보면, 비슷한 상호적 단서가 머릿속에 떠오르는 모든 생각에 힘을 실어주었다는 것을 알 수 있다. 이처럼 모든 형태의 단서는 기억을 불러오기 위한 전제 조건이다.

부호화 특수성

단서가 중요하긴 하지만 단서만으로는 기억 출력에 영향을 미치지 않는다. 특히, 기억이 인코딩된 방식이 해당 기억을 출력하는 데 필요한 조건에 직접적인 영향을 미친다. **부호화 특수성**encoding specificity이라는 개념은 지각된 내용(학습할 내용+학습 맥락+분위기)의 특정 부호화가 저장되는 기억을 결정하고, 저장된 기억에 따라 어떤 출력 단서가 기억 접근을 유도할지 결정된다는 내용을 지닌다.[70] 기억 출력의 이러한 특징을 설명하기 위해 크레이그 바클레이Craig Barclay와 동료들[9]은 참가자들에게 다양한 문장들을 접하게 하였다. 이때 '피아노'가 목표한 단어였고, 이 단어를 설명하는 다른 용어들은 피아노와 관련이 있기도 하고 없기도 한 용어들로 다양한 문장을 만든 것이다(예: "한 남자가 피아노를 들어 올렸다"). 기억 출력을 유도하는 가장 좋은 단서를 찾기 위해 고안된 유지력 테스트에서 '무거운'이 '좋은 소리를 내는'보다 목표 단어인 피아노를 출력하는 데 더 좋은 출력 단서였다. 그러나 "그 남자는 피아노를 조율했다"와 같은 목표 단어의 맥락을 잘 설명한 문장에서 정반대의 결과가 나타났다. 문장 안의 내용이 단서 출력에 직접적인 영향을 미친 것이다. 이러한 부호화 특수성의 특징은 부호화 중에 활성화되는 뇌 영역이 기억의 출력 중에도 활성화된다는 fMRI 연구에 의해 뒷받침되며, 기억이 처리되는 뇌 영역에서 해당 기억이 저장된다는 것을 뒷받침한다.[71]

이쯤 되면 "선수들에게 움직임에 대한 기억을 유발하기 위해 어떻게 단서를 사용할 수 있는가?"라는 생각이 들 것이다. 따라서 언어적 단서가 움직임 기억에 미치는 영향을 고려해 볼 가치가 있다. 올라프 하우크laf Hauk, 프리데만 풀버뮐러Friedemann Pulvermüller와 동료들은 이 주제를 밝히기 위해 언어 처리와 뇌의 운동 영역 간의 상호작용을 보여주는 여러 연구를 수행했다. 특히 2004년 연구에서는 참가자들을 fMRI 기계로 스캔하여 핥기, 집어 들기, 발로 차기와 같은 동작에 관한 동사를 읽을 때 혀, 손, 발의 움직임과 관련된 동일한 뇌 영역이 활성화되는 것을 보여주었다. 언어 처리에서 운동 피질의 역할을 더 자세히 설명하기 위해 같은 연구 그룹은 경두개 자기 자극법transcranial magnetic stimulation을 사용하여 다리 또는 팔과 손과 관련된 운동 영역의 활성화를 높였다. 그 결과, 운동 피질의 다리 영역이 활성화되면 참가자들은 자극을 받지 않았을 때보다 다리와 관련된 움직임에 관련된 동사(예: 차다, 걷다, 밟다)를 더 빨리 식별할 수 있었으며, 이러한 운동 영역이 자극된 후 팔과 손과 관련된 움직임 동사(예: 접다, 치다, 잡다)를 식별할 때도 마찬가지였다.[58] 이러한 연구 결과를 종합하면, 단어의 의미는 그 의미를 세상에서 행동(즉, 움직이기)할 수 있도록 하는 동일한 뇌 영역에서 처리된다는 생각을 뒷받침한다. 따라서 코치는 언어를 선수의 운동 피질로 들어가는 관문으로 간주하여 선수가 달성하고자 하는 운동 결과를 가장 잘 나타내는 단서(큐잉)를 선택적으로 식별해야 한다.

맥락의 특수성

출력 단서와 기억 대상 간의 관계도 중요하지만, 학습이 일어나는 맥락도 향후 기억에 영향을 미친다. 이를 **특수성의 법칙**law of specificity이라고 하는데, 학습은 무엇을 연습하고 어디에서 연습했는지의 부산물이며, 지각(감각 정보)과 행동(운동 정보) 간의 상호작용을 기반으로 기억이 부호화된다는 것이다. 따라서 예를 들어 의사-결정 요건decision-making requirement(예: 상대 선수)이나 방해 요소competition element(예: 시끄러운 소음이나 압박감)가 없는 폐쇄된 환경에서 선수의 민첩성을 향상시키기 위해 노력한다면 스포츠 맥락상 불완전한 전이가 일어날 수 있다. 그러나 선수가 맥락에 맞는 환경(예: 상대와 대결하는 상황)에서 이러한 운동 기술을 적용하도록 발전시키면 전이를 일으킬 수 있는 공식이 만들어질 것이다. 이 책은 주로 코칭의 언어에 초점을 맞추고 있지만, 코치의 언어적 신호와는 별개로 학습 맥락(예: 물리적 환경, 훈련 또는 운동 선택, 가변성, 난이도)은 기억 출력과 학습한 내용의 표현에 큰 영향을 미친다는 점에 주목할 필요가 있다. 이 분야에 대한 지식을 더 쌓으려면 소더스트롬Soderstrom과 비요크의 「Learning Versus Performance: An Integrative Review」[83]를 읽어 보길 바란다. 이 논문은 언어 학습과 운동 학습에 영향을 미치는 맥락적 요인을 철저하게 다뤘다.

기분의 특수성

기억 출력에 영향을 미치는 위와 같은 외재적 맥락 요인 외에, 내재적 맥락 요인도 고려해야 한다. 연구에 따르면 기분이 좋을 때 긍정적인 기억을 더 쉽게 떠올릴 수 있으며, 부정적인 기억도 마찬가지이다.[38] 이를 **기분일치 기억**mood-congruent memory이라고 한다. 마찬가지로, 우리는 현재 기분과 일치하는 정보를 부호화하는 경향이 있다.[12] 이를 기분 **의존적 기억**mood-dependent memory이라고 한다. 즉, 기분이 나쁠 때는 부정적인 감정과 연관된 정보를, 기분이 좋을 때는 긍정적인 감정과 연관된 정보를 부호화할 가능성이 높다. 또한, 현재 기분 상태와 기억 부호화 사이의 이러한 상호작용은 현재 신체 상태까지 확장된다. 특히, 연구자들은 기억을 출력할 때 취하는 신체 자세가 부호화를 할 때와 동일한 자세를 취할 때, 참가자들이 더 빠른 속도로 더 많은 정보를 기억할 수 있다는 사실을 발견했다.[26] 우리의 신체 상태가 어떻게든 기억에 연관된다는 생각이 발전하여, 다른 연구자들은 구슬을 언덕 위로 굴릴 때 더 긍정적인 기억(진보와 긍정에 대한 은유적 연상)을, 언덕 아래로 굴릴 때 더 부정적인 기억(퇴행과 부정에 대한 은유적 연상)을 더 많이 기억할 수 있다는 것을 보여주었다.[18] SNS 게시물처럼, 우리의 기억은 부호화할 때, 신체적, 감정적 해시태그를 붙여 나중에 출력할 때 사용할 수 있는 것처럼 보인다.

기억을 잘못 라벨링함

마지막으로 할 이야기는 기억은 가변적이며 시간이 지남에 따라 변경될 수 있고 조작될 수 있다는 것이다. 특히, 기억을 출력할 때마다 관련 신경망을 작동시키는 것은 말하자면 워드 문서를 작업할 때마다 열면서 조금씩 수정하는 것과 같다. 기억에 관련한 해시태그는 부호화의 특징에 따라, 시간이 지남에 따라 변경될 수 있다. 연습에서 경기 플레이로의 전이가 잘 일어나지 않는 것은 학습에 일관성이 없거나(즉, 잘못된 것을 연습하여 잘못된 기억을 부호화하는 것), 출력의 일관성이 없는 것(즉, 올바른 운동 기술을 연습하고 있지만 부호화 과정의 특징이 출력의 특징, 특히 학습 맥락과 일치하지 않는 것)을 반영할 수 있으므로 코치에게 이는 중요한 고려 사항이다. 기술은 더 많이 연습할수록 학습 가능성이 커진다. 그리고 그 연습(부호화)이 실제 경쟁 상황에 대한 요구(출력)를 더 많이 반영할수록 전이 가능성이 커진다.

종합적으로 보자면, 기억은 부호화 과정에서 우리의 경험을 반영한다는 것을 알 수 있다. 따라서 현재의 특징들이 과거의 특징들에 매핑될 때 기억 출력이 최적화된다. 다음 장에서 자세히 설명하겠지만, 코치는 언어적 단서를 선수가 수행 중인 동작에 대한 주요 결과를 알려주는 동작 트리거로 생각해야 한다. 따라서 가장 좋은 단서(큐잉)는 동작이 달성하고자 하는 결과와 관련하여 동작이 어떻게 수행되어야 하는지를 가장 완벽하게 포착하는 단서이다(예: "높은 지점에서 공을 잡으려는 느낌으로 폭발적으로 뛰어" vs "엉덩이를 사용해 폭발적으로 뛰어"). 마찬가지로 코치는 선수가 연습하는 것과, 연습하는 장소에서만 더 잘할 수 있다는 것을 기억해야 한다. 따라서 선수가 능력의 탁월함을 발휘해야 하는 실제 경쟁 맥락에 따라 학습 맥락을 구성해야 한다. 마지막으로, 기분과 신체 상태가 기억 부호화와 출력에 어떤 영향을 미치는지 생각해 보라. 부호화의 관점에서 볼 때, 우리가 구현하고자 하는 신체적 상황이 일어날 때 정보를 제공해야 한다. 즉, 파워와 스피드에 대해서 이야기하는 경우, 운동선수가 앉아 있는 것보다 서 있는 것이 훨씬 더 효과적일 수 있다. 마찬가지로 부정적인 말보다는 긍정적인 말을 사용하여 피드백을 부호화해야 한다. 예를 들어 선수가 스프린트 중에 엉덩이를 충분히 펴지 못하는 등 실수가 있더라도 피드백이나 큐잉을 긍정적으로 구성하지 못할 이유는 없다. 이 경우 "엉덩이를 충분히 펴지 못하고 있습니다"라고 말하는 대신 "지면을 밀어내는 데 집중하라"라고 말할 수 있다. 선수들이 긍정적인 사고방식으로 훈련하기를 원한다면, 구슬을 언덕 위로 굴리는 것과 같은 긍정성을 사용하여 큐잉을 부호화하는 것이 좋다.

요약

엔델 툴빙Endel Tulving은 기억을 '생물이 과거 경험으로부터 이익을 얻을 수 있도록 하는 능력'이라는 설득력 있는 묘사를 하였다.[69] 이는 모든 코치와 교사들의 책임을 가장 잘 표현한 말일 것이다. 우리에게는 아바타에서 나오는 멋진 기억 이식 장치는 없지만, 단서(큐잉)를 사용하여 주의를 환기하고 기억을 촉발하며 언어를 학습으로 전환하는 과정을 장려할 수 있는 능력은 있다. 그러나 이를 효과적으로 수행하려면 코치는 선수의 머릿속에 입력하는 정보의 양과 질을 고려해야 한다. 너무 많은 정보를 제시하면 작업 기억이 작동을 멈춰 어떤 단서가 효과가 있었는지 알 수 있는 능력이 제한되거나 분석에 의한 마비 상태를 유발할 위험이 있다. 또한, 우리는 언어의 질과 정확성이 운동 학습의 기본이라는 것을 알고 있다. 즉, 정서적으로 충만하고 시각적으로 흥미로운 언어를 제시하는 것이 시각적으로 무미건조하고 동기 부여가 없는 평범한 문장을 제공하는 것보다 훨씬 더 기억에 남는다. 또한, 아무리 좋은 단서라도 학습하고자 하는 운동 기술의 가장 중요한 특징과 일치하지 않으면 효과가 없다. 따라서 큐잉의 정확성은 원하는 동작 결과(예: '여기서 전력질주', '저기서 점프', '태클하기', '상대 선수를 피하기')를 표현하는 동시에 그 결과를 뒷받침하는 동작 특징(예: '땅을 밀어내기', '하늘을 향해 폭발하기', '범죄자의 손목에 수갑을 채우듯 상대를 압박하기', '트럭을 피하는 것처럼 공간으로 스텝하기')을 고려하는 능력에 따라 달라진다.

집이 지어지기 전에는 이사할 수 없는 것처럼, 학습의 과학을 이해하기 전에는 효과적인 코칭의 뉘앙스를 이해할 수 없다. 따라서 이 책의 1부를 숙지하게 되면 2부로 넘어갈 수 있다. 앞으로 세 장에 걸쳐 언어의 내적 작용을 탐구하고 운동 기술 학습과 단서의 내용 사이의 상호작용을 풀어나갈 것이다. 여러 근거 자료, 나의 경험, 그리고 약간의 스토리텔링을 통해, 선수의 요구와 개발하고자 하는 운동 능력에 맞게 언어를 빠르게 생성하고 업데이트하는 방법을 배우는 데 도움이 되는 일련의 실용적인 모델을 살펴볼 것이다.

PART II
코치

피닉스행 비행기가 인디애나폴리스를 출발할 때 나는 우리 EXOS 선수들이 NFL 콤바인(역자 주: 신인 선수들의 신체 능력을 평가하여 NFL 각 팀이 유망주를 찾는 행사)에서 예상대로 활약한 것에 안도감을 느꼈다. 당시 나는 신인 코치였고 선수들 역시 신인으로 데뷔를 하려 했기 때문에, 우리 팀은 쉽지 않은 길을 나아가고 있었다. 다행히도 우리는 함께 힘을 모았고 선수들은 중요한 순간에 가장 잘하는 것을 해냈다. 이런 행운을 성취한 것에 자아도취에 빠질 만도 했지만, 나는 결코 만족하지 못했다. 마침내 일생일대의 기회, 즉 미국에서 가장 존경받는 콤바인 준비 프로그램을 이끄는 책임을 맡게 되었지만 곳곳에서 균열들이 보였던 것이다. 7년간의 코칭 경험에도 불구하고 나는 다시 시작해야 하는 것처럼 느껴졌다.

첫해가 지나고 머릿속이 비워지면서 여러 가지 명쾌한 생각이 떠올랐고, 그 생각은 지금까지도 코칭에 대한 나의 생각을 형성하고 있다. 첫 번째 아이디어는 사고 실험의 형태로 나왔다. 10주간의 스피드 발달 연구를 위해 10명의 코치를 모집했다고 가정해 보자. 코치들의 경험과 교육 수준은 비슷하다고 가정할 수 있다. 각 코치들은 똑같은 필드, 훈련 장비, 프로그램, 선수를 사용하여 훈련 세션을 진행할 것이다. 10명의 선수를 복제하여 10명의 코치가 각각 한 팀을 배정 받았다고 가정한다. 따라서 프로그램, 사람, 장소는 모두 동일하며 유일한 차이점은 코치뿐인 것이다. 고려해야 할 질문은 다음과 같다. 10주 후에 10개 그룹이 모두 똑같은 결과를 얻을 수 있을까?

지금까지 수천 명의 코치들에게 이 시나리오와 질문을 제시해 보았고, 그 대답은 항상 한결같이 "아니오"였다. 나는 이 사고 실험이 모든 코치의 내면에 존재하는 핵심적인 직관, 즉 코칭하는 방식이 코칭하는 내용만큼이나 결과와 관련이 있다는 사실을 드러낸다고 생각한다. 이러한 사실을 인정한다고 해서 프로그래밍과 계획이 중요하지 않다는 것은 결코 아니다. 운동장을 뛰게 하는 것으로 벤치 프레스를 향상시킬 수 없으며, 스프린트 능력을 높인다고 해서 공을 캐치하는 능력을 향상시키지 못한다는 것을 아는 것이 바로 프로그래밍과 계획의 힘이기 때문이다. 하지만 훈련의 결과가 순전히 잘 짜여진 프로그래밍에 의해서만 도출된다고 생각하는 것은 순진한 생각일 것이다. 훨씬 더 배려깊은 관점에 입각해 코칭과 커뮤니케이션하는 방법을 고심하는 것이 코치를 단순한 프로그램 설계자에서 한 사람을 진정으로 발달시킬 수 있는 사람으로 끌어올릴 수 있는 것이다.

코칭에 대한 깊은 고민을 하던 중, 절친한 친구 크리스 푸아리에가 『Aspire: Discovering Your Purpose Through the Power of Words』를 읽어보라고 추천해 주었다.* 이 책의 저자인 케빈 홀Kevin Hall은 이 짧고 읽기 쉬운 책을 통해 우리말의 의미와 그 역사에 대해 다시 한 번 생각해 보도록 안내한다. 책을 펴고 목차를 훑어보던 중 9장 'coach'가 나의 눈길을 사로잡았다. 알고 보니 코치라는 단어는 최초의 스프링 서스펜션 마차를 제조한 것으로 잘 알려진 헝가리 도시 코츠Kocs에서 유래한 것이었다. 당시 귀족들을 위해 설계된 이 '코치coaches'는 울퉁불퉁한 도로의 요철과 굴곡을 흡수하여 보다 편안한 여행을 할 수 있도록 만들어졌었다. 시간이 지남에 따라 코치라는 단어는 다른 많은 단어와 마찬가지로 진화하여 '소중한 사람을 현재 있는 곳에서 원하는 곳으로 데려다주는 어떤 것 또는 사람'(p. 222)을 나타내는 뜻으로 정의가 확장되었다.

그렇다면 코치인 우리는 어떻게 해야 할까? 선수들의 여정을 관리하기 위해 어떤 수단을 사용할까? 어떤 에너지원이 이 과정에 힘을 실어줄까? 조금만 생각해 보면 그 해답을 알아차릴 수 있다. 역마차가 말의 힘으로 움직이고 현대의 코치(역자 주: 영국에서는 고속버스를 코치로 부른다)가 연료로 움직이는 것과 마찬가지로, 코치인 우리는 정보를 사용하여 선수들의 학습 여정에 힘을 실어주는 것이다. 즉, 우리는 신체 발달에 대해 수년간 학습하여 이 내용을 선수들이 자신들의 신체에 적용하도록 가르칠 수 있다. 이러한 관점에서 보면 우리는 스스로를 튜터, 멘토 또는 교사라고 부를 수 있는 것이다.

이 마지막 대목에서 깨달은 내용이 나에게 큰 울림을 주었고 코칭에 대한 두 번째 중요한 아이디어, 즉 코치는 교사이고 운동선수는 학생이며 우리의 교육 주제는 움직임이라는 것을 조명하는 데 도움이 되었다. 이 아이디어가 떠오르자 그동안 찾아헤맸던 코칭 솔루션이 명확해졌고, 차고에 보관한 먼지에 쌓인 상자가 떠올랐다.

상자의 먼지를 털어내면서 리차드 매길Richard Magill과 데이비드 앤더슨David Anderson 이 쓴 『운동학습과 제어: 개념과 적용』을 펼쳤다. 대학 시절 움직임 교육에 관련한 운동 학습 수업을 들었던 기억이 떠올랐다. 안타깝게도 당시에는 운동 학습의 중요성을 인식하지 못했는데, 그때는 나와 내가 일하고자 했던 업계가 해부학, 생리학, 생체역학 등 기술 과학에 가중치를 두던 시기였기 때문에 더욱 그랬다. 그 결과 교육과 업계에서 움직임을 가르치던 기술적인 언어는 결국 내가 코칭을 할 때 사용하는 언어를 기계적이고 세부적인 것에 집중하며 딱딱한 방식으로 만들었던 것이다.

형광펜을 손에 들고 중요한 내용에만 줄을 긋고 열중하였는데, 어느새 책에는 노랗지 않는 곳이 어디에도 없게 되었다. 한 페이지 한 페이지 넘길 때마다 나의 직감은 검증되었고, 코칭 과학은 실제로 존재하며 이미 오랫동안 발전하고 있었던 것이다. 운동 학습은 2차 세계대전 당시 숙련된 노동력 개발이라는 요구에 뿌리를 둔 분야인데, 다음과 같은 근본적인 질문에 대한 답을 찾기 위해 등장했다. 사람들에게 어떻게 운동 기술motor skill을 가르칠 수 있는가? 이 질문에 대한 단 하나의 답은 없지만, 나는 매길과 앤더슨이 코칭 언어에 대해 논의하는 부분에서 가브리엘 울프 박사의 이름을 발견했다.

* Hall, K. Aspire: *Discovering Your Purpose Through the Power of Words*. New York: HarperCollins, 2010.

라스베이거스 네바다 대학교의 교수인 울프 박사는 운동 학습에 대한 다양한 연구 포트폴리오를 보유하고 있었지만, 운동 기술 학습에 대한 큐잉(주의 집중)의 효과에 대한 그녀의 연구가 처음 나의 관심을 끌었다. 60편이 넘는 논문과 이 주제에 관한 책을 저술한 울프 박사는 코칭 언어와 운동 기술 학습의 관계에 대한 독보적인 리더이다.

울프 박사의 뛰어난 저서인 『Attention and Motor Skill Learning』을 읽은 후, 나는 그녀에게 더 많은 것을 배우고 싶다는 생각이 들었다. 마침내 라스베이거스에서 열리고 있던 National Strength and Conditioning Association 컨퍼런스에서 기회를 잡았다. 울프 박사는 부드러운 말투와 신중한 태도로 나를 잘 정돈된 사무실로 안내했다. 나는 운동 학습 분야의 최전선에서 그 면모를 볼 수 있다는 생각에 흥분되지 않을 수 없었다. 침착하고 인내심이 많은 울프 박사는 사실과 허구, 알려진 것과 알려지지 않은 것을 명확하게 구분하면서 나의 질문에 매우 정확하게 답변해 주었다. 그녀는 모든 면에서 전문가였다.

대화가 끝나갈 무렵 갑자기 책임감의 물결이 나를 압도하는 것처럼 느껴졌다. 나는 운 좋게도 울프 박사와 그녀의 업적을 알게 되었지만, 얼마나 많은 코치들이 코칭을 위한 더 나은 길이 있다는 사실을 모르고 만족하고 있을까? 얼마나 많은 코치들이 자신의 단점을 알아차리지 못하고 매일 운동 학습의 기본 원칙을 위반하면서도 현명하지 못한 채로 남아 있을까? 무언가 조치를 취해야 했다.

그 후 몇 년 동안 코칭 언어와 관련된 아이디어를 개발하고 전파하면서 끊임없이 노력해 왔다. 열정은 넘쳐났고 동료들을 설득할 준비가 되어 있었기에, 더 나은 코치가 되기 위해 내가 가진 모든 것을 쏟아부었고, 나의 이야기를 들어주는 모든 사람에게 내가 배운 것들을 전했다. 목표는 간단했다. 코칭하는 방법과 내용을 모두 사람들이 같은 수준으로 차근차근 끌어올리는 것이었다. 다음 페이지에서는 이 여정에 대한 기록들과 선수들의 움직임을 최적화할 수 있도록 코칭을 최적화하는 방법에 대해 내가 배운 모든 것을 소개할 것이다.

4

초점 찾기

큐잉: 도입부

1부에서는 주의력과 기억력이 학습에 미치는 영향을 살펴보았다. 우리는 주의력이 학습의 화폐이며, 정신적 투자가 운동 능력을 결정한다는 주장에 기초하여 이러한 토대를 세웠다. 생각과 행동 사이의 이러한 연관성을 설명하면서 우리는 코치의 주된 책임이 성과와 학습을 지원하는 방식으로 선수의 주의를 사로잡고, 유지하고, 유도하는 것이라고 반복해서 주장했다(그림 4.1 참조). 1부에서는 이 과정의 첫 두 단계를 강조했으므로 이제 2부에서는 주의 집중을 유도하는 예술과 과학에 초점을 맞추도록 하겠다. 먼저 단서(큐잉), 생각, 행동 사이의 상호작용에 대한 우리 자신의 직관에 의문을 제기해 보자.

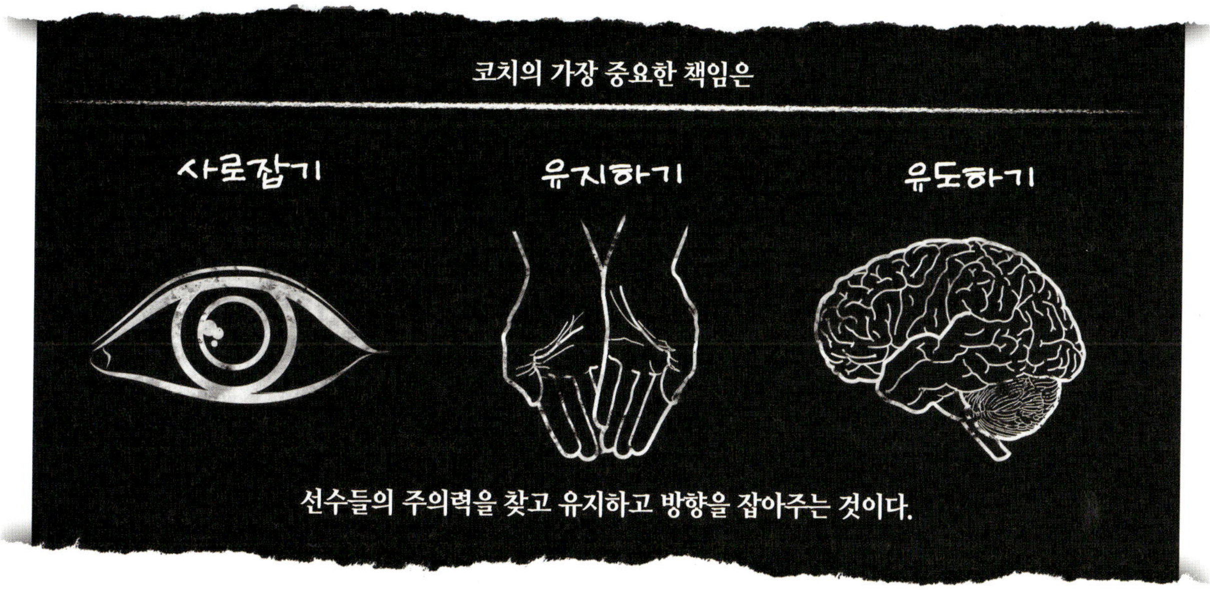

그림 4.1 선수의 주의력을 유지하는 세 단계의 접근 방법.

큐잉하기

3장에서 우리는 마커스와 그의 하계 시즌 스프린트 코치를 만났다. 더 빠른 속도로 더 많은 고관절 굴곡을 할 수 있도록 돕기 위해 마커스의 코치는 "유리창을 깨는 것처럼 무릎을 앞으로 내밀어라"라고 지시했다. 그럴듯한 시나리오는 마커스가 미는 것과 관련된 생체역학적 구성인 적절한 엉덩이, 무릎 및 발목 신전이 부족했을 수 있다. 그는 어렸을 때 본 빠르게 달리는 딱딱구리 만화처럼 5보면 충분한 거리를 10보씩 내딛으며 일정하지 않게 다리를 움직이는 선수였다. 이러한 유형의 기술적 오류를 가진 선수는 일반적으로 더 오래 밀도록 유도하여 힘 생성을 최적화하고 결과적으로 가속하는 속도를 최적화하는 큐의 도움을 받는 것이 좋다.

이 새로운 움직임 오류에 대한 이해가 됐다면 다시 마커스와 그의 코치로 돌아가자. 이제 마커스의 코치가 스프린트의 처음 10야드(9m) 동안 마커스의 다리 신전을 개선하기 위해 큐를 정비하고 있다고 상상해 보

단계 1: 목록의 큐를 말한다.

큐잉 A: 가능한 한 폭발적으로 고관절을 펴는 데 집중해.

큐잉 B: 가능한 한 폭발적으로 땅을 미는 데 집중해.

큐잉 C: 가능한 한 폭발적으로 다리를 펴는 데 집중해.

큐잉 D: 가능한 한 폭발적으로 목표 지점을 향해서 질주하라.

단계 2: 당신의 직관이나 경험에 근거하여, 단서를 가장 효과적인 것(#1)에서 가장 효과적이지 않은 것(#4)으로 순위를 매긴다.

1. ____________________
2. ____________________
3. ____________________
4. ____________________

단계 3: 큐잉으로 나타난 이미지를 고려하여 가장 선명한 큐잉(#1)부터 가장 불명확한 큐잉(#4)으로 순위를 매긴다.

1. ____________________
2. ____________________
3. ____________________
4. ____________________

단계 4: 큐잉의 내용을 고려하여 가장 기술적인(#1) 큐잉에서 가장 기술적이지 않은(#4) 큐잉의 순위를 매긴다.

1. ____________________
2. ____________________
3. ____________________
4. ____________________

자. 다음은 마커스의 코치가 고려하고 있는 큐잉의 짧은 목록이다. 마커스의 코치는 실행 속도에 초점을 맞추면서 원하는 기술적 변화를 가장 장려할 수 있는 큐잉을 알고자 당신에게 도움을 부탁하고 있다. 다음 설명된 네 단계를 따라 마커스의 코치를 도와보자.

내 답안을 보기 전에 잠시 훈련에 대해 생각해 보자. 당신의 답변에서 무엇을 알아차렸는가? 유행을 따르고 있었는가? 움직임을 지도하기 위해 사용하는 언어를 살펴볼 때, 가장 효과적인 것으로 평가한 큐잉과 얼마나 비슷하거나 다른가? 이 책의 1장을 읽지 않았다면 큐잉의 순위가 달라졌을까?

이제 내 차례다. 큐잉의 효과와 생생함 측면에서 큐잉 B와 D가 당신의 상위에 있고 큐잉 A와 C가 하위에 있다고 추측할 것이다. 그와 반대로, 기술적 특이성에 대한 큐잉의 순위는 이 순서와 반대로 했을 것이라 생각한다. 내가 예측한 대로 큐잉에 순위를 매겼는지 여부는 중요하지 않다. 이 장의 목적은 큐잉이 실제로 어떻게 정렬되어야 하는지에 대한 확신을 상기시키는 것이기 때문이다.

내 주장의 전제를 간략하게 설명해 보자. 움직임 오류를 정확히 식별했다면 큐잉의 효과는 부분적으로 큐잉이 유발하는 이미지의 정확성과 생생함에 종속된다. 이 경우 정확성은 원하는 결과의 맥락에서 움직임과 가장 관련성이 높은 특징을 잡아내는 큐잉을 필요로 한다. 설명을 위해 큐잉 A, '고관절 신전'을 큐잉 B, '땅을 밀기'와 비교해 보자.

개선 사항이 마커스의 다리의 신전임을 고려할 때, 우리는 두 큐잉이 움직임의 관련 특징을 목표로 하지만 훈련의 서로 다른 수준에서 주의를 유도한다고 말할 수 있다. 구체적으로 큐잉 A는 마커스에게 다리 신전과 관련된 관절 중 하나인 '고관절의 신전'에 집중하도록 지시한다. 대조적으로, 큐잉 B는 마커스의 다리 신전에 따라 달라지는 결과인 '땅을 밀어내는 것'에 집중하도록 한다. 이 렌즈를 통해 우리는 큐잉 B 안에 큐잉 A가 내포되어 있음을 알 수 있다. 마커스는 고관절, 무릎, 발목 신전을 조율하여 효과적으로 '땅을 박차고 나가야' 하기 때문이다. 이에, 우리는 큐잉 B가 더 높은 수준의 결과 안에 낮은 수준의 기술적 특징을 포함하기 때문에 원하는 행동을 더 정확하게 표현하는 동시에 빠르게 실행한다는 궁극적인 목표를 유지한다고 주장할 수 있다. 따라서 네 가지 큐잉에 이 논리를 모두 적용한다면, 우리는 큐잉 B와 D가 큐잉 A와 C보다 더 정확한 초점을 가진다고 단정적으로 말할 수 있다.

같은 논리가 이미지의 생생한 구현에도 적용되는지 보자. 정의에 따르면 생생한 이미지는 선명하고 강력한 감정을 불러일으키는 이미지이다. 따라서 동작what을 수행하면서 가져야 할 본질이나 느낌how을 포착하면서 동작what의 대상 특징을 정확하게 나타내는 이미지를 장려하는 경우 큐잉이 생생하다고 말할 수 있다. 이를 테스트하기 위해 "다리를 쭉 뻗는다"라는 큐잉 C와 "목표 지점을 향해 질주해라"라는 큐잉 D를 비교해 보자. 이미지 측면에서 큐잉 C는 코치나 생체역학자가 아닌 모든 사람에게 음소거가 된 개념인 작업의 기술적 특징에 주의를 집중시키는 반면, 큐잉 D는 경주용 자동차와 같은 시각적 요소를 스프린트 맥락에 매핑하여 마음의 극장에서 구현시킨다.

본질적으로 큐잉 D는 의미와 해석의 자유도가 풍부한 반면, 큐잉 C는 '엉덩이를 신전하는 것'이 문맥상 불명확하고 흥미롭지 않기에 그 위상이 떨어진다. 이 경우 전력질주한다는 큐잉의 이미지는 경주용 자동차 운전, 날아가는 골프공, 발사되는 못과 같은 이미지로 매핑할 수 있고, 큐잉의 마무리는 선수가 운전하는 목표 또는 끝점을 명확하게 설명하고 있다. 목록에 관해서 계속 진행하겠지만 요점은 분명하다. '결승점을 향해 질주하라'는 세 가지의 위협적인, 흥분되는 이미지, 격려하는 힘, 전력질주와의 관련성을 가진다. 모든 것을 고려할 때 우리는 큐잉 B와 D가 큐잉 A와 C보다 훨씬 더 생생한 초점을 불러일으킨다고 쉽게 말할 수 있다.

고도의 기술적인 변화를 배우기 위해 이 책을 읽고 있지만, 다른 한편으로는 내가 제안한 논리에 입각한 가장 효과적인 큐잉이 가장 기술적으로 보이지 않는다는 것은 흥미로운 지점이다. 이러한 모순을 줌 오류라고 할 수 있는데, 단서가 기술적 오류를 확대하면 확대할수록 변경하기가 더 어려워진다. 왜 그럴까요? 이 장의 나머지 부분에서는 그 이유를 설명하지만, 간단히 말해서 미시적인 것에 집중함으로써 얻는 것은 거시적인 것을 실행하는 과정에서 잃어버리기 때문이다. 속담에도 있듯이, 당신이 코끼리에 가까이 다가갈수록, 당신은 코끼리를 알기 더 어려워진다.

그래서 당신은 어디에 내기를 걸었는가? 나는 마커스와 그의 코치가 조바심을 내고 있다고 생각한다.

코칭 루프

큐잉의 세계에 들어가기 전에, 우리가 무엇을 하려고 하는지 알아야 하며 또 그러기 위해선 지도가 필요할 것이다. 그렇다면 어떤 종류의 지도가 필요할까? 이것은 기존의 위치를 나타내는 지도가 아니다. '언제'를 알려주는 지도다.

아시다시피 이 책은 언어에 관한 책으로, 선수가 움직이기 전에 마지막으로 머릿속에 떠올리는 생각, 즉 코치들이 큐(단서)라고 부르는 것에 관한 책이다. 하지만 우리 모두 인지하고 있듯이, 우리는 선수의 주의를 끌 만한 흥미로운 소리를 만드는 것 이상으로 언어에 의존한다. 현실적으로 우리는 세션 전, 도중, 후에 선수들과 소통하고 있다. 그렇기 때문에 주의 집중을 유도하는 언어의 역할과 운동 기술 학습에 미치는 영향에 대해 논의하려면 이 장의 전략을 언제 사용해야 하는지 명확히 알아야 한다. 따라서 지도가 필요한 것이다.

명백한 사실에서 시작해 보자. 우리는 움직임 패턴을 바꾸기 위해 사용하는 단어에 대해 알아보고 있다. 따라서 큐잉이 움직임을 말할 때의 연관성을 위해 다음의 권장 사항을 고려해야 한다. 반대로, 여기에 포함된 원칙이 운동을 기반으로 하는 토론을 넘어서는 화제들을 이끌어낼 수 있지만, 그 점은 우리가 살펴보는 전략이나 이를 뒷받침하는 과학의 주요 초점이 아님을 확실히 짚고 넘어가자. 따라서 게임 전 흥분되는 연설/인터뷰나 팀에서 막 탈락한 선수를 위로하는 방법에 대해서는 논의하지 않을 것이다. 대신, 세션의 시작부터 끝까지 낙하산을 타고 내려가듯 당신이 발놀림을 새롭게 하고, 달리기를 향상시키며, 일반적으로 기술 문제를 해결하는 데 사용하는 언어들을 풀어낼 것이다.

전투를 시작하기에 앞서, 우리는 메시지를 계획할 수 있는 위치에 있으며 어떤 형태든지 세션을 시작하고 끝맺음해야 한다는 것을 알고 있다. 큐잉과는 별개이지만 이 책의 마지막 메시지는 교육의 초점과 결과를 미리 보고 검토하는 데 있어 여전히 중요하다. 특히 세션을 시작할 때는 몇몇 WWH의 질문으로 시작하는 것이 항상 중요하다. 이것은 새로운 레슬링 단체가 아니라 간단한 세 가지 질문을 의미한다: 우리는 무엇을 하고 있는가?(what), 왜 중요한가?(why), 어떻게 달성할 것인가?(how) 이 경우, '무엇'은 다룰 동작, 훈련 또는 시나리오에 대한 설명이며(예: "오늘은 방향 전환에 초점을 맞추고 있습니다"), '왜'는 이것이 중심 목표와 어떻게 연결되는지에 대한 짧은 설명이다(예: "이 훈련은 오픈 필드 플레이에서 수비수를 피하는 능력을 향상시킬 것입니다."), 어떻게는 세션의 주요 집중 포인트를 요약한 것이다(예: "세션 내내 측면 움직임의 세 가지 L, 즉 낮게, 가볍게, 느슨하게 유지하도록 하세요."). 마찬가지로, 세션을 마무리할 때 마지막에 2+2를 검토하고 추가할 수 있다. 즉, 원래의 무엇을, 왜, 어떻게 했는지를 검토하고 선수들에게 세션에서 잘 진행되었으므로 유지해야 하는 두 가지 측면과 향후 세션에서 목표로 삼을 수 있는 두 가지 개선 영역에 대해 언급할 기회를 제공하는 것이다. 세션의 마무리 부분에 접근하는 다른 방법도 많지만, 이 방법을 사용하면 집중력을 항상 조정하고 학습이 한 세션에서 다음 세션으로 이어지는 연결고리가 될 수 있다.

각 훈련의 시작과 끝에서 미리 준비한 메시지를 보낼 수 있지만, 훈련 중에는 선수의 학습 요구에 맞게 조정할 수 있으며, 이 과정을 반복할 수 있는 의사소통 패턴이 필요하다. 이런 구조와 유연성의 균형을 이루기 위해서는 코치가 움직임을 명확히 말할 수 있는 의사소통 모델을 가지고 선수가 움직이기 전, 움직이는 동안 그리고 그 후에 무엇을 말해야 하는지에 대한 지침을 제공하는 것이 중요하다. 나는 이러한 모델의 필요성과 유용성을 위하여 코칭 커뮤니케이션 루프를 개념화했는데, 이는 각 반복 또는 동작 세트를 둘러싼 가장 중요한 5가지 코칭 순간에 주의를 환기하는 것이다. DDCDD라는 약어로 표현되는 이 다섯 가지 순간은 운동 기술을 가르칠 때 코치는 기술을 설명하고(DESCRIBE), 시범을 보이고(DEMONSTRATE), 큐를 보내고(CUE), 선수는 이를 실행하고(DO), 선수와 코치 두 사람 모두 이를 정리한다는 것(DEBRIEF)을 나타낸다.

반복되는 노래처럼 트레이닝 세션 내내 DDCDD가 반복되는 것을 발견할 수 있다. 새로운 반복 횟수나 세트가 시작되고 초점을 재설정하려면 DDCDD를 사용한다. 설명이 필요한 새로운 동작이나 훈련인 경우 DDCDD를 사용한다. 맥락이 필요한 새로운 경기 시나리오인 경우, DDCDD를 사용한다. 요점을 이해했는가? DDCDD는 세션의 핵심 요소 또는 콘텐츠를 둘러싼 커뮤니케이션 루프를 나타내며, 각 단계마다 약간씩 다른 코칭 도구가 필요하다. 코칭 루프가 실제로 작동하는 모습을 보려면 다음 잭과 다이앤의 이야기를 살펴자.

▸ 이야기의 전후사정

다이앤Diane은 New Haven High School의 수석 S&C 코치고 잭Jack은 야구 대표팀의 신입생 유격수다. 수석 코치는 크로스오버에서 가속으로의 빠른 전환이 잭의 베이스 도루에 도움이 될 것이라고 생각해, 다이앤은 잭의 방향 전환을 향상시키기 위해 서로 협력하고 있다. 잭이 신입생 때부터 출전할 가능성이 높다는 점을 고려해 코치는 다이앤에게 잭의 스피드에 대해 더 많은 시간을 할애해 달라고 요청했다. 이제 잭과 다이앤이 도루 속도에 대한 두 번째 훈련 세션을 진행하는 것을 참관해 보자.

▸ 1단계: 설명하기

다이앤: "잭, 지난 세션을 기반으로 우리가 작업할 첫 번째 기술은 리드위치에서 두 번째 홈으로 훔치는 것입니다. 우리가 찾고 있는 핵심 초점을 기억하나요?"
잭: "네, 기본 자세(하체)에서 긴장, 균형, 폭을 유지해야 해요."
다이앤: "맞아요. 자, 출발 신호가 울리고 [전력질주]하기 위한 열쇠는 어떤 거죠?"
잭: "음, 자세를 낮추고 다리 안쪽을 이용해 지면을 세게 밀면서 미친 듯이 달리는 거죠."
다이앤: (웃음) "맞아요, 잭. 잘 기억했어요!"

설명하기describe it는 새로운 동작을 소개하거나 선수에게 기술의 구조나 설정을 상기시키는 데 사용된다. 필수적이지 않은 전문 용어를 피하면서 동작의 세부 사항을 설명하거나 논의한다. 선수가 운동을 할 때마다 해당 운동을 설명해서는 안 된다. 왜냐하면 이 행동은 운동 기억력에 불필요한 부담을 주기 때문이다. 목표는 안전에 필요한 최소한의 정보와 맥락을 제공하는 것이다. 이야기에서 볼 수 있듯이 다이앤은 첫 번째 세션에서 이미 잭에게 크로스오버를 가르쳤으므로 잭에게 동작의 주요 특징들을 기억해 달라고 요청한다. 이는 코치가 동작을 설명하는 경우가 많지만, 선수를 참여시키면 참여도를 높이고 자율성을 지원하며 코치가 학습을 확인할 수 있기 때문에 선수가 참여하지 못할 이유가 없다는 것을 보여준다.

▸ 2단계: 시연하기

잭이 가속에 대한 크로스오버의 핵심 원칙을 설명하도록 한 후 다이앤은 움직임 시퀀스를 시연하면서 낮은 자세, 다리 안쪽으로 강하게 지면을 밀기, 2루를 향한 공격적인 가속의 중요성을 강조한다.

설명하기와 마찬가지로 새로운 동작을 가르치거나 재교육을 제공하고 싶을 때마다 시연할 수 있다

demonstrate it. 선수들이 두 번째 또는 세 번째 보고 싶어 할 경우 항상 다시 시연할 의향이 있음을 알리는 것이 중요하다. 또한 시범을 강조하기 위해 한 단어로 된 동작 설명(예: 길게, 스냅, 팝, 퀵, 타이트)을 사용하지 않는 한, 선수의 주의력에 불필요한 부담을 주지 않도록 말을 최소화하는 것이 가장 좋다. 선수들이 가르치는 훈련이나 동작에 익숙해지면 새로운 선수가 그룹에 합류하거나 코칭 포인트를 다시 설명하거나 강조하기 위해 시범을 사용하지 않는 한 다시 시범을 보일 필요는 없다.

실제로 시연은 코치, 선수가 하거나 또는 비디오 시청을 통해 완료할 수 있다. 초기 시연에는 선수에게 효과적인 움직임이 어떤 것인지 보여주는 것이 중요하다. 다만 시간이 지남에 따라 선수들이 효과적인 움직임 전략과 비효과적인 움직임 전략의 차이를 관찰하게 하는 것도 큰 가치를 지닌다.[3, 4, 56*] 이런 선수들의 관찰은 그룹의 훈련 중 다른 선수의 동작을 볼 수 있는 기회가 있을 때 자연스럽게 일어난다(예: 훈련 중에 선수들이 서로 파트너가 되어 번갈아가며 연습하거나 각 선수가 한 번에 하나씩 기술을 수행하며 반복을 완료하면 다음 선수가 이동하도록 하는 워터폴 또는 도미노 스타트를 사용할 수 있다). 코치는 또한 A와 B 시연을 사용하여 효과적인 동작과 비효과적인 동작 사이의 암묵적인 비교를 이끌어낼 수 있다. 동작의 A 및 B를 시연한 후 코치는 선수들에게 선호하는 동작과 그 이유에 대해 설명하도록 요청할 수 있다. 나는 아직까지 질못 추측하는 일련의 선수들을 본 적이 없다.

▸ 3단계: 큐잉하기

다이앤: "잭, 계속해서 이것을 시도해 보세요. 먼저 리드에서 나와 기본 위치로 돌아가는 것을 볼까요. 우리 투수가 와인드업을 시작하면 시작해요. 첫 번째 연습 때는 2루로 세게 밀어붙이는 데 집중하세요."

큐잉하기CUE it는 선수가 움직이기 전, 최종 아이디어 하나가 머릿속에 넣는 것을 돕는 단계다. 이는 실행을 개선하는 데 도움이 되리라 믿는 최우선순위의 생각일 것이다. 이 큐잉은는 당신이나 선수에게서 나올 수 있으며, 유일한 규칙은 하나다. 한 번의 수행, 하나의 초점을 가진 하나의 큐. 선수의 자율성과 주인 의식을 구축하기 위해, 특히 선수의 경험과 기술 수준이 증가함에 따라 많은 경우 큐잉을 보낼 필요가 없음을 알게 될 것이다. 다만 비어 있는 마음은 쉽게 산만해지기 때문에 항상 집중할 필요가 있다. 따라서 큐잉하기는 각 선수가 각 반복횟수를 시작하기 전, 마음을 다잡는 데 필요한 짧은 순간으로 간주되어야 한다. 잭과 다이앤의 경우, 설명하기와 시연하기의 모든 것이 "2루를 향해 힘껏 밀고 나간다Pushing hard toward second"는 4단어의 큐로 걸러졌다.

▸ 4단계: 수행하기

잭은 조언대로 움직임을 수행한다. 다이앤은 외야에 서서 잭의 투수 판독과 스프린트 크로스오버(도루) 타이밍 및 실행을 명확하게 볼 수 있다.

수행하기Do it에서 가장 중요한 측면은 움직이는 대상의 특징을 볼 수 있는 위치에 있는 것이다. 피드백을 주고 싶은 움직임의 정보를 가져올 수 있는 위치에 있자(예: 다이앤은 잭이 크로스오버에서 가속으로 전환하는 것을 명확하게 볼 수 있도록 잭과 나란히 서 있다). 수행하기에서 두 번째로 중요한 측면은 계속해서 침묵하는 것이다. 선수가 당면한 작업에서 주의를 분산시킬 수 있는 불필요한 프롬프트를 피해야 한

* 초보자와 전문가들을 모두 보는 것이 초보자나 전문가들만 보는 것보다 더 나은 학습으로 이어진다는 연구가 있다. 이는 관찰자(선수)가 초보자와 전문가를 비교할 수 있어, 움직임 오류의 특징을 확대시킬 수 있다는 전제를 기반으로 한다. 이 오류의 특징은 선수가 자신의 동작 실행에 적용할 수 있는 내부적 정보 소스 역할을 한다.

다. 움직이는 동안 대화가 권장되는 유일한 시간은 연속 패턴의 템포에서 신호를 보낼 때다(예: 스프린트의 처음 세 단계와 동기화된 "더push, 더push, 더push" 또는 "쿵짝pop.clap … 쿵짝pop.clap"처럼 원하는 템포로 건너뛰는 패턴 중 타이밍을 나타낼 때). 마찬가지로 점프와 같이 불연속적이고 한 번 반복되는 패턴 동안, 코치는 추가적인 에너지를 통해 도약을 강조할 때 '폭발적으로'와 같은 단일 단어나 싱글레그 루마니안 데드리프트에서 낮은 자세로 내려갈 때 '길게~longggg'라고 마지막 글자 소리를 잡아서, 동작의 타이밍과 선수가 동작 내내 머리부터 발뒤꿈치까지 오래 머물기를 원한다는 사실을 강조할 수 있다. 코치가 간단하고 친숙한 언어를 사용해 동작의 타이밍을 지원하지 않는다면, 코칭 루프의 보고하기DEBRIEF it 부분에 도달할 때까지 모든 해설은 피해야 한다.

▶ 5단계: 정리하기

다이앤: "잭, 첫 시도 때 방향 전환이 어떻게 느껴졌죠?"
잭: "나쁘지 않았어요. 다리 안쪽으로 꽤 잘 밀어낸 것 같은 느낌이 들었어요."
다이앤: "가속할 때 (2루까지) 균형이 잘 잡힌 느낌이었나요?"
잭: "확실하지 않지만, 위치에서 빠르게 벗어났다는 걸 알아요." (코칭 루프는 큐잉하기 섹션에서 다시 시작한다.)
다이앤: "좋아요, 아주 좋아요. 다시 한 번 같은 초점으로 갑시다. 2루를 향해 힘차게 밀어붙이세요. 하지만 이번에는 2루를 통과할 때까지 '힘껏 밀어붙이기'에 집중하세요."

보고하기는 피드백과 동의어다. 2장에서 논의한 바와 같이 이 피드백은 동작의 수행력 또는 동작 출력과 관련해 코치나 운동선수로부터 올 수 있다. 즉, 코치는 보고하기를 질문하고 참여하며, 의견을 제시하고 조언하고, 그리고 일반적으로 선수와 협력하여 차선에 초점을 맞출 수 있는 기회로 봐야 한다.[72]* 궁극적으로 코치가 보고하기를 사용하는 방식은 선수의 요구 사항, 경험 수준, 동작 또는 훈련의 유형, 다음 반복회차 또는 세트의 목표에 따라 결정된다. 잭의 경우 다이앤은 결과보다는 움직임 퍼포먼스(느낌)에 초점을 맞춘 훈련 고유의 피드백을 잭에게서 가져오고 싶어 했다. 이전 이야기에서 분명히 알 수 있듯이 다이앤은 잭이 언제 큐잉을 적용했는지(즉, 방향 전환 중, 가속 중 또는 둘 다)에 관심을 가졌다. 잭의 피드백에서 알 수 있듯이 그는 가속 자체보다 크로스오버에서 벗어나는 것에 더 집중하는 것처럼 보였다. 따라서 다이앤은 2루로 전력질주하는 동안 발로 지면을 밀어내는 초점을 유지하고 확장하려고 했다.

보시다시피 코칭 루프는 세션 전체에 걸쳐 의사소통을 안내하는 지도를 제공한다. 앞서 언급했듯이 프로세스의 각 단계는 조금씩 다른 커뮤니케이션 도구를 활용하지만, 해독제를 합성하려는 화학자처럼 우리는 선수의 마음과 공유할 수 있는 차선책을 만들어내기 위해 노력하고 있다. 따라서 설명하기, 시연하기, 보고하기는 코치의 큐잉하기과 선수의 수행하기를 지원하는 범위 내에서만 사용해야 한다. 선수들이 발전함에 따라, 긴 루프라고 부르는 DDCDD는 간소화될 것이고, 마지막에는 짧은 루프인 CDDCue it, Do it, Debrief it의 순환적인 적용만 남게 된다(그림 4.2 참조).*

---

* 자기 제어 피드백은 지속적으로 운동 학습을 향상시키는 것으로 나타났다. 구체적으로 자기 제어 피드백이란, 선수가 피드백 프로세스에 참여했을 때, 피드백을 받는 시점과 받는 피드백의 유형 그리고 다양한 피드백에 대해서 부분적으로 또는 전체적으로 제어할 수 있는 권한이 주어졌을 때를 말한다. 울프와 루스웨이트(Lewthwaite)의 OPTIMAL 운동 학습 이론에서 설명된 바와 같이, 자기 결정 이론에서의 자기 제어는 동기 부여의 중요한 차원인 자율성을 지원하는 동시에 작업에 투자된 주의력을 증가시키며 피드백이 제공되는 시기와 유형(예: 결과와 퍼포먼스에 대한 지식과 시연)을 넘어서 영향력을 갖는 것으로 나타난다. 특히, 자기 제어 피드백은 코치가 코칭 루프의 보고하기를 구성할 수 있는 많은 방법 중 하나다.

그림 4.2 코칭 커뮤니케이션 루프.

손에 지도를 지니고, 잘 짜여진 개요까지, 큐잉을 통해 주의력을 가장 잘 이끌어낼 수 있는 방법을 풀어낼 준비를 잘 갖췄다. 다만 계속 진행하기 전에 한 가지를 분명히 하고 가려고 간다.

> **별도로 언급하지 않는 한, 여기서부터 논의할 모든 내용은 특히 코칭 루프의 큐잉하기에서 사용하는 언어와 관련이 있다.**

확실히 하자면, 큐잉하기는 운동선수가 움직이기 전에 머리에 넣는 마지막 아이디어이며 수행력(퍼포먼스)과 학습에 도움이 되는 생각들과 긴장되고 위태로운 경기를 환영하는 마음가짐이다.

PART 1. 큐잉의 탄생

1974년에는 중요한 순간들이 꽤 많았다. 리처드 닉슨은 대통령직에서 사임한 최초의 미국 대통령이 됐고, 무하마드 알리는 '정글에서의 혈투Rumble in the Jungle'에서 조지 포먼을 쓰러뜨린 후 헤비급 타이틀을 되찾았다. 스티븐 킹은 그의 데뷔 소설인 『Carrie』를 출간했다. 언급한 엄청난 사건들 중에서도 1974년은 지금까지 쓰여진 코칭 책 중 가장 중요한 하나가 출판된 해이다. 예상 밖의 저자인 하버드의 영국인 학생이 테니스 프로로 전향하며 쓴 『The Inner Game of Tennis』[78]는 100만 권 이상 판매가 됐고, 코치들의 추천 도서 목록에서 계속해서 상위권이었다.

---

* DESCRIBE it, DEMONSTRATE it, DEBRIEF it(피드백)의 미묘한 차이를 나타내는 전체적인 텍스트가 있음을 아는 것이 중요하다. 따라서 피드백을 보류할 경우도 있는데, 선수가 코멘트를 하기 전 여러 번 기술을 반복하는 요약 또는 평균 피드백일 때 그렇다. 흔히 언급되는 이러한 피드백은 선수의 주인의식과 학습 과정에 대한 참여를 돕기 위해, 선수에게 제공하는 정보의 시기와 유형을 다룬다. 이 주제에 관한 많은 책이 있지만 니콜라 호지스(Nicola Hodges)와 마크 윌리엄스(Mark Williams)[32]의 『스포츠 기술 습득: 연구, 이론 및 실습』을 추천한다.

하버드 테니스 팀의 전 주장인 티모시 갈웨이Timothy Gallwey는 그가 테니스 프로로서 다루었던 많은 일반적인 불만을 해결하기 위해 『The Inner Game』을 저술했다. 다음과 같은 일반적인 불만이 포함된다.

> 어떻게 해야 할지 알지만 할 수가 없어요.
> 연습할 때는 괜찮은데 경기할 때는 모든 것이 무너져요.

부상에서 회복 중이었던 코칭 중독자 갈웨이는 말을 줄였고 더 많은 것을 보기 시작했다. 그는 "[그가] 언급하지 않은 오류가 스스로 수정되고 있다"(p. 35)는 점과 일부 "언어적 지시가 [실제로] 원하는 수정이 일어날 가능성을 감소시켰다"(p. 36)는 점을 알아차렸다. 과연 무슨 일이 일어난 것일까? 갈웨이의 관찰은 교육의 질보다는 양을 강조했던 당시의 통념과는 대조적이었다. 따라서 갈웨이는 '수행을 방해하는 마음의 습관'에 대한 해독제를 제공하기를 희망하면서 내적인 게임에 대한 글을 쓰기 시작했다(p. 24).

동양의 명상적 가르침에 영향을 받은 갈웨이의 접근 방식은 '원하는 결과물의 가장 명확한 그림을 그리는 방법을 배우는 것'이 중요하다는 것에 초점을 맞췄다(p. 65). 그는 "이미지가 말보다 좋고, 보여주는 것이 말하는 것보다 낫고, 지나치게 많은 지시는 전혀 없는 것보다 나쁘다"고 주장했다(p.42). 이러한 생각은 그 당시 과학적 지원이 거의 없었음에도 불구하고, 갈웨이의 직관이 옳았다는 것을 알 수 있다.

실제로 갈웨이의 직관은 우리의 전제와 완벽하게 일치한다. 가장 효과적인 큐잉은 말이든 아니든, 선명한 정신적 이미지 내에서 목표를 정확하게 나타내야 한다. 이 이미지가 시연의 스냅샷에서 비롯되었든, 시각적으로 풍부한 언어로 구성되었든 상관없다. 중요한 것은 이미지가 마음을 집중시키고 방향을 제시하며, 산만함을 집중으로 교환한다는 것이다. 갈웨이는 "집중된 마음에는 몸이 얼마나 잘 움직이는지 생각할 여유가 없다"고 말한다(p. 48). 그는 또한 "어떻게 움직여야 하는지에 대해 생각하면 아무것도 제대로 느끼거나 볼 수 없다"고 말했다(p. 372).

닉 체이터Nick Chater 박사는 『The Mind Is Flat』[79]에서 이 관점을 반영하며 "의식적인 주의가 필요한 작업과 문제는 우리의 신경기계의 큰 부분을 차지하며, 그 기계의 각 부분은 한 번에 한 가지만 할 수 있다"고 말한다(p. 392). 이러한 놀라운 주장을 뒷받침하는 명백한 증거는 읽을 때 한 번에 한 단어, 볼 때 한 번에 한 색상, 그리고 생각할 때 한 번에 한 생각만 처리한다는 것을 보여주고 있다. 따라서 우리가 내면과 외면의 세상 모든 것을 동시에 경험한다는 느낌은 오로지 심리적인 착시에 지나지 않는다. 오히려 뇌는 스포트라이트처럼 작동하여, 빛을 비추는 대상에만 인식하거나 상호작용할 수 있다. 따라서 2장에서 논의된 것처럼 코치는 한 번에 한 가지만 할 수 있는 뇌의 특성을 이해하고, 그것에 집중할 수 있는 방법을 숙달해야 한다.*

이런 점에서 체이터는 "마음을 가다듬으려면 마음을 어딘가에 두는 법을 배워야 한다"는 갈웨이의 말에 의심의 여지없이 동의할 것이다. 그냥 놓아두는 것이 아니라 집중해야 한다. 고요한 마음의 기능이 최고의 퍼포먼스를 낼 수 있게 하는 것이라면, 우리는 어디에 어떻게 집중해야 하는지에 대한 질문을 던지게 된다."(372쪽). 갈웨이는 이 질문에 대해 통찰력 있고 실용적인 답을 제시하지만, 그의 제안을 과학으로 발전시키는 데 필요한 증거는 24년이 지나도록 발전하지 못했다.

* 여러 가지를 동시에 집중할 수 있는 것 같은 느낌이 드는 것은 사실 그저 느낌에 불과하다. 실제로 우리는 쉽고 빠르게 전환하여 다른 것에 집중할 수 있는 능력 때문에 무한한 집중 창이 존재하는 것처럼 착각하게 된다. 그러나 운동 세계에서는 생각이 영향을 미치는 패턴 옆에 앉아 있어야 하기에, 주어진 움직임의 순간에 대해 하나 이상의 아이디어와 큐잉을 고려하도록 마음에 지시할 수 없다.

물속의 울프

눈부신 번쩍임, 천재적인 일격, 전구가 번쩍이는 순간. 모든 과학자가 이러한 경험을 바라지만 매우 적은 수만이 그러한 경험을 할 수 있다. 다행스럽게도 가브리엘 울프 박사는 그 행운아 중 한 명이다.

울프의 책인 『Attention and Motor Skill Learning』[80]을 구입하면 표지에 윈드서퍼가 나와 있다. 움직임에 관한 책의 표지가 역동적인 장면으로 구성되는 것은 흔하지만, 어째서 윈드서퍼일까? 2장에서 이 윈드서퍼를 다시 만날 때까진 그 이유를 알 수 없을 것이다.

울프는 '파워 자이브power jibe'라는 새로운 기술을 배우려는 윈드서퍼에 대한 이야기로 이 장을 시작한다. 이 윈드서퍼는 물에 들어가 이 복잡한 동작을 시도하기도 전에 수행 중인 기술에 대한 자세한 지침과 이미지를 제공하는 잡지를 구입하기로 한다. 이와 같은 잡지에 나오는 지시사항의 예시를 보여주기 위해 윈드서핑 웹사이트[81]의 실제 지침 목록을 가져왔다.

- 1단계: 손바닥이 아래를 보게 한 뒤 손을 붐(세일과 마스트를 연결해 방향 전환을 하는 핸들 모양의 막대)에 건 뒤, 천천히 속도를 줄인 다음 훅 아웃한다.
- 2단계: 뒷발을 스트랩에서 빼내어 바람이 불어오는 방향의 보드 레일에 올려놓는다.
- 3단계: 레일을 이용해 움직이기 시작하면 몸무게를 레일로 옮기고 무릎을 굽혀 몸을 기울여, 돛을 똑바로 유지하려고 노력한다.

이와 같은 사항이 7단계나 더 있었지만, 요점이 무엇인지 이해했다고 생각한다.

작업 기억에 단계별 지침을 잘 저장하고 그녀는 물 위를 향해 출발했다. 몇 시간의 연습 후에도 이 윈드서퍼는 여전히 기대했던 만큼의 진전을 이루지 못하고 있다. 파워 자이브를 한 번씩 돌릴 때마다 좌절감은 커져만 가는데, 몸을 제어하고 서핑보드 위에서 균형을 잡으며 돛을 뒤집는 동시에 재미를 느끼기란 거의 불가능하기 때문이다. 이 윈드서퍼는 (1) 잡지에서 제시하는 모든 단계에 집중하는 것이 쓸데없고, (2) 보드의 움직임에 집중하는 것이 몸에 집중하는 것보다 훨씬 더 효과적이라는 것을 깨닫게 되었다.

새로운 마음으로 다시 물 위로 올라와 이번에는 몸의 움직임이 아닌 보드의 움직임에만 집중한다. 불필요한 잡동사니를 버리고 명확한 목표를 염두에 두고 보드를 움직이고 돌리자 이 윈드서퍼는 유레카의 순간을 맞이하고 실패는 곧 능숙함으로 바뀌게 된다. 새로운 기술을 배울 때 너무 많은 것에 집중하거나 잘못된 것에 집중하면 바람보다 물속에서 보내는 시간이 훨씬 더 길어질 수 있다는 점을 명심하라.

나와 같은 사람이라면 왜 울프가 왜 이렇게 애매한 스포츠를 예시로 들기로 했는지 궁금해질 것이다. 이야기는 공감할 수 있지만, 왜 하필 파워 자이브라는 생소한 소재를 내세웠을까? 무언가를 시사하는 이야기로 챕터를 시작하려면 적어도 사람들이 공감할 수 있는 스포츠를 사용해야 하는 것 아닌가? 하지만 그 생각은 잘못됐다!

이 이야기는 단순히 재미로 만들어낸 이야기가 아니라 실제 사건을 묘사한 것이었기 때문에 이런 생각은 금세 사라졌다. 알고 보니 그 윈드서퍼가 다름 아닌 가브리엘 울프 박사였다는 사실이 밝혀졌다. 1996년 이탈리아 가르다 호수에서 있었던 이 경험은 울프 박사의 호기심을 자극했다고 한다. 울프는 집중력 변화에 따른 수행능력의 변화가 일회성인지, 아니면 주의 집중과 운동 학습 사이의 근본적인 관계를 발견한 것인지 궁금했다.

1~3단계 인용: P. Bijl, "10 Step Plan to the Perfect Power Gybe." Accessed Sept 6, 2019, http://pieterbijlwindsurfing.com/tutorialpowergybe/.

아르키메데스가 욕조에서 부력을 발견하고 뉴턴이 떨어지는 사과에서 중력을 목격했다면 왜 울프가 윈드서핑을 하면서 초점을 찾지 못하겠는가?

1998년

당시 독일 뮌헨에 위치한 유명한 막스 플랑크 연구소의 연구원이었던 울프는 윈드서핑을 마치고 집으로 돌아와 자신의 이론을 검증해 보고 싶어졌다. 몸에서 보드로 그녀의 집중력이 이동한 후 생긴 수행력 변화에 흥미를 느낀 울프는 움직임의 효과에 집중하는 것이 몸 자체에 초점을 맞추는 것보다 더 나은 수행력과 학습 결과를 가져오는지 확인하고 싶었다.

자신의 직감을 검증하기 위해, 울프 박사와 동료인 마르쿠스 회스Markus Hoß와 볼프강 프린츠Wolfgang Prinz는 대상자들이 3일 동안 스키 시뮬레이터에서 슬라롬 유형의 움직임을 연습하는 연구를 진행했다. 실험 방법은 간단했다. 탄성 밴드로 연결된 바퀴 달린 플랫폼을 트랙의 왼쪽과 오른쪽으로 최대한 멀리 미는 것이다(그림 4.3 참조). 플랫폼이 중심에서 양방향으로 이동할 수 있는 최대 거리는 55cm(1.8피트)였다. 따라서 참가자들은 3일 동안 플랫폼을 이동할 수 있는 거리를 점진적으로 늘리려고 노력했다.

이 연구는 22번의 90초 시도로 구성되었으며, 첫째와 둘째 날에는 각각 8번의 시행을, 3일째에는 6번의 시행을 진행했다. 연구자들은 각 날의 첫 번째 시도와 마지막 시도에 대해 플랫폼이 이동한 평균 거리를 비교해 실험 세션의 내부 및 세션 간 변화를 조사했다. 마지막으로, 연구자들은 초기 습득 기간이라 부를 수 있는 첫 번째와 두 번째 날에는 참가자들에게 구체적인 집중 유도를 제공했고, 장기 학습 기간이라고 부를 수 있는 3일에는 어떠한 단서나 알림도 제공하지 않았다.

스키 시뮬레이터 경험이 없는 33명의 참가자들을 모집했고, 각각 다른 유형의 집중을 나타내는 세 그룹으로, 무작위로 할당했다. 그룹 1, 즉 외부 초점 그룹은 플랫폼의 "바깥쪽 바퀴에 힘을 가하라"고 지시받았고, 내부 초점 그룹인 그룹 2는 "발의 바깥쪽에 힘을 가하라"고 지시받았다. 그룹 3, 일반-통제 그룹은 어떠한 지시도 받지 않았으며 평소처럼 초점을 맞추도록 했다.

이틀 동안 각각의 포커스 큐를 사용해 연습한 후에는 그룹 간에 명확한 차이가 나타났다. 모두 0.7피트(20cm)의 평균 이동 거리로 시작했지만, 외부 초점 그룹 참가자들은 평균 1.5피트(47cm)의 이동 거리로 선두를 차지한 반면 내부 초점 그룹과 일반-초점 그룹 참가자는 각각 평균 1.2피트(35cm) 및 1.4피트(41cm)를 기록했다. 어떠한 단서, 알림 또는 프롬프트 없이 진행된 제3일 실험 이후 확실한 승자가 나타났다. 외부 초점 그룹은 다른 두 그룹보다 훨씬 더 큰 평균 이동 거리로 선두에 자리 잡은 채로 연구를 마쳤고, 결과적으로 내부 초점 그룹과 일반 그룹의 결과는 다르지 않았다.

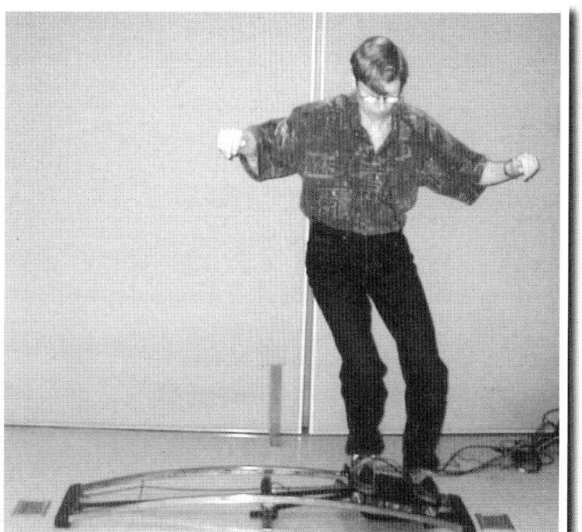

그림 4.3 가브리엘 울프가 사용한 스키 시뮬레이터.

Reprinted by permission from G. Wulf, *Attention and Motor Skill Learning* (Champaign, IL: Human Kinetics, 2007), 9.

상상할 수 있듯이 울프와 그녀의 동료들은 그들의 가설이 된 직감이 이제 과학적 근거를 갖게 되어 매우 기뻤다. 울프가 윈드서핑 중 신체에서 보드로 초점을 변경했을 때 수행력이 향상된 것처럼, 참가자들이 발이 아닌 플랫폼에 집중할 때 슬라롬 수행력이 극대화됐다. 이러한 고무적인 결과에도 불구하고 울프의 흥분은 오래가지 못했다. 연구를 출판하려는 그녀의 첫 번째 시도는 심사위원의 회의적인 태도와 등재 저널의 반려 통지를 받았기 때문이다. 사실, 발은 바퀴에서 몇 센티미터밖에 떨어져 있지 않았기 때문에 울프조차도 그러한 작은 차이에서 비롯된 초점의 변화가 수행력에서 큰 영향력을 미친다는 것을 믿기 어려웠다. 그러나 심사위원 중 한 명이 울프와 그녀의 동료에게 다른 실험을 통해 연구 결과를 재현하도록 제안했다. 그들의 발견이 일반화된다면, 그들은 내부 초점 큐잉에 비해 우수한 학습으로 이어지는 외부 초점 큐잉에 대한 최초의 출판 기록을 갖게 될 것이다. 그렇지 않으면 다시 처음부터 시작해야 한다.*

울프와 그녀의 동료들은 평가할 새로운 운동 기술을 찾기 위해 노력했다. 균형과 자세 제어와 관련된 주제를 계속 이어가고자 했기에, 연구팀은 단일축 밸런스 보드를 사용하기로 결정했다. 수행 작업이 다르다는 것 외에 울프는 매우 유사한 프로토콜을 사용했다. 이 실험 방법에 익숙하지 않은 16명의 참가자가 매일 7번씩 21번의 90초의 수행을 포함하는 3일간의 연구에 참여했다. 이 실험의 목표는 밸런스 보드를 가능한 한 가만히 유지하는 것으로, 여기서 작고 빈번한 조정이 크고 가끔씩 조정하는 것보다 더 나은 수행력을 이끌어 냈다.

참가자들은 이전과 마찬가지로 서로 다른 초점 그룹으로 무작위로 할당됐다. 이번에는 외부 초점 그룹에 "빨간색 마커(발 앞에 테이프를 붙임)에 초점을 맞추고 마커를 같은 높이로 유지하도록 노력하라"고 요청한 반면 내부 초점 그룹에는 '발에 초점을 맞춰 발의 높이를 유지'하도록 요청했다. 울프는 발과 테이프에 대한 시각적 초점이 의도된 정신적 초점과 혼동되지 않도록 두 그룹 모두 정면을 보게 했다. 스키 시뮬레이터 실험과는 대조적으로, 이번에는 두 그룹 모두 초점이 존재하는 첫째 날부터 이틀까지 균형의 향상이 비슷했다. 그러나 3일째 초점이 제거되었을 때 외부 초점 그룹이 다시 한 번 앞서나가며, 내부 초점 그룹보다 더 크게 균형이 향상됐다.

1998년 여름, 확실한 증거를 손에 쥔 채 울프와 동료들은 「Instructions for Motor Learning: Differential Effects of Internal Versus External Focus of Attention」[82] 논문을 발표하기 위해 다시 Journal of Motor Behavior로 돌아갔다. 이때가 울프가 윈드서핑을 한 지 2년 뒤였다. 당시 이 연구 결과는 미묘하고 적용이 제한적인 것처럼 여겨졌다. 심사위원들이 울프의 초기 연구 결과에 의문을 제기한 것처럼, 코치들도 바퀴나 빨간 테이프 같은 것에 초점을 맞추는 것이 선수들의 경기력 향상에 어떠한 도움이 될지 의문을 품었다. 그러나 코치들은 곧, 이러한 단순한 단서들이 실제로는 코칭의 언어를 포함하고 있다는 것을 깨달았다. 바퀴와 테이프는 시작에 불과했다.

움직임의 시작

울프의 이정표적인 연구가 있은 지 20년이 지난 지금에도 외부 초점의 이점에 대한 증거는 여전히 진행 중이다. 내부 초점 대 외부 초점을 명시적으로 평가하는 연구에 대해 질의한 결과, 미국 국립 의학 도서관은 1998년 이후 160개 이상의 독창적인 연구가 완료되었다고 보고하고 있다. 따라서 울프는 운동 학습 분야에서 지금까지 본 것 중 가장 완벽한 연구 내러티브 중 하나를 구축한 것이다. 고고학자가 매장된 유적을 한 번의 붓놀림으로 하나씩 드러내는 것과 같이, 울프와 그 뒤를 이은 많은 연구자들은 한 번에 하나씩 정확한 연구를 통해 큐잉, 생각 및 행동 사이의 상호작용을 계속해서 밝혀내가고 있다.

* 1998년 울프의 논문 이전에 초점이 수행력에 미치는 영향에 대한 연구가 있었지만, 신체와 결과 중 어디에 초점을 맞추는 것이 성과와 학습에 어떤 영향을 미치는지 이해하기 위하여 내부 초점 큐잉과 외부 초점 큐잉을 명시적으로 조사한 최초의 논문이었다는 점은 언급할 가치가 있다.

연구로부터

울프가 1998년 논문을 발표한 지 얼마 되지 않아 그녀는 여러 후속 연구를 시작했다. 흥미로운 점은, 울프의 다음 연구는 1998년에 그녀에게 두 번째 실험을 완료할 것을 제안한 리뷰어인 찰스 시어Charles Shea와 함께 한 것이다. 울프의 연구 결과에 흥미를 가진 시어는 울프와 함께 원래의 연구 결과를 재현하고 확장하기 위해 노력했다.[60] 시어와 울프는 앞서 설명한 것과 동일한 안정계 실험을 이용해 참가자들을 4개의 그룹으로 나눴고, 각 그룹이 2일 동안 연습한 후 3일째 유지 테스트를 수행하도록 했다. 4개의 그룹 중 두 그룹에는 울프가 1998년에 사용한 것과 동일한 큐잉(실험 2)을 받았고 반면 추가된 두 그룹은 컴퓨터 화면을 통해 밸런스 보드에 대한 지속적인 시각적 피드백을 받았으며 내부 초점 피드백 그룹은 '화면의 선은 당신의 발을 나타낸다'고 생각하도록 지시받았으며 외부 초점 피드백 그룹은 '화면의 선은 발 앞의 선이다'라고 생각하게 요청했다.

1998년 연구 결과를 확인하면, '발 앞의 선을 같은 높이로' 유지한 외부 초점 그룹이 '발을 동일한 높이'로 유지하려고 시도한 내부 초점 그룹보다 더 큰 제어력으로 밸런스 보드를 안정시킬 수 있었다. 흥미롭게도 시각적 피드백을 받은 그룹에서 같은 효과가 나타났는데, 외부 초점 피드백 그룹의 결과가 내부 초점 피드백 그룹보다 우수했다. 총체적으로, 이러한 결과는 연습 중에 외부 초점을 장려하는 것이 내부 초점에 비해 우수한 운동 학습으로 이어진다는 의심을 더욱 강화시켰다. 그러나 개인의 선호도는 어땠을까? 분명히, 어떤 초점이 이점과 개선을 제공하는지는 개인의 선호에 따라 달라질 것이다.

이 질문에 답하기 위해 울프, 시어 및 파크Park[76]는 초점 선호도가 학습에 미치는 영향을 조사하기 위한 영리한 연구를 고안했다. 연구자들은 외부 초점의 효과에 대한 직관을 테스트하기 위해 울프의 1998년 연구에서 사용된 것과 동일한 밸런스 보드 실험 및 큐잉을 사용하여 두 가지 실험을 계획했다. 첫 번째 실험에서는 균형 잡기에 익숙하지 않은 17명의 참가자들이, 1일째에 내부 초점(즉, '발을 같은 높이로')과 외부 초점(즉, '선을 동일한 높이로')을 번갈아 사용했다. 2일에는 선호하는 초점을 사용하여 연습했다. 3일차에는 참가자들은 장기 유지 테스트를 수행하고 연구원은 참가자들이 선택한 초점을 확인하기 위해 인터뷰를 진행했다. 그 결과 참가자 12명이 외부 초점을, 5명은 내부 초점을 선택했다. 선택한 초점으로 통제한 결과, 외부 초점을 채택한 사람이 내부 초점을 맞춘 사람보다 균형 조절이 더 잘되는 것으로 나타났다. 두 번째 실험에서도 이러한 결과가 재현됐고, 선택권이 주어지면 대부분의 사람들은 대부분 외부 초점을 스스로 선택해 울프 자신이 윈드서핑을 하는 동안 가졌던 직관을 지지하는 증거가 됐다.

계속해서 울프와 다른 연구자들은 외부 초점에 대한 이점에 관한 가설을 강화하는 여러 가지 흥미로운 연구 결과를 밝혀냈다. 2017년까지 2건의 체계적인 문헌 고찰이 완료됐으며, 그 결론은 외부 초점을 채택할 때 균형 능력이 극대화된다는 것이다.[36, 49] 이 결과에 대해 의심이 든다면 어려운 균형 작업을 배우려고 했던 때를 생각해 보라. 모든 것을 '클릭'했을 때 마음이 어디에 있었는지 기억해 보라. 서핑, 스케이트보드, 스노보드를 탈 때, 적어도 "머리, 어깨, 무릎, 발, 무릎, 발"을 흥얼거리지는 않았을 것이다. "보드, 균형, 가장자리를 찾자. 가장자리를 찾자"였을 것을 당신은 금방 깨닫게 될 것이다.

필드로부터

내부 초점과 외부 초점의 차이가 운동 기술 습득에 미치는 영향을 조사한 뒤 외부 초점이 모든 운동의 유형에 대한 보편적인 이점을 지지하는 이론을 뒷받침할 수 있는지에 대한 확인이 필요하다는 것을 깨달았던 울프와 그녀의 동료들은, 이를 고려해 연구를 진행했다

시어와 울프가 울프의 1998년 연구 결과를 재현한 같은 해에 울프, 라우터바흐Lauterbach와 툴레Toole[70]는

초보 골퍼들의 칩샷 학습에 대한 초점이 학습에 미치는 영향을 조사하기 위한 연구를 기획했다. 21명의 참가자들은 '팔의 스윙 동작'에 초점을 맞춘 내부 초점 그룹과 '클럽의 진자운동과 같은 움직임'에 초점을 맞춘 외부 초점 그룹으로 무작위로 배정됐다. 목표는 참가자들이 서 있는 곳에서 16.4야드(15m) 떨어진 직경 1.5피트(45cm)의 원형 표적에 공을 치는 것이었다. 참가자들은 9번 아이언으로 습득 단계인 1일차에 80개의 샷을 시행했고, 장기 학습 단계인 2일차에 30개의 샷을 완료했다. 연구 결과는 지금까지 논의된 연구와 일치했고 외부적으로 집중한 사람들이 내부적으로 집중한 사람들보다 초기 습득과 장기 학습에서 훨씬 더 정확하다는 것을 보여주었다.

외부 초점의 이점이 일반화되는 것처럼 보이자, 울프와 동료들은 채택된 외부 초점의 유형이 수행력에 영향을 미치는지 확인하고자 했다. 이를 검증하기 위해, 테니스의 포핸드와 골프의 칩샷 학습에 대한 두 가지 다른 외부 초점 큐잉의 영향을 평가하는 두 가지 실험을 설계했다.[75] 첫 번째 연구에서는 36명의 초보 테니스 선수를 무작위로 내향성(incoming) 또는 외향성(outgoing) 집중 그룹에 배정하고, 내향성 그룹은 공이 라켓에 닿을 때까지 '볼 머신에서 나오는 공의 궤적'에 집중하고, 외향성 그룹은 공을 친 후 '공의 (예상) 궤적에 집중하고 공이 목표물에 떨어지는 모습을 상상'하라고 지시했다. 두 가지 단서 모두 공에 대한 외부 집중을 요구한다는 점을 고려할 때 연습 중에는 결과가 다르지 않았지만, 유지력 테스트에서는 외향적 집중 그룹이 약간 더 나은 성적을 거두며 승리를 거두었다. 원칙적으로 이는 당연한 결과인데, 외향적 초점은 궁극적인 과제 목표(여기에서 공을 쳐라)를 큐에 포함시킨 반면, 내향적 초점 큐는 그렇지 않았기 때문이다.

울프와 동료들은 두 번째 실험에서 1999년 울프, 라우터바흐, 툴레가 사용한 칩샷 과제를 다시 이용했다. 26명의 초보 골퍼들은 '클럽의 진자 운동'에 초점을 맞춘 근거리 외부 초점 그룹과 '공의 궤적을 예상하고 공이 목표물에 착지하는 것을 상상'하는 원거리 외부 초점 그룹으로 무작위 배정됐다. 결과적으로, 초기 및 장기 학습 테스트 동안 근거리 외부 초점 그룹이 분명히 우위를 보였다. 종합적으로 볼 때, 외부 초점 큐잉은 내부 초점 큐잉에 비해 더 나은 수행력을 만들어내지만 여전히 선수의 경험 수준과 과제에 가장 적합한 최적의 외부 초점 큐잉을 찾을 필요가 있음을 알 수 있다. 우리는 5장에서 이 아이디어를 다시 살펴보고, 코치들이 선수들의 집중을 이끌어내기 위해 최적의 초점 큐잉을 식별하려고 할 때 고려해야 할 요소에 대해 논의할 것이다.

응용 분야에 대한 연구가 계속됨에 따라 외부 초점의 유익한 효과에 대한 지지는 더욱 견고해졌다. 농구[1, 77]에서 야구,[15, 28] 축구,[22, 73] 수영[23, 62]에 이르기까지, 연구 결과 외부 초점을 채택하는 것이 내부 초점에 비해 우수한 성과와 학습으로 이어진다는 것이 일관되게 나타났다. 가브리엘 울프는 2013년에 발표한 「Attentional Focus and Motor Learning: A Review of 15 Years」[91]에서 이를 멋지게 요약했다.

> 분명 지시 사항이나 피드백 문구의 미묘한 차이가 퍼포먼스와 학습에 상당히 다른 영향을 미칠 수 있지만, 폭넓은 이 효과는 다양한 기술과 전문 지식 수준 및 인구에 대한 일반화를 반영하며, 수행력의 효과와 및 효율성에도 영향을 미치고 있다(p. 99).

이것이 큐

당연히 지금 당신은 많은 질문을 품고 있을 것이다. 나도 의도와 초점, 그리고 큐잉에 관한 문헌들을 읽기 시작했을 때 그랬었다. 하지만 나는 다가올 페이지에서 그 모든 질문에 대한 답변을 얻을 수 있다고 확신한다. 시작하기 전에, 지금까지 논의한 내용을 요약하고 앞으로 큐잉에 대한 논의를 안내하는 몇 가지 핵심 정의를 살펴보겠다.

아마도 주의 집중attentional focus이라는 용어를 들어봤을 것이다. 특히 주의 집중은 운동 기술 동안 사용한 초점/집중을 설명하기 위해 운동 학습 문헌에서 사용하는 공식 용어다. 여기서의 초점/집중은 코칭에 의해 권장됐거나 운동선수가 스스로 선택한 것일 수 있다. 또한 주의 집중은 과제 간 뛰어난 성과를 얻기 위한 노력의 일환으로 명확한 생각이나 감정에 주의를 집중하려는 개인의 의식적인 노력으로도 정의할 수 있다. 따라서 코칭의 관점에서 우리는 언어를 사용하여 단어가 생각으로, 그 생각이 행동으로, 다시 그 행동이 개선된 수행력과 학습으로 반영되길 희망하며 선수들의 주의 집중 또는 의도들을 이끌어낼 수 있다.

내부 및 외부 초점 큐잉

우리는 실험 연구들의 결과를 바탕으로 내부와 외부, 두 가지 주의 초점/집중 범주를 참조해 왔다. 우리가 본 것처럼 내부 주의 집중은 개인이 그들의 몸의 특징(예: 근육, 관절 및 팔다리) 또는 관련 움직임 과정(예: 근육 X를 '활성화' 또는 관절 Y를 '신전하라')에 집중하도록 장려한다. 외부 주의 집중은 환경의 특징(예: '지면 밀기' 또는 '공을 때리기') 또는 관련 움직임 결과(예: '결승선을 향해 전력질주 또는 목표 지점 중앙을 향해 공을 차기')에 집중하도록 권장한다. 내부와 외부 신호의 차이점을 확실히 이해하기 위해, 코치가 운동선수와 함께 수직 점프력을 높이는 훈련을 하고 있다고 상상해 보자. 마커스의 스프린트 코치가 관찰한 것과 유사하게, 이 코치는 그의 선수가 최대로 고관절 신전을 하지 않는 것을 알아차렸고 이것이 점프 높이에 영향을 주고 있다고 생각한다. 이를 바탕으로 코치는 아래에 나열된 고관절 신전을 개선할 것으로 생각되는 5가지 큐잉을 찾아냈다. 잠시 시간을 할애해 큐잉들이 어떤 유형의 초점/집중을 유도하는지 내부 또는 외부에 동그라미를 쳐서 표시해 보자.

큐 A	**"지면을 밀어내는 데 집중해."**	**(내부 | 외부)**
큐 B	**"다리를 움직여 앞으로 달려가는 데 집중해."**	**(내부 | 외부)**
큐 C	**"엉덩이를 통해 힘을 내는 데 집중해."**	**(내부 | 외부)**
큐 D	**"최대한 높이 점프하는 데 집중해."**	**(내부 | 외부)**
큐 E	**"하늘을 향해 폭발적으로 움직이는 데 집중해."**	**(내부 | 외부)**

이번엔 어땠는가? 내부 큐잉과 외부 큐잉을 구분할 수 있었는가? 핵심은 문장의 주어가 몸을 가리키는지 환경을 가리키는지 파악하는 것이다. 예를 들어 큐 A에서 선수는 환경과의 상호작용인 외부 큐인 '지면 밀기'를 장려한다. 반대로 큐 B와 C는 '다리를 움직이는 것'과 '엉덩이로 힘을 쓸 것'과 같이 신체 내부의 동작을 강조하기 때문에 내부 초점이 된다. 반면 큐 D와 E는 '높이뛰기'와 '천장을 향해 폭발적으로'에 초점을 두어 운동 결과에 주의를 두고 또한 다시 한 번 환경과의 상호작용에 주의를 기울임으로써 외부 초점을 유도한다. 5가지 단서 모두 동일한 동작 오류인 불완전한 고관절 신전을 대상으로 한다는 사실에도 불구하고 범주적으로 다른 단어를 사용해, 수행 및 학습에 크게 영향을 미치고 있다.

이어서 계속하기 전에, 당신의 마음속에 있을 의구심을 한번 살펴보자. 나는 당신이 코치로서의 자신의 경험을 돌이켜보면, 바람직하지 않더라도 내부 큐잉이 도움이 될 수 있는 모든 상황을 고려하고 있을 것이라 생각한다. 예를 들어 부상에서 복귀한 선수라면 일부 과제(예: 둔근 브릿지)의 고립된 특성이 내부 큐잉으로부터 나은 효과를 얻진 않을지? 또는 근비대를 원하는 선수라면 내면의 집중을 통해 마음과 근육Mind-muscle connection을 강화할 수 있지 않을까? 그리고 미묘한 기술적인 변화를 원하는 선수는 어떨까?와 같이 말이다. 이러한 질문과 다른 질문들이 머릿속을 맴돌고 있을 수 있지만, 다음 페이지에서 내부 지시 언어의 역할에 대해 논의할 것이므로 잠시만 더 생각해 보기 바란다. 그동안 우리가 지금까지 알고 있는 것들을 되돌아보자. 운동 기술의 수행력과 학습을 최적화할 때 외부 큐잉이 내부 큐잉보다 측정 가능한 이점을 제공한다는 압도적인 증거가 있다. 내부 큐잉으로 수행력과 학습이 향상되지 않는다는 의미가 아니라 외부 큐잉을 통해 얻는 정도에 이르지 못한다는 것이다. 따라서 지금까지 논의한 활동들의 특성을 고려할 때, 복잡한 다관절 동작을 가르칠 때는 코칭 루프 중 큐잉에서 외부에 집중하도록 유도해야 한다고 말할 수 있다.

큐잉으로 돌아가자. 이번엔 전술을 뒤바꾸어 여러분이 직접 큐를 만들어보자. 다음의 글상자를 살펴보자. '움직임 이름'을 사용하여 원하는 동작을 적고, '움직임 오류'를 사용하여 큐가 목표로 삼고자 하는 기술의 오류 또는 측면을 설명하고, '내부 큐 1과 2'를 사용하여 내부 큐의 예를 적고, '외부 큐 1과 2'를 사용하여 외부 큐의 예를 적는다. 내적 단서와 외적 단서를 모두 적으라고 하는 것은 두 단서가 똑같이 유용하기 때문이 아니라(그렇지 않다는 것을 알 것이다), 서로 다른 단서 범주를 쉽게 구분하여 자신의 코칭에서 어떤 언어를 사용하고 있는지 발견할 수 있도록 하기 위해서이다.

움직임 이름 ____________________

움직임 오류 ____________________

내부 큐 1 ____________________

내부 큐 2 ____________________

외부 큐 1 ____________________

외부 큐 2 ____________________

큐의 연속체

내적 큐잉과 외적 큐잉의 차이를 명확하게 이해할 수 있기에, 이제 코칭 큐의 연속체라고 부르는 것에 대해 살펴보자. 즉, 실험 연구에서는 큐의 선택이 이분법적인 흑백 과정으로 보이지만, 실제로는 내부 및 외부 큐에 고려할 만한 여러 스펙트럼이 있다. 그림 4.4는 내부 큐 연속체에서 외부 큐 연속체에 이르는 다섯 가지 범주에 대한 설명을 보여준다.

- **좁은 내부 큐**
  아주 자세히 보면, 좁은 내부 큐는 선수에게 단일 근육(예: 싱글레그 스쿼트: "엉덩이를 조여") 또는 단일 관절(예: 전력질주: "고관절을 굴곡해")의 동작에 집중하도록 지시한다. 이 큐는 가능한 전체 비용을 감수하면서도 부분을 우선시한다. 즉 움직임의 큰 맥락을 고려하지 않을 수 있는 좁거나 매우 구체적인 큐다.

- **넓은 내부 큐**
  집중의 수준을 축소해 선수에게 전체 팔다리(예: 전력질주: "다리를 신전하거나 뒤로 펴")나 신체(예: 스쿼트:

그림 4.4 코칭 큐의 연속체.

"계속 등을 평평하게 하거나 척추를 곧게 펴 자세를 유지해")와 같은 전체적인 부위의 움직임에 집중하도록 지시한다. 이 큐는 어느 한 근육이나 관절의 작용에 대해 언급하지 않고 단지 사지 또는 체간이 공간상에서 어디로 움직이거나 배치되어야 하는지에 대한 일반적인 지침을 제공한다.*

▸ 하이브리드 큐

선수에게 신체 부위와 환경 사이의 상호작용에 초점을 맞추거나(예: 전력질주: "무릎을 결승선을 향해 밀어", 벤치 프레스: "주먹으로 천장을 뚫어버려") 환경에 대한 체위의 방향(예: 플랭크: "몸을 지면과 평행하게 유지해")에 집중하도록 요청한다. 특히 격투기(예: 이종격투기) 및 접촉(예: 럭비 및 미식축구) 스포츠는 많은 스포츠 기술을 가르칠 때 하이브리드 큐를 사용한다. 예를 들어 전방 태클을 가르칠 때 코치는 머리와 어깨의 안전한 위치를 알려주기 위해 "고관절에서부터 어깨로" 또는 "뺨에서 뺨으로"와 같은 큐를 제공한다. 이 경우 상대방의 신체는 대상 환경의 특징이 된다. 특히 하이브리드 큐가 외부 큐로 끝나는 경우, 선수의 주의를 환경의 특징으로 끌어들이므로, 일종의 외부 큐로 취급할 수 있다.**

---

* 총체적으로 좁은 내부 큐와 넓은 내부 큐는 현재 문헌에서 찾아볼 수 있다. 그러나 케빈 베커(Kevin Becker)와 피터 스미스(Peter Smith)의 논문 「Attentional Focus Effects in Standing Long Jump Performance: Influence of a Broad and Narrow Internal Focus」 외의 다른 논문에서는 이 결과를 일관성 있게 채택하지 않았다.[7] 내 희망은 이 책이 이 구별을 조사하는 더 많은 연구자들의 수를 더욱 늘려 좁은 내부 큐가 넓은 내부 큐보다 수행력과 학습에 있어 훨씬 더 해로울 수 있음을 알리는 것이다.

** 내가 아는 바로는, 혼합된 초점을 가진 큐잉(즉, 내부+외부 또는 내부+비유)을 조사한 연구는 있지만, 내부와 외부 언어가 모두 포함된 큐를 명시적으로 조사한 연구는 없었다.[17,37] 이 이유로, 외부 초점으로 끝나는 하이브리드 큐들은 외부 초점의 큐와 유사하게, 내부 초점으로 마무리되는 큐들은 내적인 큐와 비슷하게 작용할 것으로 추측된다. 내 실무에서는 하이브리드 큐들을 사용하지만, 순수한 외부 큐와 비유들과 비교하면 그 수가 적다. 이 큐잉 유형은 코칭 루프의 DESCRIBE it 섹션에서 사용한 내부 언어와 CUE it 섹션에서 사용한 외부 언어와 다르다. 왜냐하면 하이브리드 큐는 모든 큐잉의 내용이 단일 구문으로 구성되어야 하기 때문이다.

▶ **근거리 외부 큐**

신체에 대한 정보는 축소되며, 선수와 가까운 환경의 특징에 집중하도록 한다(예: 벤트 오버 로우: "덤벨을 바지주머니 쪽으로 당겨서 넣어", 측면 뛰기: "땅을 밀어냈다가 착지해"). 궁극적으로 해당 스포츠와 관련된 도구가 있는 경우(예: 공, 배트, 라켓)나 수행력과 관련된 기구(예: 덤벨, 바벨 또는 메디신볼)가 일반적으로 선수의 주요 초점 대상이 된다. 반대로 기구가 없는 경우, 땅이나 주변 환경의 특징(예: 벽)이 집중 대상이 된다.

▶ **원거리 외부 큐**

신체에 대한 정보는 완전히 축소되어, 선수에게 멀리 떨어진 환경의 특징에 집중하도록 요청한다. 이 경우 얼마나 원거리가 되는지는 과제의 목표에 따라서 상대적으로 결정되며, 이는 관련 도구의 유무에 영향을 받는다.

- 도구: 하나의 도구(예: 공, 투창, 투포환, 바벨, 메디신볼) 또는 두 가지 도구(예: 공+방망이, 클럽, 라켓 또는 헐리)를 사용하는 스포츠 및 특징 운동들은 일반적으로 개별적이며, 흔히 단도적인 동작을 수행해 특정 방향으로 도구를 움직이거나 투척해 팀원에게 패스하거나 목표물을 맞추고 골을 넣는 것과 같은 목적을 달성한다. 속도, 정확성 또는 거리에 중점을 둔 경우, 선수가 올바른 초점을 유지하는 것이 중요하다. 근거리 외부 큐는 선수가 도구 자체에 집중하도록 장려하는 반면, 원거리 큐는 선수가 궤적(공중 또는 지상의 경로) 또는 종종 최종 목표라고 불리는 표적(동료 또는 골)에 집중하도록 유도한다.

- 도구가 없는 경우: 전력질주와 체조 등의 스포츠와 점프, 도약 및 바운드와 같이 도구가 필요 없는 일부 특정 운동들과 스노우보드, 서핑 및 스키와 같이 도구가 신체를 떠나지 않는 스포츠들도 일반적으로 개별적이며, 착륙하기 전에 일련의 기교들과 기술들을 완료하거나, 가능한 멀리 떨어져야 하기에, 오랫동안 활공하기 위해서 탄도성 움직임이 요구된다. 이러한 경우 몸이 발사체이기 때문에 근거리 외부 큐는 지면에서 발생되는 힘의 생성에 초점을 두고, 원거리 외부 큐는 궤적(공중에서의 경로 또는 동작)이나 목표(결승선, 골 지점, 착지 지점)에 초점을 맞추도록 한다.

우리는 큐잉 연속체의 렌즈를 통해, 카메라의 줌과 같이 작동시켜, 운동의 가장 작은 단위에 대한 주의를 끌어내고 작업의 궁극적인 목표를 향해 진행되는 큐잉의 언어들을 볼 수 있다. 신체 경계가 내부 초점과 외부 초점 사이의 경계를 만든다는 연구 결과는 근본적으로 맞지만, 여전히 실제적인 결과에는 초점의 그라데이션이 있을 수 있다. 따라서 5장에서는 전반적인 코칭 내러티브 안에서, 내부 언어의 역할을 고려하며 선수의 경험 수준과 과제에 가장 적합한 외부 초점의 변화를 구분할 것이다.

응용과 이해를 돕기 위해, 아래에서 상대의 커팅이나 사이드 스텝에 적용된 큐잉 연속체의 예를 적어두었다. 특히 동작의 밀기 또는 신전 단계에 중점을 두고 설명할 것이다.

움직임 이름: 컷 또는 사이드 스텝

움직임 오류: 긴 지면 접촉을 특징으로 하는 컷 또는 사이드 스텝의 불완전한 속도 또는 신전; 고관절, 무릎 및 발목의 과도한 굴곡; 또는 체간이 커팅하는 다리 쪽으로 옆으로 구부러지는 것.

좁은 내부 큐: "무릎을 빠르게 펴는 데 집중해."

광범위한 내부 큐: "다리를 빠르게 신전하는 데 집중해."

하이브리드 큐: "지면을 폭발적으로 밀어낼 때, 무릎을 펴는 데 집중해."

근거리 외부 큐: "수비수를 따돌리면서, 땅에서 빠르게 미는 데 집중해."

원거리 외부 큐: "수비수를 따돌리려고 할 때, 앞쪽 공간을 향해 빠르게 뛰어드는 데 집중해."

이제 당신의 차례다. 위의 예를 모델삼아 새로운 동작과 일반적으로 당신이 교정하려는 움직임 오류를 선택하고 제공된 다섯 가지 범주에 대한 전체 연속체를 개발해 보라.

움직임 이름: ______________________________

움직임 오류: ______________________________

좁은 내부 큐: ______________________________

넓은 내부 큐: ______________________________

하이브리드 큐: ______________________________

근거리 외부 큐: ______________________________

원거리 외부 큐: ______________________________

큐잉의 고려 사항

우리가 외부 초점 큐의 사용에 대한 메커니즘의 바탕이 되는 설득력 있는 연구 결과들을 살펴보기 전에, 간단하게 코칭 루프의 문맥에서 내부 초점 큐의 실용성을 고려해 보자. 기억하는 것처럼 코칭 루프는 설명하기, 시연하기, 큐잉하기, 수행하기 및 정리하기의 다섯 가지 핵심적인 지점들로 이뤄져 있다. 상술한 것처럼 새로운 동작을 선수에게 안내할 때, 우리는 긴 루프로 부르는 전체 코칭 루프를 거쳐야 한다. 그러나 선수가 학습 중인 기술에 대한 정신적 모델을 가지게 되면, 코치는 불필요한 의사소통을 줄이고 큐잉하기, 수행하기 및 정리하기를 순환시켜 짧은 루프를 사용할 수 있었다.

외부 초점의 이점이 부인될 수 없지만, 사실상 처음 운동 기술을 가르칠 때는 외부 초점 큐만으로는 충분하지 않는 경우가 많다. 예를 들어 코치가 선수에게 처음으로 백 스쿼트를 가르치는 경우를 생각해 보자. 특히 안전상의 이유로 선수가 움직임을 수행하기 전에 어떻게 동작을 준비하는지 아는 것이 가장 중요하다. 이를 위해서는 코치가 바 밑으로 가는 법에서 랙으로 다시 들어가고, 발을 잡고, 자세를 정하고, 실제 스쿼트를 시작하는 방법을 설명하고 시연해야 한다. 마찬가지로 선수에게 태클 방법을 가르치는 코치는 안전하고 효과적인 기술을 이끌어내는 정확한 몸의 위치를 이해할 수 있도록 돕는 것이 요구된다. 두 예시에서 볼 수 있듯 코칭 루프의 설명하기 단계에서는 해야 할 일을 설명하고 선수에게 과제에 대한 전반적인 이해를, 시연하기 및 큐잉하기 부분은 어떻게 훈련을 수행해야 하는지에 대한 통찰력을 제공하는 것이 중요하다.

불필요한 내부 언어로 설명하기 단계를 과장하라고 제안하는 것이 아니라, 특정 자세의 이탈이 분명한 부상의 위험을 초래할 때는 운동의 주요 특징을 설명하기 위해서 신체 지향적인 언어의 역할을 무시할 수 없다는 것이다. 따라서 큐 연속체를 고려하면 내부 언어는 코칭 루프의 설명하기 내에서 사용되어야 하며 외부 언어는 큐잉하기에서 사용되어야 한다. 특히 이 권장 사항은 코치가 수행할 수 있는 모든 비디오 분석이나 선수들과 나눌 수 있는 기술적인 대화에 적용되며, 두 경우 모두 생체역학(무엇what)에 대한 설명이 필요할 수 있으므로 대상에 맞는 내부 언어를 사용해야 할 가능성이 높다. 유일한 규칙은 움직임(방법How)과 선수의 마음 사이에 외부 큐가 항상 존재한다는 것이다. 이를 설명하기 위해 코치가 코칭 루프의 처음 세 단계(DDC)를 사용하여 백 스쿼트를 가르치는 방법을 살펴보자.

▸ **1단계: 설명하기**

"오늘은 바벨 백 스쿼트를 배울 거야."

"내가 리프트를 시연할 때 다음 다섯 단계에 주목해."

"하나, 목이 바 중앙에 오도록 바 아래로 들어가고 W자를 만드는 것처럼 바를 잡아."

"둘, 바를 단단히 잡고 천천히 일어선 뒤, 랙 중앙에 오도록 위치해."

"셋, 발이 어깨보다 조금 더 벌리고 약간 바깥으로 벌어지게 해."

"넷, 속도를 통제해 천천히 움직이며, 상체를 높고 단단하게 유지하면서 최대한 깊게 스쿼트를 해."

"다섯, 같은 자세를 유지한 채로 천천히 일어서."

▸ **2단계: 시연하기**

데모 전 안내한 주의 사항은 데모 중에 다시 강조 표시할 수 있다. 또는 일부 코치는 시연 중에만 안내하는 것을 선호할 수 있다. 다만 이런 상황은 움직임이 느린 경우에만 해야 한다. 그렇지 않으면 주의가 산만과 혼란을 피하기 위해서 설명은 시연과 분리되어야 한다.

▸ **3단계: 큐잉하기**

"처음 몇 세트 동안 바로 뒤에 낮은 상자를 놓을 거야."

"실제로 상자에 앉지 않는 게 아니라 상자를 가볍게 닿듯이 스쿼트하는 것에 집중해."

요약하면, 움직임의 설명은 학습하기가 불필요하게 어렵거나 선수가 부상의 위험을 직면할 때에만 해야 한다. 움직임에 대한 설명은 단어 수를 적게 유지하고 시각적으로 풍부한 언어를 우선시하며 내부로 지시되는 언어를 최소화해야 한다. 어떤 경우라도 시연은 선수가 움직임의 이미지를 형성할 수 있도록 해야 한다. 코치는 선수의 머릿속에 시각적 이미지를 업데이트하고 새롭게 해주기 위해 지속적으로 시연을 사용하는 것이 좋다. 마지막으로, 코치는 큐잉이나 지도적인 질문(예: "X를 달성하기 위해 무엇에 집중해야 할까?")을 통해 운동 실행 중에 외부적인 초점/집중을 장려해야 한다. 이러한 방식으로 코치는 동작을 '설명'하고 '시연'을 보여줌으로써 동작의 틀을 잡고, '큐잉'을 할 때 단일한 외부 초점을 필터링할 수 있다.

PART 2. 큐잉의 숨은 이면

가브리엘 울프의 1998년 연구가 외부 초점/집중의 이점을 확인하는 데 중요한 역할을 했다면 심리학자들은 오랫동안 효과적인 움직임은 목표 지향적 주의 집중의 산물이라는 생각을 가져왔다. 특히, 미국 심리학의 아버지인 윌리엄 제임스는 1890년에 발표된 그의 두 번째 책인 『The Principles of Psychology』에서 초점/주의 집중과 움직임의 역할에 대해 다음과 같이 말했다.[83]

> 우리는 발 위치에 대한 생각이 적을수록 빔을 더 잘 걷는다. 계속해서 목표 지점을 응시한다면 손이 그곳을 향해 갈 것이다. 손에 대해 생각할수록 목표를 맞추기 어려워진다(p. 1435).

이것은 내부 초점 대신 외부 초점의 이점을 설명하는 가장 초기의 기록 중 하나다. 그러나 울프와 달리, 제임스의 주장은 그 혼자만이 것이 아니었으며, 이후 많은 사람들이 움직임 자체가 아닌 움직임의 효과에 집중함으로써 머리속에서 벗어날 수 있는 방법의 이점에 대해 동의하고 있다. 예상대로 티모시 갈웨이도 이러한 접근법을 주장한 사람 중 하나였다. 테니스를 예로 들어 갈웨이는 다음과 같이 초점에 대해 말했다.

> 생각 속에서 벗어난 상태로 테니스를 하고 있다면, 그는 공, 코트, 필요한 경우에는 상대방에 대해 더 잘 인식하는 상태에 있을 것이다. 그러나 정작 당사자는 이렇게 하는 게 공을 어떻게 칠지, 과거의 실수를 어떻게 고칠지, 방금 한 것을 어떻게 반복할지 생각하면서 스스로에게 많은 지시를 내리고 있는 상황이라는 것을 의식하지 못한다.

갈웨이는 지시와 큐잉에 대한 자신의 견해를 이어나갔다.

> 기술적인 지식을 최대로 활용하는 방법은 목표를 향한 힌트를 전달하는 것이다. 이 힌트는 언어 또는 행동으로 전달될 수 있지만, 매 스트로크에 집중해 이 힌트를 발견했을 때, 원하는 목표에 가장 가까워질 수 있었다(p. 232).

우리는 제임스, 갈웨이 및 울프의 직관을 지지하는 상당한 연구들을 살펴봤지만, 이런 외부 초점/주의 집중의 이점을 지지하는 메커니즘은 아직 탐구하지 않았다. 하지만 다행히도, 다양한 연구들이 단순하고 우아한 이론의 토대를 만들어냈다.

움직임과 생각

차를 운전할 때 가속 페달 위에 발을 놓거나, 컴퓨터에서 타이핑할 때 손가락 움직임이나 누르려는 글자에 집중하는가? 축구공을 차는 경우 다리의 동작에 집중하는 것이 아니라 패스를 받는 상대방에게 주목하는 것이 더 나을까? 이와 같은 무한한 예시들이 움직임이 우리가 달성하고자 하는 목표를 기준으로 조직된다는 기본적인 특성을 강조한다.

움직임이란 결국 목표를 달성하기 위한 수단이 아닐까? 우리의 내면적인 욕망과 필요에 대한 대응 수단으로써 움직임이 어떤 의미를 가지는가? 의도된 결과가 반영되지 않는 의도적이고 자발적인 행동이 있는가?

심지어 추상적이고 무한한 형태의 무용에서도 음악의 안내에 따라 지휘되기도 한다. 이러한 의미에서, 움직임은 목적 달성을 위한 수단으로 여겨질 수 있으며, 이 경우 목적이 수단을 정당화한다.

아르민Armin과 클라우디아 스콧Claudia Scott이 「A Short History of Ideo-Motor Action」에서 제시한 바와 같이, 이 개념은 영국 의사인 토마스 레이콕Thomas Laycock(1812~1876)에 의해 처음 기록되었다. 그는 광견병 환자들을 치료하면서 환자들이 물을 만지거나 보거나 상상하면 강박, 숨쉬기 어려움, 경련 등의 불수의적인 움직임이 일관되게 발생한다는 것을 발견했다. 레이콕은 이어서 아이디어가 비록 상상된 것이라도 어떻게든 운동 행동motor action과 연결되어 있고 운동 행동에 내재되어 있다는 가설을 세웠다.

의도와 행동 간의 연결성에 대한 이 초기의 증거는 레이콕이 제공했지만, 해당 관찰을 명명한 것은 그의 동료인 윌리엄 카펜터William Carpenter(1813~1885)였다. 1852년 영국 왕립연구소에서 동료들과 함께 연구하던 카펜터는 레이콕이 설명한 것과 유사한 현상을 생각-운동 행동ideo-motor actions, 즉 생각ideo에 의해 촉발된 행동motor으로 설명했다.

레이콕과 카펜터가 신경계가 손상된 환자들의 생각-운동 반사ideo-motor reflex를 조사하고 있었다면, 교육학을 창시한 독일 철학자 요한 헤르바트Johann Herbart(1776~1841)는 독립적으로 생각-운동 해동에 대한 전체적인 이론을 정립하고 있었다. 마음과 몸의 연결을 보여주기 위해 헤르바트는 움직임이 목표를 달성하는 데 필요한 감각적 경험을 기반으로 제어된다고 주장했다. 따라서 움직임의 감각 경험이 처리되면(예: 생애 처음 걷기), 다음번에 움직임을 수행할 때 운동 시스템이 사용하는 청사진이 된다(즉, 이전과 같은 감각 경험을 달성하기 위한 걷기).

실제적으로, 우리의 초점이 목표를 설정하고, 뇌는 그 목표를 달성하기 위해 필요한 동작을 예측한다. 다시 이 동작들은 감각적 청사진으로 문서화되어 저장된다. 그리고 운동 시스템은 이 동작을 시행하고 저장된 청사진과 비교하며, 움직임이 수행될 때마다 우리의 동작이 업데이트된다. 이 과정은 목표를 달성할 때까지 지속된다. 이와 같이, 우리의 행동은 우리의 아이디어(목표)에 따라 조직화되며, 이전과 다른 점이 없을 때까지 계속해서 업데이트된다(3장 참조).

제한된 행동 가설

울프의 1998년 논문 맨 아래를 살펴보면 스키 시뮬레이터와 균형계에서 능숙해지고, 개선이 일어난 이유에 대한 가능성 있는 설명을 살펴볼 수 있다. 그녀는 공저자인 볼프강 프린츠의 행동 효과 가설Wolfgang Prinz's action effect hypothesis을 언급하며 논문을 마무리한다.[52] "행동은 특정 움직임 패턴이 아닌 의도된 결과의 관점에서 계획되어야 더 효과적일 것이다"(p. 148). 익숙하게 느껴지는가? 프린츠는 최근에 베른하르트 호멜Bernhard Hommel,[33] 마크 자네로드Marc Jeannerod[35] 및 다니엘 울퍼트[67]와 함께 150년 전 레이콕과 헤르바트가 처음 제시한 이런 아이디어에 대한 이론적 및 실질적 지원을 제공한 일부 연구자들 중 한 명이다.

생각-운동 가설이 울프의 연구 결과의 이론적으로 지지하자, 그녀는 다음 질문에 대한 답을 찾기 위해 노력했다. 외부 초점이 내부 초점에 비해 우수한 성과와 학습을 이끌어내는 이유는 무엇인가? 내부 초점에 영향을 받을 때 운동 시스템에선 어떤 변화가 일어나는가?

이 질문에 대답하기 위해, 울프는 1998년 연구와 같은 균형계 연구 방법과 큐잉을 바탕으로, 2001년 낸시 맥네빈Nancy McNevin과 찰스 시어와 협력해 팀을 이뤄 한 가지 요소를 추가한 연구를 진행했다. 연구진은 내부 초점 그룹은 '발을 평행하게 유지', 외부 초점 그룹은 '표시선을 평행하게 유지'하며 각 그룹이 무작위적인 청각 신호에 반응하여 가능한 빠르게 소지한 손잡이를 누르게 했다. 여기에서 할 수 있는 합리적인 한 가지 가정은 집중력이 적게 필요할수록 반응 시간이 빠를 것이며 그 반대도 마찬가지일 것이라는 추정이다. 이

'탐사 반응 시간'은 참가자들이 내부 초점하는 것과 외부 초점하는 것에 따라 요구되는 주의력의 수준을 나타낸다. 결과적으로 울프와 그녀의 동료가 찾아냈던 연구 결과와 같이, 외부 초점이 내부 초점보다 더 빠른 반응 시간을 보였다. 이 결과는 반응 시간이 승패를 좌우할 수 있는 상황인 전력질주의 출발에도 확장될 수 있었다.[34, 46]

이러한 결과들을 종합해 보면, 외부 초점이 내부 초점보다 더 적은 주의 집중을 요구하며, 따라서 더 많은 정신적인 자원들이 야구 공 치기, 서브 받기, 출발 순간과 같은 다른 일에 집중할 수 있게 한다는 명확한 증거를 제공한다. 그런데 어떻게 이런 일이 가능한 걸까? 외부적인 큐잉이 내부적인 큐잉보다 더 짧지 않았다. 사실, 대부분의 연구에서는 큐잉의 내용과 길이를 같게 했으며, 1~2 단어를 기준으로 초점의 유형을 나누었다.

여러 차례 고민해, 결국 그 답을 찾았다. 내부 초점이 반응 속도를 늦추는 이유는 언제나 선수들을 두 가지 초점 사이에서의 전환을 요구하기 때문이다. 그에 반해, 외부 초점은 선수가 하나에만 집중하면 된다. 예를 들어 멀리뛰기를 가르치기 위한 다음과 같은 지시어를 생각해 보자.

큐 A: "엉덩이를 통해서 폭발적으로 뛰어."
큐 B: "땅을 폭발적으로 밀어."

내부 초점 큐 A를 평가할 때 이 질문을 먼저 해보자. 멀리뛰기를 할 때 엉덩이만 사용할까? 물론, 아니다. 무릎, 발목, 몸통, 그리고 다른 부위도 필요하다. 따라서 다관절 운동에 대한 얘기라면, 내부 초점은 항상 작

은 목표와 큰 목표가 서로 충돌하게 만든다. 즉, 선수는 엉덩이에 초점을 맞추고 동시에 멀리 점프하는 것에 초점을 맞추는 것처럼 빠르게 전환해야 하며, 이는 주의력 시스템에 경쟁적인 요구를 만든다. 그러나 반면에, 외부 초점인 큐 B는 작업 목표를 주어진 초점 안에 포함시킨다. 멀리 점프하려면 큰 반발력을 발생시켜야 한다. 따라서 "폭발적으로 땅에서 뛰어올라"라는 큐는 그 목표를 달성하기 위해 필요한 수단을 정의하여 목표 달성을 돕는다. 원칙적으로, 효과적인 외부 초점은 선수가 주어진 환경(땅, 장비, 상대방)과 상호작용하여 원하는 결과를 달성하는 데 가장 좋은 방법을 파악할 수 있도록 도움을 준다. 또한, 선수가 기술의 정신적 모델을 개발하고 숙련된 후에는 단순히 결과 자체에 더 집중할 수 있게 된다(즉, 빠르게 달리기, 높이뛰기, 멀리 던지기, 여기를 때리기, 저기서 치기[펑고] 등). 따라서 초점이 몸의 경계를 넘어서 환경과 관련된 기능이나 결과 자체를 대상으로 할 때, 목표 달성과 가장 관련성 높은 구성 요소에 집중하는 데 필요한 주의 자원을 확보하게 되며, 신체가 가장 자동화된 최상의 동작 솔루션을 수행하도록 할 수 있다.

2001년, 울프와 동료들은 비슷한 결론에 이르렀고, 그들의 새로운 발견에 이름을 지어야 했다.[74,92] 그 결과, 제한된 행동 가설constrained action hypothesis이 탄생하게 되었다. 이 간단하면서도 우아한 이론은 내부 초점이 "운동을 조절하는 자동 운동 제어 프로세스를 방해하여 운동을 제약한다"고 주장하면서 반면에, 외부 초점은 "의도된 결과를 달성하기 위해 운동자극을 자연스럽게 조직화할 수 있도록 운동 시스템에 제약을 두지 않아 더욱 효과적인 성능과 학습을 가능케 한다"[74]고 제안한다. 제한된 행동 가설은 우리가 논의한 더 세부적으로 집중할수록 전체를 수행하기 어려워진다는 줌 오류와 매우 일치한다. 우리는 뇌가 한 번에 하나의 초점만 다룰 수 있다는 것을 알고 있다. 따라서 목표로 하는 결과를 더 효과적으로 정의할수록 목표의 달성이 더 쉬워진다.

그 후 몇 년 동안, 외부 초점의 이점에 대한 의심을 평준화하는 증거들의 물결이 나타났다. 다트에서 운전, 근육에서 움직임에 이르기까지 논문의 결과들은 분명했고, 외부 초점에 대한 연구들은 일관성을 보인다.

근육

우리가 운동 제어를 깊이 파헤친다면, 외부 초점의 이점을 찾을 수 있는 증거를 어디서나 찾아볼 수 있을 것이다. 먼저, 운동의 미세 단위인 근육의 작용 및 수행을 알아보자. 신경과 근육은 공통의 목표를 달성하기 위해 함께 춤추는 한 쌍의 댄서와 같다. 이 신경근의 춤은 근육이 적절한 시간에 적절한 힘으로 발화해, 다른 움직임 제작자들과 조화롭게 일하도록 요구한다. 따라서 발화가 잘 일어나지 않거나 과도할 경우 즉시 운동의 리듬과 협응에 영향을 주며, 원하지 않는 결과를 초래한다.

밴스Vance와 동료들[63]은 초점/집중이 신경근 기능에 미치는 영향을 검사하기 위해 비교적 단순한 과제인 양손 이두근 컬을 사용한 연구를 진행했다. 코치들이 연습 중 사용하는 초점 방식과 유사하게, 각 참가자들은 내부 초점의 경우 '그들의 이두근 근육'에 집중하게 했고 외부 초점을 사용할 때는 '컬 바'에 집중하게 해 10회씩 1세트를 수행했다. 통합 근전도 검사(iEMG) 측정 결과 내부 초점과 비교하여 외부 초점일 때 바의 속도가 증가했고, 낮은 근 활성도를 보여, 초점/집중 유형이 근육 활성화에 어떤 영향을 미치는지에 대한 의심을 확인할 수 있는 결과였다. 특히 내부 초점은 컬의 구심성 수축 시, 이두근과 삼두근의 더 높은 근육 활성화를 유발했다. 삼두근이 더 많이 활성화될수록 이두근은 바를 움직이기 위해 더 많이, 강하게 수축해야 하기 때문에, 주관절 주변에서의 증가된 동시 수축은, 내부 초점일 때 감소된 바 속도를 설명해준다.

지금까지의 증거를 살펴보면, 이러한 결과가 반복적으로 증명되는 것을 볼 수 있다.[43] 예를 들어 로제Lohse와 동료들[40]은 실험 참가자에게 시티드 카프 레이즈와 유사한 과제를 "플랫폼에 밀어내세요"라는 외부 초점의 큐와 "종아리 근육 수축에 집중하라"라는 내부 초점의 큐로 수행하게 했다. 연구자들은 종아리 근육의 활성화(즉, 주동근: 가자미근)는 동일했지만, 내부 초점일 때는 전면 근육(즉, 길항근: 전경골근)이 훨씬 더 활성화되는 것을 발견했다. 또한 로제와 그의 팀은 두 번째 연구에서 이러한 결과를 재현했고 외부 초점일 때 최대 수의 수축의 30%, 60%, 100%에서 힘 생산 정확도의 향상이 있다는 것을 추가적으로 발견했다. 흥미로운 점은 로제가 힘 생산 오류가 근활성화의 수준과 상관관계가 있다는 것을 관찰한 것이다. 즉, 관절 양쪽에서 더 많은 근육이 동시에 활성화될수록 주동근이(이 경우에서는 종아리) 힘을 정확하게 만들어내는 것이 더 어려워진다는 것이다.

이러한 결과를 요약하기 위해 두 명의 농구 선수가 슬램덩크를 시도한다고 상상해 보자. 선수가 골대로 접근할수록 가능한 한 많은 에너지를 생성해 저장하기 위해 다리에 하중을 가한다. 수직, 위로 올라가면서 고관절 굴곡근의 활성화가 감소하면서 고관절 신전근은 증가할 것이다. 반면 차의 엑셀을 밟으며 동시에 브레이크를 밟는 것처럼 두 그룹의 근육이 모두 강하게 활성화해, 상호작용한다고 생각해 보자. 이를 염두에 두고 '엉덩이를 통해 폭발적으로 뛰는 데 집중'하며 점프하도록 배운 선수 A와 '골대를 향해 폭발하듯 뛰는 데 집중'하며 점프하도록 배운 선수 B가 있다고 상상해 보자. 지금까지의 연구 결과에 따르면 플레이어 A는 주차 브레이크가 걸린 상태에서 점프하는 것이고 플레이어 B는 자유롭게 5단 기어로 변속하며 뛴다고 말할 수 있을 것이다.

주차 브레이크에 대한 이 아이디어는 운동 학습에서 그 명칭을 가지고 있다. 이를 자유도의 동결freezing of degrees of freedom이라고 부르는데, 말 그대로 관절 주변 근육의 동시 활성화로 인한 움직임의 감소를 의미한다. 니콜라이 번스타인Nikolai Bernstein이 1967년 저서 『The Co-ordination and Regulation of Movements』[93]에서 처음 제안한 이 이론은 처음에 기술을 배울 때 신체가 가동성보다 안정성을 추구한다는 생각에 기반을 두고 있다. 그러나 시간이 지남에 따라 학습이 계속되고 한때 얼었던 관절이 녹기 시작하여 보다 효율적인 조정 패턴이 나타나기 시작한다.[64]

이 개념은 자신의 직관을 활용해야 한다. 스케이트보드, 롤러블레이드 또는 균형이 필요한 다른 장비를 처음 탔을 때를 생각하라. 말 그대로, 당신은 바람이 당신을 날려버리지 않기를 바라며 얼어붙은 느낌이었을 것이다. 도로시가 관절에 기름칠을 할 때까지 움직일 수 없었던 '오즈의 마법사'에 나오는 양철 인간처럼 말이다. 우리의 경우 연습/훈련이 우리의 관절을 자유롭게 하고, 부드럽게 놓아주는 데 필요한 기름이 된다.

이 통찰력을 우리가 찾은 연구 결과와 동기화해 보자. 자유투,[77] 다트 던지기[31, 41, 42] 및 점프[69]에서도 내부 초점은 운동을 처음 배울 때 사용하는 느린 제어 기제를 촉진한다. 반면, 불필요한 근육의 미세 조절에서 해방된 외부 초점은 달성하려는 명확한 결과를 가지고 있는 한 운동 시스템은 움직임을 조직하는 것에 뛰어난 자동적인 형태의 운동 제어를 촉진한다.

움직임

외부 초점/집중이 근육에 어떻게 작동하는지 살펴봤으므로, 이제 초점과 움직임 전체의 상호작용을 알아보자. 로제와 동료들은[40~42] 근육 수준에서 초점의 효과를 알아봤던 이전 작업을 바탕으로, 협응된 움직임을 대상으로 하는 연구로 확장했다. 수행 과제는 다트 던지기를 사용했고, 실험 참가자들인 다트 던지기 초보자들은 내부 초점으로 '팔 움직임'에 대한 큐와 '다트의 궤적'에 대한 외부 초점의 큐를 번갈아가며 연습했다. 예상한 대로, 외부 초점이 더 나은 정확도를 보였으며, 이전 연구 결과와 같이 다트 던지기 시, 이두근 근육의 근활성도 낮았다.

놀라운 것은 운동 시스템이 이러한 결과를 달성한 방식이다. 구체적으로, 로제와 동료들은 외부 초점일 때, 참가자들이 다트를 던지는 지점에서 더 낮은 움직임의 변동성이 있었고(정확도가 향상됐음을 의미) 어깨 각도에서는 매 시도 간 변동성이 더 크다는 것을 발견했다. 그러므로 내부 초점에 비해, 외부 초점은 목표인 표적의 원점을 맞추기 위해 다트의 속도와 어깨 움직임 사이의 최적의 조합을 자동으로 식별하여 신체가 이를 실현할 수 있도록 허용해, 원하는 결과를 유지시켰다. 이 결과는 기능적 변이성functional variability이라고 알려져 있으며,[47] 목표인 결과(골 넣기, 슛 성공시키기, 공을 쳐서 맞추기, 리프트를 끝내기 등)에서 변동성을 줄이기 위해, 이를 달성하기 위해 선택할 수 있는 움직임의 수를 늘리는 것을 말한다.

이 연구 결과에 흥미를 느낀 로제와 동료들은 결과를 재현하고 확장할 수 있는 후속 연구에 참여했다. 이번 연구에서는 참가자들은 네 가지 초점 그룹으로 나뉘었다. '팔의 움직임'에 대한 내부 초점, '다트가 손에서 떨어지는' 하이브리드 초점, '다트의 궤도'에 대한 근거리 외부 초점 또는 '표적의 원점'에 대한 원거리 외부 초점. 예상대로, 외부 초점 그룹이 내부 및 하이브리드 초점과 비교하여 더 나은 정확도를 보였다. 특히, 관련 관절의 총 가변성을 계산할 때, 연구자들은 외부 초점이 내부 초점보다 훨씬 더 높은 확률로 기능적 변이성을 초래한다는 것을 발견했다. 이 결과는 외부 초점이 패턴 자체의 유연성을 높여 결과의 변이성을 줄이는 최적의 제어 전략을 유도한다는 것을 더욱 지지한다.

이 결과는 초점이 운동 조절과 상호작용한다는 것을 보여주지만 새로운 것이 아니다. 오히려, 코치들은 오랫동안 초점과 운동 조절에 대해서 의심해 왔으며, 연구원들은 경험 있는 선수들이 해당 방법을 찾는 것을 자주 관찰했었다. 따라서 해머링[14]에서 핸드볼,[57] 점프[38, 59]에서 슈팅[53]에 이르기까지 숙련자들이 프로세스의 가변성을 증가시켜 결과의 가변성을 줄인다는 연구 결과가 나타난 것은 놀랍지 않다. 그렇지 않으면 크리스티아누 호날두가 예측 불가능한 수비수를 피해 축구공을 드리블하고, 라파엘 나달이 상대방이 절대 예상하지 못한 위치에서도 불가능한 슛을 반환하며 그것을 상대방이 손끝으로도 간신히 닿지 않는 위치에 놓을 수는 없을 것이다.

그러나 로제와 동료들의 연구에서 외부 초점이 다트 던지기에서 최적의 제어 전략을 지원한다는 구체적인 결과를 제공한다고는 하더라도, 여러분들은 외부 초점이 다른 동작의 기술에도 영향을 미치는지 궁금해할 것이다. 예상한 대로, 골프,[2, 16] 격투기,[28] 조정,[50] 점프,[24, 65, 68] 호핑,[20] 올림픽 리프팅[58] 및 방향 전환[12, 13]에서 외부 초점이 긍정적인 기술적 변화를 촉진하는 것으로 나타났다. 게다가, 알리 고켈러Alli Gokeler와 앤 벤자민스Anne Benjaminse의 강력한 연구 결과가 있다. 이 결과는 외부 초점이 호핑[24]과 사이드 스텝[13]에서 전방 십자인대 파열(ACLR)과 관련된 생체역학적 위험 요인에 긍정적인 영향을 미치는 것으로 보여준다. 이 연구 결과는 ACLR 위험이 있는 사람들과 이를 회복하고 있는 사람들에게 중요한 함의를 가진다.[25]

결론적으로 이전 두 연구 결과를 고려하면 명확한 이야기가 나타난다. 몸은 우리가 말하는 대로 움직인다. 관절이나 근육에 대한 내부적인 신호를 주면, 몸은 이를 관절 운동을 억제하고 근육 동시수축을 증가시키는 안내로 받아들인다. 반대로, 외부적인 신호를 주면 가능한 움직임 경로를 열어 움직임의 간섭 또는 변동성을 감소시키는 역할을 한다. 이런 식으로 외부 초점은 듀얼 서스펜션 산악자전거와 같이 작용하여 목표인 산악자전거의 트레일에 집중하면서 몸은 환경이 요구하는 대로 자유롭게 적응할 수 있도록 한다.

마음, 뇌, 그리고 몸

유튜브에서 '춤추는 디스토니아'라고 검색하면, 글로브 앤 메일Globe and Mail이 게시한 '약 대신 음악을 선택한 디스토니아 극복을 위한 한 남자의 두뇌 재교육'이라는 제목의 영상을 찾을 수 있다.[89] 이 이야기는 수의적인 운동 조절에 영향을 주는 운동 장애인 국성 이긴장증Focal dystonia을 앓고 있는 이탈리아 기자인 페데리코 비티Federico Bitti의 이야기를 다루고 있다. 비티의 경우, 불규칙한 근수축으로 그의 상체와 목을 한쪽으로 돌리고 당기는 증상이 있다.

약물과 수술을 꺼리던 비티는 토론토의 치료사인 요아킨 파리아스Joaquin Farias와 함께 10년 동안 이긴장증을 다뤄왔다. 비티는 파리아스의 치료 방식을 뇌를 다루기 위해선 몸을 하나의 도구로 사용할 줄 알아야 한다며 설명했고, 그의 움직임 중심의 접근법에 따라, 많은 해결책을 찾아낼 수 있었다고 말했다. 그러나 비티의 개선을 가속화시킨 마돈나Madonna의 싱글 '보그Vogue'와의 만남은 우연이었다. 비티는 1990년대 히트곡을 듣고 걷다 보니 "음악의 비트를 따라가는 동안 걷기가 더 좋아졌다는 것을 깨달았다"라고 말하며 이 변화에 흥분했다. 그래서 비티는 리듬에 의해 제어된 다른 동작이 있는지 궁금해졌다.

다음 날 치료실에 나타난 비티는 파리아스에게 산책을 마치고 집으로 돌아온 직후의 자신을 촬영한 비디오를 보여주지 않을 수 없었다. 파리아스의 반응이 모든 것을 말해 줬다. "오, 나의 하나님, 이것이 당신의 치료제요. 이것이 당신의 치료제입니다. 춤출 때 완전 다른 사람이 되시네요." 아름다움과 희망이 담긴 장면 속에서 비티가 거침없이 '보그'를 춤추며, 마돈나의 아이코닉한 춤동작을 완벽하게 따라잡는 장면이 숨 막히게 느껴진다. 비디오가 재생되는 동안 파리아스는 춤이 비티에게 왜 그렇게 효과적인지에 대한 자신의 견해를 공유하여 이 심각한 상황에 시달리는 많은 사람들에게 희망을 제공한다.

이 비디오를 제작한 이후로, 비티와 파리아스 모두 TEDx에 출연했다. 놀랍게도, 'Dystonia: Rewiring the Brain through Movement and Dance'라는 제목의 발표에서 비티는 수년간 고통 받았던 떨림과 불수의적인 운동이 사라진 상태로 완벽하게 연설했다. 그의 이야기는 고무적이지만 비티의 경험이 독특한 것만은 아니다. 파킨슨병 등의 유사한 운동 장애를 겪는 많은 사람들이 초점을 바꾸어 증상을 완화시키는 방법을 찾아냈었다(3장 참조).

신경계가 정상인 사람의 대부분은 자신이 요구하는 바를 몸으로 행할 수 있다. 우리는 문을 여는 하나의 동작 동안 몸이 경련을 일으키거나 부르르 떠는, 완전히 다른 일을 하지 않는다는 것을 당연하게 생각한다. 그러나 인구의 이러한 움직임 장애를 치료할 수 있는 특효약이나 치료법은 없지만, 집중력이 운동 (재)학습에 미치는 영향을 조사하는 연구에서 큰 가능성을 발견할 수 있다.

손가락이 건반 위에서 춤추는 전문적인 피아니스트를 상상해 보자. 마치 각 손가락이 자신의 의지로 움직이는 것같이 보인다. 피아노에서 흘러나오는 음악을 즐길 때, 우리는 기분 좋은 이 경험이 신경계가 근육을 켜는 능력만큼 근육을 끄는 능력에도 뛰어난 것이 아니라면 불가능했을 것이라는 생각을 전혀 하지 않는다. 동작과 관련된 운동 뉴런이 주변 근육의 관련되지 않은 운동 뉴런을 억제하는 현상을 주변 억제surround inhibition라 한다. 따라서 피아니스트는 중간 C를 누를 때 실수로 그 옆에 있는 다른 건반인 D를 누르지 않게 된다.

정상적인 신경학적 기능을 가진 사람들은 이것에 대해 생각할 필요가 없지만, 운동 장애를 가진 사람들은 피아노를 치는 손이 아닌 주변 근육을 억제하지 못해 일어나는 떨림이나 다른 원치 않는 움직임으로 고통받는다. 이러한 상황에 대해 연구자들은 근육이나 말단 신경계의 결함 때문이 아니라 기저핵과 운동 계획 루프 내에서의 기능 장애와 관련이 있다고 믿는다(3장에서 논의한 내용을 떠올려보라).[54] 그러나 다행히도, 우리는 우리의 집중을 운동을 통제하는 것(내부 초점)에서 결과를 달성하는 것(외부 초점)으로 전환함으로써 이러한 결함을 우회하거나 억제할 수 있다.

예를 들어 쿤Kuhn과 동료들[42]은 움직임 결과에 외부적으로 집중하는 것(예: 건반을 누르는 것)이 손가락 근육을 수축하는 것과 같은 내부적인 움직임 체계에 집중하는 것보다 주변 억제 현상을 더 일으킨다는 것을 발견했다. 이전 두 섹션의 결과를 지지하듯 외부 초점/집중은 작업 목표에 따라 신경근 신호를 조정하는 데 도움이 된다. 이러한 이유로, 다양한 움직임 장애를 가진 사람들은 발걸음 빈도를 안내하기 위해 소리를 사용하거나,[55] 걸음 길이를 안내하기 위해 시각적인 라인을 사용하거나,[61] 그냥 관절에 스티커를 붙이고 몸 자체에 집중하는 대신 스티커의 움직임에 집중함과 같이 환경에서 움직임 계획을 덜어냄으로써 다양한 수준의 완화를 경험할 수 있다.[6]

수의적인 운동 수행은 많은 운동 장애에서 손상되는 것으로 보이지만, 외부 초점은 개인이 환경을 기반으로 자신의 움직임을 조직하는 방법을 배울 수 있는 명확한 해결책을 제공한다. 마찬가지로, 우리는 생각하지 않고 빠르게 다가오는 차에 반응하거나, 잘못된 송구를 잡아낼 수 있듯 뇌가 환경에 따라 움직이는 형태의 운동을 주기적으로 활용하도록 가르칠 수도 있다. 한 번에 한 걸음이나 한 관절씩 운동을 의지적으로 관리하는 것이 용이하지 않다는 사실을 인식하고 우리가 일상적으로 외부 초점에 집중하도록 배우기만 하면 된다. 이는 일부 운동 장애가 있는 사람들만이 완전히 이해할 수 있는 진실이다.

PART 3. 숨이 막힐 것 같은가?

완벽하게 어떤 색도 소리도 냄새도 없는 흰색 방 안에 있다고 상상해 보자. 아무것도 없는 이곳에서 차분함이 찾아오는 것을 느껴보라. 긴장이 풀어지고 생각이 시리져 완전한 존재감을 느낄 때까지 점점 더 느리고 깊은 숨을 쉬자. 잠시 호흡을 고르고 계속해서 심호흡을 10번 해보자.

차분해졌는가? 계속해 진행해 보자.

하얀 방 안에서 멀리서부터 오는 매우 약한 진동이 느껴진다. 아래쪽을 보니, 발밑에서부터 시작해 모든 방향으로 푸른 잔디가 흘러나와 당신을 들어올린다. 시야가 올라가자, 마치 보이지 않는 화가의 손길로 만들어진 것처럼 잔디 안으로 하얀 선이 그려지며, 위치가 분명해진다. 바로 축구 경기장이다. 동시에, 단 하나의 격렬한 움직임으로, 흰 벽이 깨어지며 경기장이 하늘을 가르며 소용돌이친다. 이후, 6만 명의 열광하는 팬들의 기대감에 가득 찬 응원 소리에 침묵이 삼켜진다. 당신은 아수라장의 중심이자 골대에서 골키퍼가 준비 중인 곳에서 12야드 떨어진 곳에 있다. 모든 사람들의 시선이 당신을 바라보고 있고, 심장박동이 빨라지며, 앞으로의 페널티 킥이 자신 것임을 깨닫게 된다. 그리고 당신은 앞으로 뛰어나가며 공을 찬다.

당신은 마음이 평화로운 상태에서부터 갑작스러운 압박과 혼란이 생기는 상황으로 전환될 때 어떻게 대처했는가? 공을 정복할 도전으로 보았는가, 아니면 피해야 할 위협으로 간주했나? 골을 넣었는가, 아니면 실패했는가? 어떤 답이 나오든, 개인적이거나 대중적으로 스포츠 선수에게 중요한 순간이 성공을 가져다 줄 수도, 실패를 가져다줄 수도 있다는 것에 대한 다양한 예시를 들 수 있다. 1993년 윔블던 본선은 스테피 그라프가Steffi Graf 4-1로 뒤진 상황에서 6-4로 역전승을 거두었다고 할 수도 있지만, 야나 노보트나Jana Novotna가 압력을 견디지 못했다고 생각할 수 있다. 비슷한 맥락에서, 닉 팔도Nick Faldo는 1996년 마스터즈 대회의 일요일 경기에서 5타를 떨어뜨려 우승했다고 주장할 수도 있지만, 그렉 노먼Greg Norman이 6타 차이를 지키지 못해 패배한 것이라고 할 수도 있다. 마찬가지로, 2017년 슈퍼볼에서는 뉴잉글랜드 팀이 승리했다는 주장도 있겠지만, 더 많은 사람들은 애틀랜타 팀이 압박감에 못 이겨 패배한 것이라고 생각할 수도 있다. 이러한 예시를 보면 분명한 것은, 역사적으로 운명적인 역전이 많이 발생한다는 것이다. 왜 이런 일이 일어날까? 어떻게 운동선수나 팀이 불가능에 가까운 손실과 패배를 순식간에 맛보게 되는 걸까? 무엇이 변한 것인가?

연승 대 연패

애리조나 주립대학교 교수인 롭 그레이Rob Gray가 정확히 같은 질문을 했다. 그러나 그레이 교수의 연구에 대해 이야기하기 전에, 약간의 배경 설명이 필요하다. 1장의 내용을 기억하는 것처럼, 선수뿐만 아니라 누구든지 경험이 적은 상태에서 숙련된 상태로 전환될 때, 운동에 대해 생각하는 인지적인 학습 단계에서 자동적인 학습 단계로 이동한다는 것에 대해서는 논쟁의 여지가 거의 없다. 피츠와 스포너[21]의 학습 모델은 많은 실질적인 연구 결과를 가졌으며, 3장에서 논의한 연구 결과와 같이, 처음 움직임을 학습할 때는 뇌의 실행(사고) 영역(예: 인지, 전두엽 피질)에 의존하지만 우리가 연습할수록 운동의 자동 제어와 관련된 뇌 영역(자율: 일차 운동 피질)으로 이동한다는 것을 보여주는 연구 결과를 가진다. 이런 연구 결과들을 고려해 외부 초점의 운동 자동화를 생각해 본다면, 초점과 고압 상황에서의 운동 수행력의 교차점에 대한 이론이 등장하는 것이 놀랍지 않다.

압박감 아래에서의 성과를 연속체로 생각해 보자. 한쪽 끝에는 기대 이상으로 놀라운 성과를 보이는 선수들이 있고, 반대쪽 끝에는 기대 이하의 성과를 보이는 선수들이 있다. 이 양 끝은 극단이기에, 연속체의 중간이 선수의 평균적인 또는 예상되는 성과를 대표하게 된다. 힘, 속도, 기술의 기적적인 변화로는 극단적인 압박 속 성과를 설명할 수 없으므로, 성과의 중요한 변화는 선수의 머릿속에서 일어나는 것으로 해석할 수 있다. 그러므로 집중력의 변화가 짧은 기간 내에 성과의 최적화 또는 실패를 이끌었다고 주장할 수 있다. 이러한 논의는 그레이 교수의 간단한 질문으로 우리를 돌아가게 한다. '야구 선수들은 연승이나 연패 상태일 때 무엇에 집중하는가?'

이 질문에 답하기 위해 그레이 교수[26]는 세 가지 영리한 실험을 결합했다. 실험 1에서는 10명의 대학 야구 선수(전문가)와 10명의 레크리에이션 야구 선수(초심자)가 가상 타격 시뮬레이터 내에서 연습하도록 했다. 연구에 사용된 시뮬레이터는 실제 경기에서도 검증됐으며 실제 타격 상황으로의 전이가 입증됐다.[27] 각 그룹은 세 가지 다른 연습 조건(조건당 100회 스윙)에서 타격을 수행했다. 그레이는 초점이 스윙 타격의 수행력에 미치는 영향을 평가하기 위해 이중 과제 시나리오를 사용했다. 구체적으로, 가상 화면에 공이 나타난 후 300~800ms 사이에 신호음이 울리고, 타자들은 신호음이 높은지 낮은지(이중 과제 수행: 외부 환경) 또는 야구 배트가 위 또는 아래로 이동했는지를 판단했다(이중 작업: 외부 기술). 특히, 타자들이 신호음의 높이를 판단해야 했을 때는 야구 기술의 실행에 상당한 주의력 자원을 투입할 수 없었을 것이고, 배트 동작을 판단했을 때는 반대였을 것이다. 피츠와 포스너의 모델에 따라 그레이는 전문가가 스윙 자체에 집중하지 않고 소리를 판단할 때 더 타격 수행을 잘하는 반면 초보자는 방망이의 움직임에 주의를 기울일 때 더 타격을 잘한다는 것을 발견했다. 이 결과는 직관적이며, 스킬에 대한 경험이 많을수록 그 스킬을 뒷받침하는 움직임 과정에 집중할 필요가 줄어든다는 관점에서 제약된 행동 가설constrained action hypothesis에 부합한다.

경험의 수준과 초점/집중의 유형이 수행력에 영향을 미친다는 증거가 나왔기에, 그레이는 연승과 연패의 자연적 발생이 초점/주의 전환과 관련해 비슷하게 이뤄지는지 확인하고 싶어졌다. 그래서 그레이는 같은 10명의 전문 선수 타자들에게 추가 연습 시행을 시켰다. 같은 이중 과제를 사용했고 총 500회의 스윙 동안 타자들은 각 스윙이 끝난 후에 무작위로 음조(높음 또는 낮음) 또는 스윙 방향(위 또는 아래)을 판단하도록 요청받았다. 그레이는 그 후에 타자들이 자연스럽게 연속 타격(연속적인 안타 기록)을 하거나 슬럼프(연속적인 아웃 기록)에 빠지는 기간을 조사할 수 있었다. 여기서 그레이의 연구 설계 있어 재치 있는 점은, 그레이가 스윙 중 어디에 초점/집중하는지 알 수 있는, 신호음의 높낮이와 스윙의 방향에 대해 타자들이 얼마나 정확하게 식별하는지 분석할 수 있었던 점이다. 결과는 명확했다. 전문적인 타자가 슬럼프에 빠지면, 그들은 방향을 인식하는 능력이 향상되어 스킬 실행 자체에 더 많은 집중을 하게 됐다. 반대로, 타자가 연속 타격에 들어가면, 그들은 방향을 인식하는 능력이 감소했으며 스킬 자체에 집중하지 않거나 스윙 스킬의 결과 특성에 집중하는 것으로 나타났다.

성과/수행력이 기술 중심적인 초점/집중과 관련이 있을 수 있다는 강력한 증거를 발견했지만 마지막 재료를 추가해야 했다. 바로 압박감이다. 그래서 그레이는 12명의 대학 야구 선수(전문가)를 추가 모집하여 이

전 연구에서와 동일한 상태를 낮은 압박감 상황으로 설정해 200회의 스윙을 하게 했고, 스윙을 돈과 동료들의 비교를 통해 장벽을 높인 높은 압박감 상황에서 200회의 스윙을 시켰다. 결과는 명백하게 나왔다. 실험 결과, 압박감에 의해 퍼포먼스가 부정적인 영향을 받았을 뿐만 아니라 배트가 위아래로 움직이는지 정확하게 판단하는 능력의 저하와도 관련이 있다는 사실이 분명하게 드러났다. 따라서 그레이는 전문가 타자의 기술 중심적인 생각과 스윙의 성과 감소 간에 명확한 관계를 발견했다.

압박감 상태의 퍼포먼스

그레이의 관찰은 대개 초점/집중 이론에 속하는 숨막힘 현상과 부합한다. 이전에 설명했듯이 숨막힘은 선수가 압박으로 인해 운동을 일반적으로 조절하고 실행하는 방식이 바뀌어 자신의 능력 이하로 활동하는 것을 의미한다.[8] 간단히 말해, 선수가 압박에 의해 숨막힘을 느낀다는 것은, 그들은 잘못된 것에 집중하고 있는 잘못된 시간을 보내는 일종의 주의력 결핍이다. 절대적인 합의가 없지만, 연구 결과들은 분산 이론distraction theory이나 기술 초점 이론skill-focused theory으로 분류할 수 있는 기술 실패에 여러 경로가 있음을 나타낸다. 분산 이론은 고압박 상황이 선수들의 주의/초점을 걱정이나 결과와 관련 없는 생각이나 부정적인 감정으로 전환시켜 수행력을 저하시킨다고 제안한다. 기술 초점 이론은 압박이 자기 인식을 증가시키고 이로 인해 선수들이 기술의 실행을 조절하거나 모니터링하는 데 집중하게 된다고 제안한다.[18] 그러나 그레이[26]와 로이 바우마이스터Roy Baumeister,[5] 리처드 마스터스Richard Masters,[44] 시안 베일록Sian Beilock[9~11] 등 다른 사람들이 언급한 것처럼, 압박은 항상 선수들이 운동을 의식적으로 제어하게 만들어, 그들이 유지하려는 수행력을 망가뜨릴 가능성이 높은 자기 중심적인 설명으로 연구가 편향돼 있다는 점이다.

이 시점에서, 당신이 이 글에서 제안된 결론을 받아들이는 데 어려움을 겪고 있다고 생각하지 않겠다. 왜냐하면 우리는 제약된 행동 가설에 대해서 이미 알아봤기 때문이다. 그럼에도 여기에서 생각해 볼 만한 세세한 점들이 있다. 기억하듯이, 그레이는 외부 초점과 연관된 야구 배팅 동작과 외부 초점과 관련 없는 음성 주파수를 사용했다. 또한, 초보자들이 야구 배트에 대한 초점에서 이점을 가졌다는 사실은 놀랍지 않은데, 왜냐하면 초보자들은 공과 상호작용하는 야구 배트에 대한 외부 초점를 통해 운동을 내적으로 제어하는 것을 배우기 때문이다. 반면, 의외로 야구 배트에 대한 초점이 전문가에게 무시무시한 영향을 미쳤는데 조금 더 깊이 살펴보면 이것 역시 완전히 이해할 수 있다. 전문가가 야구 배트 동작과 구분할 수 없을 만큼 자신의 운동 수행을 자동화한 뒤에는 야구 배트의 움직임은 동작 자체와 동일해진다. 이 자동화를 통해 전문가는 운동의 시행 자체와 관련이 없는 기술적 특징(예: 투수, 공 방출, 발사각 및 최종 지점)에 대해 더 많은 주의를 기울일 수 있게 된다. 이것은 야구에만 국한되지 않는데, 이는 도구를 사용하거나 사용하지 않는 모든 스포츠에서 초기에는 기술 실행에 초점을 두지만 결국 목표 달성으로 확대되는 유사한 초점 연속체를 가지게 되기 때문이다. 게다가, 연구 결과는 전문가를 신호음으로 혼란스럽게 하더라도, 기술 초점적인 생각이 궁극적으로 성과/수행력을 저하하는 것으로 나타난다.

이 마지막 요점을 보여주고 롭 그레이의 위대한 작업에 마지막으로 고개를 끄덕이기 위해 우리는 그가 브룩 캐스태니다Brooke Castaneda와 함께 2007년에 진행한 연구 「Effects of Focus of Attention on Baseball Batting Performance in Players of Differing Skill Levels」[86]를 살펴볼 것이다. 그레이의 2004년 첫 실험과 유사하게, 연구자들은 고도로 숙련된 선수들과 덜 숙련된 선수들 그룹을 모집했다. 우리의 초점 렌즈 비유에 따라, 연구자들은 타자들에게 원거리 외부 초점에서부터 넓은 내부 초점까지 총 네 가지 초점 상황에서 40번의 스윙을 시켰고, 스윙 중간에 나오는 소리는 이전과 동일하게 높은 음 또는 낮은 음인지 인식하도록 안내했다(환경: 연관성이 없는). 또한 타자들이 타격된 공의 경로가 목표 기준의 왼쪽인지 오른쪽인지(환경: 원거리 외부 초점), 배트의 움직임이 위로 올라가는지 아래로 내려가는지(기술: 근거리 외부 초점), 또는 자신의 손 움직임이 위로 올라가는지 아래로 내려가는지(기술: 넓은 내부 초점)를 맞추도록 했다. 결과는 그레이의 2004년 연구 결과와 같았다. 고도로 숙련된 타자들이 환경에 초점을 맞추었을 때 최고의 성과를 냈고, 자신의 몸에 초점을 맞출수록 성과가 저하됐고, 특히 자신의 손 움직임에 초점을 맞추었을 때 최악의 성과가 나왔다. 반대로 숙련도가 낮은 타자들은 기술 중심 조건과 환경 중심 조건 모두에서 똑같이 좋은 퍼포먼스를 보였으나, 기술 중심 조건에서 환경 중심 조건보다 더 나은 퍼포먼스를 보였다. 이 경험 숙련 현상에 대해서는 다음 장에서 더 자세히 알아보겠지만, 결론은 간단하다. 기술의 실행이 자동화될수록, 기술에 초점/집중하는 것은 해롭고, 특히나 압박감에 짓눌리는 상황에선 더 그렇다.

탈압박화

이 내용에 대해 더 자세하게 다루고 있는 책이 있기에 우리는 단순하게 접근하고 있다는 점을 양해해 줬으면 한다. 이 주제에 대해서 더 알고 싶은 분들을 위해, 시안 베일록의 『Choke』라는 책을 적극 추천한다. 시간이 부족한 경우, 그녀의 TED 강연 'Why We Choke Under Pressure-and How to Avoid It'[90]을 시청할 수도 있다. 이제 압박 상황에서 고도로 숙련된 선수들의 성과/수행력에 부정적인 영향을 미치는 기술 초점적인 사고와 내부 초점이 성과/수행력과 학습에 미치는 영향 사이의 유사점을 볼 수 있길 바란다. 이 유사점은 아주 강력해서 가브리엘 울프와 레베카 루스웨이트Rebecca Lewthwaite[71]는 내부 초점을 채택함으로써 발생하는 수행 비용을 미세하게 질식하는 것으로 비유했다. 나는 이 해석을 읽은 후, 숨막힘과 초점/주의 집중이 서로 관련 있을 뿐만 아니라 연구자들이 실제로 두 가지 다른 관점에서 같은 현상을 연구하고 있음을 깨달았다.

코치는 무엇을 말해야 하는가

이를 설명하기 위해 연구자들이 관찰한 세 가지 사실을 살펴보자. 첫째, 연구 결과와 내 개인적인 경험에 따르면 코치들은 운동 기술을 가르칠 때 외부적인 언어보다 내부적인 언어를 우선시하는 경향이 있다. 이는 육상,[51] 권투,[30] 댄스[29] 및 다양한 대학 스포츠[19]에서 코칭을 조사하여 확인되었다. 이는 전반적으로 코치들이 연구 결과가 권장하는 것보다 내부 초점 단서를 훨씬 더 많이 사용하고 있음을 나타내며, 따라서 적어도 간접적으로 선수들이 연습과 경기 중에 몸의 움직임을 통제하는 데 초점을 맞추도록 유도한다는 것을 시사한다.

선수는 무엇을 생각해야 하는가

둘째, 선수들은 익숙한 단서에 집중하는 것을 선호하며, 적어도 단기적으로는 익숙하지 않은 신호에 집중하도록 요청받을 때보다 더 성과가 좋은 경향이 있다.[45] 이는 코치가 기술을 가르치기 위해 사용하는 단어가 선수들의 생각으로 복제되기 때문에 놀라운 결과는 아니다. 따라서 선수의 정신적 내러티브를 알고 싶다면 그들의 코치를 들어보면 된다. 이러한 발견에도 불구하고, 주의해야 할 사항이 있다. 만약 선수들에게 내부-외부 초점 신호/큐를 제공하고 이를 바꿀 수 있는 사항을 제공하면, 연구 결과와 선수들의 직관으로 대부분이 결국 외부 초점을 선택하게 될 것이다. 핵심은 큐잉의 바꿀 수 있는 옵션의 제공이다.[76] 더욱이, 선호하는 초점을 선택한 그룹의 사람들이 연습의 마지막 단계에서 그들의 초점을 바꾸도록 요청하면, 내부 초점에서 외부 초점으로 전환한 사람들은 수행력이 향상되는 반면, 외부 초점에서 내부 초점으로 바꾼 사람들은 수행력이 저하된다.[66] 이는 익숙함과 선호도가 단기적으로는 중요하지만, 오로지 내부 초점에 의존하는 것보다 외부 초점으로의 전환을 촉진하는 것이 수행력과 학습 수준을 높일 수 있다는 것을 시사한다.

그럼에도 불구하고, 대부분의 선수들은 언제나 내면의 생각으로 가득 찬 마음을 가지고 있고 그런 일이 일어날 수 있는 상태다. 이제 결과는 분명하다. 만약 선수가 학습 여정의 대부분에서 내부 신호라는 음료를 마신다면, 무심코 그들은 스스로를 질식시키는 재료들을 마음속에 받아들이는 것이다. 이런 선수를 질식시키는 생각은 운동 기술이 자동화된 후에는 휴면 상태일 수 있지만, 경기의 핵심적인 순간에는 고려해야 할 가능성이 여전히 있다. 내부적인 신호와 큐로 코칭 받은 선수가 경기의 중요한 순간에 머리에 어떤 일이 일어날지 상상해 보라. "괜찮아, 이번 슛을 해내야 해. 내 팀을 실망시킬 순 없어. 코치가 항상 말하는 것처럼, 머리를 숙이고, 몸을 굳게 유지하고, 엉덩이를 움직이고, 발등으로 차면 돼" 또는 "이기기 위해서, 팔꿈치를 올리고, 손목을 사용하자". 보통 상황에서는 이러한 내부적인 생각이 발화되지 않겠지만, 압박은 내적인 초점을 유도해 자동화를 해제하고 수행력이 저하되게 한다.[39] 따라서 선수들이 움직임을 미세하게 관리하도록 교육받을수록, 압박이 가해질 때 내적인 통제 전략을 채택할 가능성이 더 높아진다는 것을 가정할 수밖에 없다.

압박에 대한 처방전

마지막으로, 만약 내 지금의 코칭 방식이 선수들의 향후 질식 위험과 관련되어 있다면, 압박에 대한 내성을 향상시키기 위한 방법들을 조사해야 한다. 먹지 않은 음식물로 질식할 수 없듯, 하지 않은 생각으로는 질식할 수 없다. 따라서 만약 코치가 움직임을 설명하는 데 필요한 만큼만 내부 언어를 사용하고, 운동을 시행할 때 외부 언어를 우선시하며, 그리고 이 조건이 경기 시 압박을 모방하는 연습 조건과 결합된다면, 선수들을 결과에 초점을 맞추도록 조건화시킬 수 있다.

비록 더 많은 연구가 필요하지만, 예비적 연구 결과는 이 결론을 지지한다. 예를 들어 옹Ong과 동료들[48]은 외부 초점/집중을 사용하여 훈련한 사람들이 이후 스트레스를 유발하는 테스트에 노출되었을 때 수행력의 저하를 경험하지 않았음을 보여주었다. 제약된 행동 가설을 참조하여, 연구자들은 외부 초점에 의해 촉진된 자동 제어 모드가 스트레스 상황에서 일반적으로 마음을 감염시키는, 초점을 파괴하는 생각에 대해 면역성을 가진 개인들을 만든다는 결론을 내렸다.

중요한 것은 비유가 유사한 보호 효과를 가지고 있다는 것이다. 내부와 외부 지시어의 목록 대신 비유를 사용하여 기술을 배우는 초보자들은 (숫자를 거꾸로 세는 등의 부차적인 작업에 노출될 때) 수행력 저하에 덜 민감해진다.[87, 88] 이상하게 들릴 수 있지만, 어떤 동작을 수행하면서 거꾸로 숫자를 세라고 요청하면, 인지적 압박을 도입하는 것뿐만 아니라, 얼마나 자동적으로 움직일 수 있는지를 평가할 수 있다. 따라서 비유는 외부 명령어와 마찬가지로, 움직임 자동성을 촉진하면서, 압박감 아래에서도 잘 작동하는 정신적인 초점을 제공하는 것으로 보인다.

따라서 이제 막 학습 여정을 시작했든, 진행 중이든 관계없이 적절한 외부 초점(또는 비유)은 수행력을 향상시키는 데에 그치지 않고, 가장 중요한 성과까지 보호할 수도 있다.

요약

은행 투자자가 일정 금액을 가지고 가장 큰 수익을 낼 것이라고 믿는 주식에 투자하듯이, 코치는 일정 집중력을 가지고 가장 큰 배움을 얻을 것이라고 믿는 생각과 행동에 투자한다. 그러나 이를 효과적으로 수행하려면 코치는 선수의 집중력에 투자한 큐의 예상 가치를 이해해야 한다. 이 평가가 있은 후에야 코치는 은행가

처럼 정보에 입각한 최상의 투자 결정을 내릴 수 있다.

이 장의 목표는 자신의 선수들의 주의력을 어떻게 가장 잘 투자할지 볼 수 있는 기회를 제공하여 자신만의 가치 평가 과정을 거칠 수 있도록 하는 것이었다. 내가 주장한 것은 외부 초점을 유도하는 신호/큐는 선수들의 주의력 투자에서 가장 높은 수익을 가져오고, 내부 초점을 유도하는 신호/큐는 훨씬 낮은 수익을 가져오며, 경우에 따라서는 손실을 가져온다는 것이었다. 우리는 이 권장사항에 대한 역사적 우선순위를 논의하면서, 연구실에서 현장, 근육에서 움직임에 이르기까지 광범위한 증거를 살펴봤다. 마지막으로, 내셔널 지오그래픽의 정신에 따라 우리는 초점이 자연 환경에서 어떻게 작동하는지 알아봤으며, 선수들이 압박감을 느낄 때 내부 초점으로 이어지며, 이는 수행력 저하와 직접적으로 관련되어 있다는 것을 봤다. 그러나 걱정할 필요는 없다. 우리는 이에 대한 예방으로 연습에서 우선 선수들이 외부 초점/집중을 유지하도록 조건화화여 경기에서도 그럴 수 있도록 환경을 만들 수 있다는 것도 알아보았다.

선수들이 움직이기 전에 머릿속에 집어넣은 마지막 아이디어로 큐를 정의하는 과정에서, 나는 이 아이디어들을 항상 외부 초점의 형태로 제공할 것을 추천했다. 하지만 내부 언어를 완전히 배제한 것은 아니다. 오히려 코칭 루프 내에서, 필요에 따라 움직임에 대한 설명을 지원하기 위해 내부 언어를 사용하도록 권장했고, 훨씬 더 많은 외부 큐 라이브러리를 활용하여 움직임을 지도하라고 했다. 이를 통해 선수에게 적절한 정보를 적절한 시간에 제공할 수 있는 일관된 언어적 자리표를 제공하는 코칭 루프coaching loop가 만들어진다.

그렇다. 우리는 가장 효과적인 외부 신호/큐를 만들고 관리하는 과정에 대해 논의하지 않았다. 사실, 선수의 초점을 몸의 안팎으로 이동시키는 것은 시작일 뿐이다. 학습에 유익한 언어를 구축하는 방법을 심층적으로 이해하려면, 신호/큐의 구조를 파헤치고 3D 큐잉 모델을 알아야 한다.

5 큐잇업

큐의 구성: 도입부

우리는 지난 장에서 근본적인 질문을 했다. 사람들이 움직임을 만드는 동안 무엇에 집중을 해야 하는가? 이 질문에 답하면서 우리는 주의력이 학습의 지폐이며 운동을 수행하는 과정이 아니라 운동의 결과에 집중할 때 투자 수익이 훨씬 더 높다는 결론을 내렸다. 의식 지도의 좌표처럼 우리는 목표를 설정하고 우리 몸이 원하는 결과를 달성하거나 선택한 목적지에 도달하는 데 필요한 최적의 움직임 패턴을 구성하거나 재구성하거나 경로를 변경하는 것이 가능하도록 한다.

표면적으로 이 결론은 마치 결승선 같은 이야기의 끝처럼 보인다. 코치가 내부 신호보다 외부 신호에 우선순위를 두는 한 운동선수는 퍼포먼스와 학습을 향한 지름길을 걷게 될 것이다. 이 말은 거의 항상 사실이지만 모든 진실을 이야기하는 것은 아니며 오해의 소지가 있을 수도 있다. 실제로 큐의 궁극적인 효과는 원하는 동작을 정확하게 끌어낼 수 있는 언어를 만들고 그 언어를 선수가 이해할 수 있게 하는 코치의 능력으로 귀결된다. 그러나 언어의 세부 사항을 논의하기 전에, 우리는 먼저 큐잉에 적용하고 싶은 행동들을 선택하고 우선순위를 정하는 프로세스를 설정해야 한다.

내가 의도한 건 그게 아니야!

우리 모두는 큐가 역효과를 내는 것을 경험한 적이 있을 것이다. 좋은 의도로 선수의 움직임을 관찰하고, 오류를 목표로 삼고, 큐를 배치한 후 오류가 악화되거나 새로운 오류가 발생하는 것을 지켜보게 되는 경우가 있다. 이러한 문제는 여러 가지 이유로 발생할 수 있지만, 가장 일반적인 이유 중 하나는 우선순위 목록이 잘못 작성된 경우이다. 잘못된 문제를 목표로 삼았기 때문에 처음에 큐를 발생시킨 문제와 똑같이, 아니 그보다 더 문제가 되는 패턴을 만들게 된 것입니다. 따라서 성공을 위한 언어를 설정하려면 1장에서 논의한 3P 퍼포먼스 프로파일을 검토하고 이 아이디어를 움직임 오류 우선순위 지정 원칙으로 확장하는 것이 좋다.

1장에서 우리는 3P(포지션, 파워, 패턴)의 개념에 대해 논의했다. 나는 이것이 간단한 자연적 습득, 일종의 정신적 모델이라고 주장했는데, 이것은 당신이 자동차의 속성과 유사한 물리적 문제를 다루고 있는지 또는 운전자의 기술과 유사한 조정 문제를 다루고 있는지 식별하는 데 도움이 될 것이다. 이 비교에서 나는 포지션과 파워가 수행능력의 두 가지 핵심 요소라는 것을 알았다. 포지션은 우리가 움직임을 수행하는 데 필수적인 가동성과 안정성을 만들어내는 능력을 알려주고, 파워는 움직임과 연관된 스트렝스와 파워의 질을 표현한다. 이 요소들이 부족할 경우, 목표를 달성하기 위해서는 동작을 조정하는 능력인 움직임 패턴과 병행하여 우선순위로 다루어야 한다. 세 가지 P의 상호작용을 통해 나는 움직임 패턴을 코칭하는 우리의 능력이 선수가 수행할 수 있는 포지션과 그들이 사용할 수 있는 파워의 범위에 의해 제한된다는 결론을 내리게 되었다. 이 책의 목적에 비추어, 우리는 선수들의 머릿속에 있는 아이디어 이상의 것이 조정에 영향을 미친다는 것을 투명하게 이해하면서 패턴을 언어적으로 코칭하는 전략에 초점을 맞춰 이야기를 진행하기로 결정했다.

이제, 패턴을 풀기 위한 접근 방식에 대해 간략하게 설명하고자 한다. 이 책 전체에서 강조했듯이 큐는 정확한 만큼만 효과적이다. 즉, 큐잉의 달인, 말장난의 마법사가 될 수 있지만 큐가 코치할 수 있는 기본 움직임 오류를 무시한다면 그림자만 쫓는 꼴이 될 것이다. 따라서 우리는 언어가 움직임 목표[9]를 달성하는 데 필요한 기술[8]을 반영하는지 확인해야 한다. 이 과정을 정교하게 진행하려면 코치는 움직임 문제의 증상과 문제 자체를 구분해야 한다.

이것을 설명하기 위해 호숫가의 공원 벤치에 앉아 있다고 상상해 보자. 구름 한 점 없는 여름 아침이고 공원은 러닝 하는 사람들로 활기가 넘친다. 각각의 러너를 볼 때마다 문득 뇌리에 스치는 움직임 생체역학에 대한 생각을 멈추기 힘들 것이다. 모든 러너가 당신의 비판으로부터 자유로울 수는 없지만 유독 한 사람의 특이한 패턴이 눈에 띈다. (a) 너무 앞으로 기울어져 있어 넘어져 앞니가 다칠까 걱정될 정도였고, (b) 넘어지지 않으려고 다리를 몸 앞으로 길게 뻗고 있었으며, (c) 뒤쪽 다리는 육상 워밍업에서 볼 수 있는 엉덩이 차기를 하는 듯한 느낌을 준다. 아래에서 볼 수 있듯이 주자는 마치 스케이트보드에서 튕겨져 나온 후 속도를 줄이려고 하는 것처럼 보인다.

위와 같은 가상의 사례는 일상에서도 흔히 보인다. 동네나 공원에서 조깅을 하거나, 주말 5K 대회에서 우리 앞을 지나가는 사람들에게서도 이러한 오류를 본 적이 있을 것이다. 무릎 건병증, 장경인대 증후군 또는 족저근막염 같은 질환들이 종합적으로 달리기 경력을 위협하고 있기 때문에 예외 없이 이런 사람들은 당신의 센터나 클리닉에서도 볼 법한 사람이다. 문제는 코칭의 관점에서 볼 때 어디에서부터 시작하느냐이다. 상체를 똑바로 세우거나, 보폭을 줄이거나, 무릎을 충분히 들어 올리는가? 이 세 가지 문제를 모두 해결 하려고 말(큐잉)을 내뱉었다가는 실패할 것이라는 것을 잘 알고 있을 것이다. 따라서 이런저런 말보다는 신호를 분별하는 데 더 집중해야 한다.

코치와 치료사 모두에게 이것은 너무도 익숙한 시나리오이다. 운동선수가 복잡한 동작 오류를 나타낼 때 어떤 오류를 수정하면 우리가 원하는 패턴으로 동작을 재구성하는 데 도움이 되는지 식별해야 한다. 이러한 패턴의 밑바탕에 깔려 있는 신체적 요소를 평가할 수 있는 도구는 많지만, 표면적인 수준의 협응은 '코치의 눈'에 맡겨야 하는 경우가 많다. 이러한 이유로 우리는 지도하고자 하는 기술에 대해 끊임없이 공부를 해야 하며 기초가 되는 생체역학, 생물생리학 및 생체운동의 속성을 이해하려고 노력해야 한다. 무브먼트의 청사진을 이해하는 데 있어 발전시켜야 할 신체적 자질과 조화롭게 지도할 수 있는 자질이 우선순위가 되어야 한다.

결국 효과적인 큐잉을 위한 전제 조건은 오류 식별 및 우선순위 지정 프로세스에 있다. 그리고 효과적인 큐잉을 위한 원칙을 논의해 왔고 앞으로도 계속 논의할 것인데, 코치가 움직임 오류를 목표로 하는지 아니면 그 반향을 목표로 하는지 이해하는 데 도움이 되는 전략인 우선순위 지정 원칙에 대해 논의할 가치가 있다.

패턴 이전에 포지션positions before patterns

"카누 위에서는 대포를 쏠 수 없다"는 말이 있는데, 아래에서 볼 수 있듯이 대포에 의해 생성된 역동적인 힘이 보트가 가지고 있는 안정적인 힘을 초과하면, 대포알에 대한 움직임이 보트자체의 움직임으로까지 영향을 끼친다는 것을 의미한다. 마찬가지로, 예를 들어 달리는 동안 엉덩이의 동적 힘이 몸통의 안정력을 초과하면, 지면에 대한 동적 힘은 원치 않는 움직임으로 나타날 것이다.

코치와 치료사는 이러한 해부학적 실패를 일반적으로 "에너지 누수"라고 부르는데, 특정 움직임에 대해 움직이지 않아야 하는 관절에 에너지나 움직임이 발생하기 때문입니다. 따라서 "원위 가동성을 위한 근위 안정성"이라고도 부르는 "패턴 이전에 포지션"은 동작 생성 패턴을 목표로 삼기 전에 동작 감소 자세와 관련된 오류를 우선시해야 함을 시사한다. 안정적인 움직임의 기초가 다져졌다고 생각되면 원하는 범위, 리듬, 속도, 즉 원하는 움직임의 범위, 그 움직임의 리듬이나 타이밍, 그 움직임이 실행되어야 하는 속도나 스피드를 파악하여 패턴 자체를 쫓아갈 수 있다.

계속 같은 말을 되풀이해서 이야기하지만 적지 않은 에너지 누수가 가동성, 안정성, 스트렝스 그리고 파워와 관련이 있다. 그러나 우리는 수용력보다는 협응의 관점을 통해서 패턴 이전에 포지션이 결과에 미치는 영향을 고려해 볼 것이다. 특히, 우연이나 선택에 의해, 선수들이 어떠한 개입 없이 지속할 수만 있다면 신체

협응의 기본 지표가 될 이 움직임 전략을 수용할 것이다. 이러한 기본 지표를 변경하기 위해, 우리는 큐를 사용하여 더 나은 결과를 만들어낼 수 있는 아이디어를 선수의 머리에 심어 새로운 움직임 패턴을 만들어볼 수 있다. 충분한 시간이 지나면, 이 새로운 패턴은 자연스럽게 자리 잡게 되고, 업그레이드된 패턴이 나타난다.

우선순위 원칙을 염두에 두고, 호숫가 러너들에게 적용할 수 있는지 보자. 언급했듯이, 당신은 다음 세 가지 오류를 관찰했을 것이다. 패턴 이전에 포지션 원칙을 고려하여 오른쪽 열에서 첫 번째, 두 번째, 세 번째 오류를 찾아 동그라미를 쳐보자.

오류 1	**지나치게 앞쪽으로 쏠린 상체**	**우선순위**	1	2	3
오류 2	**지나치게 앞쪽으로 뻗는 보폭**	**우선순위**	1	2	3
오류 3	**다리가 되돌아올 때 지나치게 엉덩이를 차는 행위**	**우선순위**	1	2	3

당신의 대답에 만족하는가? 패턴 이전에 포지션 법칙을 이용하여 접근했다면, 우리가 첫 번째 우선순위로 정해야 할 움직임인 다리를 당기는 동작을 할 수 있는 안정적인 플랫폼을 제공하기 위해 수직으로 잘 고정된 자세로 있어야 할 몸통(오류 1)을 아주 쉽게 찾아낼 수 있었을 것이다. 구부러진 못을 치면 못을 더 구부러지게 하는 결과를 내듯이 구부정한 몸통 자세로 지면 반발력을 내는 행위는 앞서 언급한 제대로 된 다리 움직임의 기능을 살리지 못한다. 이 오류를 해소하기 위해 "키를 크게 해"라던지 "하늘로 솟구쳐", "지퍼를 잠궈", "거만한 자세로 뛰어", "벨트 버클에 끌려가"와 같은 큐잉들을 사용해 볼 수 있겠다. 특히나, 몸통의 자세를 바로잡았을 뿐인데 나머지 두 오류들이 눈에 띄게 개선되는 시나리오를 볼 수 있기도 하지만, 또 다른 시나리오에서는 아직 개선되어야 할 움직임 패턴들이 남아 있는 채로 이러한 변화들이 실제로 나타나지 않는 경우도 있다. 따라서 자세에서 패턴으로의 전환하면서 지금부터 우리는 어떻게 오류 2와 3을 다뤄볼지 고민해 볼 것이다.

마지막 두 가지 오류는, 발이 지면을 접촉하기 전에 과하게 앞으로 뻗어내는 움직임 그리고 뒷다리를 과하게 위로 당겨오는 움직임과 근본적으로 연관되어 있다. 러너들에게 이러한 과하게 앞뒤로 당기는 움직임을 줄이게 하고 위아래로 밀어내는 움직임을 할 수 있도록 도와줘야 한다. 밀어내는 움직임은 부수적인 기술들이 따라오게 하고 러너가 더 큰 힘으로 강하게 지면을 찰 수 있도록 해줄 것이다. 이렇게 한번 해보라. 평평한 바닥에 담요를 하나 깔아놨다고 상상해 보자. 이 담요의 중심부를 집어 그대로 수직으로 들어올려 텐트 모양을 만들면 담요의 가장자리가 서로 가까워질 것이라는 걸 알게 된다. 이 비유를 그대로 러너의 자세에 대입해 본다면, 담요의 가장자리를 발을 앞뒤로 뻗는 가장 먼 지점으로 상상해 볼 수 있다. 이 가장자리를 한데 모으기 위해서 러너는 이 '담요'의 중심인 무릎을 얼마나 높게 그리고 얼마나 빠르게 들어올릴 수 있을 지에 집중해야 한다. 이렇게 함으로써, 러너는 뒷발이 뒤로 너무 멀어지는 대신에 무릎을 전상방으로 가속하게 되기 때문에 좀 더 적극적으로 뒷다리를 당겨오는 형태를 구현할 수 있다. 결과적으로, 우리는 오류 3을 우선시할 것이며, 오류 2는 스스로 수정될 것이라는 생각이다. 이러한 상황에서 사용해 볼 수 있는 큐잉에는 "무릎에 테이프 조각이 있다고 상상하고, 테이프를 하늘로 날려 보내라", "유리창을 깨부술 것처럼 무릎을 차 올려라", "무릎 위에 차 한 잔을 올려놓았다고 상상하라", "지면에서 달아나라", "공기를 공격해라", 또는 "허벅지를 하늘로 향하게 하라"를 포함할 수 있다.

패턴에 앞서 포지션 원칙이 모든 움직임 시나리오에 적용되지는 않겠지만, 나의 경험과 많은 생체역학적 증거에 따르면 기초부터 다지고 집을 짓는 것은 최악의 결과를 도출하진 않는다. 여기서 더 많은 이야기를 할 수 있지만, 기술 프레임워크와 생체역학을 다루는 다른 책은 많이 있다. 이에 따라 우리는 중단했던 이야기를 다시 시작하여 우리의 언어가 운동선수의 마음과 어떻게 결합되는지 살펴볼 것이다.

무슨 말인가?

코칭 가능한 근본적인 오류를 식별할 때까지 그냥 코칭을 이어갈 수 있지만, 정말 어려운 점은 해결책을 큐잉 속에 녹여내는 능력이다. 각자 자신의 경험을 한번 되돌아보자. 우리가 전달하는 큐의 의미를 선수들이 이해해야 한다는 것부터 생각해 볼 수 있다. 당신이 늘 가르치는 운동을 생각해 보자. 그리고 그 운동의 동작(움직임)을 가르치거나 잘못된 동작을 바로잡기 위해 자주 사용하는 큐들을 생각해 보라. 당신의 기억 속에서, 당신이 전달하는 큐에 호의적으로 반응하지 않은 운동선수를 기억할 수 있는가? 아마도 그렇다는 답이 많을 것이다. 더해서, 어떠한 변화를 이끌어내기 위해 언어를 조정하거나 전략을 바꿔야 했던 상황들을 생각해 볼 수 있을 것이다. 변화가 일어났다면 우리는 큐가 바라던 행동을 정확하게 나타냈다고 말할 수 있다. 그렇지 않으면 효과는 발휘하지 않았을 것이다. 하지만 반응이 없는 운동선수는 언어에 대한 무언가가 그들에게 와닿지 않기 때문에 이 결론에 도달할 수 없는 것처럼 보인다. 이것은 다양한 이유로 발생하며, 그중 가장 간단한 것은 운동선수가 큐의 내용이나 그것이 적용되는 맥락에 익숙하지 않거나, 잘못 해석하거나, 혼란스럽다는 것을 시사하며, 이 때문에 이해에 장벽이 만들어진다.

이것이 어떻게 일어나는지 보여주기 위해, 빠른 움직임을 코칭할 때 행동 단어로 흔히 사용되는 동사를 나열해 보았다. 각 동사 옆에 빈칸이 있다. 각 단어를 읽은 후, 마음에 떠오르는 이미지를 적어보자.

다 적었다면, 당신의 경험을 내 경험과 비교해 본다.

발사하다 ____________________

부러트리다 ____________________

터지다 ____________________

후려치다 ____________________

강타하다 ____________________

찌르다 ____________________

파다 ____________________

펑 하고 터지다 ____________________

폭발하다 ____________________

산산조각 나다 ____________________

때리다 ____________________

쏘다 ____________________

앞의 단어들에 대해 떠오르는 당신의 이미지들이 나의 것과 일치하는가? 몇몇 단어들에서 떠오르는 이미지가 일치하는 경우가 있었을 것이다. 어쨌든, 머릿속에 떠오른 이미지는 당신 과거 경험을 반영하여 발생한 것이다. 이와 같이 같은 단어에 대한 대조적인 시각을 가진 것처럼, 우리가 사용하는 큐의 밑그림들도 선수들의 머릿속에 우리가 의도한 것과 다른 그림을 그릴 것이다. 그러나 일반적으로 이러한 사실이 큐에 대한 선수의 이해력이나 올바르게 해석하는 능력을 제한하는 것은 아니다. 예를 들어 코치가 선수에게 사이드 점프를 하는 동안 더 많은 힘을 생산하도록 하기 위해 "지면에서 폭발해"라는 큐로 유도한다고 상상해 보자. 이 시나리오에서, 코치는 건물 폭발 중에 생성된 힘을 느끼기 때문에 선수가 점프 중에 생성하도록 하고 싶은 힘과 폭발이라는 이미지를 연결하기 위해 선택했을 것이다. 선수가 이와 같은 강력한 폭발을 상상하거나 인지하는 한, 최근에 유튜브에서 '호박이 폭발하는 장면'을 보았기 때문에 폭발하는 호박의 이미지가 떠오른다고 가정해 본다면, 큐와 떠오르는 이미지의 연계성은 유지되고 효과적이어야 한다.

문제는 큐의 의미가 선수에 의해 어떻게든 잘못 해석될 때 발생한다. 예를 들어 코치가 선수에게 스내치로 알려진 올림픽 역도 동작을 하는 동안 바벨을 잡는 방법을 가르치고 있다고 상상해 보자(그림 5.1 참조). 바를 효과적으로 잡기 위해, 선수의 손목은 중립(당기는 동안)에서 약간 신전(머리 위에서 바를 받을 때)으로 이동해야 한다. 이것은 종종 전환turnover이라고 불리는데, 말 그대로 바는 시작 자세에서 위로 당겨서 상단에서 캐치할 때 선수의 손 위에 얹혀지면서 뒤집어진다. 이 동작을 강조하기 위해, 코치는 선수에게 "바를 공간으로 끼워 넣어snap the bar into place"처럼 "바를 스냅해snap the bar" 하도록 한다. 코치의 의도에서, 스냅이라는 단어는 하나의 물체가 "딱" 하고 두 개로 부러지는 의미가 될 수 있고(예: "연필을 스냅"), 두 개의 물체가 하나의 물

그림 5.1 스내치.

체로 "탁" 하고 체결하는 뜻이 될 수도 있다(예: "버튼을 스냅"). 두 시나리오 모두 빠르고 날카로운 소리 또는 감각(즉, 펑, 탁, 퍽 등)과 관련이 있다. 스내치의 맥락에서 보자면, 두 번째 정의가 우리가 의도하는 동작을 설명한다. 따라서 손과 팔뚝(전완)이 손목을 통해 함께 체결되어 바벨이 지지대 위의 제자리에 고정될 수 있도록 하기 때문에 큐의 의도된 해석을 설명한다. 이러한 논리에도 불구하고, 우리는 기껏해야 코치가 의미하는 바를 선수가 이해하지 못하거나, 최악의 경우, 바벨을 상방으로 스냅하라는 뜻을 후방으로 스냅하라는 뜻으로 큐를 잘못 해석하여(즉, 손목을 단단하게 잠그는 대신 손목을 꺾어 젖히는 경우), 손목에 과도한 신전과 움직임의 마지막 단계에서 어깨의 보상작용의 원인이 되는 경우를 생각해 볼 수 있다.

훈련을 진행하면서 목표를 달성하고 긍정적인 효과를 내는 큐들이 많겠지만, 그렇지 못하고 전혀 효과를 못 보는 큐들도 많다. 내 경험에 비추어볼 때 코치들은 종종 은연중에 이것이 선수의 잘못이라고 생각하는 습관을 가지고 있다. 우리는 "학습이 느리다", "주의력이 없다" "연습만 잘한다" 또는 선수의 지능이나 이해력을 폄하하는 표현들에 대해 듣곤 한다. 의사소통은 두 명이서 이뤄지지만, 선수들은 오랫동안 코치의 의사소통 실패에 대한 희생양의 역할을 맡아왔다.

존 우든이 "학습자가 배울 때까지 당신은 가르쳤다고 할 수 없다"고 말한 것처럼, 우리는 선수가 이해할 때까지 당신이 충분히 소통하지 않았다고 똑같이 말할 수 있다. 이 논리에 따라, 코치는 오해나 오해가 발생할 때를 인식하고 적절한 코스 수정을 할 책임이 있다. 코치들이 전달하는 큐가 선수들에게 어떻게 받아들여지는지 표정, 자세 및 움직임의 관찰을 통해 찾을 수 있다면 이는 그렇게 어려운 일이 아니다. 이보다 더 나은 방향은, 새로운 큐를 사용할 때, 선수들에게 직접 "자기만의 언어로 큐를 만들어보세요"라든지 "이 큐가

3차 당기기/전환 받기 리커버리

당신에게 어떻게 받아들여지는지 설명해 주세요"라고 묻는 습관을 가지는 것이다. 이렇게 하면 당신이 원하는 움직임을 선수가 얼마큼 인지하고 있는지에 대한 사전 피드백을 얻을 수 있다.

모든 큐가 시험대 위에 있고 선수의 경험과 인지력이 마치 판사나 배심원 그리고 집행원과 같은 역할을 한다는 것을 알게 되면, 우리는 지속적으로 유리한 판단을 내릴 수 있는 큐잉들을 개발하기 시작할 수 있다. 그러나 이것을 하기 위해, 우리는 우리가 가르치고 있는 움직임과 우리가 바로잡고 싶은 오류를 잘 이해하고 있을지라도, 우리 앞에 있는 선수에게 우리가 사용하는 언어를 적응시킬 수 있는 메커니즘, 프레임워크 또한 필요하다는 것을 인식해야 한다. 이 책임을 소홀히 하는 것은 일관되게 같은 큐를 더 크게, 더 자주 말해야 적응한다는 생각을 가진 코치들의 대열에 합류하는 것이다.

너무 앞서 나가지 않고 코치들이 선수의 필요에 맞게 큐를 변환하여 언어를 조정하는 방법을 간략하게 살펴보자. 우선, 언어를 이해하는 능력, 즉 큐의 내용은 우리가 살아온 시기, 살아온 장소, 누구와 관계를 맺으며 살아왔는지에 따라 직접적으로 영향을 받기 때문에 보편적으로 효과적인 큐는 존재하지 않는다는 점을 잊지 않아야 한다. 따라서 아무도 당신이 자신만의 큐를 시도한다고 해서 비난하는 사람은 없을 것이다. 그러나 혼란에 직면하여 적응하지 못하는 것은 과실에 가깝다. 결국, 우리는 이타적인 커뮤니케이터가 되어야 하며, 이는 우리가 선수들의 경험을 대변하는는 언어를 탐구해야 한다는 것을 의미한다.

스내치의 캐치 부분을 가르치는 코치에게 다시 돌아가서 "바를 스냅해라"라는 큐를 발전시키고 선수의 이해도를 높일 수 있는지 살펴보자. 큐의 의미를 유지하고 싶다고 가정하면 큐 내에서 언어를 빼거나 추가하거나 변경할 수 있다.

적게 말하기

원칙적으로, 작업 기억working memory에 대한 불필요한 부담을 피하기 위해, 우리는 최대한 적게 말하길 원한다. 이를 위해선, 가장 큰 의미를 부여하는 데 필요한 최소한의 단어를 식별하기 위해 노력하는 **린 큐잉**lean cueing이라고 부르는 이것을 연습해야 한다. 따라서 만약 당신이 주저리주저리 잔소리를 한 적이 있다면, 스쿼트 전에 "좋아요. 이제 기억하세요. 가슴을 세우고 키를 크게 하세요. 엉덩이를 낮은 박스 쪽으로 당기며, 무릎을 정렬하는 데 집중하고, 하강하세요. 그리고 바닥에서 힘차게 올라오세요"라고 말했다고 가정해 보자. 그러면 당신의 선수들은 마치 "그래서 내가 무엇을 하기를 원하나요?"라고 말하는 것처럼 당신을 쳐다볼 것이다. 그제서야 당신은 린 큐잉의 중요성을 알아차렸을 것이다. 우리 모두 이런 경험이 있지만, 다음 수행에서는 명확하게 제시할 외적 큐에 대한 우선적인 아이디어를 한두 문장으로 정리했기를 바란다.

이 아이디어와 함께, 우리는 효과적인 큐는 종종 하나 또는 두 개의 실행 단어로 통합될 수 있다는 것을 알게 될 것이다. 예를 들어 단거리 선수와 함께 일하는 코치는 처음에 그들에게 "당신이 할 수 있는 한 폭발적으로 땅을 뒤로 밀어"라고 신호를 보낼 수 있으며, 이는 무엇을 해야 하는지, 즉 "땅을 뒤로 밀어" 그리고 그것을 하는 방법을 "당신이 할 수 있는 한 폭발적으로"라며 명확하게 설명할 수 있다. 인간 언어의 대부분의 특징과 마찬가지로, 일종의 속어로 나타나고, 우리는 그 의미를 잃지 않으며 "땅에서 폭발"이라고 하며 큐를 단축할 수 있다. 결과적으로, 코치는 이 큐를 '폭발'이라는 한 단어로 압축할 수 있으며, 빠르고 공격적인 움직임을 빠른 큐로 전달하기 위해 큰 박수로 강조할 수 있다.

이 두 예의 공통된 특징은 우리가 의미를 잃지 않고 단어를 줄일 수 있다는 것이다. 이제, 우리가 앞선 질문의 큐를 고려한다면, '바를 스냅 하라'가 과연 적절한 줄임말이라고 생각하는가? 선수가 의도된 의미를 잘못 해석했다는 사실을 고려한다면(즉, 바를 밀어 올리는 대신 뒤로 젖히는 것), 우리는 큐가 너무 많은 정보 대신 너무 적은 정보로 인하여 고민하게 되었다고 말하는 것이 맞다. 따라서 우리는 이 상황에서 언어를 추가하는 것이 더 바람직한 해결책이라는 것을 알 수 있다.

더 말하기

너무 많은 정보가 작업 기억을 혼란시킬 수 있는 것처럼, 너무 적은 정보는 분별력을 흐릴 수 있다. 예를 들어 몇 가지 큐를 통합한 후, "당신이 할 수 있는 한 폭발적으로 땅을 뒤로 밀라"와 같은 의미로 거침없이 '폭발'이라는 큐에 대응할 수 있었던 우리의 단거리 선수를 생각해 보자. 이제, 막 입문한 초보 단거리 선수가 우리의 숙련된 단거리 선수 팀 훈련에 합류한다고 상상해 보자. 우리는 코치가 스프린트를 시작하기 전에 팀에게 '폭발'하라고 말하는 상황을 상상해 보자. 이 초보 단거리 선수는 숙련된 팀원들이 무엇을 또는 어디에서 '폭발'해야 하는지에 대한 상황 인지를 못하고 있을 것이다. 신입 러너가 이 큐를 고려할 때, 우리는 다음과 같은 생각들에 공감이 될 것이다. "폭발적으로 솟구칠 것인가 아니면 나갈 것인가?" "폭발적인 팔, 다리, 아니면 둘 다?" "피니쉬 지점을 향해 폭발하는 건가 아니면 스타트에서 폭발적으로 나가는 건가?" 궁극적으로, 우리의 초보 단거리 선수는 그들 스스로 판단해야 하며, 그들의 코치가 무엇을 의미하는지에 대해 지도받은 추측을 해야 한다. 이 시점에서, 선수는 코치가 '폭발'하기를 원한다는 것을 인지하면서 정확하게 추측할 수 있고, 지면을 미는 힘보다 공중에서 더 빠른 '폭발적인 다리 움직임'에 초점을 잘못 맞춰 추측할 수도 있다. 또는 전체 큐잉 계획을 포기하고 "그냥 빨리 달려라"라는 유형으로 되돌릴 수 있다.

사실, 코치들이 큐를 전달하기 전에 수준 있는 설명과 시연을 제공하는 데 시간을 할애한다면 이러한 혼란과 오해의 대부분은 피할 수 있다. 그러나 큐가 그 자체로 기능을 하기 위해서는 두 가지 근본적인 정보가 필요할 것이다. 무엇what이 그리고 어떻게how, 즉, 선수가 원하는 결과를 달성하기 위해 무엇을 해야 하는지 - "지면을 뒤로 밀기" - 그리고 그들이 그것을 달성하기 위해 어떻게 해야 하는지 - "당신이 할 수 있는 한 폭발적으로." 코치가 무엇만 제공한다면, 운동선수는 이것을 가장 잘 달성하는 방법을 해석해야 한다. '강력하게', '점진적으로', '빨리' 또는 '조용히'. 마찬가지로, 코치가 방법만 제공한다면, 선수는 가장 적합한 목표를 식별할 수 있다. "이것을 옮겨, 저것을 옮겨" 또는 "여기로 가 거기로 가". 따라서 서둘러 우리의 신입 단거리 선수가 길을 잃었다는 것을 인식하고, 코치는 완전한 맥락과 함께 더 완성된 버전의 큐를 제공함으로써 '폭발'을 사용할 수 있다. "확실히 말해서, 나는 당신이 지면을 강하게 밀어서 폭발하는 데 집중하기를 바란다."

만약 이 논리를 우리의 큐인 "바를 스냅해"에 적용한다면, 우리는 그것이 명확한 목표를 가지고 있지 않기 때문에 분별하기 어렵다는 것을 알 수 있다. 따라서 '무엇'을 명확히 해야 한다. 특히, 스냅이라는 단어는 '분리하다'는 의미 또는 '하나로 합치다'는 의미로 해석될 수 있기 때문에, 선수가 이 큐를 손목과 팔을 분리시켜 바를 뒤로 젖히라는 의미로 해석하여 마무리 동작을 망칠 수도 있다는 것을 쉽게 알 수 있다. 이것을 피하기 위해, 우리는 목표를 명확히 해야 하며, 방향where을 추가하여 더 높은 선명도의 무엇을 만들어내야 한다. 예를 들어 "바를 천장을 향해 스냅해"는 선수가 잘못 이해할 여지는 최소한으로 줄여주고, 이 방법은, 바를 뒤로 젖히는 대신 위로 뻗게 하며 만들고자 하는 기술을 은연중에 이끌어낸다. 다음 6장에서 논의할 것처럼, 마지막에 비유를 따라보면 이 큐의 시각적 가치를 높일 수 있다. "마치 젖은 수건을 천장에 후려치려는 것처럼 바를 천장으로 던지세요"라는 비유를 추가함으로써, 우리는 비슷한 손목 역학이 필요한 유사한 움직임 상황을 제공할 수 있다. 선수가 젖은 수건을 후려쳐본 경험이 있다고 가정하면, 수건을 후려치는 느낌을 바를 스냅하는 느낌에 대입해 볼 수 있다. 선수가 기존에 가지고 있던 움직임 기억의 흔적을 활용하여 우리는 학습 장벽을 낮출 수 있다.

다르게 말하기

말을 더하거나 줄이는 것에 효력이 없고 그저 그런 닳고 닳은 큐로 올바른 움직임을 위한 오류 수정을 목표로 하고 있다면, 사용하는 언어를 통째로 바꾸고 싶다는 생각이 들 수 있다. 외적 큐와 달리, 내적 큐에는 사용 가능한 구문의 수가 신체의 사용 가능한 관절과 근육의 수와 같기 때문에 언어에 제한이 있다. 예를 들어 누군가에게 "엉덩이를 넓히는 데 집중하라"고 말했다면, 당신의 사용할 수 있는 내적 큐는 이미 바닥이 났다. 이 큐가 효과가 없다면 어떻게 할 것인가? 다행히도, 우리는 당신이 거의 무한한 방식으로 동일한 움직임을 유도할 수 있는 외적 큐의 창고를 활용할 수 있다. 그 이유는 외적 언어의 언어적 특성과, 앞으로 보게 되겠지만, 유추로 귀결된다.

이 아이디어를 조명해 보기 위해, 야구 코치가 지도하는 투수 중 한 명에게 마운드를 강하게 찰 수 있도록 돕는 것을 상상해 보자. 이것을 위해, 코치는 투수에게 '엉덩이와 무릎을 강하게 펴는 것'에 집중하라고 말한다. 이 큐는 기술적인 중요도를 제공할 수 있지만, 전체 피칭 모션과 연결이 끊어지고 계속 새로 시작해야 한다. 이를 위해, 코치는 홈 플레이트를 향해 빠르게 밀어서 수평력을 극대화하기 위한(상체 움직임과 함께 엉덩이, 무릎, 발목의 협응을 통해 몸을 펴는 것) 기술적 목표와 그 목표가 어떻게 달성되어야 하는지를 식별해야 한다. 이 정보를 염두에 두고, 코치는 그의 투수들의 다양한 선호도에 맞춰 외적 큐를 설계할 수 있다. 특히, 피칭 코치가 하나를 선택하기 위해 여러 큐를 실용적이게 설계하는 것에 의문을 가지고 있다면, 사람들이 신발을 구매하기 전에 여러 켤레를 신어보고 싶어 하는 것처럼, 선수들도 마음을 정하기 전에 몇 가지 사고방식을 시험해 볼 수 있는 기회를 긍정적으로 생각할 것이라는 것을 상기시킬 수 있다. 피칭 코치가 이 관점에 대해 열려 있기 때문에, 우리는 코치가 전달하고자 하는 핵심 의미를 유지하는 큐잉 샘플을 고려할 수 있다 (다음 페이지 참조).

이 큐들은 하체에 중점을 두고 있지만 하지만, 이 큐를 구성하는 언어들은 각각의 큐에 내재하고 있는 에너지와 방향이 던지는 움직임의 전반적인 본질인 전진하는 힘forward momentum에 반영되기 때문에 빠르고 정확한 피치를 던지는 궁극적인 목표를 벗어나지 않는다. 우리가 하고 있는 것은 엉덩이, 무릎 그리고 발목에서 동시에 빠르게 펴는 순간을 권장하는 다양한 방법을 모색하는 것뿐이며, 이는 수평 파워를 개선하고 하체에서 상체까지 적절한 양의 힘의 전이로 인해 피치 속도의 개선으로 이어질 것이라는 것을 알고 있다. 공통된 의미를 가지는 다양한 큐를 분류함으로써, 코치는 각 운동선수의 뚜렷한 요구에 빠르게 적응할 수 있으며, 혼란스러운 생각에 주의력 향상이 필요할 때마다 이 큐를 창고에서 꺼내어 볼 수 있다.

마지막 연습으로, '바를 천장에 스냅'하는 스내치 기술 큐에 이 접근 방식을 어떻게 적용할 수 있는지 보자. 기억하라, 우리는 바가 수직으로 가속되고 팔이 구부러진 상태에서 하이풀 자세, 펼쳐서 받는 자세로 전환하여 바를 오버헤드 동작으로 받으며 제어하기 위해 단단하고 안정적인 상체를 만들 수 있다.*

이제 당신 차례이다. 우리가 4장에서 했던 것처럼, 나는 당신이 움직임이나, 그 움직임 내의 핵심 기술의 오류 또는 결과, 그리고 움직임의 단계를 가르치거나 수정하는 데 사용하는 일반적인 큐를 식별하기 바란다. 이것을 정리한 후, 빈칸에 동일한 의미를 부여하는 세 가지 외적 큐를 생각해 보자. 말을 더하거나, 빼거나, 변경해 보자. 당신이 변환하는 각 큐에 대해, 당신이 사용한 전략에 동그라미를 그려보자.

* "바를 천장에 스냅하라"는 신호는 바의 지속적인 수직 상승을 시사하지만, 현실은 부하가 무거워짐에 따라 바의 수직 움직임이 줄어들 것이라는 것이다. 따라서 운동선수가 그것을 잡으려면 바 아래로 자신을 끌어당겨야 하는 시점이 올 것이다. 이 시점에서, 큐들은 일반적으로 '바를 천장으로 옮기는 것'에서 '바 아래로 가는 것'으로 바뀔 것이다. 역학은 동일하다. 그러나 큐는 바를 오버헤드로 받는 데 사용되는 사고 전략을 바꾸는 역할을 한다.

움직임: ______________________________

움직임 오류 또는 결과: ______________________________

메인 큐: ______________________________

변환 큐 1: ______________________________

전략 선택: 더하기 빼기 바꾸기

변환 큐 2: ______________________________

전략 선택: 더하기 빼기 바꾸기

변환 큐 3: ______________________________

전략 선택: 더하기 빼기 바꾸기

어땠나? 이 연습이 쉬웠나, 어려웠나? 몇몇 사람들은 큐를 창안하는 데 흥미를 가지고 있다는 것을 알게 될 것이지만, 대부분의 사람들은 그렇지 않을 것이다. 사실, 나는 내가 편안하게 코칭할 수 있는 언어에 굳어졌다고 느낀 사람들 중 한 명이었다. 부산물로서, 나는 내 큐잉의 안락 지대에서 벗어나는 것이 어렵고 내 딱딱한 큐잉 방식으로 되돌리기가 너무 쉽다는 것을 알았다. 하지만 나는 단념하지 않았고, 당신도 그렇게 해서는 안 된다. 왜냐하면 큐잉은 습관이고, 습관은 올바른 도구로 바꿀 수 있기 때문이다.

"천장을 향해 바벨을 던져"

"바벨을 천장에다 후려쳐."

"수직으로 당기고 늦게 낚아채."

"공격적으로, 바벨 아래로 몸을 끌어당겨."

코치로서 우리는 변화를 주도하는 데 필요한 증거 기반 도구와 시스템에 꽤 익숙하다. 영양사들은 운동 선수의 매크로 및 마이크로 영양소 요구를 목표로 하는 식사 계획을 설계한다. 스트렝스 코치는 각 횟수, 세트 및 부하가 시기적절한 결과를 제공하기 위해 주기적으로 처리되도록 정확한 세부 사항으로 프로그램을 설계한다. 치료사들은 신체의 부상 부위를 회복하고 보강하는 데 필요한 시간과 운동을 고려하여 복귀 과정의 각 단계를 계획한다. 따라서 우리가 하는 일을 추진하기 위해 사용하는 시스템의 중요성과 필요성을 인식한다면, 이론상 우리에게 그것을 하는 방법을 보여주는 일련의 시스템에 동등한 중요성과 필요성이 부여되어야 하지 않을까?

PART 1. 3D 큐잉

만약 여러분이 저와 같이 해외로 출장을 자주 나가는 사람이라면 공항에 일찍 도착하는 데 특히 신경을 많이 쓸 것이다. 즉, 전날 밤 새벽 4시 택시를 예약하기 전에 비행 시간을 확인하고 어떤 경로로 갈지 미리 파악할 것이다. 생각해 보면 생활의 많은 부분이 말 그대로 비슷한 내비게이션 알고리즘에 의해 안내된다.

당신은 당신이 가는 곳과 거기에 있어야 하는 시간에 따라 알람시계를 설정할 것이다. 점심 먹으러 어디로 갈지, 길 건너편에 있는 샌드위치 가게 또는 길 아래에 있는 샐러드 가게를 결정할 때 가게 중 어디로 갈지, 당신은 다음 회의 전에 얼마나 많은 시간이 있는지 고려한다. 그리고 스포츠에서도 축구와 럭비를 예로 들자면, 선수들은 슛을 하거나 득점을 시도하기에 충분한 위치에 있는지, 아니면 공을 패스하는 것이 더 나은지 빠르게 계산해야 한다. 모든 경우에, 우리는 공간과 시간이라는 경험의 요소를 조각하고 있다.

생각해 보라. 그것이 생각이든 행동이든, 우리는 공간(환경)을 탐색하고 있으며 일정 시간 내에 그렇게 하고 있다. 공간과 시간은 종종 우리의 잠재의식의 영역이지만, 행동에 미치는 영향을 덜 현실적으로 만들지는 않는다. 크리스마스 저녁 식사에서 할머니를 위해 의자를 얼마나 빨리 밀어 넣을지 결정하는 것부터 좁아지는 엘리베이터 문을 통과하기 위해 얼마나 빨리 달려야 하는지, 당신의 두뇌는 탐험할 물리적 공간과 그것을 탐험하는 데 필요한 시간 측면에서 목표를 계산한다.

지식인들은 오랫동안 공간과 시간을 인간 사고의 기본으로 여겨왔다. "공간과 시간은 정신이 현실에 대한 경험을 구성하는 데 제약을 받는 틀이다"라고 말한 유명한 독일 철학자 임마누엘 칸트부터 "공간과 시간은 우리가 생각하는 방식이다"라고 말하며 이 견해를 뒷받침한 알버트 아인슈타인까지, 이 견해를 뒷받침하는 학자들의 영향력은 상당하다. 그러나 자신의 머릿속을 탐색하는 것 이상으로 나아가면 과거, 현재, 미래의 광활한 풍경 속에서 현실을 구성하는 시간 기반 사고의 무한한 예를 발견하게 될 것이다.

그렇다면 이것이 왜 우리의 이야기에 중요한가, 그리고 이것이 큐와 어떤 관련이 있나? 간단히 말해서, 모든 움직임이 공간과 시간의 관점에서 설명될 수 있고, 우리가 하는 모든 사고가 공간과 시간의 구조에 의해 제약을 받는다면, 그렇다면 이것이 우리 이야기에 왜 중요하며 큐잉과 어떤 관련이 있을까? 간단히 말해, 모든 동작이 공간과 시간의 관점에서 설명될 수 있고, 모든 사고가 공간과 시간의 구조에 의해 제약을 받는다면, 우리의 큐에도 유사한 동작을 유도하는 DNA가 포함되어야 한다고 주장할 수 있을 것이다. 그리고 인간의 DNA가 기능을 가진 유전자로 구성되어 있는 것처럼 큐에도 거리, 방향, 설명을 위한 유전자로 구성된 고유한 유전 암호가 있다는 것은 놀라운 일이 아니다.[31]

실제 GPS가 좌표, 경도 및 위도를 필요로 하는 것처럼, 큐는 초점의 주제가 될 공간을 정의하기 위해 거리와 지침이 필요하다. 이와 함께, 거리와 방향은 탐색할 물리적 공간이나 이 공간 또는 저 공간으로의 이동, 그리고 그것을 탐색하는 데 필요한 정신적 공간을 함께 표현하고, 이것저것에 집중한다. 그러나 큐는 시간의

방향
"덤벨을 천장을 뚫고 나가도록 강타하는 것에 집중해 보자."
거리
설명

방향
"스타트 블록에서 발사해 나아가는 데 집중해."
거리
설명

요소 또한 전달해야 하기 때문에 공간은 이 이야기의 절반에 불과하다. 이 기능이 없다면, 선수는 정의된 공간을 통해 "빠르든 느리든, 난 그냥 모르겠어"와 같이 가장 잘 움직이는 방법을 알 길이 없을 것이다. 다행히도, 이 타이밍 요소를 설명하기 위해, "망치로 내려쳐", "바를 밀어", "공격적으로 몰아붙여"와 같이 큐에는 행동 언어를 통한 움직임에 대한 설명이 포함되어야 한다. 혹은 "마치 망치로 못을 치듯이 내려쳐라", "차에 치이기 일보직전인 사람을 구하기 위해 밀어내듯이 바를 밀어라"와 같은 비유를 사용해야 한다. 거리distance, 방향direction, 설명description이라는 세 가지 D를 사용하면 코치가 원하는 운동 결과를 선수 개인의 언어에 맞고 신속하게 적응시킬 수 있는 생각의 기준/틀을 만들 수 있다.

각 D를 개별적으로 들여다보기 전에, 각 D를 구분할 수 있도록 몇 가지 예를 살펴보자. 여기 각 D가 적절하게 표시된 세 가지 단서가 있다.

자, 이제 당신 차례이다. 다음을 보면, 설명된 세 가지 동작들을 더 보게 될 것이다. 지침을 따르고, 마지막에 검토해 보도록 하자.

▸ 예시 1

예시 큐 내에서 식별된 각 단어에 대해, 거리, 방향 또는 설명으로 표시하라.
각 라벨은 한 번만 사용해야 한다.

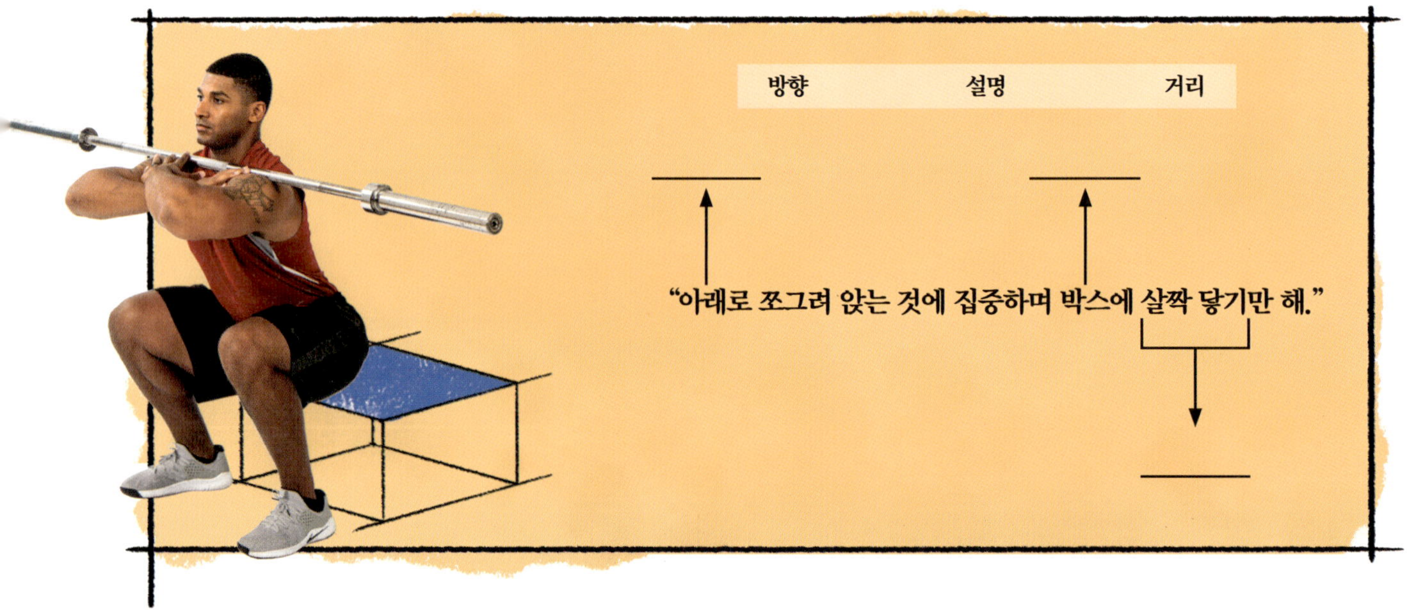

▸ **예시 2**

큐를 읽은 후, D로 시작하는 보기의 세 단어를 해당되는 단어로 연결하는 선을 그려보라.
각 라벨은 한 번만 사용해야 한다.

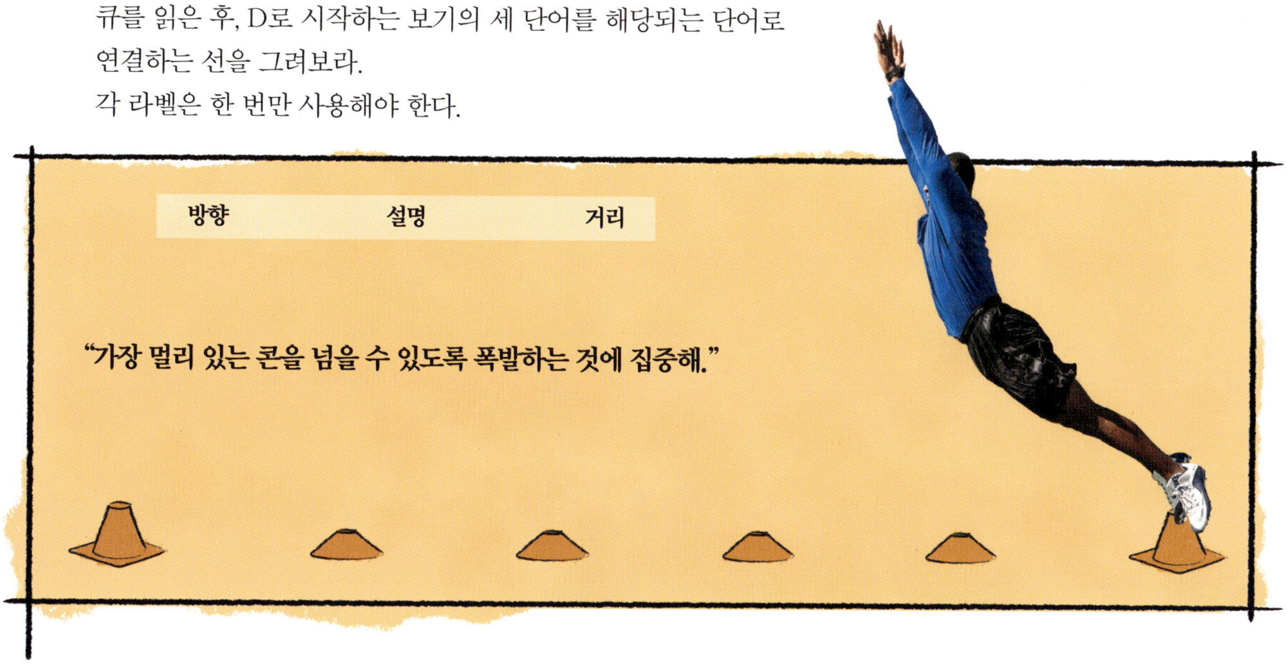

▸ **예시 3**

움직임과 목표로 하는 움직임 오류 또는 결과를 식별하라. 마지막 칸을 사용하여 세 개의 D를 모두 포함하는 외적 큐를 만들고, 해당되는 단어를 주어진 세 단어에 연결하는 선을 그려 예제 2에서 했던 것처럼 각 D에 레이블을 지정해 보자. 각 레이블은 한 번만 사용해야 한다.

움직임 이름: ______________________

움직임 오류 또는 결과: ______________________

큐: ______________________

방향 **설명** **거리**

각 큐에 담긴 DNA를 식별하는 방법을 이해했다면, 이제 각 D를 작업 중인 선수와 작업 상황에 맞게 조작하는 방법을 논의할 수 있는 포지션에 서게 된 것이다. 4장에서는 큐를 분류하는 방법을 배웠다. 이제 큐를 만드는 과정을 살펴보자.

답변
예 1: 거리='박스', 방향 ='아래', 설명='살짝 당기만'
예 2: 거리='콘', 방향='넘어', 설명='폭발'

거리

4장에서 우리는 카메라의 줌 렌즈와 큐를 비교했고, 우리가 완전히 확대되었을 때 가까운 내적 큐(예: 패스 중 손목 움직임에 초점을 맞추는 것)와 완전히 축소되었을 때 외적 큐(예: 패스를 받는 선수에 초점을 맞추는 것)가 있다고 제안했다. 큐는 우리의 관점이 신체의 경계를 넘어서야 한다는 것을 분명히 보여주었지만, 우리는 아직 외적 큐가 내적 큐보다 상대적으로 장점이 크다는 것에 대한 어떠한 증거도 제공하지 못했다. 다행히도, 연구에 얽힌 강력한 이야기가 있다.

명확하게 하기 위해 큐에서 말하는 거리를 도구 기반(예: 야구, 골프)과 도구 기반이 아닌 움직임(예: 전력 질주, 점프)으로 구분하여 설명하겠다.

도구 기반 운동

골프와 야구는 초점 거리가 운동 학습과 퍼포먼스에 미치는 영향을 연구하는 데 특히 유용했다. 4장에서의 기억을 더듬어보면, 울프와 동료들[19]은 초보 골퍼들이 '공의 궤적과 … 목표'라는 멀리 있는 외적 큐에 초점을 맞추는 것보다 반대되는 가까운 외적 큐인 '클럽의 진자와 같은 움직임'에 집중할 때 칩샷 정확도가 더 낫다는 것을 발견했다.

자연스럽게 연구자들은 초보자가 외부에 집중하는 것이 도움이 되는 것처럼 보인다면, 프로 골퍼도 마찬가지일지 궁금해했다. 이 질문에 답하기 위해, 벨과 하디[32]는 33명의 핸디캡이 9.4 미만인 숙련된 골퍼를 모집했다. 참가자들은 세 그룹으로, 각 그룹은 '팔의 움직임 … 그리고 … 임팩트를 통한 손목의 힌지'에 대한 내부 초점을 사용하여 연습, '스윙을 통한 클럽 페이스, 특히, 충격을 통해 클럽 페이스 스퀘어 유지'에 대한 가까운 외부 초점, 또는 '공의 비행거리 … 그리고 … 그들이 의도적으로 공을 설정하려는 방향과 같은 멀리 있는 외부 초첨'으로 나뉘었다. 울프의 작업과 마찬가지로, 참가자들은 가능한 한 22야드(20m)의 깃대에 가깝게 공을 보내기 위해 노력했다. 할당된 초점을 사용하여, 참가자들은 10번의 워밍업 샷을 수행한 후 정상적인 조건에서 10번의 샷을 세 블록, 높은 불안정한 조건에서 10번의 샷을 두 블록을 수행했다. 예상대로, 두 조건 모두에서 외부 초점 그룹은 내부 초점 그룹보다 훨씬 더 정확했다. 그러나 초점 거리에 대한 우리의 토론과 관련하여, 전문가들은 가까운 외부 초점에 비해 먼 외부 초점을 사용하여 가장 잘 수행했다.

롭 그레이가 야구에서 찾은 결과와 함께 이러한 발견을 고려한다면, 집중된 초점과 거리 사이의 교차점이 드러난다. 간단히 말해서, 전문가들의 퍼포먼스는 외부 초점이 도구(가까운)에 비해 결과(멀리)에 있을 때 최적화되는 반면, 초보자[8, 20]에게는 그 반대가 된다. 전문가들에게, 먼 외부 초점의 부차적인 이점은 그들의 움직임에 대한 불필요한 의식적 통제를 줄인다는 것이며, 이는 경험이 없는 사람보다 경험자에게 더 불리하다는 것을 알고 있다.[3] 이 발견은 숨막힘에 대한 우리 토론의 측면에서 고려할 때 의미가 있다. 경험이 거의 없는 초보자들은 그들의 움직임을 도구의 움직임에 고정함으로써 이점을 얻는 반면, 도구를 운동 기억에 통합한 지 오래된 전문가들은 자신의 움직임을 신뢰하고 달성할 수 있는 명확한 결과를 제공하는 것이 더 낫다. 실질적으로 말하자면, 전문가들이 가까운 외부 초점의 혜택을 받지 못하는 것은 아니다. 왜냐하면 그들은 그렇게 하기 때문이다(예: 30). 단지, 성과가 목표일 때, 특히 스트레스가 많은 연습이나 경쟁의 한가운데서, 코치들은 가까운 외부 초점보다 먼 외부 초점에 우선순위를 정하는 것을 고려해야 하며, 원하는 결과를 명확하게 만들 수 있다.

분명히 말해서 나는 우리가 충분한 증거를 가지고 있다고 믿지 않을뿐더러, 내 경험상 마찬가지다. 전문가들은 모든 상황에서 가장 먼 외부 초점인 결과에 집중해야 한다. 특히 기술의 변화를 원한다면, 전문가들은 배트, 클럽, 라켓 또는 헐리의 움직임에 집중해야 할 때가 많을 것이다. 그러나 운동선수가 기술이 발전함에 따라, 그들의 초점도 도구에서 결과로 발전하기 시작할 수 있다.

비도구 기반 운동

여러분이 NFL 콤바인에 참가하여 멀리뛰기 라인에 막 들어섰다고 상상해 보자. 1위 경쟁자가 콤바인 신기록을 세우는 것을 본 순간, 자신이 훈련에서 꾸준히 그 거리를 뛰어넘어 왔다는 생각에 심장이 뛰기 시작한 훈련 파트너가 고개를 끄덕이며 신기록 근처에 미니 밴드를 자연스럽게 떨어뜨리며 시각적 표시를 해준다. 마지막 심호흡을 하며 부하를 신고 폭발적으로 점프를 한다.

지어냈지만 절대 무시할 만한 이야기가 아니다. 장담하건대, 내 선수들이 멀리뛰기를 위해 줄을 설 때마다, 모든 선수의 최고 기록을 표시하기 위해 미니 밴드가 나올 것이라고 확신해도 좋다. 마찬가지로, 선수들이 점프 높이를 나타내기 위한 탭이 있는 수직 점프 장치인 Vertec으로 올라갈 때, 그들은 필연적으로 명확한 타깃을 남기고 자신의 개인 최고치 바로 아래의 탭을 치라고 요청할 것이다. 그렇다면 점프 수행 중에 이러한 행동이 왜 그렇게 흔할까? 운동선수에게 이것 말고도 더 나은 성과를 낼 수 있다는 확신을 주는 시각적 타깃은 무엇일까?

이 질문에 답하기 위해, 제러드 포터와 그의 동료들은 초점 거리가 점프 거리에 영향을 미치는지 확인하기 위해 일련의 연구를 공식화했다. 그들의 첫 번째 연구에서, 포터와 그의 팀[33]은 멀리뛰기 경험이 없는 학부생들이 내적으로 '가능한 한 빨리 무릎을 뻗는 것'에 집중하는 것에 비해 외적으로 '가능한 한 출발선에서 최대한 멀리 점프하는 것'에 집중할 때 훨씬 더 멀리 뛰었다는 것을 보여주었다. 아직 놀라기는 이르다. 포터는 초점 거리를 늘리는 것의 효과를 평가하기 위해 다른 학부생 그룹을 모집했다.[22] 이전에 언급한 것과 같은 가까운 외적 큐를 사용하여, 포터는 참가자들이 '가능한 한 콘[시작선에서 3야드(3m) 설정]에 가깝게 점프하는 것'에 집중하도록 먼 외부 초점을 추가했다. 흥미롭게도, 포터는 먼 외부 초점이 가까운 외부 초점보다 훨씬 더 큰 폭으로 점프를 했다는 것을 발견했다. 최종 연구에서, 포터는 디비전 I 선수들을 모집하고 그의 처음 두 연구의 큐들을 하나로 압축했다.[21] 도구 기반 섹션에 언급된 결과에 맞춰, 두 외부 초점 조건 모두 내부 초점 조건보다 훨씬 더 멀리 점프를 했다. 먼 외부 초점 조건에서는 전체적으로 최고의 결과를 냈다. 따라서 포터와 그의 동료들은 선수와 비선수 모두 먼 외부 초점이 가까운 외부 초점에 비해 훨씬 더 많은 이점을 얻는다는 것을 발견했다.

도구 및 비도구 기반 연구의 결과를 결합하면, 초점 거리에 대한 형태와 기능이 밝혀진다. 우선 숙련 단계의 일부분은, 과정을 의식적으로 생각할 필요 없이 움직임의 결과에 완전히 수반되는 능력이라는 데 동의하자. 따라서 도구가 관련되어 있든 없든, 우리는 선수가 운동에 대한 경험이 많을수록, 그들이 먼 외부 초점의 이점을 받을 가능성이 더 높다고 말할 수 있다. 그와는 대조적으로, 선수가 경험이 적을수록, 그들은 가까운 외부 초점의 이점을 받을 가능성이 더 높다. 기억하자. 이것들은 의무가 아니라 고려 사항이다. 왜냐하면 이 연구 분야는 더 광범위한 움직임 정보의 범위로 확장할 수 있는 충분한 여지가 있기 때문이다. 즉, 증거는 하나의 큐로 짜여진 거리* 초점이 퍼포먼스에 실질적인 영향을 미칠 것이며, 따라서 패턴이나 퍼포먼스의 변화를 원하는 경우 조정할 수 있는 변수 중 하나로 간주되어야 한다는 것을 분명히 보여준다.[9]

* 일부 증거는 달성 가능성이 거리 효과에 영향을 미친다는 것을 보여준다. 예를 들어 세릴 코커[9]는 내적 큐에 비해 외적 큐에서 너 번 수평 섬프 거리의 결과를 내었고, 한 참가자가 점프한 가장 먼 거리에서 콘(즉, 외부 초점)을 설정했을 때, 고정된 3야드(3m) 거리에 콘을 설정하는 것보다 더 나은 점프 결과를 보였다. 이것은 성취 가능성이 외부 초점의 두드러진 역할을 할 수 있음을 시사한다. 즉, 성취할 가능성이 있다면 그렇지 않은 상황에 비해 더 많은 노력을 기울이는 경향이 있다. 이것은 특히 탄도, 파워 기반 움직임들을 위해 큐 내에서 거리의 변수를 설정할 때 고려해야 한다.

거리 조정하기

앞서 논의된 예시에서 알아챘겠지만, 큐가 거리를 명시적으로 언급하는 경우는 거의 없을 것이다. 오히려, 큐는 선수가 그들의 신경을 집중시키기 위해 사람, 장소 또는 사물과 같은 명사로 분류된 단어들을 제공할 것이다. 예를 들어 수직 점프를 할 때 향상된 점프 높이를 유도하기 위해서는 아래 그림에서처럼 두 가지 큐를 고려해야 한다.

각 큐의 근본적인 목적은 점프 높이를 극대화하는 것이지만, 어떤 경우에는 천장이 내가 가는 곳이기 때문에 도착에 초점을 맞추고, 다른 경우에는 바닥이 내가 출발했던 곳이기 때문에 출발에 초점을 맞추는 방식으로 이러한 결과를 유도한다. 따라서 해당 명사는 거리의 출처이므로 초점을 전진시키거나 후퇴시키려는 경우 변경해야 할 대상 단어이다.

이 예시의 흐름에 따라, 테니스공을 치기 위한 또 다른 큐를 고려해 보자. 예시 1 : '라켓'의 중심으로 '공' 중심을 가격하라. 예시 2 : '베이스라인' 바로 안쪽으로 '공'을 쳐내는 데 집중하라.

"천장을 향해 폭발하는 것에 집중하라."

"지면으로부터 폭발하는 것에 집중하라."

거리를 전달하기 위해 단일 명사를 사용한 점프에 사용되는 큐와는 달리, 도구 기반 기술을 겨냥한 큐는 도구 또는 공의 동작을 결과 자체에 연결하는 두 개의 명사를 활용하는 것이 일반적이다. 예시 1에서 볼 수 있듯이, 라켓 움직임은 동작 패턴의 반응이기 때문에 라켓과 공은 가까운 외부 초점을 유도하기 위해 협력한다. 그와는 대조적으로, 예시 2는 볼과 베이스라인이 결과에 초점을 맞추기 위해 정렬되기 때문에 먼 거리 외부 초점이다. 앞전의 큐 세트의 경우와 마찬가지로, 명사는 초점이 배치된 위치를 조정하기 위한 열쇠이며, 이런 식으로 큐의 줌 렌즈를 제어한다.

방향

우리가 사용하는 큐가 지도하는 선수를 우리가 의도하는 물리적 공간으로 정확하게 안내되게 할 수 있도록 하기 위해 거리나 방향을 더할 수 있다. 만약 거리가 우리가 공간에서 어디에 집중해야 하는지를 나타낸다면, 그 지시는 우리가 한 공간에서 어느 지점으로 이동하고 있는지 또는 그 지점에서 어느 공간으로 이동하고 있는지를 나타낸다. 큐의 구성 요소를 설명하려면, 다음 예를 고려해 보자.

예시 1

"덤벨을 벤치에서 멀리 밀어내는 데 집중해라."

예시 2

"덤벨을 천장으로 밀어 올리는 데 집중해라."

두 큐 모두 폭발적인 움직임을 강조하고 있지만, 예시 1은 선수들에게 "멀리 … 밀어"라고 말하고, 예시 2는 선수들에게 분명한 방향 차이인 "… 향해 밀어"를 권하고 있다. 큐가 가까운 거리, 덤벨이 벤치로부터, 멀리, 덤벨을 천장으로 이동한다는 점에 주목하는 것은 흥미롭다. 거리와 방향이 함께 결합되어 선수가 움직이는 공간을 정의하는 것이 그리 놀라울 일은 아니다. 따라서 운동선수가 무언가를 향해 움직이도록 유도하는 큐가 거의 항상 먼 외적 큐인 반면, 운동선수가 무언가로부터 멀어지도록 유도하는 큐는 거의 항상 가까운 외적 큐다. 우리는 일반적으로 가까운 것에서 더 먼 것을 향해 나아가기 때문에 이 방식은 논리적이다. 여기 이 부분을 전달하는 데 이해를 돕기 위한 몇 가지 예가 더 있다.

대부분의 큐에 방향적인 요소가 뚜렷하게 있지만, 실제로 이 부분에 대해 연구된 자료는 없다. 이것이 의미하는 바는, 어느 지점으로부터 멀어지는 큐이든, 피니시 지점같이 움직임이 끝이 나는 지점으로 중점을 둔 큐이든, 어느 것이 더 최상의 움직임 결과를 가져올지 우리는 알 수 없다는 것이다. 하지만 포터와 그의 동료들의 연구를 재해석해 보자면, 방향 대신 거리를 평가하는 것은 보이지 않던 관점을 드러나게 한다. 멀리뛰기에서 연구원들이 사용했던 가까운 외적 큐, "출발 라인을 지나 최대한 멀리 뛰어", 그리고 먼 외적 큐, "최대

"지면으로부터 당겨."

vs

"바지 주머니 쪽으로 당겨."

"지면으로부터 폭발해 나가."

vs

"피니시 지점을 향해 폭발해 나가."

"지면을 밀어내."

vs

"지면으로 강하게 눌러."

한 콘에 가깝게 뛰어"를 기억해 보자. 가까운 외적 큐에서 '출발 라인을 지나'에서 어떤 것으로부터 멀어지는 것의 언급을, '콘에 가깝게'에서 나아가는 언급을 볼 수 있다. 이 글을 통해서 우리는 먼 외적 큐가 가까운 외적 큐에 비해서 더 나은 멀리뛰기 결과를 가져왔다는 결론을 낼 수 있고, 앞으로 나아가는 외적 큐가 어느 지점으로부터 멀어지는 큐에 비하여 더 나은 점프 퍼포먼스를 만들어냈다는 결론을 낼 수 있다.

포터의 연구 관점에서는 가능하지만, 더 많은 연구가 완성되기 전까지 나는 이 해석에 대해 지나치게 의존하지 않도록 주의를 주고 싶다. 대신에, 좀 더 자신이 지도하고 있는 운동의 본질을 고려하고 큐의 방향성 변화가 움직임에 대한 이해와 실행 능력을 향상시키는 데 유용할 수 있는지 평가할 것을 권한다. 예를 들어 던지기 동작은 하체와 상체에서 동시에 조화로운 움직임을 요구하는 전신 움직임이다. 투구를 예로 들어보자. 투수에게 하체에 중점을 둔 큐를 할 때 마운드에서 멀리 던지라고 말하는 코치는 없을 것이다. 그에 반해 상체에 중점을 둔 큐는 홈 플레이트의 기준에서 투수를 공에 집중시키고 전방을 향하게 한다. 이는 당신이 기술이나 기술의 일부분을 궁극적으로 집중해야 할 곳의 방향으로 조정할 수 있는가에 대한 여부를 보여준다.

이 점을 확실히 하기 위해 두 가지 예를 더 살펴보자. 예를 들어 숄더 프레스는 바를 바닥에서 멀리 밀어내는 데 집중하거나 천장을 향해 밀어내는 데 집중할 수 있기 때문에 방향이 바뀔 수 있으며, 두 큐 모두 외부의 초점을 따라 수직 바의 경로를 유도한다. 직관적으로는 무게가 말 그대로 천장을 향해 움직이기 때문에 천장을 향한 큐로 시작하는 것이 논리적으로 맞지만, 바닥 또는 리프팅되는 부하 아래의 다른 물체에서 초점을 이동해도 아무런 해가 없다. 웨이트를 리프팅하는 대부분의 움직임에는 방향성이 적용되므로 표면에서 천장 쪽으로 또는 한 벽에서 다른 벽 쪽으로 이동할 수 있다.

이 동일한 논리는 지면에서 하늘로 멀어지거나 시작점에서 끝 지점으로 멀어질 수 있기 때문에 비도구 기반 기술에 적용된다(스프린트, 점프 그리고 민첩성을 생각해 보자). 마찬가지로, 움직임이 역동적이지 않더라도, 다양한 브리징bridging이나 플랭킹planking의 경우처럼, 코치들은 척추의 정렬을 참고하기 위한 대용으로써 스트레칭이나 길어지는 것에 대해 이야기할 수 있다. 이러한 경우, "머리에서 발뒤꿈치까지, 벽에서 멀리 뻗어내는 데 집중하라(당신 뒤에)"와 같은 것을 말하는 것도 마찬가지로 적절할 것이다. 따라서 움직임이 정적이든 동적이든, 도구 기반이든 아니든, 방향성은 적절한 경우 이동할 기준점을 설정하는 데 사용될 수 있다. 이런식으로, 우리는 방향 요소를 큐 내에서의 나침반을 삼을 수 있다.

마지막으로, 명사가 큐 내에서 거리를 이동할 때 우리가 구성하는 말의 일부 역할을 하는 것처럼, 전치사는 큐의 방향성을 바꿀 때 우리가 구성하는 말의 일부이다. 이전에 언급한 예와 큐에 포함된 가장 일반적인 전치사 중 일부를 포함하는 다음 단어 목록을 참고할 수 있다.

~멀리서away	~향하여toward
~로부터from	~으로to
~밖으로out of	~안으로in to
~에서off of	~통과하여through

이 전치사 중 하나 이상을 사용하여, 이 큐에 포함된 빈칸을 채워 방향을 제시해 보자.

설명

움직임 공간을 정의하는 것 외에도 거리와 방향은 큐에 시각적 요소를 제공하고 잘 구성된 외부 큐를 따르는 정신적 이미지를 제공한다고 말할 수 있다. 누군가에게 "바닥에서 __________" 또는 "천장을 통해 바벨을 __________"이라고 말하면 신체가 움직임을 실행하기 전에 고려해야 할 가상 환경이 설정되는 것이 틀림없다. 그러나 공백으로 표시된 것처럼 큐에는 마지막 요소인 설명이 필요하다.

거리와 방향이 볼 수 있는 힘을 준다면, 설명은 움직일 수 있는 힘을 준다. 즉, 실행 동사, 예를 들어 푸시, 드라이브, 스냅, 펀치는 움직임이 어떻게 수행되어야 하는지를 설명하고, 신호에 생명을 불어넣고, 그 과정에서 패턴의 타이밍이나 속도를 정의한다. 우리가 이미 논의했듯이, 동사는 에너지 또는 활력이라는 신호를 주며, 또한 사람들이 가장 민감해하는 언어이기도 하다. 이전의 동사를 이용한 실험을 떠올려보자. 우리 모두 같은 동사를 읽었음에도 불구하고, 그 동사에 대한 감각적 해석은 다양한 차이가 있었다. 따라서 핵심은 의도한 대로 해석되고 선수가 탐색하던 움직임 공간 속에서 당신이 원하는 움직임 타이밍으로 전환을 하는지 분간하는 것이다. 이것을 효과적으로 하는 법을 배우게 되면, 선수들은 스위치를 켜면 불이 켜지는 반응과 마찬가지로 당신의 큐에 쉽게 반응하는 것을 볼 수 있을 것이다. 정확하게 했다면, 효과적인 큐잉은 마치 뉴런 자체에 말하는 것처럼 운동신경 시스템에 직접 접근할 수 있는 것처럼 보인다.

움직임에 대하여

먼저, 아래 네 가지 리스트의 단어들을 읽고 당신 몸과 마음속에 단순히 어떤 일이 일어나는지 자각해 보기 바란다. 각각 구성된 단어들을 해본 뒤에 잠시 시간을 가지고 그것들을 반영해 본다.

▶ 단어 목록 1	▶ 단어 목록 2	▶ 단어 목록 3	▶ 단어 목록 4
캡처	웨이드	앉아서	그립
투쟁	수영	기대어	스퀴즈
스래시	글라이드	편히	파이트
탈출	플로트	쉬세요	피니시

자, 무엇을 알아냈는가? 단어들이 그저 페이지 위에 있었나, 아니면 당신의 마음속에 떠올랐는가? 리스트에 대한 신체적인 반응이 있었나? 리스트 1과 4를 읽은 후 긴장감이 증가하거나 리스트 2와 3을 읽은 후 긴장감이 줄어든 것을 눈치챘는가? 당신의 경험이 무엇이든, 나는 당신이 그것에 대한 반영을 하고 기억하기를 바란다.

이제 두 번째 목록을 고려해 보자. 이전과 마찬가지로 각 목록을 주의 깊게 읽고, 당신의 마음과 몸이 어떻게 반응하는지 관찰해 보자.

▶ 단어 목록 1	▶ 단어 목록 2	▶ 단어 목록 3	▶ 단어 목록 4
방	파티오	침대	바
의자	공	책상	벤치
테이블	우산	램프	랙
컵	잔디밭	양탄자	플레이트

이번 경험은 어땠나? 비슷했나, 아니면 달랐나? 이 리스트들로부터 스토리를 얻었나, 아니면 감정적 반응을 불러일으켰나? 어떤 이미지가 당신의 마음에 떠올랐을 가능성이 있지만, 나는 이 단어들이 우리의 첫 번째 리스트 세트의 움직임과 감정이 부족하다고 자신한다. 동의하는가? 이 두 세트의 목록을 대조함으로써, 우리는 동사, 행동 단어가 왜 그렇게 중요한지 알 수 있다. 그것들은 큐의 심장박동이며 언어에 생명을 가져다준다. 동사가 아니라면, 어떻게 의자에 앉거나, 잔디밭에 눕거나, 책상에서 글을 쓰거나, 바를 들어올릴 수 있을까?

이것은 대부분의 사람들에게 사소하고 명백하게 보일 수 있지만, 이것은 우리의 이야기가 흥미로운 방향으로 전환하는 부분이기도 하다. 당신이 기억한다면, 3장에서 우리는 다니엘 울퍼트에 대해 이야기했고, 나는 그의 TED 강연인 '뇌의 진짜 이유'를 언급했다. 우리가 논의한 대로, 울퍼트 박사는 우리가 두뇌를 가진 유일한 이유는 움직이는 것이라는 매우 설득력 있는 이야기를 제공했다. 그는 신경과학과 운동 조절 이론에 따라, 뇌가 말 그대로 우리를 매슬로우의 욕구 계층(예: 배고픔에서 배부름, 외부에서 내부, 위험에서 안전 등)에 충족시키기 위해 존재한다고 주장했다. 이것이 뇌 존재의 큰 이유이긴 하지만, 우리는 뇌가 우리를 움직이는 것 이상으로 다른 사람을 움직이는 데도 능숙하다는 것을 알고 있다.

프리데만 풀버뮐러 박사는 베를린 자유대학교에서 언어의 신경과학을 가르치는 교수이다. 2016년, 풀버뮐러 박사는 "언어는 무엇에 쓸모가 있는가?"라는 질문에 "언어는 행동의 도구이며, 타인의 움직임을 협응하는 도구"라고 답하는 영상을 웹사이트 '진지한 과학Serious Science'에 올렸다.[34] 이 말이 영리한 은유의 사용으로 보일 수도 있지만, 풀버뮐러 박사는 이를 사실에 대한 진술이자 울퍼트 박사와 마찬가지로 문자 그대로의 의도를 담은 선언으로 보고 있었다. 그리고 울퍼트 박사가 우리가 뇌를 가진 이유가 우리 자신을 움직이기 위해서라고 믿는 것처럼, 풀버뮐러 박사는 우리가 언어를 가진 이유가 다른 사람을 움직이기 위해서라고 믿으며 이를 뒷받침하는 증거를 가지고 있었다.

뇌가 언어에서 의미를 도출하는 방법을 이해하는 데 관심이 있는 풀버뮐러 박사와 그의 동료들은 피험자가 문어와 구어를 처리하는 동안 뇌 내부를 들여다보는 여러 실험을 설계했다. 일련의 연구에서 풀버뮐러와 그의 팀은 피험자가 하체(예: 차다, 달리다, 뛰다) 또는 상체(예: 누르다, 리프팅, 잡다)에 관한 동사를 읽을 때 이러한 행동을 담당하는 운동 피질의 특정 영역이 작동한다는 사실을 발견했다.[35, 36] 운동 제어에 대한 생각-운동 가설ideo-motor theory에 대한 논의와 일치하는 것으로, 동사에 포함된 생각이 그러한 생각을 움직임으로 전환하는 뇌 영역을 촉발시켰다.

이 발견에 고무된 풀버뮐러와 그의 동료들은 경두개 자기 자극을 통해 동작과 관련된 뇌 영역을 활성화하면 피험자가 동작 동사를 더 빨리 인식하고 반응하는지 알아보기 시작했다. 그 결과, 상체 또는 하체의 움직임과 관련된 운동 피질 영역이 활성화되면 피험자들은 해당 신체 영역과 관련된 동작 동사를 훨씬 더 빨리 식별할 수 있었다. 이는 이전의 연구 결과를 뒷받침하는 것으로, 뇌가 부분적으로 해당 동작을 담당하는 동일한 뇌 영역을 활성화함으로써 동사의 의미를 확립한다는 것을 보여주며, 이러한 현상을 흔히 체화된 인지embodied cognition라고 한다.

단일 동사에서 의미가 어떻게 파생되는지 이해하는 것도 중요하지만, 동작 단어가 단독으로 사용되는 경우는 거의 없다는 것을 알고 있을 것이다. 따라서 연구자들은 이러한 연구 결과를 동작 문장, 즉 문맥에서 동사라고 할 수 있는 단어로 확장했다. 이는 큐잉에 중요한데, 문맥이 없으면 운동 시스템이 거의 작동하지 않는 동사를 사용하는 경우가 많기 때문이다. 예를 들어, '가속하다'라는 단어는 종종 하체와 연관되고 '밀다'라는 단어는 상체와 연관되지만, 우리는 운동선수에게 벤치 프레스를 하는 동안 "바를 가속하라"고 말하거나 스프린트 중에 "바닥을 밀어내라"고 말하는 데는 아무런 문제가 없다. 이처럼 동사는 개념적으로 다양하며 의도한 의미를 밝히기 위해 주변 단어에 의존하는 경우가 많다.

마지막으로 라포소와 그의 동료들[37]은 동사를 단독으로 처리할 때(예: 발로 차다), 직접적인 문장(예: 공을 차다) 또는 연관성이 떨어지는 문장(예: 양동이를 차다)에서 뇌가 어떻게 동사를 처리하는지 알아보기로 했다. 풀버뮐러와 마찬가지로 라포소는 직접적인 문장 내의 동사는 해당 동작을 수행하는 신체 부위와 관련된 운동 피질 영역을 활성화하는 반면, 연관성이 떨어지는 문장을 처리할 때는 이러한 운동 피질 활성화가 일어나지 않는다는 사실을 발견했다. 따라서 뇌는 신체와 마찬가지로 특정성의 원칙에 따라 작동하며, 단어와 문장을 물리적 세계로 가져오는 데 사용되는 것과 동일한 뇌 영역을 모집하여 단어와 문장에서 의미를 생성한다. 이는 3D 큐잉 모델의 중요성을 직접적으로 뒷받침하는 것으로, 각 D는 운동적 의미를 생성하는 데 있어 다른 D를 지원하기 때문이다.

반 담과 동료들[38]은 이 발견에 동의하여 움직임을 담당하는 뇌 영역이 기본 동작 동사(예: 움직이다, 공격하다, 취하다)와 특정 동작 동사(예: 밀다, 치다, 잡다)에 다르게 반응한다는 것을 발견했으며, 이는 동작 단어가 더 구체적일수록 해당 협조 신호의 생성에 관련된 뇌 영역의 모집이 더 커진다는 것을 시사한다. 이는 큐잉의 구체성과 그 구체성을 달성하기 위한 큐잉 모델의 필요성을 뒷받침하기 때문에 매우 가치 있는 발견이다. 예를 들어 전력 질주를 가르칠 때 기본 큐는 "빨리 질주하라"는 것일 수 있다. 그러나 이 큐는 뉘앙스가 부족하여 선수가 아무런 안내 없이 기술적으로 스프린트를 실행하게 된다. 큐를 명확하게 하려면 특정 큐를 배치하고 선수에게 "가속을 통해 트랙을 벗어날 때 폭발하라"고 요청할 수 있다. 보다시피, 특정 큐는 여전히 "빠르게 스프린트하라"는 기능을 수행하지만 운동 시스템에 내부 간섭이 없는 외부 가이드를 제공함으로써 작동한다. 따라서 외부 필터를 통해 전달되고 움직임의 궁극적인 목표와 일치하는 한 결과물은 본질적으로 기술에 기반할 수 있다.

마지막으로, 연구자들은 동작 단어와 운동 동작 사이의 기능적 연관성을 확립하기 위해 동사 제시 타이밍을 조작하여 운동 퍼포먼스를 높이거나 낮출 수 있는지 알아보기 시작했다. 베로니크 불랭거와 그녀의 동료들[39, 40]은 두 가지 다른 조건에서 피험자들이 기본적인 도달 과제를 수행하도록 했다.

- **조건 1**
  피험자들은 스크린에 시선을 고정하고 패드 위에 손을 얹은 상태에서 실험을 시작했다. 피험자는 흰색 십자가가 보이면 손을 뻗어 패드 앞 16인치(40cm) 위치에 있는 원통을 잡으라는 지시를 받았다. 손을 패드에서 떼는 순간 스크린에 일련의 글자가 나타났다. 글자가 단어를 형성하면 피험자는 원통을 계속 잡고, 글자가 단어를 형성하지 못하면 손을 다시 패드로 가져가라는 지시를 받았다.

- **조건 2**
  실험 조건은 동일했지만, 움직임을 유발하는 흰색 십자 대신 스크린에 글자 문자열이 나타난다는 점만 달랐다. 글자가 특정 단어를 형성하면 피험자는 원통을 잡아야 하고, 그렇지 않으면 피험자의 손은 패드 위에 그대로 있어야 했다.

조건 1에서 움직이는 동안 동사를 처리하면 명사를 처리할 때보다 원통을 향한 손의 가속도가 감소했다. 이는 운동 동작을 수행하는 동안 동작 단어를 처리하는 것이 어떻게든 그 움직임의 생성을 방해했음을 시사한다. 이는 동일한 운동 영역이 동사의 의미를 생성하고 의미 있는 움직임을 생성하는 데 부분적으로 책임이 있다는 것을 뇌의 MRI 이미지에서 확인할 수 있다는 점을 상기하면 이해가 될 것이다. 두 가지 시나리오 모두 운동 피질에 경쟁적인 책임을 동시에 요구하기 때문에 이것은 머리를 두드리거나 배를 문지르는 것과 동등한 상황이다.

조건 2에서는 결과가 반전되어 동사가 명사보다 원통을 향해 더 빠르게 가속하도록 트리거되었다. 또한 손목의 최대 가속도는 조건 1보다 조건 2에서 훨씬 더 빨랐다. 따라서 동사는 움직임 직전에 전달될 때 운동 시스템을 활성화하거나 촉발하는 역할을 했으며, 움직임 중에 전달될 때는 그 반대의 결과가 나타났다. 코칭의 관점에서 보면 매우 명확한 이야기가 나온다. 우리는 문맥과 관련된 동사를 선택해야 할 뿐만 아니라 이러한 동사의 처리가 움직임 전에 더 잘 이루어진다는 것을 인식해야 한다. 위에서 언급한 증거를 주의력에 대한 논의와 결합하면 이 권장 사항은 직관적이어야 한다. 따라서 리듬을 큐로 사용하는 소리(예: 팝, 팝, 팝) 또는 동사(예: 밀다, 밀다, 밀다)를 사용하지 않는 한, 세트 중에는 침묵을 지켜야 한다.

우리를 움직이는 언어

이전 섹션에서 우리는 언어와 모터 시스템 간의 상호작용을 엿볼 수 있었고, 실행 단어가 우리의 운동 행동에 짜여져 완벽한 파트너십을 형성한다는 것을 분명히 보여주었다. 어쨌거나 이것이 우리의 이야기가 흥미로워지기 시작하는 부분이다. 연구자들은 이제 말로 표현된 행동이 실제로 모터 시스템으로 흘러들어 자동적으로 가장 미묘한 움직임을 유발할 수 있다는 것을 보여주었기 때문이다. 당신의 생생한 경험에 비추어보면, 이미 이것을 알고 있을 것이다. 노래의 가사든, 연설의 단어든, 코치의 큐이든, 우리 모두는 언어가 육체적으로나 감정적으로 우리를 움직이는 순간을 경험해 보았을 것이다.

빅터 프락, 타티아나 나지르와 그 동료들[41, 42]은 이를 단순한 표현이 아닌 물질적 현상으로 입증하기 위해 일련의 연구를 공식화했다. 연구진은 피실험자들에게 악력을 측정하는 장비를 적용하고 동사와 명사를 듣게 했다. 놀랍게도 연구진은 피험자가 동작 동사를 들으면 악력이 자동으로 증가하는 것을 관찰했지만, 명사에 대한 반응에서는 그러한 변화가 발견되지 않았다. 이러한 결과는 연구자들이 긍정적인 문장(예: 피오나가 아령을 리프팅한다)에 포함된 동사가 악력의 증가를 유발하는 반면, 부정적인 문장(예: 피오나가 아령을 들지 않는다)에 포함된 동일한 동사는 악력의 증가를 유발하지 않는다는 것을 보여주면서 다시 한 번 맥락이 중요하다는 것을 시사했다. 최근에 연구자들은 피험자들이 포스 플랫폼에 서서 낮은 신체적 노력을 나타내는 문장(예: "권투 선수가 헬스 가방을 들고 있다")과 높은 신체적 노력을 나타내는 문장(예: "권투 선수가 큰 샌드백을 들고 있다")을 읽을 때, 높은 신체적 노력을 나타내는 문장에서 좌우 자세 흔들림이 증가한다는 사실을 보여주었다.[26]

이러한 증거를 종합적으로 고려할 때 맥락에 맞는 동사가 운동 시스템의 언어에 가장 가깝다고 자신 있게 말할 수 있다. 다만 한 가지 중요한 사실에 주목하였으면 한다. 지금까지 논문에서 발췌한 예시들을 검토하거나, 더 나아가 해당 논문들을 직접 읽어보면 내부적인 언어를 사용하지 않는 것을 발견할 수 있을 것이다. 즉, 우리가 살펴본 논문들에서는 일반적으로 외부 큐를 사용한 것이다. 특히 3D 큐잉 모델의 내용과 명확하게 일치하고 있다. 이는 다음 장의 주제인 비유를 통해서도 알 수 있는데, 연구에 사용된 많은 문장이 운동 비교, 즉 문장에 묘사된 움직임을 자신의 운동 시스템에 매핑하여 이해하도록 유도하기 때문에 위에서 언급한 움직임 누수와도 관련이 있다.

조작 설명

마지막 D를 마무리하기 위해 큐에서 동작 단어를 선택하고 조작하는 전략을 간략하게 살펴보고자 한다. 앞서 언급했듯이 운동 시스템은 영리하고 동사가 전달되는 맥락에 매우 민감하다. 따라서 큐가 우리가 촉진하려는 움직임의 생체역학적 속성을 더 잘 나타낼수록 뇌가 언어를 팔다리에 더 쉽게 전달할 수 있다. 잘못된 정보를 가진 코치는 이를 선수들에게 생체역학적 규칙 목록을 알려주라는 의미로 받아들일 수 있지만, 우리는 이러한 접근법의 한계를 잘 알고 있다. 대신, 우리는 생체역학을 주의력 친화적인 큐에 숨겨야 하며, 생체역학을 숨기기에 가장 좋은 곳은 동사라는 것 역시 알게 되었다.

이를 설명하기 위해, 덤벨 벤치 프레스를 위한 두 가지 가능한 큐잉을 분석해 보겠다.

큐 1

"덤벨을 천장으로 미는 데 집중하라."

큐 2

"덤벨이 천장을 뚫고 나갈 정도로 펀치를 하라."

의견을 제시하기 전에, 이러한 큐잉에 대한 당신의 직관을 따져보라(아래 중 하나를 선택해 동그라미를 하라).

어느 큐가 더 큰 파워 생산을 도모하는가?	큐 1	큐 2
어느 큐가 더 나은 덤벨 컨트롤을 도모하는가?	큐 1	큐 2
어느 큐가 더 강하게 심리적 반응을 유도하는가?	큐 1	큐 2

당신의 직관이 앞의 질문들에 빠르게 답했을 것이다. 우리가 지금까지 논의한 모든 것을 고려하면, 이는 언어가 생명을 부여하는 운동 시스템motor system 내에 내재되어 있기 때문이다. 이것이 언어, 특히 행동 언어가 우리에게 본능적인 반응을 유도하는 이유이다.

이제 몇 가지 분석 작업을 해보겠다. '펀치'라는 단어를 들으면 누군가나 무언가가 때리는 것을 떠올릴 것이다. '밀다'라는 단어는 거의 비슷하다. 무엇이 더 빠른 단어일까? '펀치'는 짧은 접촉 시간을 가지며 빠른 움직임을 시사한다. '밀다'는 긴 접촉 시간을 가지며 느린 움직임을 시사한다. 비유적으로 말하면, 우리 뇌는 펀치와 밀기가 발생하는 주요 맥락을 매핑하고, 이 동사의 해석에 맞게 빠른 움직임을 유도하는 모터 반응을 빠르게 호출한다. 따라서 초보자나 무게가 매우 무거운 경우와 같이 느린, 제어된 움직임을 유도하고자 한다면 '밀기'를 선택할 것이다. 반대로, 속도와 파워를 추구해야 하는 빠른, 격렬한 움직임을 도모하고자 한다면 '펀치'를 선택할 것이다. 이러한 경우에는 한 동사가 다른 동사보다 우수한 것이 아니라, 단지 조성하려는 생체역학에 가장 적합한 동사를 식별하는 것이다.

이 개념을 이해하기 위해 한 가지 예를 더 살펴보자. 기억하겠지만, 동사의 의미는 문장 내에서 이웃 동사에 의해 수정될 수 있다. 따라서 동사의 의미에 대한 운동 시스템의 해석을 수정하기 위해 거리나 방향을 바꿔야 할 때가 있을 것이다. 예를 들어, 다음 두 스프린트 큐에서 기술적 차이를 발견할 수 있는지 살펴보자.

당신을 도울 몇 가지 질문들이 여기 있다(둘 중 하나를 골라 동그라미를 하라).

힘 생산이 부족한 선수에게 더 적합한 큐는 무엇인가?	**큐 1**	**큐 2**
둘 중 어느 큐가 더 짧은 지면 접촉 시간을 도모하는가?	**큐 1**	**큐 2**
둘 중 어느 큐가 더 강한 지면 반력을 유도하는가?	**큐 1**	**큐 2**

보다시피 동사는 동일하지만, 방향성을 부여하는 큐의 요소인 전치사를 조작함으로써 생체역학적 느낌을 즉각적으로 바꿀 수 있다. 무언가를 '밀어낸다'는 것은 선수의 노력이 한 방향으로 향하고 있다는 것을 의미하며, 이는 바닥에 더 큰 힘을 생성하는 데 도움이 될 수 있다. 반대로, 무언가를 '떼어낸다'는 것은 선수가 접촉 후 빠르게 방향을 바꿔야 한다는 것을 의미하며, 이는 지면과의 접촉 시간을 단축하고 바닥에서 반응성을 더 잘 표현(즉, 더 가벼운 터치)할 수 있도록 도와줄 가능성이 높다.

앞서 보았듯이 각 D는 큐에서 제시된 생체역학을 만드는 데 역할을 한다. 그러나 설명, 즉 동사는 큐에 단어를 행동으로 전환하는 파워를 부여한다. 따라서 동사를 제대로 파악하면 거리와 방향을 조작하여 움직임의 필요에 맞게 큐를 조정할 수 있다. 이 세 가지 D를 적절하게 갖추는 능력이 매우 중요하므로 일관성 있게 최적의 큐를 구축하기 위한 몇 가지 최종 원칙을 생각해 보자(3D 큐잉 모델에 대해서는 그림 5.2 참조).

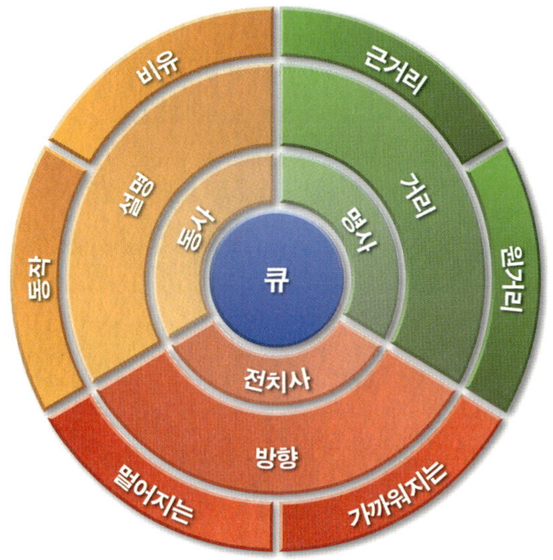

그림 5.2 3D 큐잉 모델.

하나, 둘, 또는 셋의 D들

단어는 의미를 전달하는 수단이자 아이디어를 공유하는 관이다. 결과적으로 명확한 커뮤니케이션은 코치와 선수들이 서로의 언어에서 공통적인 의미를 찾을 때만 작동된다. 궁극적으로, 단어는 우리가 지정한 것 이외에는 본질적인 의미가 없는 기호이다. 따라서 사람들은 자신의 경험 백과사전에 기반한 의미를 이해하고 해석할 것이라는 사실에 민감해야 한다. 대부분의 것들과 마찬가지로 언어도 환경에 따라 형성되므로, 의도한 의미가 항상 전달된 의미라고 가정해서는 안 된다.

첫 번째 큐가 항상 옳은 큐가 될 것을 기대하는 사람은 아무도 없지만, 우리는 우리 선수들의 언어 선호도와 우리가 가르치고 있는 동작을 둘러싼 맥락에 적응해야 하는 책임이 있다. 운동을 가르치는 데 유연한 코칭을 지원하기 위해 3D 큐잉 모델이 개발되었다. 어쨌든 각 D의 원리를 알고 있다는 것이 당신이 이 모델을 사용하여 당신의 선수들로부터 최대한의 이점을 얻을 수 있다는 것을 의미하지는 않는다. 따라서 우리는 모델의 효과적인 적용 원칙을 제시할 것이다.

원칙 1: 셋부터 시작하라

앞서 설명했듯이 큐는 짧고, 길고, 광하고 터지는 등 다양한 형태와 크기로 존재한다. 결국 중요한 것은 큐의 물리적인 속성이 아니다. 오히려 큐에서 추출할 수 있는 의미, 즉 의미가 중요한 것이다. 그렇기 때문에 우리는 단어와 큐로 시작하여 선수의 반응을 피드백 루프로 삼아 제대로 작동할 때까지 조각해 나가야 한다. 따라서 선수에게 큐를 처음 제공할 때는 세 가지 D를 모두 사용하여 시작하는 것이 오역의 가능성을 줄이는 가장 좋은 방법이다.

아래에서 3D 큐잉 모델 적용 원칙을 논의할 때 우리가 활용할 두 가지 예시와 설명을 볼 수 있다.

방향

"동작의 하단 자세에서, 케틀벨을 뒤에 있는 벽으로 보내라."

거리 설명

해설: 해당 지시의 목적은 스쿼트보다 힙 힌지를 유도하는 것이다. 만약 스쿼트 자세를 취한다면 케틀벨은 아래로 향할 것이다. 그러나 케틀벨을 뒤에 있는 벽으로 향하도록 지시함으로써, 힙 힌지의 가능성을 높일 수 있다.

거리+방향 설명 1

"착지할 때, 지면을 천천히 늦춰서 더욱 안정적인 상태로 멈춰라."

설명 3 설명 2

해설: 이 큐의 목적은 빠르면서도 조절된 감속을 조성하여 하체의 강성을 증진하는 것이다. 이를 위해 수행자에게 몸이 아닌 지면을 늦추도록 지시하여 외부적인 포커스를 높인다. 만약 수행자가 요구되는 가동성과 안정성을 가지고 있다면, 이 큐는 무릎 건강과 감속을 위해 이상적인 엉덩이-뒤로hip-back 대 무릎-앞으로knee forward 움직임을 유도할 것이다. 우리는 기억력과 집중력을 높이기 위해 관련된 세 가지 동사와 운율적인 효과를 사용한다.

이제 당신 차례다. 이전 장과 동일한 형식을 사용하여 2개의 3D 단서를 찾아보라. 움직임과 목표하는 움직임 오류 또는 결과를 식별해 보자. 마지막 줄을 사용하여 모든 3D를 포함하는 외적 큐를 만들어보자. 앞에서 했듯이 대상 단어를 대상 D에 연결하는 선을 그어 각 D를 레이블링한다.

3D 큐잉 연습 1

움직임 이름: ______________________________

움직임 오류 또는 결과: ______________________________

큐: ______________________________

방향	설명	거리

3D 큐잉 연습 2

움직임 이름: ______________________________

움직임 오류 또는 결과: ______________________________

큐: ______________________________

방향	설명	거리

원칙 2: D의 변경

우리는 베이스라인 큐를 설정한 후, 기타를 한 번에 한 줄씩 조율하는 것과 마찬가지로 언어를 조율할 수 있다. 이 경우 한 단어씩 조정한다. 하지만 먼저 몇 가지 포인트를 설명해야 한다.

포인트 1: 선수의 움직임에 해로운 영향을 미치는 경우가 아니라면, 언어를 선수의 머릿속에서 적당한 시간 동안 숙성시키는 것이 좋다. 이것을 하는 방법에 대한 규칙은 없지만, 선수가 해당 운동을 2~3세트 시도할 수 있도록 권장한다. 이는 당신의 청취 및 관찰 기술을 향상시키는 시간이 될 수 있다. 큐와 움직임 간의 상호작용을 평가하고, 비언어적인 증거와 선수가 제공하는 언어적인 피드백을 살피면, 사용했던 큐가 두 번째 시도에도 적합한지 여부를 판단할 수 있다.

포인트 2: 말을 변경하는 경우에는 보통 다음과 같은 두 가지 상황이 있다.

1. 큐가 원하는 효과를 만들어내지 못했다는 것이 확인되었는데, (a) 잘못된 움직임은 여전하여 같은 베이스라인 큐에 변화를 주어야 하거나 (b) 잘못된 움직임을 제대로 파악하지 못했다는 것을 깨닫고 아예 새로운 베이스라인 큐를 만드는 것이다. b의 경우에는 원칙 1로 돌아가고, a의 경우에는 D에 변화를 주어야 한다.

2. 좋은 효과를 발휘하는 큐를 사용하고 있지만, 그 효력이 약해지는 것을 느끼는 경우. 이를 '큐 피로'라고 할 수 있다. 여전히 패턴의 특정 부분에 초점을 맞추고 싶지만, 원하는 초점을 유지하는 새로운 큐를 만들고자 하면, 이 경우 D를 변경해 볼 것이다.

변경한다는 것은 무엇을 의미하는가? 간단하다. 새로운 동작 단어를 도입하거나, 큐의 방향성을 변경하거나, 초점 거리를 조작하거나, 또는 이들의 조합을 사용하여 큐를 새로 고치는 것이다. 여기에는 규칙이 없다는 점에 유의하라. D 중 하나를 변경하거나 세 가지를 모두 변경할 수 있다. 완전히 새로운 큐를 만들 수도 있지만, 여전히 D를 바꾸는 것이므로 원칙은 그대로 유지된다.

이에 대해 생각해 볼 수 있는 현명한 방법이 있다. 회전하는 숫자 다이얼이 세 개 있는 조합 자물쇠를 상상해 보라. 이제 각 다이얼이 D 중 하나를 나타낸다고 상상해 보자. 제대로 된 베이스라인(기준) 큐의 경우 거리, 방향 및 설명의 올바른 조합을 중심으로 정확한 추측을 하고 있는 것입니다. D가 교정되면 패턴이 풀리고 새로운 움직임이 나타나지만, (해당 선수의) D가 틀린 경우 패턴이 풀리지 않는다. 따라서 다른 잠금 장치와 마찬가지로 올바른 패턴이 해제될 때까지 새로운 조합의 D를 시도하면 되는 것이다(그림 5.3 참조).

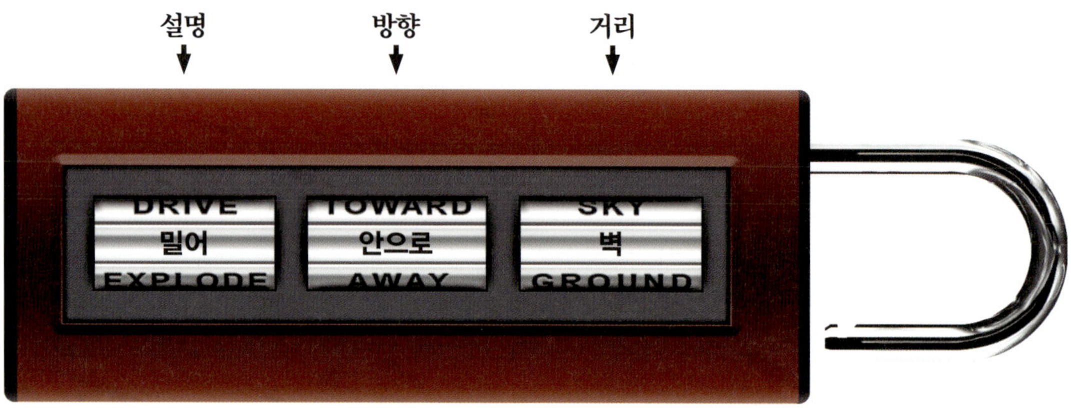

그림 5.3 3D 큐잉 모델의 적용을 위한 자물쇠 비유.

이와 같은 큐를 사용하여, 실제로 연습에서 이것이 어떻게 보이는지 확인해 보자.

베이스라인 큐

"움직임의 최하단에서, 뒤쪽 벽에 있는 케틀벨에 손을 뻗어라."

큐 옵션 1

"움직임의 최하단에서, 케틀벨을 뒤쪽 벽 으로 밀어 넣어라."

큐 옵션 2

"움직임의 끝 지점에서 케틀벨 바닥을 셔츠 칼라에서 멀리 보내라."

ABSORB / 감속하다 / STEADY the FLOOR / 낙하 / GROUND

베이스라인 큐

"착지할 때, 지면을 늦추어 안정적인 상태로 멈춰라."

큐 옵션 1

"착지할 때, 낙하를 감속하라."

큐 옵션 2

"착지할 때, 지면을 흡수하라."

이제 다시 당신 차례이다. 앞의 두 베이스라인 큐를 이용하여 D를 바꿔가며 두 가지 옵션을 제시해 보라. 단 한 가지 규칙이 있다. 실제로 사용할 큐이어야만 한다.

3D 큐잉 연습 1

움직임 1 | 베이스라인 큐: ____________________

움직임 1 | 큐 옵션 1: ____________________

움직임 1 | 큐 옵션 2: ____________________

3D 큐잉 연습 2

움직임 2 | 베이스라인 큐: ____________________

움직임 2 | 큐 옵션 1: ____________________

움직임 2 | 큐 옵션 2: ____________________

원칙 3: 줄이고 보라

처음 두 가지 원칙을 효과적으로 사용했다면, 우리는 당신이 유도하려는 움직임 패턴에 대한 하나 이상의 효과적인 큐를 확립했다고 가정할 수 있다. 이것을 생각해 볼 수 있는 또 다른 방법은 당신이 선수와 공유된 의미를 확립했다는 것이다. 단어를 통해, 당신은 선수의 머리에 움직임 아이디어를 이식했고, 선수들은 그것을 완전히 받아들였을 것이다. 이 시점에서, 우리는 작업 기억working memory에 대한 불필요한 에너지를 줄이고 의미를 유지하면서 큐를 다듬거나 통합하기 시작할 수 있다. 특히, 큐를 줄임으로써, 우리는 선수의 마음에서 행동을 우선시하면서 동사의 지위를 높일 수 있다. 게다가, 우리는 정신적 끈기를 높이기 위해 반복과 운율과 같은 다양한 언어적 요소를 다룰 수 있는 요령을 탐구할 수 있다.[23] 이 모든 것은 특히 경쟁 중에 짧고 강력한 알림을 제공할 수 있는 큐를 만드는 데 도움이 된다.

우리가 언어를 줄이고 분명하게 할 수 있는지 확인하기 위해 큐를 다시 한 번 살펴보자. 당신은 내가 케틀벨 스윙을 위한 하나의 큐와 측면 바운드를 위한 하나의 큐를 사용했다는 것을 알게 될 것이다.

베이스라인 큐

"움직임의 최하단에서, 케틀벨을 당신 뒤의 벽으로 밀어 넣어라."

줄인 큐

해설: 큐를 짧게 줄이는 첫 번째 단계는 모든 불필요한 정보를 제거하는 것이다. 선수는 자신들이 케틀벨을 들고 있고 벽이 그들 뒤에 있다는 것을 알고 있다. 필연적으로, 우리는 내가 선호하기도 하는 방법인 큐를 동사 또는 심리를 타깃으로 하는 명사로 다시 큐를 줄일 수 있다. 선수들이 리듬을 전달하기 위해 움직임을 진행하는 동안 당신은 동사를 전달할 수 있다. 리듬 전달을 통해서, 움직임의 타이밍을 안내하는 방식으로 그 단어를 말할 수 있다는 것을 의미한다. 큐 '밀어'의 경우, 케틀벨이 힌지에서 걸려 벽으로 가는 시간을 연장하기 위해 '미이이이이'라고 말하고, 케틀벨을 앞으로 이동하는 것을 돕기 위해 바로 이어서 강력하게 '러!'라고 말할 수 있다. 즉 '미이이이이이 러!' 라고 하는 것이다.

반복 운율 업그레이드: "밀어Push, 찔러Punch, 그리고 정지Pause."

해설: 이 큐는 단어 수를 늘리지 않고 의미를 확장한다. 밀어는 원래 큐에 대한 맵을, 찔러는 케틀벨의 전방 가속도를, 정지는 동작의 상단에서 케틀벨이 떠 있는 것처럼 보이는 순간을 강조하는 것이다. 이 전략은 두 단계의 움직임(예: 위아래, 편심과 동심, 짧아짐과 길어짐)에 매우 효과적이다.

라임 업그레이드: "탭 앤 스냅"

해설: 다시 말하지만, 탭은 이제 벽을 두드리는 시뮬레이션 아이디어를 참조하여 원래 큐의 의도를 뒷받침하고, 스냅은 케틀벨의 전방 투사 및 상체와 하체가 수직 포지션에서 함께 스냅하여 스윙의 상단을 완성한다는 의미를 참조하여 큐의 의미를 확장하는 것이다.

베이스라인 큐

"착지할 때, 지면을 늦춰 안정적인 상태로 멈춰라."

줄인 큐

STOP / **안정적이게** / SLOW **지면을 혹은** ABSORB / **늦춰** / BRAKE

해설: 큐를 줄이기 위해 '착지할 때'라는 단어를 없앨 수 있는데, 선수가 이 부분이 타깃이 되는 움직임이라는 것을 잘 인식할 수 있기 때문이다. 마찬가지로 선수가 어떻게 착지해야 하는지 설명하는 데 더 이상 세 단어가 필요하지 않으므로, 이를 제거할 수 있다. 선수와 지면 사이의 상호작용을 가장 잘 포착하는 단어를 선택하거나, 더 간단하게는 상호작용 자체(선수가 기준점이 바닥이라는 것을 인식하고 있다는 것을 알면)를 선택할 수 있다.

반복 운율 업그레이드: "단단하게Stiffen, 안정적으로Steady, 그리고 멈춰Stop."

해설: 반복 운율을 사용하여 움직임의 단계를 기억하기 쉬운 형태로 포장하는 방법을 살펴보았다. 이 경우, stiffen은 선수가 착지할 때 느끼기를 바라는 느낌을, steady는 제어된 괜찮은 자세를, stop은 움직임의 목표를 설명함으로써 왜why를 무엇what에 넣는다.

라임 업그레이드: "Stop the drop(떨어지는 것을 멈춰)" "스탑 더 드랍(떨어지는 것은 멈춰)"

해설: 여기서는 운율을 사용하여 의미를 잃지 않으면서 기억성을 높인다. 이 경우 stop이라는 단어는 동작이 상당히 갑작스럽게 끝나는 것을 암시한다. 또한 fall(떨어지다)이라는 단어와 사촌 관계에 있는 drop이라는 단어를 사용하여 큐의 느낌과 파워를 미묘하게 강화했는데, 둘 다 바닥을 향한 통제되지 않은 모습을 암시한다. 따라서 '떨어지는 것을 멈춰'는 강한 긴박감이 느껴지며, 이는 착지하고 빠르게 다른 방향으로 이동해야 할 때 유용한 큐이다.

이제 당신 차례이다. 앞장에서 베이스라인 큐 중 하나를 선택하여, 합리적인 경우에 음운적인 조화와 리듬을 활용하여 두 가지 새로운 단축 큐를 만들어보라. 여전히 한 가지 규칙이 있다. 실제 사용할 수 있는 큐만 작성하라.

3D 큐잉 연습 1

움직임 1 | 베이스라인 큐: ____________________

움직임 1 | 큐 옵션 1: ____________________

움직임 1 | 큐 옵션 2: ____________________

3D 큐잉 연습 2

움직임 2 | 베이스라인 큐: ____________________

움직임 2 | 큐 옵션 1: ____________________

움직임 2 | 큐 옵션 2: ____________________

보시다시피, 원래의 3D 큐로 시작하지 않았다면 단축된 큐는 별다른 가치를 제공하지 못했을 것이다. 하지만 일단 의미 계층이 확립되면 코치는 언어를 짧고 선명하게 표현하여 전달 속도를 개선하는 동시에 기억의 저장 공간도 줄일 수 있다. 특히, 이는 개인 선수를 코치하는 데 유용할 뿐만 아니라, 경기 중 여러 플레이어들에게 공통으로 적용해야 하는 짧고 명료한 언어를 만들 때에도 동일한 원리를 사용할 수 있다..

마지막으로 한 가지 더 짚고 넘어가자면, 효과적인 큐가 지녀야 할 중요한 점은 바로 큐와 움직임에 영향을 미치는 속도이다. 즉, 큐가 더 빨리 마음을 지배하고 움직임을 새로운 수준으로 전환할수록 선수는 불필요한 언어적 요소를 더 빨리 버릴 수 있다. 어떤 의미에서 큐는 움직임을 위한 연료로 생각할 수 있는데, 최고의 큐는 인지적 오염을 최소화하면서 운동 시스템에 지속 가능한 정보 에너지의 원천을 제공한다. 결국, 우리는 선수들이 의존의 원천이 아닌 학습 여정을 지원하는 언어를 통해 독립적인 학습자가 되기를 바라는 것이다.

PART 2. 큐 조언

이 섹션의 이해를 돕기 위해 먼저 잠시 멈춰서 여러분의 머릿속에서 떠오를 수 있는 몇 가지 잠재적인 질문에 대해 언급하려 한다. 우선, 이 책의 내용을 설명할 때 비유를 많이 사용하지만 큐잉 예제에서는 아직 비유를 사용하지 않았다는 사실을 눈치챘을 것이다. 이에 대한 간단한 이유가 있다. 우리는 먼저 3D 큐잉 모델에 대해 이해하고 선수 주변의 물리적 환경을 참조하는 큐를 사용하는 것에 익숙해져야 한다. 그런 뒤에야 시뮬레이션 큐, 즉 비유를 활용하여 선수의 마음속에 존재하는 가상 시나리오와 움직임 사이의 연결을 이끌어내는 큐의 위력을 이해할 수 있기 때문이다. 앞서 살펴보았듯이 비유는 운동 학습의 기본이 되는 요소이므로 6

장 전체를 비유에 할애하였다.

둘째, 이 책에 소개된 전략 중 일부를 사용하여 자신만의 큐를 디자인하기 시작하면서 특정 움직임이나 특정 오류로 인해 여러 가지 장애물에 부딪혔을 것으로 예상됩니다. 내부 큐를 배치하는 것 외에 다른 선택의 여지가 없다고 생각되는 패턴을 발견했을 수도 있다. 예를 들어, 글루트 브릿지나 케틀벨 스윙을 하는 동안 고관절 신전을 촉진하기 위해 외부 큐를 어떻게 사용하겠는가? 마찬가지로 스프린트에서 발의 배측 굴곡과 고관절 굴곡 또는 스쿼트에서 척추 포지션과 같은 것에 대해 어떻게 이야기할 수 있을까요? 이러한 움직임은 수년간 나를 힘들게 했다. 이러한 움직임이 우리를 당혹스럽게 하는 이유는 환경적 특징과 명백한 연관성이 없기 때문에 '고관절을 하늘로' 또는 '척추를 길게 유지하라'와 같은 큐를 배치해야 하는데, 순수주의자들은 그 내적 본질에 대해 무시할 수 있기 때문이다. 물론 지금까지 제가 사용한 대부분의 큐는 전체 움직임을 참조하고 큐의 공식 안에 기술적 정보를 숨기고 있지만, 동작의 일부를 다루는 언어적 전략이 여전히 필요하다는 것을 알고 있다. 다음 섹션에서는 세부 사항에 대해 자세히 설명할 것이니 걱정하지 않아도 된다. 앞으로 내가 가장 좋아하는 큐 팁에 대한 핵심을 짚어보면서 미묘한 움직임도 잘 표현할 수 있도록 도와줄 것이다.

큐 전환하기

4장에서 논의했듯이 모든 내부 언어를 완전히 버려야 한다는 것은 아니다. 그것은 말도 안 되는 말이다. 오히려 학습 내러티브 내에서 언제when, 어디where에 넣어야 하는지를 아는 것이 중요하다. 나의 경우, 내부 언어를 사용해야 한다면, 코칭 루프의 '설명하기' 부분에 넣거나, 현장 밖에서는 비디오 분석 세션의 맥락을 만드는 차원에서 사용한다. 이렇게 내적 언어를 사용할 수 있는 지점이 있지만, 이와 같은 움직임 학습에 까다로운 부분(예를 들어, 고립 관절 동작을 습득)은 "외부 큐" 가 선수의 머릿속을 넘어 신체에 발휘하게 하는 것을 어렵게 만든다.

이를 이해하기 위해 다음 움직임 시나리오에 대한 외부 큐를 생각해 보자. 코치가 생체역학적 오류를 내

시나리오 1

코치는 수직 점프(양다리 착지) 중에 선수의 착지 메커니즘 품질을 개선하고 있다. 코치는 선수가 항상 발끝으로 착지하여 균형을 잃고 앞으로 중심이 무너지는 것을 발견한다. 코치는 단순히 '발목을 배측 굴곡'이라고 말하는 대신 외적 큐 방식으로 나타낼 수 있는 큐를 찾고자 한다.

외적 큐: ______________________________

시나리오 2

코치는 선수와 함께 가속 스프린트의 첫 10야드(9m) 동안의 척추 자세에 대해 알아보고 있다. 코치는 "가슴을 세워라", "척추를 곧게 유지하라" 또는 "등을 평평하게 유지하라"와 같은 말은 하지 않았지만 현재 사용하고 있는 "길게 유지하라"와 "곧게 유지하라"라는 외부 키워드로는 자세가 수정되지 않았다. 코치는 외적 큐를 찾기 위해 노력하고 있다.

외적 큐: ______________________________

부 언어(설명하기)로 설명했다고 가정할 수 있지만, 선수에게 움직임 실행을 유도하는 데 사용할 수 있는 외부 큐(큐잉하기)를 찾고자 한다. 여기에도 동일한 규칙이 적용된다: 즉, 실제로 사용할 큐만 적어보라.

이런 시도를 해본 적이 없다면 어떤 어려움을 겪었을지 충분히 공감할 수 있다. 하지만 관점을 빠르게 전환하면 한계를 느끼는 것에서 무한대로 나아갈 수 있으며, 천과 테이프만 있으면 된다.

의류(옷) 큐

내가 코치로 일을 시작했을 때, 나는 발목 배측 굴곡을 지도하는 것에 집착했다. 발목의 중립 위치는 힘을 흡수하고 발산하는 데 역학적으로 유리하기 때문에, 나는 종종 점프 동작에서 착지 역학을 가르치거나, 달리기 동작에서 발차기를 할 때 "발끝을 올려" 또는 "발목을 고정해"라고 소리쳤다. 그러나 가브리엘 울프의 1998년 논문을 읽은 후에는 이러한 실천법을 재평가하고 새로운 방법으로 외부효과를 제시하기 시작했다.

"땅을 밀어" 또는 "바벨과 함께 폭발해"라는 전신 외적 큐는 직관적이었지만, 개별적인 관절 수정은 그렇지 않았다. 이 문제를 해결하려면 항상 같은 질문으로 돌아갔다. 관절을 언급하지 않고 관절 운동에 외부효과를 가하는 방법은 무엇인가? 불가피하게 울프가 초기 균형 연구에서 사용한 효과에 대해 생각해 보았다. "발을 같은 높이에 유지하라" vs "표지판을 같은 높이에 유지하라"와 같이 외적 큐는 몸에 가깝기도 하고 굉장히 효과가 미미할 수 있음을 깨달았다.

결과적으로 나의 운동선수들은 내가 제시하는 문제 해결책을 이미 입고 있었다는 것을 깨달았다. 옷은 관절 운동을 언급하지 않고도 관절 운동을 참조할 수 있는 완벽한 대용물이다. 이 깨달음이 내 지시 방식에 들어가자 "발가락 올려"는 "신발끈 올려", "발목 잠그기"는 "신발끈을 양말에 묶어"로 대체되었다. 패션은 내 언어에 영향을 끼치며, 대부분의 엉덩이 운동은 '벨트 버클', '허리띠', '포켓'을 언급함으로써 유도될 수 있었다. 엉덩이 신전은 '벨트 버클과 함께 끌려나가기' 또는 '자신감 있는 주머니'로 변환되며, 허리띠를 언급하는 엉덩이 굴곡은 '허리띠와 함께 인사' 또는 '벨트와 함께 인사'로 변환된다. 마찬가지로 중립적인 척추에 대해 이야기할 때, "자켓을 올려라", "긴 티셔츠", "상의를 통해 긴장을 느껴라" 또는 간단히 "자랑스럽게 서라"라는

"티셔츠를 길게 만들어라."

"벨트 버클로 리드하라."

문구를 사용하여 우리는 일상 의복을 이용하여 운동 메시지를 간단화하고, 몸의 둘레를 벗어나 명료한 외부 목표를 제시함으로써 미묘한 움직임에 대한 메시지를 명확하게 전달할 수 있다.

옷은 모든 큐잉 도구 상자에서 유용한 자산이지만, 운동 시스템에서 뉘앙스를 끌어내는 데 사용할 수 있는 유일한 큐 도구는 아니다. 오히려 몇 개의 접착테이프 조각을 사용하는 것이 운동하는 선수들을 슬럼프에서 빠져나오게 하는 더 좋은 전략일 수 있다.

큐 테이프

나는 테이프를 사용하여 움직임을 유도하는 방법에 대해 듣기 시작했다. 이 방법은 California State University, Long Beach의 교수인 윌 우Will Wu 박사가 게시한 동영상을 보고 처음 알게 되었다. 이 동영상에서 우 박사는 관절에 테이프를 붙여 운동선수가 운동 문제를 단순화하면서 외부에 초점을 유지할 수 있도록 돕는 방법을 보여주었다. 나는 이 동영상을 본 순간 아이디어와 예전에 나와 함께 훈련했던 운동선수들이 떠올랐다. 그래서 바로 나의 선수들에게 이 새로운 방법을 적용하기 시작했다.

나는 테이프를 사용하여 자세 문제를 해결하면서 가장 깊이 있는 운동 변화를 관찰했다. 우리는 NFL 콤바인 대회가 몇 주 남지 않았을 때, 이 선수가 여전히 구부러진 자세로 출발하여 첫 두 보폭에서 사용할 힘을 제한하고 있었다. 우리는 내가 떠오르는 모든 방법을 시도해 보았지만, 이 선수를 굽은 등으로부터 벗어나게 할 수 있는 방법이 없었다. 그때 나는 두 조각의 접착테이프를 꺼내왔다.

이 시점에서, 이 운동선수는 어떤 것이든 시도해 볼 준비가 되어 있었다. 그래서 자세를 바로잡는 살짝 다른 방법을 시도해 볼 것이라고 설명했다. 나는 등 뒤의 어깨부터 어깨까지 상체에 테이프를 붙이고, 허리띠 위쪽에 또 하나의 테이프를 붙였다(나는 발목을 감거나 묶을 때 사용하는 아슬레틱 테이프를 사용했다). 그런 다음, 두 가지 말을 선수에게 건넸다. (a) "이 두 조각의 테이프를 더 가까이 모아봐." 그러자 선수는 등을 늘리고 키가 커졌다. (b) "이 두 조각의 테이프를 서로 더 멀리 떨어뜨리는 모습을 보여줘." 그러자 선수는 등을 굽혔다. 선수가 내가 예상한 대로 움직이자, 나는 그다음 스프린트를 위한 큐를 설정했다. "좋아. 다음 스프린트 시작할 때, 네가 그 두 조각의 테이프를 함께 눌러 붙이는 것에 집중하도록 해봐." 그 선수는 내가 무슨 짓을 하려는지 알았는지 미소를 지으며 쓰리 포인트 스탠스에 들어갔다. 나는 지켜보면서 이게 먹혔으면 좋겠다고 성공을 기원하였다. 그가 움직이기 시작한 지 얼마 되지 않아, 결과는 나왔다. 그는 그의 스탠스에서 더 빨리 나왔을 뿐 아니라, 적어도 내 평가로는, 그는 몇 주간 추구했던 척추 중립 자세로 전환되었다. 그가 돌아오는 동안 그의 얼굴에 짓는 웃음은 그도 내가 보았던 것을 느꼈다는 것을 나에게 알려주었다. 희망의 불씨가 켜졌다.

나는 이 전략을 어떤 연구가 등장하기 전부터 성공적으로 사용했던 경험은 있었지만, 제임스 베커James Becker와 윌 우[43]가 이 전략의 효과를 지지하는 예비 연구를 발표한 것에 매우 만족했다. 자세 개선이 필요한 4명의 엘리트 하이점퍼와 함께 일하던 연구자들은 선수들이 보통 집중 전략을 사용하여 기본적인 점프를 수행하도록 하고, 훈련 중 사용하는 표준 막대 높이에서 새로운 큐잉 전략을 사용하여 연속적인 중재 점프를 수행하도록 했다(모든 점프는 평소 선수들이 훈련 때 사용하는 규격 높이로 진행되었다). 구체적으로 연구자들은 각 선수의 셔츠 앞쪽 배꼽 바로 앞에 운동용 테이프를 붙이고, 선수들에게 "테이프가 리드하도록 하라"라는 지시를 했다. 큐와 함께 두 번의 연습 시행을 마친 후, 선수들은 측정을 위한 세 번째 반복을 수행했다. 생체역학적 평가 도구를 사용하여 결과는 큐 테이프가 직립 자세를 촉진하고, 마지막 발차기에서 수직 속도를 증가시키는 동시에, 마지막 발차기 직전 단계에서 수평 속도를 증가시키는 것으로 나타났다. 이러한 증거는 테이프를 사용한 나의 경험을 반영하며, 압돌라히푸르Abdollahipour 외[1]의 체조에서 공중 기동을 개선하기 위해 테이프 마커를 사용한 연구와 드 조르지오De Giorgio 외[12]의 색상 클리트를 사용하여 개선된 축구 기술을 향상하기 위한 독창적인 연구를 보면 더 많은 연구를 할 수 있는 견고한 기반을 마련했다.

마지막 세 장에서 테이프 사용에 대해 다시 언급하겠지만, 여기서는 큐 테이프를 효과적으로 활용하는 아주 간단한 전략을 소개하고자 합니다. 제 경험상 큐잉 시나리오에 한두 개 이상의 테이프가 필요한 경우는 거의 없습니다. 일반적으로 특정 관절이나 신체 부위를 환경적 특징에 맞춰 정렬하고 싶을 때는 테이프 한 장을 사용하고, 신체의 두 관절 사이에 특정 기술 방향을 유도하고 싶을 때는 테이프 두 장을 사용합니다. 예를 들어, 스프린트 시 고관절 굴곡과 무릎 추진력을 향상시키고 싶다면 선수의 무릎에 테이프 한 장을 붙이고 "테이프를 끝까지 밀어내라"고 지시할 수 있습니다. 마찬가지로 배측 굴곡의 예로 돌아가서, 선수들의 신발끈에 테이프를 붙이고 "테이프를 하늘 쪽으로 올려라"라고 말할 수 있다. 반대로 고관절 힌지 동작 중 중립 척추와 같은 신체 내 정렬을 원한다면, 선수들의 상체와 하체에 테이프를 붙이고 선수들에게 "테이프를 정렬해" 또는 "테이프들을 가깝게 만들어"라고 말하며 움직임을 지시할 수 있다. 이러한 예는 계속 이어질 수 있지만, 이 예시를 통해 여러분이 자신의 움직임 시나리오에 적용할 수 있을 만큼 개념이 잘 설명되어 있기를 바란다.

PART 3. 내적 큐잉 명확히 하기

여러 해 동안, 나는 내적 큐의 잠재적 이점에 대한 많은 항의적인 질문들을 받았다. 운동과 해부학에서 차용된 언어를 사용하는 분야에서 온 이야기이기 때문에, 내적인 초점이 외적인 초점보다 우월한 경우를 찾아 증거를 찾는 사람들이 있어도 놀랄 일은 아니다. 그러나 지금까지 이 책의 논문에 반하는 설득력 있는 증거를 찾은 적은 없다.

사실, 내부적 초점과 외부적 초점을 논할 필요가 없는 이유는 두 언어 모두 우리의 코칭 루프에서 역할을 갖기 때문이다. Perception & Action 팟캐스트에서 롭 그레이가 자주 말하는 대로, 내부 언어는 움직임(무엇)을 설명하는 데 좋으며, 외부 언어는 그것을 코칭하는 데 좋다(어떻게). 이러한 이유로, 나는 코칭 루프의 설명하기 부분에서 내적 언어를 '필요할 때'만 사용하여 외부 언어가 '큐잉하기'를 완전히 차지하도록 유지하고 있다. 그러나 내적 초점이 움직임을 이끄는 데 효과적이라는 가장 강력한 논거에 익숙해지고 싶어 할 것이다. 따라서 다음 섹션에서는 내가 받은 가장 흥미로운 세 가지 질문을 개요로 제시할 것이다.

마인드-머슬 커넥션

질문 1: 내적인 유도가 외부적 유도보다 근육 활성화를 더 많이 증가시킨다는 연구 결과가 나왔는데, 근육 성장(근비대)을 촉진하기 위해 내적인 큐가 사용되어야 할까요?

나는 이 질문을 좋아한다. 이 질문은 내가 코칭을 시작할 때를 기억나게 한다. 그리고 내 초기 큐잉 아이디어 중 많은 부분이 보디빌더와 함께 일하면서 얻었고 지금에 와서 보니 그들은 내적 큐에 잘 반응했었기 때문이다. 그러나 이 질문에 대한 대답을 하기 위해서는 근육 성장에 대한 두 가지 주요한 경로를 이해해야 한다. 긴장 매개 경로와 대사 매개 경로가 있다.[28] 긴장 매개 경로는 무거운 물체를 들거나 그 물체를 빠르게 가속시켜 근육에서 더 큰 긴장을 발생시키는 능력을 통해 근육의 긴장을 증가시키는 반면, 대사 매개 경로는 보디빌딩에서 흔히 볼 수 있는 높은 볼륨, 고피로 운동 프로토콜과 연관된 근육 활성화 증가를 통해 혜택을 얻는다.

우리가 논의한 증거는 외부 주의에 따른 운동력 증가,[15, 18] 운동 속도 증가,[27] 운동 지구력 증가,[4, 17] 운동 운동학 개선[13, 14, 25]을 명확하게 보여준 반면 내부 주의는 외부 주의보다 근육 활성화를 높이는 것으로 나타났다.[6, 7] 이러한 후자의 결과는 근육량을 증가시키는 것이 목표인 경우, 특히 마인드-머슬 커넥션 개념을 인용하는 저자들이 내부-주의 지시를 강조하게 만들었다.[5, 24]

내부 초점이 최대 힘, 파워 또는 속도의 표현을 지지한다는 증거는 없지만, 상체 근육 비대 성장에 내부 초점의 가능한 이점을 가리키는 연구가 하나 있다. 브래드 쇼엔펠드Brad Schoenfeld 박사와 동료들[44]은 30명의 훈련되지 않은 남성을 대상으로 하는 스트렝스 훈련 연구(주당 세 번의 세션과 운동당 8~12회 4세트)를 실시하여 서서 하는 이두근 컬과 앉아서 하는 레그 프레스 운동을 내부 초점("해당 근육을 쥐어짜라") 또는 외부 초점("무게를 들어라")을 사용하여 수행하게 했다. 따라서 두 그룹 간의 유일한 차이점은 내부 또는 외부 선례의 일관된 사용이었다. 8주 후 결과는 내부 초점 그룹이 상체 근육 과대 성장에서 더 큰 이익을 얻었음을 보여주었지만, 하지만 하체에서는 그러한 차이가 나타나지 않았다. 스트렝스 발달에서는 차이가 없었지만, 절대 점수는 외부 초점 그룹에서 하체 발달이 높았으며, 상체 발달에 대해서는 그 반대였다.

그렇다면 지금까지 논의한 모든 것을 이 연구 결과와 어떻게 조화롭게 이어나갈 수 있을까? 간단하다. 증거와 운동 목표를 기반으로 전략을 결정하면 된다. 만약 당신의 선수가 단일 관절 운동을 수행하고 로컬 근육 활성화를 급격하게 증가시키고 싶다면, 내부 초점이 허용되고 심지어 상체 운동에 대해서는 권장할 수도 있다. 그러나 다중 관절 운동으로 전환되고 강도, 파워, 속도 또는 운동 효율성이 목표가 된다면, 큐는 분명 외부 초점을 신뢰해야 함을 보여준다.

전문가의 조언

질문 2: 개인이 경험을 쌓을수록, 섬세한 기술적 개선이 필요할 때 내적인 큐를 제공하는 것이 필요하지 않을까요?

이것은 까다로운 질문이다. 그러나 증거는 우리가 답에 가까이 다가갈 수 있도록 도와줄 수 있다고 생각한다. 첫째, 연구에 따르면 고도로 숙련된 선수들이 전혀 경험이 없거나 적은 사람들(즉, 초보자)보다 내적 및 외적 큐에 덜 민감하게 반응하는 것을 일관되게 보여주고 있다. 실제로, 전문가가 그들의 기술을 그들의 보통 집중, 내부 집중, 또는 외부 집중을 사용하여 수행할 때, 일부 또는 모든 조건 사이에 차이가 없다는 증거가 점점 더 많이 나타나고 있다.[11, 29] 예를 들어 내 연구[45]는 고도로 숙련된 스프린터들이 10m(11야드)를 가속할 때 지시항 없이 그냥 "최선을 다하도록 하라", 내부 집중("다리를 가능한 한 폭발적으로 뒤로 밀어내는 것에 집중하라"), 또는 외부 집중("지면을 가능한 한 폭발적으로 밀어내는 것에 집중하라")을 사용하여 유사한 결과를 보였다. 울프[29]는 Cirque du Soleil(태양의 서커스) 아크로바트(서커스) 그룹을 포스 플랫폼에서 기본적인 균형 작업을 수행할 때 유사한 반응을 보였다.

그렇다면 이러한 결과$_{\text{null finding}}$를 어떻게 설명할 수 있을까? 전문가가 되면 내부 큐의 영향에 면역이 되는 무언가가 발생하는 것일까? 아니면 전문가가 내부에 집중함으로써 오히려 이득을 볼 수도 있을까? 글쎄, 정확히는 아니다. 우리는 이미 내부 큐가 초보자에게도 마찬가지로 전문가에게도 해로울 수 있다는 것을 보여주는 여러 연구를 살펴보았다(예시 문헌: 16, 30). 이제 어떻게 해야 할까? 두 가지 방법이 있다고 생각한다. 울프와 나의 연구팀이 관찰한 무위 결과$_{\text{null finding}}$를 검토하는 것이다. 첫째, 전문가와 함께 작업할 때는 특히 한 번의 테스트 세션이라는 짧은 기간 동안 천장 효과$_{\text{ceiling effect}}$, 즉 개인의 퍼포먼스가 이미 너무 높아서 큐에 의해 촉발된 어떤 변화가 한 세션 내에서 거의 감지되지 않을 수 있다. 엘리트 단거리 선수들에게서 관찰되는 작은 차이를 고려할 때, 나의 연구 결과가 설명될 수 있다.

"Experience Level Influences the Effect of Attentional Focus on Sprint Performance(경험 수준이 스프린트 퍼포먼스에 대한 주의 집중의 효과에 미치는 영향)"에서 설명한 두 번째 원인은 추상화 개념인데, 이는 경험이 많은 선수가 큐의 언어적 불필요성을 제거하고 내부 큐인지 외부 큐인지에 관계없이 핵심 의미를 추출할 수 있다는 것이다. 즉, 선수는 단순히 문구에 종속되기보다는 더 넓은 의미를 해석하고, 내적 또는 외적 언어를 해당 움직임을 수행할 때 일반적으로 사용하는 정신적 단위로 변환할 수 있다는 것이다. 실제로 단거리 선수들에게 "다리를 움직여라"와 "바닥을 밀어라"라는 큐잉을 했을 때, 선수들은 두 큐잉에서 동일한 의미를 직관했을 수 있으며, 본질적으로 요점을 파악할 수 있다.[10] 전문 운동선수들이 내적 큐에 더 잘 반응한다는 증거가 없으므로, 이를 전문 운동선수들에게 내적 큐를 과도하게 주입하면 안 된다. 내 개인적인 생은 전문 운동선수의 움직임은 너무 잘 훈련되어 있어 내부 집중과 관련된 퍼포먼스 저하의 영향을 덜 받는다는 것이다. 반면 초보자는 큐를 문자 그대로 읽는 데 훨씬 더 의존하기 때문에 의미를 재해석할 가능성이 낮아 외부 집중으로 인한 보상과 내부 집중으로 인한 불이익을 동시에 받을 수 있다.

만약 여전히 미세한 기술적 개선에 대해 궁금하다면, 큐잉하기 섹션에서 기술적 뉘앙스를 찾아내기 위해 이전에 언급한 의류 및 테이프 기반 전략을 사용하여 비디오 분석 세션 또는 코칭 루프의 설명하기 및 정리하기 섹션에서 이러한 변경 사항을 간략하게 설명할 수 있음을 다시 한 번 강조한다. 게다가, 제6장에서 비유에 대한 논의를 찾아보면 사용자 맞춤 큐에 포함될 수 있는 뉘앙스 수준에 대해 매우 깊게 이해할 수 있을 것이다.

신체 인지

질문 3: 동작 패턴을 개발하고 다듬기 위해 우리는 몸의 인지가 필요하지 않을까요? 그렇다면, 이것은 제 몸이 어떻게 느끼는지에 집중하고 있기 때문에 내부 초점의 한 형태가 아닌가요?

틀림없이 누군가는 내가 큐잉에 대한 발표를 할 때, 손을 들고 내가 가지고 있는 내적 큐잉에 대한 나의 주장이 신체 인지 발달에 반대되는 것이 아닌가라며 나지막하게 신체 인지에 대한 나의 의견을 물어볼 것이다. 반대로, 나는 신체 인지가 운동선수의 전반적인 운동 건강에 도움이 되며 전체적인 학습 환경에 포함되어야 한다고 생각한다. 그리고 첫인상에서 그렇게 시사하는 것처럼 보일지 몰라도 신체 인지는 내적 큐잉과 같은 것이 아니기 때문에 나는 이러한 의견을 주장할 수 있다.

우리가 내부 또는 외부 큐를 줄 때는 운동 시스템에 무언가를 하도록 요청하는 것이다. 반대로 운동선수에게 인식하도록 유도하려면 운동 시스템이 무엇을 했는지 관찰하도록 지시해야 한다. 인식을 하려면 어떤 일이 일어나야 하는데, 그렇지 않으면 인식은 일어나지 않는다. 나는 이러한 내용을 우리가 논의해 온 명령 기반 큐(하향식: 감각 목표를 운동 시스템에 투사하는 것)와 인지 기반 큐(상향식: 방금 경험한 감각 에피소드의 목록을 작성하는 것)로 설명할 때가 있다. 나는 실제로도 공유 어휘를 확립하는 과정을 통해 신체 인식을 구축하는 것을 매우 선호한다. 여기에는 운동선수와 협력하여 움직임이 전체적으로 어떻게 느껴지는지 설명하는 일련의 주의 기반 큐를 생성하는 것이 포함된다(맥퍼슨, 콜린스, 모리스[46]는 이러한 큐를 전체론적holistic 또는 리듬rhythm 기반 큐라고 하였다[참고 (2)]). 공통적인 특징은 전체 움직임의 시공간적 특징을 나타내는 단음절(간결한) 단어인 경우가 많다는 것이다. 예를 들어, 다음은 운동선수들이 스프린트 중에 느낀 감정을 설명하는 데 사용하는 알림 기반 큐의 목록이다.

가볍게Light	무겁게Heavy
빠르게Quick	천천히Slow
말랑하게Relaxed	단단하게Stiff
느슨하게Loose	빡빡하게Tight
균형 있게Balanced	불균형하게Unbalanced
중립으로Neutral	회전된Rotated
늘어뜨린Lengthened	압축된Compressed
키가 크게 또는 길게Tall or long	짧게Short
크게Big	작게Small

이 접근법을 처음 적용할 때는 코칭 루프의 정리하기 부분에서 목표에 맞는 질문을 한다: " 접촉이 가볍거나 무겁게 느껴졌는가?" "고관절이 느슨하거나 꽉 조여진 느낌이 들었는가?" "몸통이 길다고 느꼈는가, 짧다고 느꼈는가?" 등. 나는 이러한 접근 방식이 "기분이 어땠어?"라고 묻을 때보다 더 긍정적인 반응을 이끌어냈다는 것을 알게 되었다. 시간이 지나면 선수들은 이러한 어휘를 익히게 되고, 자신만의 설명적인 언어를 사용할 수도 있으므로 반복할 때마다 풍부한 토론이 가능해진다.

특히 선수의 경험 수준이 향상됨에 따라 지금까지 설명한 외부 큐와 비슷한 용량으로 느낌 또는 감정 기반 언어를 사용할 수 있다. 예를 들어, 선수에게 다음 반복 동작에서 길다, 가볍다, 느슨하다고 큐를 보낼 수 있다. 하지만 이는 그러한 감각 상태를 달성하는 데 필요한 메커니즘에 대한 직접적인 정보를 제공하지 않으므로 내적 초점과 혼동해서는 안 된다. 반대로, 이것은 움직임 도중 또는 움직임이 끝날 때 달성하고자 하는 상태 또는 느낌인 감각 종점sensory end point을 정의한 것이다. 중력이 자전거를 얼마나 효과적으로 타는지에 대한 피드백을 제공하는 것처럼, 이러한 느낌 또는 감정 기반 단어(동작 동사 포함)는 자신의 움직임을 어떻게 구성하고 있는지에 대한 실시간 피드백을 제공하여 선수는 느낌과 움직임이 하나가 될 때까지 스스로 교정하고 탐색할 수 있다.

요약

큐들은 우리가 원하는 움직임의 목적지에 도달할 수 있도록 마음의 지형을 탐색하는 데 이용되는 차량이다. 그러나 적절한 차량을 선택하기 전에, 먼저 우리가 원하는 움직임의 종착지를 구분해야 한다. 이를 위해, 우리는 훈련할 신체적 적합성과 코칭할 운동 패턴을 우선시하는 능력에서 정확하고 끊임없이 진화해야 한다. 세 개의 P를 배치하고 패턴 이전에는 위치 원칙을 활용함으로써, 우리는 올바른 움직임 목적지를 식별할 확률을 높인다.

우리의 목적지를 염두에 두고, 우리는 여행을 위한 최고의 큐를 선택하는 데 필요한 정보를 가지고 있다. 그러나 여느 여행과 마찬가지로, 그 과정에서 알려지지 않은 것들이 있을 것이며, 우리는 적응할 준비를 해야 한다. 따라서 큐가 듣지 않거나 에너지가 고갈되면, 우리는 큐를 바로잡을 수 있는 올바른 도구가 필요하다. 나는 거리, 방향 및 설명이 단순한 단어를 운동 행동으로 바꾸는 구성 요소들의 행렬 역할을 하는 3D 큐잉 모델의 형태로 그러한 도구 키트를 공유했다. 세 가지 D를 염두에 두고, 우리는 이 모델을 효과적으로 적용하기 위한 세 가지 원칙에 대해 논의했다. 세 가지로 시작하고, D를 바꾸고, 줄이고 보라. 이 세 가지 원칙은 사용자 설명서처럼 작동하며, 운동선수들이 3D 큐잉 모델의 적용을 최대한 활용할 수 있도록 한다.

마지막으로, 우리는 다양한 문제를 창의적인 방법으로 해결하는 방법을 알았다. 그리고 옷과 테이프를 사용하여 운동 시스템에서 제공되는 미세하고 세밀한 부분을 포착하는 방법에 대해 논의했다. 스위스 아미 나이프를 든 베어 그릴스Bear Grylls와 같이, 당신은 옷가지와 몇 줄의 접착테이프로 가장 어려운 동작을 가장 명확한 신호로 이끌어낼 수 있을 것이다. 그러나 철학자 알프레드 코르지브스키Alfred Korzybski의 말을 빌리자면, '지도는 실제가 아니다'라는 것을 알고 있으며, 알려지지 않은 것이 많이 기다리고 있다는 것을 알고 있다. 이와 같이, 우리는 오늘날의 지식을 사용하여 우리의 코칭에서 좋은 것을 높이고 나쁜 것을 없앨 수 있으며, 성공 가능성을 우연에서 선택으로 이동시킬 수 있다.

이 마지막 포인트를 뒷받침하기 위해, 우리는 여행의 마지막 정거장으로 모험을 떠나서 유추법의 사용과 우리 인간의 능력에 대한 토론을 즐길 것이다. 우리는 상상의 세계로 모험을 떠나서, 관련 경험을 사용하여 놀라운 움직임을 유발할 수 있는 가능성을 탐구할 것이다.

6 유추 적용

유추: 도입부

지금까지 우리가 고려한 언어는 모두 문자 그대로 '언어'에 관한 것이었다. 즉, 여러분과 공유하고 여러분이 만들도록 권장한 외부 단서들은 선수 환경에 대해 문자/언어적인 부분으로 강조한 것이다. 즉, "바벨을 여기로 움직여라", "공을 저기로 차라", "천장을 향해 밀어라", "라인을 벗어나라"와 같이 말로 직접적으로 단서를 주는 것이다. 물론 "지면을 밀어내라", "바벨을 뚫고 나가라"와 같은 단서에는 약간의 정신적 추상화가 필요하지만(문자 그대로 지면을 밀어내거나 실제로 바벨을 뚫을 수는 없으므로), 이러한 언어적 단서는 언어라는 옷을 입고 있다.

하지만 여러분과 나 역시 문자대로 표현하는 것이 언제나 정답은 아니라는 것을 알고 있다. 운동선수, 특히 어린 선수에게 처음으로 동작을 가르칠 때는 더욱 그렇다. 선수의 과거 경험을 통해 현재를 이해하도록 돕기 위해 "마치 ~처럼 움직여라", "~와 비슷하다", "~한 기억을 떠올려라"와 같은 말을 자주하게 된다. 따라서 코치는 "뻣뻣하다"를 "판자처럼 뻣뻣하다"로, "길게 뻗어라"를 "르브론처럼 길게 뻗어라"로, "지면에서 튀어올라라"를 "스카이 콩콩처럼 튀어올라라"로 바꿔 이야기한다. 이는 각 문장이 의미하는 뻣뻣하다, 길어지다, 튀어 오르다 등의 움직임 특성을 선수가 이미 잘 알고 있는 사람이나 사물(판자, 르브론 제임스, 스카이 콩콩)을 사용하여 설명할 수 있기 때문이다. 이렇게 일상적인 언어를 사용하는 것이 너무 단순한 것 아니냐고 느껴질 수도 있지만, 우리 모두는 좋은 비유가 선수들에게 미치는 영향 즉, "아, 무슨 말인지 알겠어요", "아, 맞아요"라는 표정을 짓는 것으로 효과 있다는 것을 잘 알고 있다.

그렇다면 이와 같은 직설적이지 않은 언어가 움직임의 복잡성을 풀어내는 데 도움이 되는 이유는 무엇일까? 운동선수가 제트기라고 상상하는 것만으로 가속력을 높이거나, 무거운 장바구니 두 개를 들고 엉덩이로 자동차 문을 닫으려 한다고 상상함으로써 데드리프트 중 고관절 힌지 움직임을 개선할 수 있는 이유는 무엇일까? 이 질문에 대한 답은 오래된 것으로 새로운 것을, 혹은 알려진 것을 사용해 새로운 것을 이해하는 정신의 타고난 능력, 즉 정신의 유추 능력에 확고한 근거를 두고 있다.

유추Analogy와 그 친구들인 은유, 직유, 관용구는 어떤 공유된 특성이나 관계를 바탕으로 두 사물을 비교하는 것이다. 이 장에서는 언어적 유추에 초점을 맞추겠지만, 의미 전달이 필요한 거의 모든 순간에 유추(비유)를 사용한다는 것을 알 수 있다. 손잡이는 당기기 위한 것이고, 문고리는 비틀기 위한 것이고, 버튼은 누르기 위한 것이고, 계단은 걸어 오르기 위한 것이고, 좌석은 앉기 위한 것임을 어떻게 알 수 있을까? 이러한 물건들을 처음 접하고 어떻게 해야 할지 결정해야 했던 순간이 있었을 것이다. 우연이든 선택이든, 엄마나 아빠의 도움이든, 여러분은 이러한 일상적인 물건의 사용법을 배웠고, 당기는 손잡이를 보고 돌리려 노력하거나, 돌리는 문고리를 보고 당기려 하지 않을 것이다. 당신의 마음은 손잡이와 문고리에 대한 오랜 경험을 이야기하며 유추를 통해 "이것(처음 본 문고리)은 예전에 경험한 그것(과거에 경험한 문고리)과 비슷한 것이다"고 말하며 '이것'을 과거의 '저것'과 같은 것으로 판단하고 행동할 것이다.

보다시피, 비유는 우리가 의미를 만드는 데 도움을 주는 일종의 정신적인 구성 요소이다. 미토콘드리아가 세포에 전력을 공급하는 것과 마찬가지로, 유추는 우리의 정신에 전력을 공급하여 연상과 비교를 통해 세상에 대한 지식과 세상을 살아가는 방식을 확장하고 개선할 수 있게 해준다. 한편, 움직임 중심의 유추를 디자인하는 방법에 대해 논의하기 전에 먼저 마음이 어떻게 이러한 재치 있는 의미 생성자에게 의존하게 되었는지 생각해 보는 것이 유익할 것이다. 이를 통해 단어가 어떻게 생각, 이미지, 감정과 분리될 수 없는 존재가 되었는지, 마찬가지로 하나의 문구가 어떤 사람에게는 명확하게, 어떤 사람에게는 완전히 혼란스럽게 느껴지는지 이해하게 될 것이다

그러나 계속하기 전에 미리 알려주고 싶은 말이 있다. 나는 우리의 마음이 의미를 만들기 위해 어떻게 유추에 의존하게 되었는지에 대하여 깊이를 다르게 하여 설명할 것이다. 따라서 실용적인 부분으로 바로 넘어가고 싶다면 이 장의 Part 1: 멘탈 맵으로 넘어가도록 하라.

무에서 유를 창조하기

스위스 태생의 장 피아제Jean Piaget는 당대 가장 영향력 있는 발달 심리학자이다. 수많은 책을 저술한 피아제는 인지 발달에 관한 그의 이론으로 가장 잘 알려져 있으며, 이는 오늘날까지 언어가 존재하지 않던 원시인에서 직립형 이야기꾼으로 인간이 변화하는 과정에 대해 심리학자들이 생각하는 방식에 영향을 미치고 있다. 우리의 관심을 끄는 부분이 바로 언어의 기원과 인간의 언어적 잠재력이 실현되는 과정에 대한 피아제의 연구이다.

피아제와 인헬더Inhelder는 그들의 저서 『The Psychology of the Child』에서 "아동을 보고 성인기를 부분적으로 설명할 수 있다면, 아동 발달의 각 시기는 그다음에 오는 발달 단계를 부분적으로 설명할 수 있을 것이다"고 지적하였다.[20] 따라서 언어의 내면을 들여다보고 싶다면 먼저 언어를 구축하는 데 사용하는 발달학적 상태를 이해해야 한다.

다른 포유류와 달리 인간은 부모에게 전적으로 의존하는 무력한 상태로 이 세상에 태어난다. 아기 기린이 태어난 지 한 시간 만에 걷는다는 사실을 생각하면, 인간처럼 아기 때 의사소통이 원활하지 않고 포식자로부터 도망칠 수 있는 방법이 없는 동물이 이렇게 번성하고 있다는 사실이 놀라울 따름이다. 하지만 말과 움직임이 늦어지는 대가로 지구상에서 가장 강력한 학습 도구 키트를 얻었기에 손해 보는 장사는 아니다.

우선, 우리는 태어나면서부터 언어를 사용할 수는 없지만 여러 가지 유용한 반사 작용을 가지고 태어난다. 특히 (아기가 가지고 있는) 입천장에 무언가 닿으면 반사적으로 빨아들이는 빨기 반사와 손바닥에 닿는 물체를 반사적으로 잡는 잡기 반사가 여기에 포함된다. 이러한 반사 작용과 몇 가지 다른 반사 작용은 아기에게 "이 세상에 온 것을 환영한다"는 메시지를 전달하고 복잡한 움직임과 언어가 나오는 모종의 역할을 한다.

이러한 반사 작용과 함께 시각, 후각, 청각, 미각, 촉각 등 다양한 감각 도구가 함께 작동한다. 이러한 감각은 아기가 현실 환경과 마주하여 한 번에 한 가지씩 경험을 쌓으며 앞으로 살아갈 세상을 구성하는 데 도움을 준다. 한편, 발달 초기 단계의 아기들은 경험의 한가운데에 있지 않는 한 경험을 고려하는 능력, 즉 사고하는 능력이 제한적이다. 또한, 아기들의 주의력은 새로운 것을 찾는 다이얼을 한참 돌리고 있기 때문에 오래 집중하지 못한다. 그렇기 때문에 아기에게 울음을 그치라고 말하는 것은 헛수고인 반면, 눈앞에서 새 장난감을 덜컹거리는 것이 매우 효과적인 것이다. 흥미로운 질문은 어떻게 아기가 아무것도 생각하지 않는 상

태에서 무언가를 생각하게 되는 단계로 나아가는 것일까?

다음과 같은 질문에 대해 생각해 보자. 상당한 경험의 기반이 없다면 어떻게 세상을 인식하고 말하고 생각하며 상호작용을 할 수 있을까? 논리적으로 생각하면 이는 아주 어려운 일이다. 따라서 아기는 태어나서 첫해는 물론 그 후에도 주변 환경을 탐색하고 그 환경에 기반한 감각-운동 표현을 구축하는 데, 즉 경험을 쌓는 시간을 보낸다. 다시 말해, 아티스트가 자신의 음악을 카세트테이프에 아날로그 방식으로 저장하는 것처럼, 우리의 감각 운동 시스템은 경험의 아날로그 버전을 구축하여 아기에게 언어를 지원하는 데 필요한 정신적 표상, 즉 기억을 제공한다는 뜻이다. 아기가 바나나를 처음 본 순간부터 바나나라는 단어를 처음 말할 수 있게 되기까지의 과정을 관찰해 보면 이 개념을 더 명확하게 이해할 수 있을 것이다.

▶ **관찰 1**

일련의 뚜렷한 경험의 순간을 통해 아기들은 바나나가 노란색이고(시각), 껍질이 매끄럽고(촉각), 속이 질감이 있다는 것을 알게 될 것이다. 바나나는 은은하게 달콤한 향(후각)과 맛(미각)을 가지고 있으며, 바나나를 깨물면 특별한 소리가 나지 않는다(청각). 이러한 경험들이 어우러져 아기는 감각 언어로서 바나나를 처음 정의한다.

▶ **관찰 2**

시간이 지나면 아기들은 바나나에 대한 더 많은 감각적 경험을 통해 바나나를 이해하게 된다. 따라서 아기들은 바나나를 보고 울기 시작할 수 있는데, 이는 바나나를 보는 순간 머릿속의 감각 기록이 재생되어 이 감각 경험을 재현하고 싶다는 욕구를 불러일으키기 때문이다.

▶ **관찰 3**

바나나에 대한 개념이 아기의 머릿속에 적절하게 표현되면, 바나나에 대한 경험 너머에 바나나에 대한 개념이 비로소 존재하기 때문에 바나나가 눈앞에 없어도 바나나를 달라고 울 수 있게 된다. 이것이 2세에서 3세로 넘어가는 시기를 '끔찍한 2세'라고 부르는 이유 중 하나이다. 유아는 원하는 것을 말로 표현하는 속도보다 원하는 것에 대한 '개념'을 더 빨리 발달시킨다.

▶ **관찰 4**

결국 아기들은 바나나를 가리키거나 부모에게 가져다줌으로써 자신의 욕구를 전달할 수 있다는 것을 깨닫게 되는데, 이는 관련된 모든 사람에게 훨씬 더 나은 해결책이다. 상황은 진전되어, 울음으로 시작했던 가리키기가 이제는 '바나나', 또는 처음에는 '바' 또는 '나나'라는 단어의 사용으로 나아간 것이다.

이러한 예시는 발달 과정에 대한 몇 가지 주요 기능을 설명한다. 첫째, 삶의 초기에 행동은 생각을 대신하는 것이다. 행동을 통해 우리는 세상을 샘플링하고 그 안에서 말하고 상호작용하는 데 필연적으로 필요한 정신적 표상을 구축할 수 있다. 이러한 행동들이 충분한 감각 정보로 마음의 카세트테이프를 채우면 재생을 누르고 생각을 통해 자신의 아이디어와 개념을 버무려 낼 수 있다. 이 시점에서 우리의 외부 세계는 언어가 출현하는 데 필요한 발판을 만드는 내부 세계로 통합된다.

몇 가지 공백들을 요약하고 채우기 위해 우리는 움직임을 유발하는 반사 작용을 가지고 이 세상에 온다. 우리의 감각으로 무장한 이 반응적 움직임들은 세상과 그것이 제공하는 감각 정보에 대한 우리의 탐험을 시작하게 만든다. 각각의 경험에서 감각 정보는 우리의 신경으로 유추되어 미래 상태를 예측할 수 있는 세상에 대한 정신적 표상을 생성한다(예: 사과와 바나나를 볼 때 두 과일을 먹을 때 생겨난 감각 경험을 마음이 빠르게 계산한다. 그리고 당신은 필연적으로 당신이 선호하는 과일 조각을 선택한다). 시간이 지나면 우리는 반사적 움직임을 자발적인 행동과 교환하여 새로운 감각 경험을 축적하는 능력을 가속화한다. 우리는 숙명적으로 다른 사람의 흉내를 내거나 엄마, 아빠, 의사 또는 개가 되는 것이 어떤 것인지 따라 하면서 가상 놀이를 할 수 있다는 것을 배운다. 이와 같은 아이들의 놀이 활동은 이전의 발달 단계와는 전혀 다른 것으로, 각각의 상징적 행동은 살아있는 경험을 사려 깊은 생각으로 더 유추하려는 시도이기 때문이다. 시간이 지나면서 언어를 사용할 수 있게 되고 이러한 저장된 경험에 태그가 지정되어 두 가지(언어와 경험)를 서로 구별할 수 없게 된다. 결국 경험은 감각과 유사하고, 감각은 생각과 유사하며, 생각은 언어와 유사하다고 말할 수 있다. 결국 모든 것이 유추이며 언어는 그것이 표현하는 감각적 경험만큼만 의미가 있는 것이다.

경험의 후예

언어가 경험과 연결되고 경험을 반영하는 것이라고 정의된다면, 우리는 뇌에서 이 정의에 대한 증거를 볼 수 있을 것으로 기대할 수 있다. 합리적인 가설을 세워보면, 행동이 언어에 선행하고, 언어는 행동과 관련된 지각에서 만들어지며, 행동과 지각을 담당하는 뇌 영역이 언어 이해를 담당하는 뇌 영역과 겹칠 것이다. 그러나 이 가설이 사실이라면 "독사가 바로 뒤에 있는 것처럼 얼른 수비벽에서 빠져나와"와 같은 비유를 들었을 때, 뇌에서 이 허구를 마치 사실인 것처럼 반응하여 뇌의 시각 및 운동 영역이 작동한다는 증거가 있어야 할 것이다.

벤자민 버겐Benjamin Bergen은 재치 있고 읽기 쉬운 그의 저서 『Louder Than Words』에서 이해 과정에 대한 장대한 여정을 설명한다. 그는 우리의 마음이 의미를 만드는 방식이란 '언어가 묘사하는 것을 경험하는 시뮬레이션 과정'이라고 주장하며 동시에 이에 대한 강력한 증거를 제시한다.[3] 그리고 베르겐이 시뮬레이션이라고 한, 구체적으로 말하자면 **체화된 시뮬레이션**embodied simulation이란 용어는 은유적인 의미로 사용하는 것이 아니라 문자 그대로 "우리가 문장을 듣거나 읽을 때, 운동 및 지각 시스템을 사용하여 … (뇌 속에서) 묘사된 장면을 보고 행동을 수행하는 시뮬레이션을 한다"는 의미이다.[3]

동작 단어, 동사는 이 단어를 실제로 실행하는 뇌 중추와 동일한 영역에서 처리된다는 사실을 이미 살펴봤기 때문에 이 개념이 친숙하게 들릴 것이다. 따라서 'punch'라는 단어를 듣거나 실제로 주먹을 날릴 때, 우리의 뇌는 이 행동을 이해하고 실행하기 위해 공통된 운동 영역에 의존한다. 하지만 이러한 점이 유추와 사람들이 더 잘 움직일 수 있도록 돕는 것과 어떤 관련이 있는지에 대한 의문이 떠오를 수 있을 것이다.

이 질문에 답하기 위해 먼저 몇 가지 짧은 사고 실험을 해보도록 하자.

페트병 로켓과 수직 점프의 공통점은 무엇인가?

____

테이블과 팔굽혀펴기의 공통점은 무엇인가?

____

해머와 스프린트의 공통점은 무엇인가?

____

잘 생각해 보았는가? 사물과 인체 움직임을 비교하기 어려웠거나 공통점을 잘 찾을 수 있었는가? 이상하게도 한번 머리가 돌아가기 시작하면 밀과 쭉정이, 혹은 유사한 것과 다른 것을 분리하는 일이 매우 자연스럽게 진행된다는 것을 알게 된다. 예를 들어 수직 점프를 병 로켓과 비교할 때 두 개념 모두 빠른 속도로 위쪽으로 움직이는 무언가를 포함한다는 사실을 알아차렸는가? 마찬가지로, 테이블을 푸시업과 비교할 때 둘 다 평평한 면적이 있다는 점을 생각하였는가? 마지막으로, 해머와 스프린트 사이의 관계를 고려할 때 스프린터 선수의 팔과 다리가 해머를 내리치는 것과 같이 빠르게 휘두르는 모습을 상상하였는가? 이러한 요점들에 대해 다른 언어로 표현했을 수도 있겠지만, 당신과 나의 해석이 크게 다르지 않았을 것이라 확신한다.

내가 당신의 마음을 읽어낸 것처럼 보이는가? 아니다. 우리가 방금 경험한 것은 패턴을 찾고, 다른 것들 아래 숨어있는 유사점을 식별하는 뇌의 성향이다. 그리고 바로 이 지점에서 유추의 힘이 드러나기 시작한다. 특히 유추는 우리가 익숙한 것의 특징을 익숙지 않는 것에 매핑하도록 하여 학습을 돕고 마음의 무한한 연상 능력을 제공한다. 이러한 방식으로 아이들은 1 더하기 1은? 이라는 개념을 배운다. 아이들은 종이 위에 적힌 글이라는 선을 보고 외우는 것이 아니라, 먼저  또는 심지어 을 더하는 법을 배운다. 이 경우 두 개의 사과 또는 두 개의 눈사람은 둘의 개념에 대한 유추 역할을 한다. 시간이 지나면서 아이는 2라는 개념, 눈으로 보는 것들뿐만 아니라, 시간, 속도, 공간, 힘과 같이 우리가 볼 수 없는 것에 대해서도 배운다. 이러한 사실은 인간이 예전에 경험한 것을 통해 새로운 것을 이해하는 것뿐만 아니라, 구체적인 것을 사용해 추상적인 개념을 이해하는 데에도 능숙하다는 점을 시사한다.

이는 아이들이 언어를 배울 때 앉다, 던지다, 오르다, 눕다와 같은 추상적인 동사를 익히기 전에 의자, 공, 계단, 침대와 같은 구체적인 명사를 먼저 익힌다는 사실에 의해 뒷받침된다.[9] 무엇이 움직이는지, 어디로 움직이는지 먼저 이해하지 않고 동작을 이해하는 것이 얼마나 어려운지 상상할 수 있기 때문에 이러한 관찰은 놀라운 일이 아니다. 즉 다시 한 번 추상적인 것을 위해서는 구체적인 것이 발판이 되어야 한다는 것이다.

언어를 면밀히 살펴보면 우리가 보는 모든 곳에서 이러한 발판에 대한 추가 증거를 볼 수 있다. 이러한 과정이 없다면 선거에 출마하고, 아이디어를 구상하고, 면접을 통과하는 것과 같은 복잡한 일들을 할 수 없다. 마찬가지로, 마음의 유추 능력이 없었다면 포기하지도, 주먹을 휘두르지도, 구사일생으로 살아날 수도 없었을 것이다. 더글러스 호프스태터Douglas Hofstadter와 엠마누엘 샌더Emmanuel Sander는 『Surfaces and Essences: Analogy as the Fuel and Fire of Thinking』에서 다음과 같이 말했다.

> 유추(비유)를 하나도 신뢰하지 않는다면 이 세상의 모든 것을 어떻게 이해할 수 있을까요? 새로운 상황에 직면하고 결정을 내릴 때 자신의 과거 외에 무엇을 근거로 삼을 수 있을까요? 물론 가장 크고 추상적인 상황부터 가장 작고 구체적인 상황에 이르기까지 모든 상황은 사실 새로운 것입니다. 과거는 넓고도 깊어, 현재의 모든 것에 도움을 줍니다.[12]

우리가 유추(또는 정확히 말하면 은유)를 25단어의 말을 할 때마다 하나씩,[5, 11] 또는 1분에 약 6개를 말할 정도로[8, 15] 매우 흔하게 사용한다는 점을 고려하면 이러한 견해를 반박하기는 어렵다.

단어 추측 게임

하지만 움직임은 어떨까? 우리가 재활용된 아이디어로 많은 개념을 구축한다는 것은 분명하지만, 익숙한 비유가 어떻게 의미 있는 움직임으로 변환되는지에 대해서는 아직 명확하게 알기 어려울 것이다. 다행히도 이러한 전환이 어떻게 일어나는지 이해할 수 있는 토대가 마련되었으므로 이제 시뮬레이션이라는 개념으로 다시 관심을 돌리자.

어릴 때 단어 추측 게임을 해본 적이 있는가? 이 게임에 익숙하지 않은 사람들을 위해 설명하자면, 한 사람이 조용히 어떤 행동을 하면 팀원 모두가 그게 어떤 사람이나 물건인지 정신없이 추측하는 게임이다. 예를 들어 아이들과 놀 때 딸이 보이지 않는 고삐를 들고 방 안을 질주하면 "말"이라고 외치고, 아들이 방 안을 기어 다니다가 장난감 냄새를 맡기 위해 가끔 멈추면 "개"라고 재빨리 말하는 것이다. 어른들은 특정 인물의 행동을 보여주거나, 다양한 사물을 다루는 방법을 보여주는 것을 하기도 한다. 단어 추측 게임은 우리가 언어를 행동이나 사물로 바꾸는 데 얼마나 능숙한지 보여준다.

앞서 언급했듯이, 우리는 (뇌 속의) 시뮬레이터를 통해 언어를 빠르게 실행하여 이러한 동작을 수행하는 데 필요한 뇌의 일부를 활성화함으로써 이를 수행한다. 이러한 신경 중첩neural overlap은 우리의 뇌가 언어를 원래의 감각-운동 신호로 다시 변환하여 의미를 추출하기 때문에 사고와 행동 사이의 원활한 전환을 가능하게 한다. 언어가 원시 형태로 다시 변환되면 뇌는 해당 정보에 대한 이해와 통합을 향상시키는 연상을 자유롭게 그릴 수 있다. 딸에게 처음으로 농구공을 보여주었을 때 "아, 축구공 같네"라고 본능적으로 반응할 수 있었던 것도 바로 이 때문이다. 마찬가지로 당시 3살이었던 나의 아들도 테니스 라켓이 '서 있을 때'와 '누워 있을 때'의 차이를 이해하고, 라켓이 누워 있을 때 네트 위로 공을 칠 확률을 높인다는 사실을 금방 알아차릴 수 있었다. 나의 딸의 경우, 축구공의 원초적인 특징인 둥글고, 고무 같고, 튀어 오르고, 가벼운 특성을 파악하여 내가 농구공이라고 부르는 물건에 매핑했다. 아들의 경우, 테니스 라켓을 잡는 방법을 이해하기 위해서 있을 때와 누워 있을 때 등 익숙한 상태를 사용할 수 있었다. 두 경우 모두 아이들은 낯선 것을 친숙하게 만들기 위해 유추적 추론을 사용했다.

이 예는 유추가 동작을 가르치는 데 효과적인 이유를 충분히 보여준다. 컴퓨터처럼 우리의 두뇌는 아날로그 파일의 압축을 풀고 원시적인 특징을 추출하여 시뮬레이션한 다음, 이어지는 움직임 동안 운동 시스템에 의해 용도를 변경할 수 있다. 다르게 말하면, 뇌는 유추의 결과를 운동 시스템이 담당하는 일반적인 자세와 패턴으로 변환할 수 있다. 따라서 우리의 척추는 '어느 방향으로든 당겨지는 사슬', 골반은 '엎지르지 말아야 할 물이 담긴 접시', 다리는 '모든 실린더에서 발사되는 피스톤 엔진'이 될 수 있다.

모션

우리의 뇌가 언어에서 행동을 인지하고 생성하는 뇌 영역을 활성화하여 자동으로 행동을 추출한다면, 이러한 인지적 점화cognitive priming가 실제 움직임에 영향을 미칠 것으로 기대할 수 있다. 행동-문장 호환 효과action-sentence compatibility effect로 알려진 현상은 이러한 기대를 뒷받침한다. 구체적으로, 버튼을 누르기 위해 손을 앞으로 움직여야 할 때 포워드-모션forward motion(앞쪽 방향 개념의 동작)에 관한 문장(예: "서랍을 닫아라" 또는 "제리에게 공을 던져준다")을 읽은 후 더 빨리 인식하는 반면, 후진 동작backward motion(뒤쪽 방향 개념의 동작)(예: "서랍을 열어라" 또는 "제리가 던지는 공을 받아라")은 그 반대의 경우가 일어난다.[10]

이러한 효과는 우리의 뇌가 언어의 동작 또는 패턴 기반 특징을 추출하고, 해당 언어를 처리한 다음 순간에 그에 상응하는 신체적 행동을 실행할 수 있도록 뇌를 잠시 준비시킨다는 강력한 근거를 제공한다.[4] 중요한 것은 이 증거가 언어가 말 그대로 마음에 움직임을 부여할 수 있음을 시사하며, 운동선수가 익숙하지 않은 패턴을 익숙한 패턴의 관점에서 학습함으로써 유추를 통해 이해할 수 있다는 점을 뒷받침한다는 것이다.

이미지

단서(큐)의 움직임 패턴 기반 특성도 중요하지만, 코치들은 언어를 사용해 특정 신체 자세에 대한 정보도 전달하고자 한다. 따라서 "연필처럼 똑바로 서라", "밴드를 양쪽으로 당기듯이 몸을 펼쳐라", "성냥에 불을 붙이듯 바닥을 쓸어라"와 같은 말을 할 때, 이러한 물체의 방향과 모양을 시뮬레이션하여 그 본질이 우리의 협응력으로 이어질 수 있는지를 아는 것 역시 중요하다.

이를 테스트하기 위해 연구자들은 피험자들에게 수직 방향(예: "데니스는 못을 바닥에 박았다") 또는 수평 방향(예: "데니스는 못을 벽에 박았다")을 명확하게 암시하는 문장을 읽게 했다.[18] 피험자가 문장을 이해했음을 확인한 직후 화면에 특정 이미지가 나오고, 피험자는 버튼을 눌러 해당 이미지가 앞 문장과 관련이 있는지 여부를 표시하는 방식으로 응답했다. 그 결과, 피험자들은 이미지의 사물이 문장에 묘사된 사물과 같은 방향에 있을 때 사물을 더 빨리 인식하는 것으로 나타났다. 따라서 "존이 연필을 컵에 넣었다"라는 문장을 읽은 피험자는 수직 상태의 연필을 잘 식별(점화)했으며, "존이 연필을 서랍에 넣었다"라는 문장의 경우 그 반대의 결과가 나타났다.

이 증거는 뇌가 사물의 내재된 방향을 시뮬레이션하여 그 방향을 인식할 수 있도록 점화$_{\text{priming}}$(어떤 정보나 자극이 주어졌을 때, 그 이후에 따라오는 정보나 자극이 이전에 받은 정보나 자극에 의해 영향을 받는 현상)한다는 것을 시사한다. 특히, 같은 연구 그룹은 이 발견을 모양으로 확장하여 사물의 모양에 대해 읽으면 마음이 사물을 인식할 수 있도록 점화한다는 것을 보여주었다.[19] 실제로 이는 태클을 할 때 허리를 편 자세를 취하는 것과 같이 특정 자세를 취하는 데 어려움을 겪는 운동선수가 비슷한 모양과 방향을 가진 친숙한 물체(예: 탁상)에 주의를 기울이는 비유를 통해 도움을 받을 수 있다는 것을 의미한다. 뇌는 모양과 방향을 있는 그대로 인식하기 때문에 운동 시스템은 태클 중에 "탁자처럼 평평하게 유지하라" 또는 "탁자를 기울이지 말라"는 메시지를 신체에 빠르게 매핑할 수 있다.

트로이의 목말

이 장에서는 유추에 초점을 맞추고 있지만, 현재까지 나온 증거들과 통찰에 따르면 시뮬레이션은 직설적인 언어 처리에서도 동일하게 적용된다. 모든 언어(유추적 언어든 직설적인 언어든)는 지각-행동 시뮬레이터를 통해 실행되며, 이 시뮬레이터는 우리가 무언가를 이해할 때 얻는 감각의 기초를 제공한다. 그렇다면 유추가 동작 학습에 도움이 되는 이유는 무엇일까?

하나의 주요 동작 특징을 명시적으로 강조하는 문자 그대로의 큐잉(직설적 언어)과 달리, 잘 설계된 유추(비유)는 단어 수를 크게 늘리지 않고도 여러 가지 동작 특징을 암시적으로 알려줄 수 있다. 예를 들어 수직 점프에 "스프링처럼 하중을 싣고 폭발하라"는 비유를 생각해 보자. 이 큐잉 안에는 한 번에 하나의 개별 단서씩 해결해야 하는 수많은 움직임 요소가 숨어 있다. 첫째, 스프링을 사용해 본 사람이라면 누구나 알 수 있듯이, 금속 코일에 더 많은 힘을 가할수록 더 많은 에너지를 되찾을 수 있다. 이는 선수들이 지면에서 하중을 싣고 폭발할 때 우리가 원하는 힘의 표현을 반영한다. 둘째, 수직으로 하중을 가하면 스프링이 수직으로 돌출되어 점프 방향과 매핑된다. 또한, 이 비유를 스카이 콩콩의 스프링으로 확장하여 서커스 광대가 장애물을 통과하면서 하늘로 날아가는 모습을 시각화하면 쉽게 이해할 수 있다. 셋째, 스프링은 에너지를 흡수하는 데 매우 뛰어나며, 이는 착지 시 우리가 원하는 제어력에 영향을 미친다. "자동차의 서스펜션처럼 착지를 흡수한다" 또는 "산악자전거의 충격처럼 착지를 가볍게 한다"는 착륙이라는 단순한 움직임을 지정하지만, 이 이미지와 연관되는 개념들이 떠오르면서 풍부한 시각적 그림을 구축하는 데 사용할 수 있다. 대체로 유추적 언어는 하나의 단서를 위해 세 가지 단서를 몰래 숨겨놓는 트로이 목마에 비유할 수 있다.

방금 살펴본 바와 같이 유추는 곧 일어날 동작과 비교할 수 있는 시나리오나 이미지를 머릿속에 제시함으로써 작동한다. 그러면 마음은 언어 처리에 의해 촉발된 행동(이렇게 해라)과 지각(저렇게 느껴져라)을 시뮬레이션하여 선수가 큐잉의 내용을 테스트할 수 있게 한다. 물체의 움직임과 구조가 유추에 내포되어 있기 때문에 선수는 일반적으로 문자 그대로의 큐잉에서 얻을 수 있는 것보다 움직임에 대한 더 많은 관련 정보를 추출할 수 있다. "그림 하나가 천 마디 말보다 낫다"는 말은 유추의 특징을 제대로 표현한 것이다.

이 모든 것의 핵심은 "어?"가 아닌 "아하!"를 불러일으킬 수 있는 '올바른' 비유를 찾는 것이다. 자신을 테스트 사례로 삼아 이 책에 제시된 비유를 생각보라. 어떤 비유는 마음에 와닿고 어떤 비유는 그렇지 않다고 말할 수 있을까요? 의심할 여지없이 그렇다고 대답할 수 있을 것이다. 내가 이 책에 실은 비유는 나의 경험과 내가 실행한 시뮬레이션이기 때문에 당신과 다르다고 해도 괜찮다. 중요한 것은 좋고 나쁨, 옳고 그름의 문제가 아니라 동작과 그 동작을 수행하는 선수에게 가장 적합한 비유를 찾아내는 것이다. 각 선수의 개인 언어 보관함에는 큐잉(단서)의 의미를 시뮬레이션할 수 있는 고유한 경험 세트가 저장되어 있기 때문에 개별성을 인정해야 한다. 따라서 한 선수의 '피스톤처럼 밀기'가 다른 선수에게는 '총알처럼 폭발하기'가 될 수 있다. 이러한 이유로 우리는 코치와 선수가 함께 사용할 수 있는 모델을 테스트해 볼 것이다.

PART 1. 멘탈 맵

지금까지 살펴본 바와 같이, 마음은 유추를 기반으로 작동한다. 내 딸이 축구공과 농구공을 비교하는 것부터 내가 수직 점프와 용수철을 비교하는 것까지, 사물의 둥근 모양과 같은 명백한 비교부터 사물의 에너지 저장 및 방출 능력과 같은 애매한 비교에 이르기까지 우리의 유추 능력은 방대하다는 것을 알 수 있다. "옛날 서부 영화의 주인공이 권총을 재빨리 뽑는 것처럼 뛰어오른다"와 같은 영리한 비유를 쉽게 찾아낼 수도 있지만, "______처럼 수비수를 피한다"와 같은 비유를 쉽게 생각하기 훨씬 어려울 수도 있다. 하지만 너무 걱정하지 말라. 유추의 구조를 파악하고 나면 선수의 현재 움직임 패턴을 새로운 모델로 바꾸는 데 도움이 되는 익숙한 비교를 얼마든지 빠르게 생각해 낼 수 있다.

유추의 속성을 쉽게 이해할 수 있도록 일련의 '액티비티'들을 가지고 연습을 해보자. 이제 코치로서 사용할 수 있는 세 가지 유형의 유추를 소개할 것이다. 각 예시에서 '베이스'라고 부르는 비유과 '타깃'이라고 부르는 사이에서 '비교 내용'을 찾을 수 있는지 살펴보라. 여기에는 정해진 규칙이 없으므로 떠오르는 모든 관련 비교들을 적어보라. 학습에 도움이 되도록 각 '액티비티'의 시작 부분에 예시를 포함했다.

액티비티 1: 장소의 전환 예

비유: "절벽에 매달려 있을 때처럼 당겨보라."

베이스: 절벽에 매달려 있는 것처럼 당기기

타깃: 와이드 그립 풀업

비교 내용:

이 비유는 두 가지 주요 비교를 제공한다. 하나는 감정적인 것으로 노력에 영향을 미치고, 다른 하나는 운동학적인 것으로 기술에 영향을 미친다. 감정의 근원은 '목숨을 걸고 매달리는 것'과 관련된 두려움에서 비롯되며, 이는 그립과 노력의 증가를 유발해야 한다. 기술의 근원은 와이드 그립 풀업의 홀드와 유사한 방식으로 절벽을 붙잡는다는 사실에서 비롯되며, 몸을 앞으로 흔들 수 없기 때문에 똑바로 위로 당겨야 하므로 당기는 동안 추진력을 만들기 위해 다리를 앞으로 보내려는 동작을 사용하려는 시도를 줄일 수 있다.

문제

비유: "무거운 건물 잔해물을 밀어내듯 바를 밀어내라."

베이스: 무거운 건물 잔해 밀어내기

타깃: 바벨 벤치 프레스

비교 내용:

____

____

비유: "언덕에서 쫓기듯 출발선을 뛰어넘는다."

베이스: 언덕에서 쫓기는 상황

타깃: 가속 또는 스프린트

비교 내용:

____

____

어떤가? 당신이 다룬 두 가지 비유에 대해 적절한 비교 내용을 하나 이상 찾을 수 있었는가? 액티비티 제목에서 알 수 있듯이 각 비유가 동일한 동작이 필요한 상황(시나리오)과 타깃 동작을 매칭하였는가? 다시 살펴보면 절벽 오르기, 무거운 잔해 밀기, 언덕에서 쫓기는 상황 등이 턱걸이, 벤치 프레스, 스프린트에 잘 매핑된다는 것을 알 수 있을 것이다. 시나리오 기반 유추라고 부르는 이러한 각 예제에서는 움직임에 매칭되었으면 하는 기능을 강조하는 유사한 상황을 고려하도록 한 것이다. 풀업의 경우, 절벽에 매달릴 때 발생하는 아드레날린과 수직면을 오를 때 나타나는 기술적 제약이 포함된다. 마찬가지로 벤치 프레스와 스프린트에도 똑같이 도발적인 비유를 사용하여 시각적으로 힘을 더 많이 낼 수 있도록 유도했다. 벤치 프레스는 무거운 물체를 효과적으로 밀어내려면 수직 방향으로 집중적으로 큰 힘을 만들어야 하고, 언덕을 전력 질주할 때는 특히 쫓기는 상황에서는 무릎을 높게 들어야 넘어지지 않을 수 있다. 멋진 점은 운동선수라면 이러한 암시적 기능이 "저런 느낌일 것 같다"는 형태로 자동으로 다운로드된다는 것이다. 하지만 코치라면 목표 움직임 기능에 매핑할 유추를 명시적으로 만들어야 하므로 약간의 조립 노하우가 필요하다.

이제 시나리오 기반 유추의 원리를 살펴보았으니, 일반적으로 가르치는 동작을 생각해 보고 이 전략을 사용하여 원하는 동작 반응을 유발할 수 있는 비교 내용을 식별하여 자신만의 비유를 만들 수 있는지 살펴보라.

시나리오 기반 비유: "____

____"

베이스: ____

타깃: ____

비교 내용:

____

____

액티비티 2: 가상현실 예

비유: "매 보폭이 끝날 때마다 무릎에 차 한 잔을 올려놓고 균형을 잡는 것처럼 전력질주하라."

베이스: 무릎 위에 차 한 잔

타깃: 최대 속도로 스프린트하기

비교 내용:

이 비유에서 무릎이라는 단어를 사용해서 직설적인 언어가 아닌가 하고 당황하지 말라. 이 비유에서는 무릎에 대한 해부/운동학적인 언급이 없으므로('무릎을 90도로 접어라'와 같은) 직설적인 언어로 인해 움직임에 간섭을 일으키진 않는다. 사실, 이 비유에서 무릎이라는 단어는 찻잔과 상호작용하여 공간 안의 개념을 떠올리게 하기 때문에 찻잔과 같은 의미로 적용된다. 따라서 이 큐잉은 무릎 위에 차 한 잔을 올려놓고 균형을 잡는다는 목표를 달성하려면 허벅지 위쪽이 하늘과 평행해야 한다는 시뮬레이션을 촉발하는데, 이는 최대한 빨리 전력질주하려는 사람에게 바람직한 자세이다.

문제

비유: "각 웨이트 플레이트 바로 앞에 수직 기둥이 있는 것처럼 프론트 스쿼트를 하라."

베이스: 각 웨이트 플레이트 바로 앞에 수직 기둥을 세운다.

타깃: 프론트 스쿼트

비교 내용:

____

____

____

____

비유: "머리에 뜨거운 수프 그릇이 있는데 엎지르지 않으려는 것처럼 뒤로 물러서라."

베이스: 머리에 얹은 수프

타깃: 백페달(뒤로 걷기)

비교 내용:

____

____

____

____

나는 이러한 비유를 '마치~' 비유라고 부르는 것을 좋아하는데, 선수에게 물체나 물리적 제약이 있는 것처럼 '움직이도록' 요구하기 때문이다. 이는 실제 움직임 시나리오와 가상으로 만든 제약 조건이 있는 동일한 시나리오를 비교하여 알려준다. 따라서 이러한 유추를 제약 기반 유추라고 할 수 있으며, 이는 운동 기술 학습에서 잘 알려진 제약 기반 접근 방식을 응용한 것이다. 이러한 유추는 동작을 어떻게 수행해야 하는지 안내하는 역할을 하는 정신적 규칙을 설정함으로써 작동한다. 이러한 비유는 액티비티 1에서 고려한 것과 같은 감정적인 힘은 부족하지만, 움직임 패턴이 구성되는 방식에 영향을 줄 수 있는 좋은 방법이다. 위의 스프린트 예시에서 '무릎 위에 차 한 잔'은 선수가 보폭을 마무리할 때 앞쪽 다리 허벅지의 높이에 대한 눈에 띄는 통찰력을 제공한다. 앞다리를 충분한 높이로 올리지 않으면 허벅지가 아래로 기울어져 할머니의 고급 도자기 찻잔이 바닥으로 떨어질 수 있다. 프론트 스쿼트에서는 '수직 기둥'이 운동선수에게 움직임에 대한 즉각적인 장벽을 제공한다. 이 경우 장벽은 바벨의 수직 경로에 정확하게 집중하게 만드므로, 바벨이 앞으로 나가 몸이 자세를 흩뜨리지 않게 제한한다. 마지막으로 백페달의 예에서는 찻잔을 그릇으로 바꾸지만 스프린트와 비슷한 논리를 사용한다. 즉, 수프 한 그릇을 머리에 얹고 균형을 잡으려면 머리가 수평을 유지하여야 하는데, 이는 효과적인 백페달 기술을 가져야 하는 사람들에게는 매우 중요한 능력이다. 차 한 잔과 수프 한 그릇이 익숙하지 않더라도 선수의 머릿속에 비유가 잘 들어맞는다면 커피 한 잔, 시리얼 한 그릇, 책 한 권으로도 쉽게 균형을 잡을 수 있으니 절망하지 말라.

이제 제약 기반 유추의 장막을 들여다보았으니, 일반적으로 가르치는 다른 동작을 생각해 보고 이 전략을 사용하여 원하는 동작 반응을 유발할 수 있는 비교 내용을 파악하여 자신만의 비유를 만들 수 있는지 살펴보라.

제약 기반 비유: "______________________________

______________________________"

베이스: ______________________________

타깃: ______________________________

비교 내용:

____

____

____

____

____

액티비디 3: 형체 변환 예

비유: "벽에서 튀는 고무공처럼 옆으로 물러서라."

베이스: 벽에서 튕기는 고무공

타깃: 사이드 스텝 또는 방향 전환

비교 내용:

여기에서 우리는 고무공이 튀는 것과 운동선수가 방향을 바꾸는 것의 역학을 비교한다. 특히 탱탱 볼이라고도 알려진 고무 볼은 조밀한 고무로 만들어졌으며 엄청난 에너지를 저장하고 방출할 수 있어 아이들이 이 작은 공을 얼마나 높이 튕길 수 있는지 보는 재미를 준다. 이와 같은 고무공의 특징은 선수가 상대방을 피하려는 의도로 지면을 박차고 움직일 때 우리가 보고자 하는 반동 속도와 잘 일치한다.

문제

비유: "시소가 받침점에서 힌지 움직임을 하는 것처럼, 몸을 길게 하고 힌지 움직임을 하라."

베이스: 고정된 지점에서 흔들리는 경첩 받침(힌지)

타깃: 루마니안 데드리프트

비교 내용:

비유: "제트기가 이륙하는 것처럼 스프린트하라."

베이스: 제트기 이륙

타깃: 스프린트 또는 가속

비교 내용:

여기서 우리는 물체 기반 유추라고 부르는 것을 살펴볼 것이다. 이러한 유형의 비유는 운동 선수가 무생물의 특징을 신체에 매핑해야 하기 때문에 가장 추상적인 비유이다. 그러나 이러한 유추는 의도적인 창의성을 만드는 데 있어서 큰 효과를 내기도 한다. 이는 주어진 물체의 모양, 재료 또는 움직임으로 인간을 표현하는 언어로는 나타내기 힘든 동작 기술의 미묘한 특징을 밝힐 수 있기 때문이다. 그렇기 때문에 고무공의 움직임과 사이드 스텝을 하는 운동선수를 비교하면 인간의 동작 동사를 사용하는 것보다 훨씬 더 풍부한 그림을 그릴 수 있다. 유사하게, 직선의 긴 형태에 힌지를 사용하는 받침점을 가진 시소의 움직임으로부터 고정된 고관절을 사용해 힌지 움직임을 하면서 몸을 바르게 유지하는 동작을 유추할 수 있다. 또한 '로켓을 분출하며 빠르게 가속하여 점차 날아오르려 하는 제트기'의 이미지는 스프린트의 폭발적인 움직임을 반영한다. 한편, "우사인 볼트처럼 스프린트 하라"고 말해도 별 문제가 없을 것이다. 요점은 우리가 어떤 것에 대해 참조할 때 우리의 마음이 그것의 모든 특성에 빠르게 파악할 수 있다는 것이다. 일단 우리 마음에 들어오면 우리는 그 사물의 특성과 움직임을 융합할 수 있게 된다. 시뮬레이션에 대해 알아본 것처럼 우리의 마음은 의미를 만드는 과정에서 단서의 내용을 시험 운전할 수 있으며, 운동 시스템은 고무 같은 느낌, 시소가 흔들리는 느낌, 제트기 같은 느낌을 해석하게 된다. 그 결과 우리 뇌는 이러한 느낌들의 특성을 운동학 및 역학적으로 합성한다. 여담으로, 우리는 인간의 움직임과 다른 동물의 움직임을 비교하고 있는 자신을 발견할 수도 있다(예: "토끼처럼 뛰어다녀", "곰처럼 기어가기" 또는 "고양이처럼 부드럽게 착지"). 아이들이 하는 동물 따라하기 놀이를 잘 살펴보라. 이와 같이 우리는 동물에 기반한 유추를 만들어냄으로써 동물의 움직임과 우리의 움직임을 맞물리도록 할 수 있다.

이제 물체 기반 비유(및 동물 기반 비유)가 무엇을 제공할 수 있는지 살펴봤으니, 당신이 평소에 가르치는 동작들을 생각해 보고 이 전략을 사용하여 원하는 동작 반응을 유발할 수 있는 비교 내용를 식별하여 자신만의 비유를 만들어보자.

물체 기반(또는 동물 기반): "______________________________

______________________________"

베이스: ______________________________

타깃: ______________________________

비유: "______________________________

______________________________"

베이스: ______________________________

타깃: ______________________________

비교 내용:

____

____

____

____

____

구조 매핑

이 섹션의 서두에서 우리는 유추를 만드는 것보다 유추를 발견하는 데 훨씬 더 능숙하다고 언급하였다. 하지만 방금 완료한 액티비티들을 통해 유추를 만드는 방법에 대한 자신감이 한층 더 높아졌을 것이다. 이제 유추를 구성하는 요소들과, 효과 있는 유추와 그렇지 않은 유추를 구분하는 요소들을 충분히 고려할 수 있을 것이다.

데드레 겐트너Dedre Gentner 박사는 일리노이주 에반스턴에 있는 노스웨스턴 대학교의 심리학 및 교육학 교수이다. 겐트너 박사는 많은 업적 중에서도 1983년에 발표한 유추에 관한 중요한 연구인 'Structure-Mapping: A Theoretical Framework for Analogy'로 가장 잘 알려져 있다.[21] 제목에서 알 수 있듯이 겐트너는 우리 뇌가 학습을 촉진하기 위해 익숙한 것의 특징을 취해 익숙하지 않은 것에 매핑한다는 구조 매핑Structure-Mapping 이론을 제안하였다. 특히 아이들이 "이건 내 공들을 담는 통이야", "이 서랍에는 인형들이 들어 있고, 이 서랍에는 블록들이 들어 있어"와 같이 카테고리를 구축하는 방식이 여기에 해당한다. 개념화도 마찬가지다. 오렌지나 태양은 공처럼 둥글다는 개념을 쉽게 적용할 수 있다. 마찬가지로, 낯선 사람들이 하는 논쟁이나 낯선 사람과 마찬가지로, 개인은 낯선 사람 사이의 논쟁이나 미식축구 수비 라인에서 벌어지는 몸싸움에서 폭발성이라는 개념을 인식할 수 있다. 이와 같이 우리는 끊임없이 변화하는 외부 세계를 끊임없이 성장하는 내부 세계에 문자 그대로 매핑할 수 있는 것이다.

그럼, 유추를 사용할 때 매핑되는 것은 무엇일까? 겐트너는 우리가 이러한 비교를 할 때마다 사물의 특징(예: 키가 크다, 작다, 팔, 다리, 강하다, 약하다 등)이라는 객체 속성과 사물의 상호작용(예: 밀다, 치다, 춤추다, 튕기다, 적어도 한 사물이 다른 사물과 주고받는 상호작용)을 나타내는 객체 행동을 매핑한다고 주장한다. 실제로 객체 속성은 대부분 불변 또는 정적이며, 그 자체로 존재하는 것이다. 이와 대조적으로 객체 행동은 움직임과 발생 가능성을 뜻한다(다리로 땅을 박차면 달리기라는 움직임이 발생하는 것처럼 금속이 바위에 부딪히면 불꽃이 발생할 수 있다). 위의 액티비티로 돌아가서 베이스 비유에서 대상 움직임에 매핑한 의미가 속성과 동작의 형태로 나타났다는 것을 알 수 있다. 제트기 비유를 예로 들어보자. 스프린트에 매핑하고자 했던 제트기의 속성에는 길고 강한 프레임이 포함되었고, 전력질주에 매핑하고자 했던 제트기의 동작에는 빠른 가속과 점진적인 상승이 포함되어 있다.

겐트너는 개체 속성과 개체 동작이 함께 작동하여 유추의 전반적인 효과와 유추 효과의 지속성을 결정하는 방법에 대해서도 이야기하였다. 이를 설명하기 위해, 당신의 비유를 평가하도록 설계된 컴퓨터 프로그램을 상상해 보자. 우리는 이 프로그램을 아날로고스Analogous라고 부를 것이다. 아날로고스는 베이스 비유 및 타깃 움직임을 입력해야 하는 간단한 소프트웨어 프로그램이다. 이 정보를 사용하여 아날로고스는 베이스를 타깃과 비교하고 베이스가 타깃에 얼마나 잘 매핑되는지 평가한다. 잘 매핑되었는지의 등급은 공통 속성의 수와 공통 동작의 수를 기반으로 하며, 각각은 선 위의 빨간점으로 시각화된다. 빨간 점이 가장 왼쪽에 있다면 겹치는 공통성이 없는 것이며, 가장 오른쪽에 있다면 완전히 겹치는 것을 나타낸다. 비유가 가장 잘 작동하는 지점을 설명하기 위해 가상 소프트웨어를 사용하는 몇 가지 예를 살펴볼 것이다.

▸ **완전히 겹침**

보다시피, 베이스 비유가 타깃 움직임과 동일하면 새로운 정보에는 접근할 수 없다. 이는 비유와 움직임 사이에 차이가 있어야 관련 유사성을 드러낼 수 있다는 점을 강조한다. 예를 들어 제약 기반 비유를 사용하는 경우 움직임(수직 기둥을 사용하는 스쿼트)과 움직임(잘못된 스쿼트) 사이에 직접적인 관계가 생기는 반면, '무릎 위에 차 한 잔'과 같은 비유에는 선수에게 무릎 들기의 중요성을 암시적으로 알려주는 전략적 차이가 포함되어 있는 것이다.

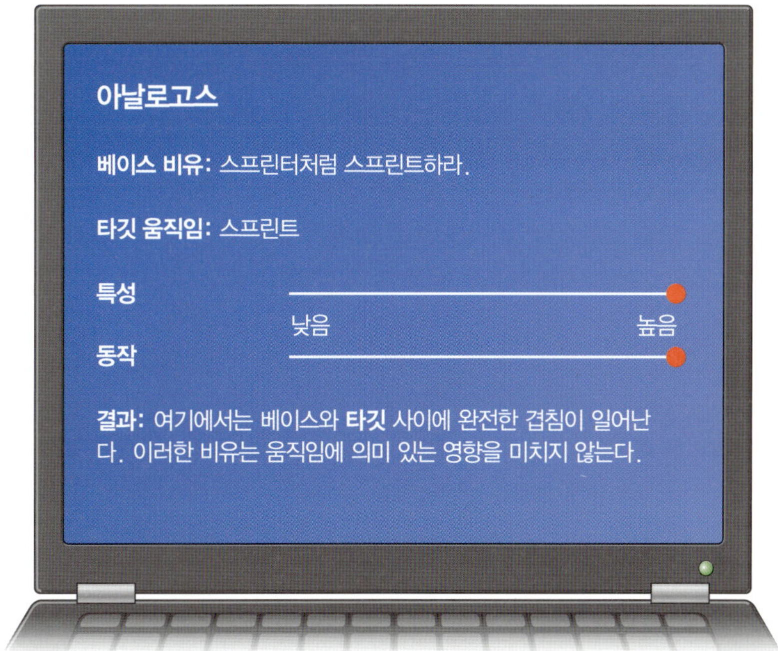

▸ **겹침 없음**

비유와 동작을 연결하는 두드러진 속성이나 동작이 없으면 비교에서 추출할 수 있는 유용한 정보가 없다. 간혹 겹치는 부분이 있지만, 코치는 비교에 익숙하기 때문에 코치에게만 겹치는 부분이 분명하게 보이는 반면, 선수는 그렇지 않다. 선수는 자신에게 익숙한 콘텐츠가 포함된 비유를 통해서만 특징을 매핑할 수 있는 것이다.

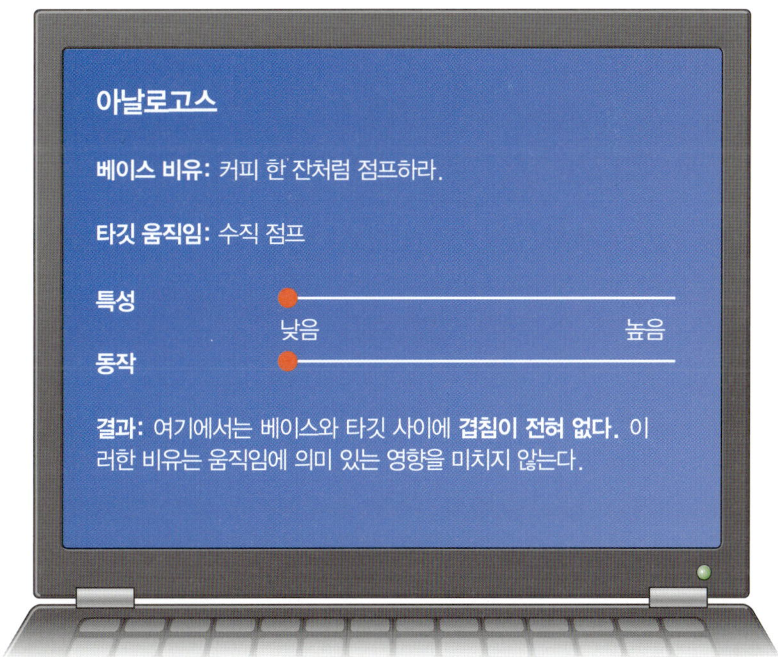

▸ **동작 겹침**

동작이 겹치는 경우 동작의 방향(예: 이쪽으로 또는 저쪽으로 이동) 또는 속도(예: 빠르게 또는 천천히 이동)를 강화하는 데 유추가 사용될 수 있지만, 이러한 유추는 특정 신체 모양이나 상태를 직접적으로 바꾸는 데는 덜 효과적일 수 있다. 동작 겹침의 예로 비슷한 동작을 포함하는 시나리오 기반 유추를 사용할 수 있다. 특히 이러한 비유는 동작을 어떻게 수행해야 하는지(예: 빠르게, 천천히, 의도적으로, 혼란스럽게, 서서히 또는 빠르게)를 제안함으로써 동작 패턴에 직접적인 영향을 줄 수 있다.

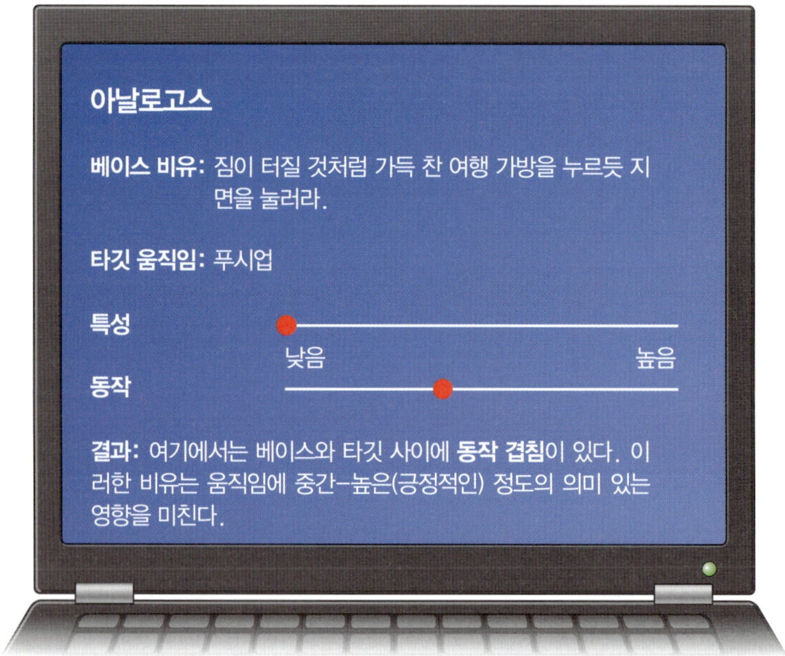

▸ **특성 겹침**

속성이 겹치는 경우 유추가 특정 체형(예: 길거나 짧음) 또는 상태(예: 뻣뻣하거나 이완됨)를 강화하는 역할을 할 수 있지만, 직접적으로 관련 동작을 고려하지 않는 한 실제 움직임 패턴에 미치는 영향은 제한적이다. 이러한 비유는 움직임의 자세 구성 요소에 특화되어 있다. 예를 들어 재질(예: 강철처럼 뻣뻣함) 또는 모양(예: 연필처럼 곧음)을 비교하는 물체 기반 비유는 신체 위치(자세)의 변화를 유도하는 데 매우 효과적이다.

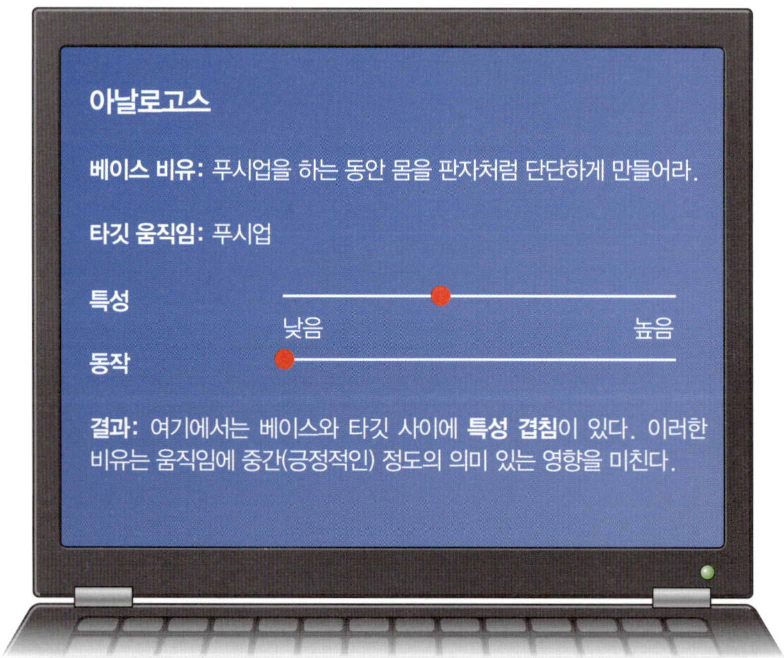

- **동작/특성 겹침**

  동작과 특성이 겹치는 경우 베이스 비유가 타깃 동작의 위치(자세)와 패턴에 긍정적인 영향을 미칠 가능성이 높다. 그러나 동작/특성이 너무 많이 겹치게 되면 지나치게 평범해져서 선수에게 타깃 동작의 특정 특징을 알리는 데 필요한 차이점이 부족해질 수 있다는 것에 주의해야 한다. 즉, 앞서 설명한 시나리오 및 제약 조건 기반 비유는 선수에게 올바른 메시지를 전달할 수 있도록 중첩과 차이의 균형을 적절히 맞춰야 한다.

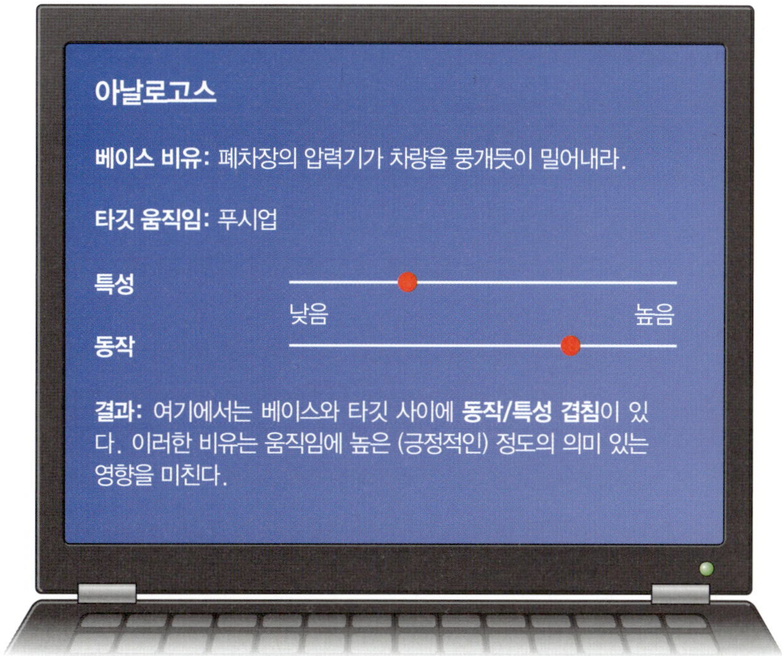

원칙적으로 완벽한 비유란 없으며, 각자에게 가장 적합한 비유를 찾아야 한다. 그렇기 때문에 나의 '차 한 잔'이 당신의 '커피 한 잔'일 수도 있지만, 결국 "보폭이 끝날 때마다 그것을 무릎 위에서 균형을 잡으라"고 하면 똑같이 허벅지를 하늘로 들어 올리며 달려갈 수 있다. 이는 겐트너의 구조 매핑 이론의 가치를 잘 보여준다. 슬며시 관여하고자 하는 움직임의 특성을 이해했다면, 무한한 비유 방법들 중에서 선택할 수 있다. 핵심은 비유가 강조하는 특성이나 동작이 실제로 선수가 동작 중에 집중하길 원하는 특성이나 동작인지 확인하는 것이다. 이 작업의 중요성을 고려하여 다음 섹션에서는 비유 사례 안에 포함되어야 할 정확한 움직임-중심 특성을 소개할 것이다.

PART 2. 유사성

저명한 철학자이자 유명한 스토리텔러인 한나 아렌트Hannah Arendt는 "스토리텔링은 의미를 정의하는 오류를 범하지 않고 의미를 드러낸다"고 말하였다.[1] 마찬가지로 비유는 복잡성을 설명하는 오류를 범하지 않고도 복잡성을 드러낸다고 말할 수 있다. 이러한 관점은 외적 단서 같은 유추(비유)는 어려운 지식의 도움 없이도 복잡한 움직임을 유도할 수 있다는 사실을 뒷받침한다. 즉, 우리가 자동차를 어떻게 만드는지 잘 알지 못해도 자동차를 운전할 수 있는 것처럼, 신체의 해부학적 구조에 대한 깊은 이해가 없어도 신체를 움직일 수 있다는 것이다.

하지만 비유가 이러한 특성을 가지고 있다고 해서 코치들에게도 (움직임을 만들기 위해 해부학적인 내용을 몰라도 된다는) 무지가 허락된다는 것은 아니다. 선수와 달리 코치는 자신이 영향을 미치고자 하는 움직임의 특징들을 포괄적으로 이해함으로써 이점을 얻을 수 있다. 이러한 지식을 잘 알고 있는 코치는 움직임 지도에 도움이 되는 비유적인 보석을 채굴할 수 있는 것이다. 따라서 코치가 마음의 채석장에서 보석을 캐기 시작하기 전에 자신이 가르치고 선수에게 부여하고자 하는 행동이나 속성(특성)이 무엇인지 알아야 한다. 이를 위해 3P 퍼포먼스 프로파일의 도움을 받도록 하자.

앞서 설명했다시피, 모든 유추 과정은 동작들과 속성들을 익숙한 움직임에서 덜 익숙하고 낯선 움직임에 매핑한다. 속성attribute(특성)은 본질적으로 정적인 경향이 있으며, 속성의 예를 들자면 '상체의 모양을 W자 모양으로 만들어 회전근개를 스트레칭 하기'와 같은 신체의 형태를 만들거나, "마이클 타이슨의 펀치를 견디기 위해 몸을 단단하게 만든다"와 같이 신체 상태를 변화시키는 것을 들 수 있다. 3P 퍼포먼스 프로파일을 다시 생각해 보면, 모양과 상태를 모두 나타내는 P는 무엇일까? 바로 포지션position이다. 포지션은 선수가 주어진 동작 패턴을 수행하기 위해 취해야 하는 특정 신체 위치 또는 자세를 나타낸다. 예를 들어 코치는 선수가 스프린트를 하는 동안 척추가 곧게 뻗어 있는 것을 기대하는 반면, 프론트 플립을 하는 동안에는 척추가 구부러져 있는 것을 기대할 것이다. 원칙적으로 보자면, 스쿼트를 할 때 척추를 중립적으로 '계속' 유지해야 한다거나, 스프린트를 할 때 피겨-4 포지션을 취해야 하는 '특정 순간'이 있어야 하는 경우, 이러한 포지션들을 포착할 수 있는 비유를 사용하는 것이 유용할 수 있다.

속성과 달리 동작은 신체 내부의 동적 관계(예: 일련의 관절이 상호작용하여 동작을 만드는 방식)와 신체와 환경 사이의 동적 관계(예: 지면에 가해지는 힘의 크기와 방향)를 나타낸다. 잘 생각해 보면, 파워와 패턴으로 코치가 강화하고자 하는 동작은 파워와 패턴으로 비유를 만들어낼 수 있을 것이다. 파워는 주어진 동작에 필요한 스트렝스와 파워의 특성(운동역학)을 의미한다는 점을 기억하라. 따라서 비유를 통해 선수에게 필요한 스트렝스와 파워를 유발할 수 있는 이미지를 제시하면 도움이 될 것이다(예: '발사대에서 로켓이 날아오는 것'처럼 날아올라. '대포를 발사하는 것'처럼 과감하게 슛을 날려라). 실무적으로 보자면, 파워를 이미지화할 수 있는 비유는 다른 동작 동사들이 하는 것과 같은 방식으로 움직임의 속도를 알려줄 것이다.

반면에 패턴은 주어진 움직임에 맞춰진 협응/조정 특성(운동학)을 나타낸다. 따라서 유추를 사용하여 관련성 있는 예로 동작 패턴을 설명할 수 있다. 예를 들어 역도를 하는 선수에게 앞에 벽이 있다고 상상해 보라고 요청하면 바벨 움직임에 직접적인 영향을 주는 제약 기반 유추를 제공할 수 있다. 마찬가지로, 제구력이 떨어지는 투수는 좁은 복도에서 투구하고 있다고 상상하면 시나리오 기반 유추를 활용하여 투구 방향을 바로잡을 수 있다. 두 가지 예에서 비유는 실제와 같은 강도로 주의를 기울이면 패턴 구성에 가장 큰 영향을 미칠 수 있는 시각적 요소를 드러낸다.

이러한 작업에는 **유사성의 원칙**principle of similarity이라고 할 수 있는 것이 작용하고 있는데, 이는 비유가 해당 동작과 관련한 특징에도 영향을 미친다는 것을 의미한다. 앞서 언급했듯이 이러한 특징에는 속성(포지션)과 동작(파워와 패턴)이 포함된다. 따라서 비유를 설계할 때 코치는 3P 퍼포먼스 프로파일을 일종의 체크리스트로 사용하여 동작에 영향을 미치는 과정에서 선택한 비유가 이러한 퍼포먼스 특성 중 하나 이상을 포착하고 있는지 확인할 수 있을 것이다. 유사성의 원칙을 적용함으로써 코치는 자신이 관찰한 선수의 생체역학과 이에 영향을 주기 위해 사용하는 비유에 대해 비판적인 자세를 가질 수 있을 것이다.

유사성의 원칙을 적용하는 법을 배울 수 있도록 두 가지 예시를 다음에 제공하였다. 그중 첫 번째 예시는 참고용으로 완성하여 두었다. 각 예시에는 움직이는 모습과 네 가지 가능한 비유가 있다. 해야 할 일은 동작에 가장 잘 어울린다고 생각되는 비유를 선택하는 것이다(두 가지 이상의 비유가 적용될 수 있음). 비유 선택을 마친 후에는 3P 퍼포먼스 프로파일 체크리스트를 사용하여 동작에 매핑되는 요소를 표시하라.

▶ **예시 1: 점프**

첫 번째 예를 살펴보면, 일부 비유는 적합해 보이지만 다른 비유는 적합하지 않다. 특히, '어퍼컷'이란 움직임은 점프하는 동안 상체의 움직임 정렬에 도움이 될 수 있겠지만, '지면에서 폭발하듯' 뛰어오를 때 필요한 하체 움직임을 지시할 때는 의미가 없다. 이와 유사하게, '활에서 화살이 날아가듯'이란 표현은 화살이 수평으로 날아가는 경향을 보이기에, 수직으로 점프해야 하는 상황과는 어울리지 않는 것이다. 마지막 두 비유는 둘 다 시나리오 기반이며 관련 스포츠 동작을 가르치고 있는 동작 기술에 매핑하기 때문에 의미가 있다. 따라서 '농구공을 리바운드하는 것처럼 점프' 또는 '플라이 볼을 잡으려는 듯이 점프'는 최대 수직 점프의 이미지를 지원한다. 두 경우 모두 점프를 하는 것이기에 포지션을 반영한다. 또한 두 시나리오 모두 최대 수직 점프를 장려하기 때문에 파워 및 패턴도 지원한다. 두 비유 모두 의도한 대로 실행될 경우 점프 높이를 최대화할 동작의 시뮬레이션을 실행하도록 마음을 독려함으로써 퍼포먼스의 결과를 강화시킨다. 코치가 착지 또는 점프 자체의 미묘한 기술적 특징에 대해 작업하기를 원했다면 다른 비유 세트를 고려해야 했을 것이다. 다시 말하지만, 핵심은 관련성 있는 이미지적 맥락 내에서 목표로 삼고자 하는 주요 기술 기능을 비유가 숨기도록 하는 것이다.

이제 스스로 문제를 풀어보자. 동작을 고려하여 실행을 가장 잘 지원하는 비유를 선택하고 비유가 넛지하고 있는 동작의 특징(포지션, 파워 또는 패턴)을 체크하라.

▶ **예시 1: 점프**

두 번째 예제에서 스프린트에 매칭된 비유 중 두 개가 비슷하기도 하지만 약간 다르다는 것을 눈치 챘을 것이다. 특히, 한 비유가 수직 동작으로 콘크리트를 치기 위해 망치를 사용하는 반면, 도끼는 수평 동작으로 나무를 치는 데 사용된다. 물론 두 비유 모두 스프린트를 할 때 우리가 보고자 하는 파워의 모습을 알려주지만, 동작 특성의 차이로 인해 도끼의 비유가 더 관련성이 있다. 마찬가지로 수평과 수직의 섬세한 균형이 필요한 계단 오르기는 수직으로 치우친 동작인 사다리 오르기보다 훨씬 더 많은 부분이 스프린트와 겹친다. 따라서 도끼와 계단이 다른 옵션보다 스프린트에 더 적합하다는 데 동의했다면, 패턴의 특징을 매핑하는 것 외에도 두 비유 모두 잘 수행된 스프린트에서 기대할 수 있는 파워를 장려한다는 사실도 알아차렸을 것이다.

유사성의 원칙을 잘 이해하고 있다면 유추를 설계하는 데 큰 도움이 될 것이다. 3P 퍼포먼스 프로파일을 사용하여 운동 능력을 프로파일링하고 우선순위를 정하는 것처럼, 동일한 세 가지 요소를 사용하여 생체역학적으로 적합한 비교를 리버스 엔지니어링할 수 있다. 하지만 이러한 비유가 운동선수의 마음속에 자리 잡게 하려면 마지막 한 가지 요소를 고려해야 한다.

PART 3. 친숙성

매칭 게임을 해보자. 아래에서 A와 B 옵션의 두 가지 가능한 선택이 있는 6개의 사물들이다. 각 사물에 대해 당신은 평소 어떤 단어를 사용하는가?

- ☐ A. **트렁크**Trunk
- ☐ B. **부트**Boot

* **Boot는 자동차 트렁크를 의미하는 단어이다.**

- ☐ A. **트럭**Truck
- ☐ B. **로리**Lorry

* **Lorry는 대형 화물차를 의미한다.**

- ☐ A. **코튼 캔디**cotton candy
- ☐ B. **캔디 플로스**Candy floss

* **두 단어 모두 솜사탕을 의미하는 단어이다.**

- ☐ A. **사커 볼**Soccer ball
- ☐ B. **풋볼**Football

* **둘 다 축구공을 의미한다.**

- ☐ A. **가비지 캔**Garbage can
- ☐ B. **웨이스트 빈**Waste bin

* **두 단어 모두 쓰레기통을 의미하는 단어이다.**

- ☐ A. **엘리베이터**Elevator
- ☐ B. **리프트**Lift

* **리프트도 승강기를 의미한다.**

영어권의 사람들은 A 또는 B, 어느 한쪽을 주로 선택할 것이다. 북미 쪽 사람들은 A 옵션을 주로 선택할 것이고, 유럽 쪽 사람들은 B 옵션을 자연스럽게 선택할 것이다. 나는 미국인이므로, 자동차 트렁크는 Trunk, 쓰레기통을 의미하는 단어로는 Garbage can이 더 친숙하다. 하지만 2016년 아일랜드 럭비에 입단하기 위해 아일랜드로 이주한 후, 영어의 보편성에 대한 인식과 함께 이러한 선호도도 빠르게 바뀌었다. 아일랜드나 영국에 가본 적이 없는 미국인 여러분은 무슨 말인지 모를 수 있으니 내 설명을 들어보라.

대서양 동쪽(유럽)에서는 휴가를 vacation이라고 부르지 않고 holiday라고 부른다. 공항에서 서는 줄은 line이라고 부르지 않고 queue라고 한다. 호텔에서는 1층을 엘리베이터가 아니라 lift를 타고 올라가야 하는데, 어리둥절해하는 당신을 보고 리셉션 직원이 "우리는 2층second floor을 1층first floor이라고 부릅니다. 미국에서의 1층을 우리는 ground floor라고 부릅니다"라고 알려줄 것이다. 저녁 식사 때 화장실bathrom이 어디냐고 물으면 "화장실toilet은 복도를 따라 왼쪽에 있습니다"라는 대답을 듣게 될 것이다. 마지막으로, 샌드위치에 어울리는 음식을 찾으려고 감자튀김fries을 주문하려고 하면, 감자튀김은 chips라고 부르고, 우리가 부르는 chips는 crisps라고 부른다는 사실을 알게 될 것이다. 또 다른 재미있는 것은 치킨 스트립chicken strips을 goujons라고 부른다는 점이다.

처음에는 언어적 차이가 유머러스하기만 한 점으로 생각되었지만, 아일랜드에서 코칭 생활을 하면서 내 생각이 바뀌었다. 당시에는 이미 이 책을 쓰기 시작했기 때문에 언어의 특수성이 얼마나 중요한지 잘 알고 있었지만, 선수들에게 나의 비유가 제대로 먹히지 않았을 때는 여전히 놀랐었다. 하지만 곧 나의 비유장치가 고도로 작동하여 지역적으로 적합한 단어를 사용하면서 해결책을 찾게 되었다. 즉 field를 pitch로, cut을

sidestep으로, cleats를 clouds로 변환할 수 있으면서 문제가 해결되었던 것이다. 시간이 지나 선수들과 친해지고 미식축구 용어를 럭비 관련 전문 용어로 바꾸면서 미국어를 현지 용어로 바꾸어 나갔다.

언어적 능력의 어려움은 외국에서 코칭할 때 극적으로 실감하겠지만, 모든 코치들은 (국내에서 활동하더라도) 이와 비슷한 어려움에 직면한다. 심각한 침묵 속에서 얼굴을 똑바로 쳐다보는 것보다는 가벼운 수다를 떠는 것이 훨씬 더 긍정적인 반응을 이끌어낼 것이라는 것은 너무나 당연한 일이다. 따라서 유능한 코치라면 최소한 선수들이 사용하는 언어(말투 등)에 익숙해야 하며, 이상적으로는 **친숙함의 원리**principle of familiarity라고 할 수 있는 더 깊은 수준에서 코칭 용어의 연결이 필수적이라는 것을 깨닫게 될 것이다.

이러한 관점에서, 선수를 알아야 한다는 것은 분명한 사실이지만, 이를 효율적이고 효과적으로 이룰 수 있는 방법이 무엇인지는 애매한 부분이 있다. 예를 들면, 코치와 선수 사이의 상호작용은 훈련 시간에만 국한되는 경우가 많기 때문에 친숙함을 만들 수 있는 대화를 나눌 시간은 부족하다. 또한 대화가 선수의 생활에 대한 내용이 아닌 훈련 내용에 집중되는 경우가 많다. 이로 인해 코치는 선수에 대한 의미 있는 인사이트를 얻을 수 있는 기회가 거의 없다. 따라서 코치는 대화 중이나 훈련 현장에서 어떤 유형의 정보에 귀를 기울여야 하는지 잘 알고 있어야 한다. 올바른 정보를 가지게 되면 정신적인 부분에서 해당 선수의 코칭에 도움이 되며 이를 통해 학습의 장벽을 낮출 수 있을 것이다.

문화

선수의 말과 행동은 그들이 살아온 문화의 영향을 받는다.

여기서 말하는 문화란, 사람들의 가치관, 신념, 행동, 언어를 형성하는 환경과 사회 집단을 반영하는 가장 넓은 의미의 문화를 지칭하는 것이다. 내 경우에는 아일랜드 문화와 그에 수반되는 언어에 대한 불완전한 이해로 인한 의사소통이 불명확했던 경험이 있었다. 하지만 시애틀 출신의 코치가 뉴올리언스의 운동선수와 함께 일하거나 시카고 출신의 치료사가 샌디에이고 출신의 환자와 함께 일할 때에도 같은 일이 일어날 수 있는데, 각 도시마다 고유한 특징이 있고, 이는 그 도시를 고향으로 여기는 사람들에게 전해져 내려오기 때문이다. 여기에 가족과 지역 커뮤니티의 하위문화까지 더해지면, 당신은 존재 자체로 존중받아야 하는 진정한 의미의 인격체가 되는 것이다.

유추의 이해에 있어 문화가 중요한 역할을 한다는 사실은 직관적으로 깨달을 수 있긴 하지만, 흥미로운 연구들이 이러한 점을 객관적으로 밝혀주고 있다. 홍콩 대학교의 한 연구 그룹은 탁구 포핸드를 목표 동작으로 삼아 영어를 원어로 쓰는 사람들에게 유추(비유) 학습 연구를 진행하였다. 유추 그룹에 배정된 참가자들에게 "가상의 직삼각형을 그리고 이 삼각형의 빗변 위에서 탁구채로 공을 쳐라"는 지시를 내렸다. 300번의 연습을 거친 후, 이 그룹은 숫자를 거꾸로 세면서 공을 맞추는 어려운 과제에서도 제대로 학습효과를 유지하는 것을 보여주었다.[14]

이 연구에서 흥미로운 점은 다음과 같다. 해당 연구에서 연구진은 광둥어를 모국어로 사용하는 중국인 참가자들에게 같은 비유(직삼각형)을 들어 포핸드 샷에 적용하도록 요청했다.[17] 그러나 이번에는 연구자들은 경기력 향상 효과를 보지 못했다. 실제로 실험 후 인터뷰 결과 대부분의 참가자가 이 비유를 혼란스러워하는 것으로 나타났다. 이 결과에 흥미를 느낀 연구진은 원래 연구의 결과를 재현할 수 있는 문화적으로 적절한 비유를 찾을 수 있는지 알아보기 시작했다. 광둥어 원어민의 도움을 받아 연구팀은 '직삼각형'을 '산'으로 바꾸어 새로운 중국인 참가자들에게 "박쥐가 산의 옆구리를 타고 올라가는 것처럼 움직여보세요"라고 요청했다. 물론 이 새로운 비유는 효과가 있었고, 연구진은 원래의 연구 결과를 재현할 수 있었다.[16]

이와 같은 단편적인 증거는 우리의 직관을 자극하고, 생체역학의 이면을 깨닫기 위해선 선수들의 말을 들어야 한다는 사실을 상기시켜 준다. 단서와 유추를 이해하는 능력을 결정하는 것은 (지식을 많이 쌓은) 우리 자신이 아니라 선수들의 언어 사용과 이해라는 점을 기억하라. 선수 개인에게 적용할 수 있는 비유를 만들기 위해선 그들의 언어 속에 숨어 있는 원료을 사용해야 하기에, 경청이야말로 비유 만들기에 필수적이다. 이 원료를 확보하는 간단한 방법은 선수에게 직접 비유를 생각해 보라고 하거나, 그 비유가 선수에게 어떤 의미로 다가오는지 설명해 달라고 요청하거나, 그들 스스로 선택할 수 있는 몇 가지 비유를 제시하는 것이다. 어떤 경우든 선수의 언어 선호 정도를 파악해야 그 선수에게 맞는 비유를 사용하고 있는지 확인할 수 있다.

세대

문화가 개인의 성장 배경을 반영하는 것이라면, 세대는 성장한 시기를 반영하는 것이다. 언어에 문화가 내재되어 있는 것처럼, 세대 역시 개인의 사고와 말하는 방식에 영향을 미친다. 예를 들어 1990년대에 나는 무언가를 좋아하면 'cool'하다고 표현했고, 휴식을 취하고 있을 때면 'chillin'하고 있다고 말했다. 하지만 2000년대에 이르러 나는 선수들이 서로 "잘 지냈어?"라는 답변으로 "coolin"이라고 말하는 것을 듣기 시작했다. 특정 세대에 태어난 사람들은 그 당시의 대중문화, 기술, 사건, 속어에 바탕을 두고 현재에 대해 인식할 때에도 어느 정도는 그 바탕에 기반을 두게 된다. "그땐 그랬지" 또는 "요즘 애들은 …"과 같은 말은 우리 모두가 본인이 자란 시기의 '더 단순했던 시절'에 대한 향수를 불러일으킨 것에서 오는 것이다.

나는 대학 시절 퍼스널 트레이너로 일할 때 처음으로 세대와 언어 간의 상호작용에 대해 깨달을 수 있었다. 학교에서 고객들의 다양한 목표를 위해 프로그래밍하는 방법을 알려주긴 했지만, 다양한 사람들과 '소통'하는 방법을 가르치지는 않았다는 사실을 깨달았고, 이러한 수업은 트레이닝 현장에서 이루어졌다. 예를 들어 하루 동안 철인 3종 경기를 준비하는 55세 교수, 군살을 빼고 싶은 25세 공대생, 기능을 유지하려는 70세 은퇴자, 대표팀에 선발되기 위해 훈련하는 16세 고등학생과 함께 시간을 보낼 수 있었다. 각각의 경우에 나의 언어를 그들의 언어와 동기화하여 반복 횟수와 세트를 연결되는 신호로 변환하는 방법을 배워야 했다.

사실 이런 세대 차이를 직접 겪는 일은 많다. 그런 순간 중 하나는 NFL 콤바인 준비 기간이 끝날 무렵 훈련 세션이 끝난 후였다. 세션을 디브리핑하고 다음 날의 분위기를 조성하기 위해 선수들을 불러 모았다. 나는 선수들에게 "우리는 좋은 훈련 세션을 마치긴 했지만, 아직 건초를 헛간에 넣은 것은 아니다"고 말했었다. 놀랍게도 선수 중 한 명이 "그게 대체 무슨 뜻이죠?"라고 소리쳤다. 야유가 가라앉고 나의 웃음소리가 가라앉은 후, 비유를 수정하여 그 선수에게 "휴대폰의 앱 다운로드가 끝나지 않았다"라고 말했고, 그 선수는 고개를 끄덕이며 웃음을 터뜨렸다.

이런 순간은 좋은 코치가 되기 위해서는 교과서적인 지식만으로는 부족하다는 것을 일깨워준다. 요즘 젊은 세대들이 열광하는 트렌드에 대해 잘 알고 있어야 한다는 뜻이다. 혁신의 속도가 빨라지고 있는 요즘은 적응하지 않으면 도태되는 시대이다. 음악을 예로 들자면, 지난 50년간 카세트테이프가 CD를 거쳐, 지금은 디지털 음악과 스트리밍 서비스의 시대가 되었다. 비슷한 기간 동안 우리는 집에 전화기만 있던 시대에서 주머니에 휴대전화를 넣을 수 있는 시대로 바뀌었고, 이제는 스마트 기기로 아침 식사를 준비하는 것 외에는 모든 것을 할 수 있는 시대가 되었다. 지난 25년 동안만 해도 인터넷이 등장하고 프로게이머가 등장했으며, 무인 자동차가 이제 곧 출시될 것이다. 이제 우리는 만나서 대화하는 것보다 더 많이 트윗을 하고 '좋아요'를 누르며, 구글에서 정보를 얻고, 우버Uber에서 차량을 이용하고, 아마존에서 물건을 구입하며, 넷플릭스가 버글스Buggles와 손을 잡고 "넷플릭스가 TV 스타를 죽였다"라는 새 싱글을 제작할 날이 얼마 남지 않게 된 것이다(버글스는 'Video Killed The Radio Star'라는 곡을 만든 밴드이다).

이러한 변화는 좋은 것도 나쁜 것도 아니다. 하지만 최신 연구와 기술들을 따라잡지 못하면 전문성이 뒤처지는 것처럼, 자신의 언어를 선수들의 언어에 맞추지 못하면 개인적으로도 뒤처질 수 있다. 그렇다고 좋아하는 음악을 버리고 최신 인기 게임을 플레이해야 한다는 뜻은 아니다. 그래도, 담당하는 선수들의 세대에 익숙해지고 그들의 삶의 경험을 이해하려고 노력해야 한다는 뜻이다. 그렇게 함으로써 선수들에게 잘 먹히는 단서를 제공할 비유를 만드는 데 필요한 원료를 더 많이 수집할 수 있다.

경험

문화와 세대가 중요하긴 하지만, 사람은 태어난 환경 그 이상의 존재이기 때문에 그것이 전부는 아니다. 우리는 각자 고유한 성향을 지닌 개인으로서 이 세상에 태어나며, 이러한 성향은 사고방식, 행동 방식, 궁극적으로는 의사 결정에 영향을 미친다. 중요도에 상관없이, 각 결정을 내릴 때마다 우리는 새로운 경험을 하게 되고, 이 모든 경험은 언어의 기반이 되는 인식과 행동에 더해진다.

모든 경험이 유추의 기준이 될 수 있지만, 운동선수의 신체적 경험을 이해하는 것이 가장 적절한 보상을 얻을 수 있다는 증거가 있다. 예를 들어 고무공과 같이 추상적인 비교(사물 비유)를 포함하는 비유보다 익숙한 동작과 익숙하지 않은 동작 사이의 비유가 구조적으로 더 많이 겹치기 때문에 직관적으로 이해하기 쉽다. 그렇다고 사물 기반 비유가 가치가 없다는 것은 아니다. 특히 뉘앙스를 전달하려고 할 때 그렇다. 그러나 시나리오 및 제약 조건 기반 유추가 관련성 있는 맥락 내에서 더 많은 움직임 특징을 매핑하는 경우가 있을 수 있다. 이것이 사실이라면 익숙한 움직임에 대한 언어를 낯선 움직임과 다르게 처리하는 것은 당연한 일이다.

4장에서 만났던 시안 베일록도 언어에서 의미를 도출하는 방식에 관심을 갖고 있으며, 체화된 시뮬레이션에 대한 연구를 직접 수행한 바 있다. 특히 베일록과 그녀의 팀은 움직임에 대한 개인의 경험이 그 움직임을 묘사하는 언어를 처리하는 방식에 어떤 영향을 미치는지 알고 싶어 했다. 베일록과 그녀의 팀은 첫 번째 연구에서 프로 하키 선수와 하키 경험이 없는 초보자를 초대하여 이 장에서 이전에 소개한 문장–이미지 매칭 과제[18, 19]를 수행하도록 했다. 이 과제는 문장을 읽고 이미지를 본 다음 '예' 또는 '아니오' 키를 눌러 해당 이미지가 문장에 언급되었는지 여부를 표시하는 것이다. 이 경우 연구진은 하키와 하키가 아닌 동작을 혼합하여 프로 하키 선수가 하키 중심 언어를 초보자와 다르게 처리하는지 테스트했다. 그 결과, 전문가와 초보자는 하키가 아닌 이미지를 매칭할 때 속도와 정확도가 비슷했지만, 하키 이미지를 매칭할 때는 하키 프로선수가 실제로 더 빨랐다.[13] 체화된 시뮬레이션의 관점에서 이러한 결과는 수긍이 가는데, 프로 하키 선수는 이미 묘사되는 동작에 대한 운동 표현을 가지고 있기 때문에 초보자보다 더 빠르게 시뮬레이션하고 해당 동작을 식별할 수 있기 때문이다. 그러나 이 설명이 타당하려면 하키 선수의 두뇌를 들여다보고 처리 과정의 차이를 발견할 수 있어야 한다.

이를 테스트하기 위해 베이록과 그녀의 동료들은 또 다른 프로 하키 선수와 초보자 그룹을 실험실에 초대했다. 이번에는 두 그룹에게 하키 동작과 일상적인 동작을 묘사하는 문장(예: "하키 선수가 슛을 마쳤다" vs "그 사람이 카트를 밀었다")을 들려주면서 fMRI 스캐너에 누워 있게 했다. 그 결과 두 그룹의 뇌는 일상적인 행동 문장에 비슷하게 반응했지만, 프로 하키 선수는 하키 행동 문장을 들을 때 초보자보다 전운동 피질을 더 많이 활성화하는 것으로 나타났다.[2] 행동 계획과 의도적인 움직임에서 전운동 피질의 역할을 고려할 때, 프로 하키 선수의 뇌가 문장에 묘사된 행동을 수행하는 것과 동일한 뇌 중추를 활성화하는 것은 당연한 결과이다. 반면에 초보자는 이러한 경험에 의존하는 운동 기억을 가지고 있지 않다. 따라서 이러한 행동을 이해하기 위해서는 일차 운동 피질과 같은 일반적인 감각-운동 중추를 사용해야 한다. 이것이 바로 연구들이 발견한 사실과 일치하는 것이다.

전문 무용수들이 춤추는 영상을 볼 때도 동일한 신경 특이성이 관찰된다는 점을 고려하면,[6, 7] 움직이지 않을 때에도 신체적 경험이 뇌가 시각 및 청각 정보를 처리하는 방식에 직접적인 영향을 미치기 때문에 뇌가 실제로 얼마나 연결되어 있는지 알 수 있다. 이는 코치로서 운동선수의 운동 경험을 사용하여 개념적으로 겹칠 뿐만 아니라 신경학적으로도 겹칠 수 있는 유추를 공식화하여 이해와 학습의 문턱을 낮출 수 있다는 것을 시사한다. 따라서 럭비 코치가 스크럼을 하는 동안의 신체 자세와 스쿼트를 하는 동안의 신체 자세를 비교하면 선수는 한 가지 감각을 다른 감각에 쉽게 매핑할 수 있다. 마찬가지로 선수가 스프린트 훈련을 효과적으로 수행할 수 있지만 실제 경기에서는 어려움을 겪는다면 코치는 해당 훈련을 다시 비유할 수 있을 것이다. 이를 통해 선수는 과거 경험의 감각을 현재의 감각에 다시 한 번 매핑할 수 있다. 선수의 생생한 경험, 특히 신체적 경험을 이해하면 지속 가능한 비유를 만드는 데 필요한 원료의 마지막 조각을 확보할 수 있다.

요약

비유(유추)는 산소가 호흡과 생활에 필수적인 것처럼 사고와 학습의 기본이 된다. 일상적인 연설의 숨겨진 비유부터 "이 주식을 사지 않는 것은 공짜 돈을 거부하는 것과 같다"는 명백한 설득을 위한 비유까지, 비유는 커뮤니케이션의 기본 요소를 형성한다. 비유는 어디에나 존재하지만, 많은 코치의 도구 상자에서 먼지만 쌓인 채 선택이 아닌 우연에 의해 사용되는 경우가 많다. 이 글을 읽고 있는 당신이 이제 유추가 학습의 촉매제이자 필수 코칭 도구라는 사실을 깨닫게 되기를 바란다.

우리의 여정에서 알 수 있듯이, 우리의 초기 행동과 지각은 언어가 구축되는 감각적 토대를 형성한다. 결과적으로 우리는 체화된 시뮬레이션을 구현하는 과정을 통해 언어에서 의미를 추출한다는 사실을 알게 되었다. 따라서 우리가 (실제로) 공을 차는 데 사용하는 정신적 기계는 "공을 차다"라는 문구를 이해하는 데 사용하는 정신적 기계와 동일하다. 본질적으로 우리의 뇌는 행동하고 말하고 생각할 때 공통된 감각-운동 뇌 중추를 활용하는 것을 추구하는 효율성에 최적화되어 있다. 그 결과, 우리의 뇌는 메일들을 분류하는 것과 유사하게 작동하여 새로 들어오는 모든 감각 정보를 기존의 정신 범주에 따라 분류한다.

이러한 사실들을 알고 난 뒤, 나는 코치가 이러한 기존 지식을 활용하여 운동선수가 새로운 운동 개념을 학습하도록 도울 수 있다고 주장해 왔다. 데드레 겐트너의 연구를 강조하면서, 마음이 어떻게 구조 매핑을 사용하는지, 기본 유추의 특징을 가져와 목표 동작의 동일한 특징에 매핑하는지에 대해 논의했다. 따라서 관절은 기름칠을 잘 한 경첩처럼 움직일 수 있고, 근육은 고무줄처럼 늘어날 수 있으며, 자동차를 피하는 것처럼 속도를 조절할 수 있는 것이다. 각각의 경우, 우리의 뇌는 비유에 포함된 감각-운동 원료를 합성하여 다음 움직임에 다시 적용한다.

그러나 이를 효과적으로 수행하려면 코치는 유사성과 친숙성의 원칙을 활용해야 한다(그림 6.1 참조). 유사성이란 비유와 동작에 공통점이 있어야 한다는 것이다. 특히 비유는 움직임의 포지션, 파워 또는 패턴의 변화를 전달해야 한다. 반면에 친숙성은 선수들이 규정된 유추의 내용을 잘 알고 있어야 한다. 문화, 세대, 경험의 차원을 넘어 우리는 이러한 개별화된 비유를 만드는 데 필요한 원료를 찾아야 한다. 이 원료에 접근하기 위해 코치는 선수들이 능동적으로 말하고, 들을 수 있는 기회를 제공하기만 하면 된다.

그림 6.1 효과적인 유추를 만드는 모델.

PART III
큐

벌써 NFL 콤바인을 진행한 지 10년이 넘었다. 그 기간 동안 나는 수백 명의 NFL 유망주들이 NFL 프로로 전환하는 것을 지원할 수 있는 특별한 기회를 가졌다. 그 선수들 한 명 한 명이 처음 만났던 날처럼 나의 마음속에 선명하게 남아 있다. 그들의 이야기, 그들의 투쟁, 그들의 승리, 때로는 그들의 실패를 결코 잊지 못할 것이다. 그 이유는 간단하다. 내가 그들과 함께 살았고, 그 투쟁을 공유했으며, 그 승리에 동참했고, 그 실패에 직면했기 때문이다. 코칭에 대한 중요한 진실이 바로 여기에 있다. 선수들의 여정과 우리 자신의 여정을 분리하는 것은 불가능하다는 것이다. 우리가 단서를 만들고, 훈련을 설계하고, 피드백을 공식화하지만, 이러한 코칭 노력을 가치 있게 만드는 데 필요한 집중, 실행, 성찰을 담당하는 것은 바로 선수들 자신이다. 따라서 코치, 트레이너, 치료사, 교사는 운동선수, 고객, 환자, 학생이 최선을 다할 수 있도록 최선을 다해야 할 책임이 있다.

이 책임의 무게는 항상 나의 곁을 떠나지 않았다. 경기장에 있는 사람보다 머릿속의 프로그램에 대해 더 걱정하기 시작하면 배가 아파온다. 아이컨택, 바디랭귀지, 움직임을 스캔하여 더 효과 있는 방법을 찾으라는 작은 목소리가 나를 끊임없이 재촉한다. 운동선수에게는 보스가 필요한 것이 아니라 항상 제 역할을 재대로 수행하는 비즈니스 파트너가 필요하다는 것을 알아야 한다. 궁극적으로 훌륭한 코치는 훌륭한 관계를 구축하는 방법을 알고 있으며, 만약 관계라는 녀석이 인격이 있다면 다음과 같이 말할 것이다.

> "저는 당신과 당신의 선수 사이의 공간입니다. 나는 양방향 도로로 충분히 넓지만 종종 일방통행 도로로 사용됩니다. 서로가 서로를 이해하려고 노력할 때 나는 강해지고 이해하지 못할 때는 약해집니다. 나를 존중하면 다리가 형성되어 말이 의미로 바뀌고 다시 돌아옵니다. 나를 무시하면 그 다리는 결코 만들어지지 않으며, 서로가 혼란의 강 반대편에 서게 됩니다. 결국, 내가 제공할 수 있는 것의 완전한 보상을 거두기 위해서는 존재를 드러내고, 바라보고, 듣고, 말해야만 합니다."

코치와 선수 사이의 공간인 이 '관계'는 신성한 것이다. 그동안 이 공간을 움직임에 기반한 언어로 채우는 것에 대해서 이야기했지만, 그 영향력은 우리가 가르치는 패턴을 훨씬 뛰어넘을 것이다. 선수는 큐잉(단서)에 들어가는 모든 것을 알 수 없고, 알 필요도 없다. 선수는 그 큐잉이 의미가 있고 자신의 움직임에 영향을 미쳤는지 여부만 인지할 뿐이다. 따라서 첫째, 선수에게 맞춤화된 언어를 사용하면 우리가 선수를 이해하고 있으며 결과적으로 선수의 말에 귀 기울이고 관심을 갖고 있다는 신호를 보낼 수 있다. 둘째, 이러한 단서가 지속적으로 긍정적인 성과 변화를 가져온다면 선수는 지도자와의 관계를 학습 및 동기 부여와 연관시킬 것이다. 궁극적으로 트레이너는 동작을 가르치는 것뿐이지만, 이를 효과적으로 수행하려면 모든 훌륭한 관계의 기반이 되는 커뮤니케이션 전략을 사용해야 한다.

오늘날 나는 '큐잉'과 '연결'을 일종의 동의어로 생각한다. 큐잉은 효과적인 코치-선수 관계 구축의 핵심이며 프로그램 자체만큼이나 훈련 과정에서 중요하다. 한편, 언어라는 것은 언어를 사용하는 사람보다 그 언어를 받아들이는 사람에 의해 효과의 유무를 확인할 수 있는 것이다. 따라서 우리는 선수의 학습 요구에 따라 언어를 보정하고, 업데이트 및 새로 고쳐야 하는데, 그 피드백의 원천은 결국 선수에게 의존해야 한다. 당신이 배운 모델들은 바로 이러한 역할을 하도록 설계되어 끊임없이 변화하는 선수의 요구에 적응할 수 있도록 만들어준다.

즉, 적응 가능한 코칭adaptive coaching의 기술을 습득하는 것과 적응 가능한 코칭을 마스터하는 것은 다른 것이다. 따라서 이 마지막 섹션에서는 먼저 지금까지 논의한 큐잉 스킬에 대한 습관을 기르는 데 도움이 되는 로드맵을 제공할 것이다. 그다음에는 이 책에서 다룬 전략을 적용할 수 있는 25개 이상의 동작 시퀀스를 살펴보고, 그 예시를 간략하게 소개한다. 파트 2에서 설명한 모델과 파트 1에서 살펴본 과학적 근거를 바탕으로 파트 3에 포함된 로드맵과 예시를 종합하면 코칭 언어를 업그레이드하기 위한 (습관 형성) 과정을 계획할 수 있는 위치에 서게 되고, 당신의 선수들은 각 단계에서 성과를 취할 수 있을 것이다.

7

로드맵

습관: 도입부

각 코치들이 체육관에서 자신의 자리를 찾았을 때 나는 앞쪽에서 앉았다. 이 그룹은 과정의 마지막 활동을 막 마치고 모두가 선택한 동작에 대해 생각해 낼 큐와 비유에 대해 토론하며 활기차고 떠들썩했다.

모든 면에서 코스는 성공적이었다. 높은 참여도, 명확한 프레젠테이션, 코칭 언어의 뉘앙스에 대한 풍부한 토론으로 채워진 활동들. 나는 충분히 내가 해야 할 일을 했다. 나는 가르쳤고 그들은 배웠다. 적어도 그렇게 생각했다.

그룹이 마침내 자리를 잡고 조용해지자, 수많은 얼굴들이 나를 바라보며 마무리 인사말을 기다리고 있었다. 이제 코칭 언어를 비판적으로 평가하고 개선할 수 있는 도구가 있음을 상기시킨 후 질문이 있는지 물어보았다.

잠시의 침묵을 견뎌내고 마침내 한 청년이 "예, 질문이 있습니다"라고 그룹에게 이야기를 꺼냈다. 이어 그는 "2년 전에도 이 강의를 들었는데 그때도 오늘처럼 정보가 매우 유용했다. 하지만 실제로 코칭을 할 때 이러한 아이디어를 고수하기 위해 어떻게 해야 할지 궁금합니다."

나는 생각 없이 "이건 시작에 불과하다"며 "이런 아이디어가 고정될 수 있도록 노력해야 한다"는 말을 할 준비를 했지만, 그는 이미 이 과정을 수강한 바 있었다는 것을 깨달았고, 내가 이전에 한 "이 세상으로 가서 더 좋은 곳으로 만드십시오"라는 말이 그때 도움이 되지 않았는데 왜 갑자기 지금 통할 수 있을까? 라는 생각이 들었다.

나는 빠르게 말을 바꾸어 그의 질문 대신에 코치에게 처음으로 코스를 마친 후 무엇을 했는지 설명해 달라고 요청했다. 그러자 그는 잠시 생각한 뒤 "2년 전 코스를 마쳤을 때 코칭에서 외적 큐와 비유를 사용하고 싶었습니다. 처음 몇 주 동안 열심히 노력했지만, 좋은 큐가 떠오르지 않을 때 내가 예전으로 돌아가 편한 내적 큐를 사용하고 있다는 것을 알았습니다. 약 한 달 정도가 지나니, 큐잉은 예전 방식으로 되돌아갔습니다."

그의 답변을 곰곰이 생각하면서, 그 대답이 가진 익숙함에 놀랐다. 식습관에서 운동, 절약, 금연에 이르기까지 오래된 습관의 중력을 깨기 위해 얼마나 자주, 사람들이 무엇을 해야 하는지, 또 그것을 하려는 명백한 동기를 가지고 무언가를 시작할까? 그렇다면 코치하는 방식을 바꾸는 것이 이와 어떻게 다를 것이라 여기는가? 원칙적으로 우리의 코칭 습관은 수면 습관, 식습관, 운전 습관 및 우리가 누구인지를 정의하는 행동의 수천 가지 다른 습관들과 함께하는 것이다. 놀라운 진실은 그 순간까지 나는 내 언어로 코치들이 사용하는 말을 바꾸기에 충분하다고 확신했었다는 것이다.

이번에는 이 코치의 취약점을 "음, 시간이 걸린다"나 "인내와 연습이 핵심입니다"로 넘기고 싶지 않았다. 그래서 다른 코치 중 한 명이 아주 잘 만든 비유로 자신의 그룹을 하루 종일 사로잡았던 것을 기억했다. 그녀의 코칭 여정에서 우리가 무엇을 얻을 수 있지 않을까 궁금해, 그녀가 어떻게 비유를 만드는 데 분명히 능숙해졌는지 말해 달라고 물어보았다. 그러자 방에 있는 모든 사람들이 그녀의 이야기에 관심을 가지며 주목했다. 그녀가 말했다. "두 해 전에 이 코스를 수강하면서 정보가 매우 유용하다고 느꼈어요. 저는 항상 유추를 사용하는 것을 즐겼고 고객들이 유추에 대해 잘 반응한다는 것을 알게 되었죠. 이 과정은 내 직관을 뒷받침하고 비유가 마음에 떠오르기를 기다리는 대신 비유를 만들 수 있는 도구를 제공해요." 방 안 모두가 더 많이 알고 싶어 해서, 나는 그녀에게 이 기술을 개발하는 과정을 안내해 달라고 요청했다. 코치는 계속해서 말했다. "처음에는 새로운 큐를 즉흥적으로 생각해 내려는 것이 약간의 노력과 때로는 불편함을 동반했어요. 그러나 비용이 이득보다 크다는 것을 알고 계속 노력했고, 몇 달 후에는 언어가 바뀌어 더 이상 생각하지 않아도 되는 수준이 됐습니다."

여기서 우리는 비슷한 경험을 가진 두 명의 코치를 볼 수 있다. 그들은 같은 체육관에서 일하고, 같은 코스를 수강했으며, 같은 메시지를 받아들였다. 그렇다면 코치 중 한 명은 승리하고 행동이 바뀌었는데 다른 코치가 패배를 인정하고 이전 큐 방식으로 되돌아갔을까? 이 결과에 대한 많은 이유가 있을 수 있지만 한 가지는 확실하다. 대답의 많은 부분이 행동 변화라는 과학 안에 있다는 것이다.

습관의 본성

얼마나 자주 책을 읽거나, 강의를 듣거나, 컨퍼런스에 가서 "좋아. 이 아이디어를 바로 써야지"라고 말하고 결국엔 다시 처음 상태로 돌아가서 무엇이 잘못됐는지 모를 때가 몇 번이나 있었는가? 마찬가지로 교육을 받고 계획과 책임감에 대한 메커니즘을 갖추고 있음에도 불구하고 선수들이 식습관, 회복 또는 수면 습관을 조정하지 못하는 것을 몇 번이나 보았는가? 단순한 진실은 행동의 변화가 모든 사람에게 어렵다는 것이다. 그리고 우리 코치들은 다른 사람들의 습관을 바꾸도록 돕기 위해 대부분의 시간을 보내지만, 자신의 습관을 개선하는 데 더 능숙하지 않다는 것을 명심해야 한다.

따라서 이 글에서 제시된 내용들을 당신의 선수들의 머릿속으로 전달하기 위해서는, 당신이 필요한 만큼 말을 개선하는 방법에 대해 논의해야 한다. 이를 위해, 우리는 필기도구와 종이를 꺼내 변화를 위한 로드맵을 작성하여, '나는 할 것이다'에서부터 '나는 한다'로 이어지는 여정을 안내할 계획이다.

습관의 탄생

매우 실용적인 책인 제임스 클리어James Clear의 『Atomic Habits』[1]은 습관을 원자와 비교하여 습관이 행동 변화의 가장 작고 직접적으로 제어 가능한 단위임을 설명한다. 이를 이해하기 위해, 당신이 (비)건강한 사람이라고 생각하는 사람을 상상해 보자. 그들의 행동을 이해하려면, 행동의 기반이 되는 단일 습관을 파고들어야 한다. 이를 위해, 먼저 식습관, 운동, 수면, 스트레스 관리, 일과 삶의 균형과 같은 건강에 영향을 미치는 범주로 그들의 행동을 분류한다. 그런 다음 각 범주를 관련된 습관으로 분류한다. 예를 들어 식습관의 경우, 아침, 점심, 저녁 및 간식 습관이 포함될 수 있다. 습관의 수준에 도달하면 선택과 행동이 관찰 가능해지므로 분석과 변화의 가능성이 생긴다.

찰스 두히그Charles Duhigg는 비평가들의 찬사를 받은 그의 저서 『The Power of Habit』[2]에서 습관을 의식적이고 의도적인 선택에서 시작해 이제는 생각하지 않아도 자동으로 수행하는 것으로 정의한다. 따라서 습관은 일상적인 상황에서 내리는 반사적인 결정을 나타낸다. 아침에 처음 일어나서 하는 것(예: 전화 확인, 조깅, 명상)부터 잠자리에 들기 직전에 하는 것(예: TV 시청, 따뜻한 물로 샤워하기, 책 읽기 등)까지, 습관은 기본 설정을 나타낸다. 그러나 두히그가 언급했듯이 처음에는 습관의 형성은 결코 반사적이지 않다. 자전거 타는 방법을 배우거나 코칭 언어를 개선하려고 하든, 결정을 내려야 하는 새로운 상황에 직면했을 때(여기로 가거나 저기로 가야 하는, 이렇게 말하거나 저렇게 말해야 하는 상황), 우리는 상당한 양의 노력과 집중력을 발휘해야 한다. 그 선택의 반복이 쌓이고 새로움이 사라지고 나서야 우리는 마음 놓고 쉽게 이런 행동을 할 수 있다.

이는 우리가 운동 학습과 관련하여 알아본 것과 근본적으로 동일한 과정이기 익숙하게 들릴 것이다. 사실, 습관 형성은 암시적인 학습의 한 유형으로 간주된다. 기억하듯이, 이는 명시적 지식이나 허락이 필요하지 않은 학습의 한 형태다. 이것이 바로 습관이 우리에게 최선의 이익이 아닌 즉각적인 욕구(하나만 더, 나쁘지 않을 거야)를 충족할 수 있다면 나타날 수 있는 이유이다. 여기에는 악마와 천사가 어깨에 앉아 유혹하고 있지 않다. 오히려 뇌는 설계된 대로 작동한다. 뇌는 더 안전하고 쉽고 즉각적으로 만족스러운 해결책을 제안한다. 피자를 주문할 수 있는데 왜 요리를 해야 해? 그 이메일의 답장은 미룰 수 있으니까 우리 셀카가 얼마나 많은 '좋아요'를 받았는지 보자. 체육관은 내일도 갈 수 있으니 좀 더 자자. 이 내면의 목소리에 자주 순종하면 이 결정에 대한 기억이 구성되고 자동화되며 무의식으로 옮겨져 보관된다. 습관이 탄생하는 것이다.

일단 완전히 성숙한 습관이 더 이상 의식의 틀 아래 있지 않게 되면, 무시무시한 무지 속에서 작동하면서, 우리가 그것을 파헤치고 열어보고 수리하기로 결정할 때까지 그대로 있을 것이다. 그러나 코치로서 우리는 이 땜질이 얼마나 어려울 수 있는지에 대해 말할 수 있는 고유한 자격을 가졌다. 운동이든 습관이든 상관없이, 한번 마음에 확고히 자리 잡은 것은 바꾸기가 매우 어렵다. 사실, 많은 사람들은 우리가 이 각인된 것을 바꿀 수 없다고 주장할 것이다. 대신, 우리는 단순히 뇌를 설득해 건강한 점심을 준비하고, 하루 일정을 정리하거나, 자기 전에 명상하는 것과 같이 선호하는 습관을 촉진하는 것이다. 새로운 습관을 도입하고 오래된 습관을 덧칠하는 것은 어려운 일이지만 불가능하지는 않다. 시작하기 위해 필요한 것은 무엇이 이러한 자동화된 결정을 작동시키는지 이해하는 것이다.

습관 루프

본질적으로 습관은 결정이다. TV를 켜는 대신 달리기를 하러 가듯, 다른 일 대신 하나의 일을 하기로 결정하는 것이다. 꾸준히 퇴근 후 달리기를 하는 동일한 결정을 내린다면, 우리는 당신이 퇴근 후 달리기를 하는 습관이 생겼다고 말할 수 있다. 그러나 중요한 질문은 "왜 그럴까"이다? 왜 어떤 사람들은 계속 운동화를 선택하고 다른 사람들은 리모컨을 선택하는가?

이 질문에 답하기 위해 제임스 클리어[1]와 찰스 두히그[2]의 작업을 다시 참고하자. 두 저자 모두 습관 형성의 네 가지 기본 단계에 대해 말한다. 첫 번째 단계는 큐/신호다. 그렇다. 결정을 내리기 전에 우리의 마음이나 물리적 환경에 우리가 행동하도록 신호를 보내는 무언가가 있어야 한다. 러너의 경우 집에 도착했을 때 문 안에 있는 운동화가 신호일 수 있고 TV 애호가는 집에 들어올 때 TV가 가장 먼저 보이기 때문일 수 있다.

원칙적으로 큐의 역할은 두 번째 단계인 갈망을 촉발하는 것이다. 제임스 클리어의 말을 빌리자면 '모든 습관의 동기를 부여하는 힘'이다. 사이먼 시넥Simon Sinek이 갈망을 설명한다면 그는 갈망을 습관의 이유이자 목적이며 존재의 이유라고 말할 것이다. 갈망은 우리가 그것을 만족시키기 위해 필요한 행동을 하도록 이끈다. 이와 같이 우리의 러너는 다양한 갈망을 충족시키기 위해 달릴 수 있다. 아마도 그들은 러너스 하이의 행복감이나 다른 사람들이 양치 후 느끼는 전신의 전율 같은 것을 즐길 수도 있고, 아이스크림을 좋아해 밤마다 주변을 돌아다니며 먹는 민트 초콜릿 칩을 떠먹는 것을 변명하는 방법일 수도 있다. 마찬가지로, 우리의 TV 시청자는 최신 넷플릭스 시리즈를 마구 봄으로써 얻는 즐거움뿐만 아니라, 일의 정신적인 무게에서 벗어나기 위한 휴식을 갈망할 수도 있다. 궁극적으로 갈망은 습관을 실행하는 단계인 세 번째 단계에 충분한 동기 부여 자극을 제공한다면 무엇이든 상관없다.

반응이 실행되면 최종 단계인 보상이 시작된다. 실제로 보상이 갈망을 충족시키는 것이다. 그것은 목표를 달성하는 것이며, 시리얼 상자 바닥에 있는 상금이다. 따라서 러너스 하이를 갈망하는 러너는 달리고 난 후 급증한 엔도르핀으로 보상을 받는 반면, 정신적인 휴식을 갈망하는 TV 시청자는 좋아하는 프로그램의 이야기에 빠져들 때마다 보상을 받는다. 두 경우 모두 보상이 충분히 강하다면 갈망이 재충전되어 다음번 러너와 TV 시청자가 직장에서 집에 돌아와 큐가 될 때까지 대기할 것이다.

한 개의 다리가 빠진 탁자처럼, 습관은 이 네 단계 중 하나라도 빠지면 지속될 수 없다. 이와 관련하여 제임스 클리어[1]는 다음과 같이 언급한다.

> 4단계 중 어느 하나라도 부족하면 습관이 되지 않는다. 큐/신호를 제거하면 습관이 시작되지 않는다. 갈망을 줄이면 행동할 충분한 동기부여를 느끼지 못한다. 행동을 어렵게 만들면 할 수 없게 된다. 그리고 그 보상이 당신의 욕망을 만족시키지 못한다면, 당신은 미래에 그것을 다시 할 이유가 없을 것이다. 처음 세 단계가 없으면 행동이 일어나지 않는다. 네 가지가 모두 없으면 행동은 반복되지 않는다. (p. 129)

총체적으로, 이 네 단계는 찰스 두히그[2]가 습관 루프habit loop라고 부르는 것에 속한다. 이 루프는 갈망craving이 신호/큐를 받아 시작되고 반응response이 보상reward될 때 완료된다. 그리고 모든 피드백 루프와 마찬가지로 큐/신호로 인해 원하는 보상으로 예상되는 결과가 더 자주 나올수록 습관은 더 강해진다. 예를 들어 점심으로 샐러드를 포장하는 것과 같이 그 습관이 긍정적인 것이라면, 큐/신호, 갈망 및 보상을 강화하기 위해 너무 신경 쓰지 않을 것이다. 그러나 직장 변경으로 샐러드 대신 회사 뷔페를 이용하기 시작했다면, 당신의 체형보다 입맛에 서 더 자주 보상을 받기에, 습관 루프의 세부 사항에 갑자기 관심을 가질 수 있다. 과장된 표현은 아니지만, 우리의 습관 중 하나에 조정이 필요하다는 것을 알게 된다면, 가장 먼저 해야 할 일은 그 습관을 가능케 하는 큐/신호와 보상을 확인하는 것이다. 그래야만 각 단계들을 조정하여 새로운 습관이 형성되게 하는 담금질을 시작할 수 있게 된다.

큐잉 습관

습관이 형성되는 방식을 이해했으므로 이제 습관을 개선하는 데 사용할 로드맵 설계를 시작할 수 있다. 이를 위해서는 먼저 개선하고자 하는 습관을 결정해야 한다. 우리의 경우에는 큐잉을 하는 습관이 될 것이다. 이는 코치들이 이 가지고 있는 습관이므로 새로운 행동을 만들 필요가 없고 대신, 우리는 현재 동작 큐잉 방식을 이끄는 큐/신호, 갈망/욕구 및 보상을 살펴볼 것이다.

당신이 큐잉하도록 만드는 큐는 무엇인가?

나는 당신이 이 첫 번째 질문에 대답하기 어렵지 않다고 생각한다. 원칙적으로 우리의 임무는 선수들이 더 잘 움직일 수 있도록 돕는 것이다. 따라서 우리의 큐잉하기 위한 신호들은 선수들의 현재 신체적인 특징과 그들이 주어진 동작을 보다 정확하고 효과적으로 수행할 수 있게 하는 정보를 제공하는 우리의 역할에 대한 선수들의 기대감이라고 할 수 있다.

또 어떤 큐(신호)가 당신이 큐잉을 하게 하는가?

____

____

____

____

당신의 큐가 충족하려고 하는 갈망은 무엇인가?

이 질문에 대한 대답은 명확하게 보일 수 있지만 사실 여기에는 몇 가지 가능성이 있다. 첫 번째 가능성은 큐가 움직임 자체에 긍정적인 변화를 가져오길 바라는 욕구다. 이 경우 코치의 큐가 협응이나 수행력에 긍정적인 변화를 가져오면 갈망은 보상되고 강화될 것이다. 두 번째 가능성은 선수와 연결되어 이해받는 느낌을 원하는 욕구다. 여기서 코치는 선수가 큐를 이해하고 코치의 기여를 중요하게 생각하는 피드백을 찾고 있다. 다른 갈망도 떠오를 수도 있지만, 이 두 가지 갈망이 가장 가능성이 높다. 하나는 경기를 이기기 위한 것이고, 다른 하나는 마음을 이기기 위한 것이다.

큐가 충족하려는 다른 갈망이 떠오르는가?

____

____

____

____

어떤 종류의 큐를 사용하는가?

지난 여섯 장에 걸쳐, 외부 큐/신호나 비유가 선행될 때 움직임을 가장 잘한다는 것을 입증해 왔다. 그러나 이제 알고 있듯이 연구 결과(와 내 개인적인 경험)에서 우리 중 많은 사람들이 우연히 또는 자신의 선택으로 내부 큐를 외부 큐보다 훨씬 더 강조하는 것으로 나타났다. 따라서 현재 큐 방식을 솔직하게 살펴보고, 큐의 연속체(4장: 내부 ↔ 외부 ↔ 유추) 내에서 어디에 위치하고 있는지 인식하는 것이 중요하다. 이를 통해 우리는 현재 큐 습관을 검사screen하고 이 과정에서 유지해야 할 기능, 개선해야 할 기능 또는 폐기해야 할 기능을 식별할 수 있다.

다음 원형 차트를 사용하여 현재 큐 방식을 나타내는 슬라이스와 연관된 백분율을 그려보자. 예시로 내 파이 차트를 포함시켰다.

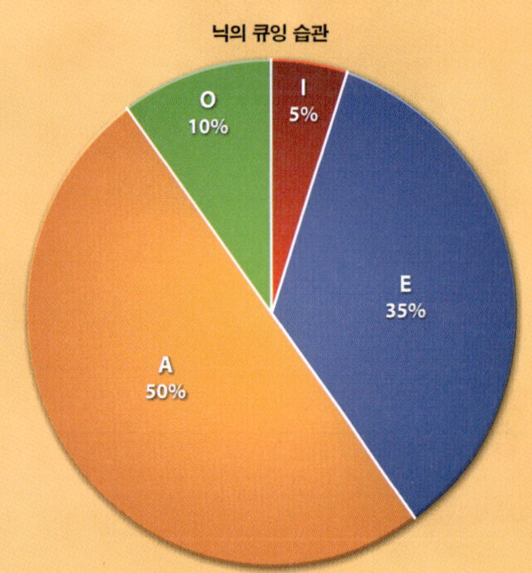

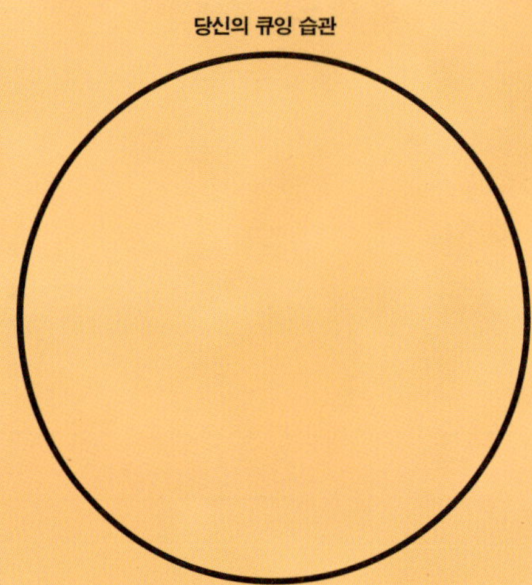

O = **기타:** 움직임을 직접적으로 지시하지 않는 발언. 예를 들어 일반적인 격려("가자!"), 집중을 유도하는 말("집중할 시간이다") 및 동기 부여를 위한 프롬프트("이걸 위해 열심히 일해 왔잖아") 등이 이에 해당한다.

I = **내부 큐/신호:** 근육 활성화, 관절의 움직임, 사지의 움직임에 초점을 맞추는 큐/신호.

E = **외부 큐/신호:** 결과나 환경과 상호작용하여 목표를 달성하도록 유도하는 큐/신호.

A = **비유:** 움직임을 익숙한 시나리오, 제약 또는 물체와 비교해 상상(정신적인 이미지)을 유도하는 큐/신호.

큐가 달성하려는 보상은 무엇인가?

우리가 갈망하는 것의 윤곽을 그렸다면 원하는 보상의 윤곽도 그릴 수 있다는 것을 염두에 두어야 한다. 따라서 이전에 언급된 갈망과 일치한다면, 우리가 추구하는 보상에는 협응의 긍정적인 변화와 연결 또는 둘 다 포함된다. 우리가 갈망하는 보상을 명확하게 이해한다면, 우리의 반응, 우리의 큐를 개선하여 그 보상을 달성할 수 있다. 그러나 단지 큐/신호가 우리(코치)에게만 의미있는 개인적인 만족만 갈망하고 선수들에게 미치는 영향을 간과한다면, 우리는 우리 언어의 조율을 위해 필요한 정보를 얻을 수 없게 된다. 이전 장에서 바로 이 점에 대해 다루면서, 선수가 움직이는 방식에 미치는 영향의 메아리를 찾기 위해 무음 세트를 활용하여 학습을 확인하는 것이 중요하다고 강조했다.

보상의 존재 여부가 큐에 대한 당신의 접근 방식에 급격한 영향을 미치는가? 아니면 그렇지 않은가?

아직까지 이해하기 어렵다면, 이 책의 맥락과 코칭 언어에 대한 논의에서 생각해 보라, 큐잉 습관 루프는 실제로 코칭 커뮤니케이션 루프 내에 존재한다(4장 참조). 즉, 선수들이 실질적으로 움직여야 하는 수행하기는 다음 반복을 위한 큐를 제시하는 큐잉하기의 반영(우리가 선수에게서 보고자 하는 변화)으로, 그다음 반복에서 보상(을 받거나 받지 않거나)되며, 수행하기에서 이어지는 토론인 보고하기를 통해서 보완된다. 간단히 말해서, 우리의 짧은 루프, 큐잉하기, 수행하기, 보고하기가 우리의 습관 루프다. 그리고 이 습관을 바꾸거나 개선하려면 행동 계획을 세워야 한다.

습관 개선하기: 3단계 프로세스

큐잉 습관 루프의 구조를 간략하게 알아봤으니 이제 새로운 표준이 될 변화를 위한 3단계 프로세스를 살펴보자. 각 단계에는 롤아웃에 대한 권장 기간이 주어졌다. 1단계인 관찰은 1주일 동안, 2단계인 행동은 4주에 걸쳐 진행하며 그리고 3단계는 변화는 이후의 모든 시간이다. 나는 이 계획이 나의 큐잉 습관을 처음부터 다시 시작하는 방법을 배울 때 바랐던 전략과 지침을 당신에게 줄 수 있기를 바란다.

1단계 | 1주차 | 관찰

현재 큐의 사용 방식을 파이 차트의 백분율로 표현해 보라고 요청했었지만 큐잉 습관을 실제로 관찰하기 전까지는 정말로 자신의 사용 방식을 이해할 수 없다. 이를 위해 다음 전략 중 하나 이상을 채택해 보자. 이 전략은 노력의 수준에 따라서 저~고로 분류되며, 노력이 많아질수록 관찰의 정확도가 증가한다. 자신에게 가장 적합한 전략을 확인한 후, 1주 동안 큐잉 습관을 관찰하고 기준선을 설정하자.

▸ **전략 1: 큐잉에 대해서 생각하기**

여기에서 할 일은 정신적으로 자신의 행동을 관찰하는 것이다. 코칭 루프의 큐잉하기 구성 요소에 초점을 맞추어 시간을 들여 언어의 양과 질이 선수의 움직임에 어떤 영향을 미치는지 주의를 기울여라. 이 반성의 연습을 실행하기 위해, 각 트레이닝 세션이나 그날 트레이닝을 마칠 때 다음 질문에 답해 보자.

- 양: 선수를 코칭할 때, 평균적으로 얼마나 많은 큐를 사용했는가?
- 질: 선수에게 움직임을 지도할 때 어떤 유형의 큐를 사용했는가?
- 영향: 내가 사용한 큐가 선수들의 움직임을 변화시키는 데 있어 얼마나 효율적이고 효과적이었는가?

이러한 질문에 대해 생각하고 대답을 찾아감에 따라, 문맥이 어떻게 의사소통 방식에 영향을 미치는지 주목하라. 체육관 대 운동장, 초보자 대 전문가, 또는 부상에서 복귀한 선수와 경기를 준비하는 선수 등 상황에 따라 내부 큐를 쓰는가? 외부 큐를 쓰는가? 또 덜 말하는가 더 말하게 되는가? 궁극적으로, 우리는 코칭 루프의 설명하기보다 큐잉하기 내에서 내부 언어를 과도하게 지시하거나 오용하는 상황을 파악하려고 하고 있다.

▸ **전략 2: 메모하기**

전략 1은 모두가 할 수 있다. 하지만 몇몇 코치들은 더 엄격하고 더 정확한 접근 방식을 원할 수 있다. 이 경우, 여전히 큐잉의 양, 질 및 영향에 대해서 살펴보지만, 이번에는 공책을 가지고 다니면서 이 질문에 답할 것이다. 이상적으로, 각 훈련 세션의 끝이나 적어도 매 훈련일의 끝에서 이 질문들에 답할 것이다. 이러한 질문은 특히 코칭 루프의 큐잉하기 구성 요소로 특정된다.

세션 큐잉 회고 총 #/50 ______

큐잉 시 주로 외부 큐/신호와 비유를 사용했다.

1 2 3 4 5 6 7 8 9 10

내 외부 큐잉이 동작 수행력에 긍정적인 영향을 미쳤다.

1 2 3 4 5 6 7 8 9 10

내 비유가 운동 수행력에 긍정적인 영향을 미쳤다.

1 2 3 4 5 6 7 8 9 10

한 번에 하나의 큐를 제공했으며, 정보 과부하를 최소화했다.

1 2 3 4 5 6 7 8 9 10

내 선수가 내 큐잉을 이해하고(요청과 수행을) 연결했다.

1 2 3 4 5 6 7 8 9 10

각 질문에 대해 1에서 10 사이의 점수를 주고, 총점을 50점으로 계산하자. 점수가 높을수록 현재 행동이 이 책에서 안내한 권장 사항과 더 일치한다. 점수가 안정될 때까지 시간이 걸릴 수 있다. 일단 안정적인 점수를 확인하면(예를 들어 35점이라고 하자) 이를 이전에 언급했던 기준이라고 할 수 있다(100점 만점의 백분율로 표시하려면 점수를 두 배로 하라. 예: 35×2=70%). 기준 점수가 있으면, 이 반성의 연습을 시간의 경과에 따라 추적하며, 전략적으로 사용할 수 있다.

▸ 전략 3: 녹음하기

전략 2가 얼마나 강력한지 알 수 있지만, 여전히 기억상 오류에 노출되어 있다. 따라서 자기 성찰의 엄격함을 높이기 위해 1주차 동안 하나 이상의 훈련 세션을 녹음할 수도 있다. 1. 이를 위해서 비디오와 오디오를 모두 사용할 수 있다. 이는 장비를 많이 필요로 하며 보통 제3자가 세션을 비디오로 찍어주어야 한다. 또는 휴대폰의 음성 녹음 앱과 유선 마이크를 사용하여 스스로 녹음할 수도 있다.* 인스타마이크 Instamic와 같은 회사는 휴대폰으로 제어되는 저렴하고 무선 마이크를 만들어서 USB를 통해 컴퓨터에 바로 다운로드할 수 있다. 어떤 방법을 선택하더라도 세션의 녹음이 가능하며, 이후 전략에서 제시된 5가지 질문을 사용하여 분석할 수 있다. 2. 또한 시간과 관심이 있는 분들은 세션 동안 사용한 내부 큐, 외부 큐, 비유의 개수를 직접 세어서 당신의 큐잉 습관을 정확하게 파악할 수 있다.

* 코칭 세션을 녹음하기 전에 반드시 고객, 학생, 선수 또는 환자의 동의를 얻어야 한다. 특히 미성년자와 작업하는 경우에 더 중요하다.

1주차 요약

1주차의 목표는 현재 큐잉 방식에 대한 목록을 작성하여 각 프롬프트가 선수들의 움직임에 미치는 영향을 파악하는 것이다. 다음 사항에 유의하라.

- 어떤 큐잉이 선수들의 웃음과 고개를 끄덕이게 하는가?
- 어떤 큐잉이 가장 빠르게 조정시키는가?
- 당신이 또는 그룹 내에서 반복되는 큐잉
- 추가 선택권이 주어졌을 때, 선수들은 스스로 어떤 큐잉을 생각하는가?

우리가 어디를 봐야 할지 알게 되면 이 책의 기반이 되는 과학이 바로 눈앞에 나타날 것이다. 전체적으로 이 과정은 보이지 않는 것을 보이게 하며, 큐잉 습관에 대한 명확한 이해를 제공하고 결과적으로 원하는 변화를 이끌어낸다.

1주차 성찰

1주차를 마치며, 움직임 코칭 방식을 개선하는 첫 번째이자 가장 어려운 단계를 거쳤다는 사실을 인식하길 바란다. 당신이 코칭 사각지대를 많이 발견했든, 큐잉에 꽤 능숙하다는 것으로 밝혀졌든 그것은 중요하지 않다. 이제 성장할 수 있는 기반을 갖추었다. 그러나 이 기회는 행동을 취하지 않는다면 곧 사라질 것이다. 따라서 큐잉 습관을 점진적으로 개선하는 몇 가지 전략을 제시해 당신이 그 노력을 활용할 수 있도록 도왔다.

2단계 | 2~5주 | 행동

여러분 중 일부는 강제적으로 자극을 바꿔나가면서 '급격하게' 진행하겠지만, 대다수의 사람들은 더 점진적인 방식을 채택하는 것이 유리할 것이다. 나는 어떤 경로를 선택하든 도움이 되는 두 가지 복합 전략을 설계해 여러분을 돕고자 한다. 첫 번째 전략인 '교환'은 기존의 언어 목록들을 (재)구성하는 데 도움을 줄 것이고, 두 번째 전략인 '준비'는 미래에 목록에 넣을 언어들을 향상시키는 데 도움을 줄 것이다.

▸ 전략 1: 교환

첫 번째 전략에서는 새로운 큐를 찾는 데 집중하지 않는다. 대신 기존의 코칭 언어를 (재)조정하는 작업에 집중할 것이다. 이를 위해, 제4장에서 다룬 코칭 루프를 다시 떠올려보자. 기억하듯, 동작의 설명에는 내부 및 외부 언어를 사용할 수 있지만 큐잉을 제공할 때는 외부 언어와 비유를 우선해야 한다. 이렇게 함으로써, 선수는 무엇을 해야 하는지(설명하기), 어떻게 해야 하는지(큐잉하기)를 이해할 수 있다. 그러나 너무 많은 내부 언어가 큐잉에 포함돼, 선수에게 어떻게 해야 하는지보다 지식을 더 많이 남긴다면 문제가 생길 수 있다.

이러한 일반적인 문제를 극복하기 위해서, 나는 당신의 큐잉 습관에 작은 속임수를 쓸 것이다. 다음 2주 동안, 코칭 루프의 큐잉하기 구성 요소 중 외부 큐가 아닌 내부 큐를 사용하는지 확인해 보라. 만약 내부 큐를 사용했다면, 너무 걱정하지 말고, 수정하지 않은 채 그냥 그대로 선수에게 큐잉을 한 뒤, 그 선수의 반응을 확인하자(1단계의 질문들이 이 상황에 대한 당신의 성찰을 도울 것이다). 선수가 다음 세트를 할 때, 이제 속임수 마술처럼, 이전의 내부 큐를 대체할 수 있는 유사한 외부 큐(비유)로 바꿔보자. 이를 설

세트 1: 내부 큐

"풀업의 정점에서 견갑골을 아래로 그리고 뒤로 조여."

세트 2: 비유

"풀업의 최고점에서 옛 스트롱맨처럼 바를 구부려."

명하기 위해, 와이드그립 풀업wide-grip pull-up을 예시로 사용하고, 이를 위한 큐잉 교환/전환을 살펴보자.

이 교환은 두 가지 용도로 사용된다. 첫째, 내부 및 외부 큐를 비교할 수 있는 자연스러운 기회를 제공받고, 둘째, 내부 큐의 존재 자체가 이어지는 후속 세트에서 동등한 외부 큐로 교체되도록 유발한다. 궁극적으로, 여기에서의 목표는 내부 큐를 코칭 루프의 설명하기 구성 요소로 점진적으로 이동시켜 외부 큐와 비유가 큐잉하기 구성 요소의 유일한 주요 요소가 되도록 하는 것이다.

다음은 기억해야 할 몇 가지 실용적인 팁이다.

- 한 번에 하나의 큐만 제공할 때 가장 잘 작동한다.
- 외부 큐나 비유가 계속 뒤따라온다면, 내부 큐도 계속 사용할 수 있다(예: "더 높이 점프하려면 다리를 훨씬 더 빨리 펴야 해. 이를 위해서 천장에 닿으려는 것처럼, 지면에서 폭발적으로 뛰는 것에 집중해").
- 전문가들보다 초보자들에게서 외부 큐의 효과가 뚜렷하게 나타나는데, 이는 전문가들은 이미 높은 수준에 이르러, 자신의 수행력 한계선에 가깝고 이로 인해 급격한 변화를 보기는 어렵기 때문이다.
- 내부 큐도 개선된 움직임 수행력을 향상시킬 수 있다. 다만 외부 큐만큼 균일하거나 높은 수준으로는 하지 못할 뿐이다. 이 점이 내부 큐에 매우 쉽게 의존하는 이유이며 당신을 잘못된 안도감으로 이끈다.

만약 꾸준히 실천한다면, 2주 후에는 설명하기 내에 있는 내부 및 외부 큐와 큐잉하기에 있는 외부 큐 및 비유를 이용해, 당신의 언어 목록을 성공적으로 재구성할 수 있다. 이 '봄맞이 대청소'가 끝나면 이제 외부 큐 및 비유를 새롭게 개선하고 자동화하는 데 도움이 되는 전략에 주목할 수 있게 된다.

▶ 전략 2: 준비

현재 사용하고 있는 큐에 대한 접근 방식을 평가하고 조율함으로써, 외부 큐(5장)와 비유(6장)를 구축하기 위한 모델에 적용할 수 있는 정신적인 접근법을 만들었다. 따라서 우리는 이러한 전략을 실제 상황에 적용할 준비가 거의 다 된 것이다. 그러나 달리기 전에 걸어야 하듯, 우리는 실제로 세션에서 이를 적용하기 전에 우선 세션을 위한 준비로 큐를 만드는 것을 의미한다.

들리는 것처럼 간단하다. 이 마지막 2주에 걸쳐, 사전 계획에 접근하는 방식에 두 가지 작은 조정을 한다. 첫 번째로, 기존의 운동, 설정, 반복수 및 하중 열로 이뤄진 프로그래밍 템플릿(표 7.1 참조)에 지시 열*을 추가한다. 이는 테이블 형식의 시스템(예: Excel)을 사용하여 프로그래밍하는 사람들에게 쉬울 수 있지만 프로그램 설계 소프트웨어를 사용하는 경우 이 기능이 제공되지 않을 수도 있다. 당신의 상황이 그렇다면, 회고 연습에 사용한 것과 동일한 노트에 큐를 기록하는 것이 좋을 것이다. 또는 표 7.2에 나와 있는 것과 유사한 큐잉 그리드를 만들 수 있다.

새로 작성한 큐를 보관할 곳을 찾았다면, 다음으로 언제 어디서 큐를 만들 것인지 확인한다. 이를 위해 트리거(큐를 계획하도록 신호를 보내는 것), 시간(큐를 계획할 시기) 및 장소(큐를 계획할 위치)를 식별해야 한다. 다음은 예시다.

트리거: 매주 예약된 전화 알림 - 프로그램 디자인

시간: 수요일, 오후 2시에서 4시까지

장소: 좋아하는 커피숍의 테이블

이제 당신의 차례다. 큐를 계획하기 위한 트리거와 시간 및 장소를 위해 잠시 시간을 할애하자.

트리거: ____________________

시간: ____________________

장소: ____________________

* 중요한 점은 큐 열에 들어가는 큐는 실제의 큐이며 설명이 아니라는 점이다. 4장과 차후 이 장에서 나오는 큐잉 그리드 섹션을 참고하면 큐와 설명의 차이에 대해 명확히 이해할 수 있다.

큐를 계획하는 시간을 일정에 만들고, 이제 우리의 모델을 활용하면, 기존의 어휘와 함께 새로운 큐를 설계하는 것이 가능해진다. 그러나 5장과 6장을 아직 읽지 않았다면 큐 생성 모델에 익숙해질 수 있도록 다시 돌아가 읽기를 권장한다(151페이지의 그림 5.2 및 191페이지의 그림 6.1 참조).

표 7.1 통합 큐 열을 포함한 프로그램 예시

동작 명칭	세트	반복수	부하	큐 또는 비유	
A 프론트 스쿼트	1	6	150lb(68Kg)	1	4
	2	6	160lb(73kg)	2	5
	3	6	160lb(77kg)	3	6
A 와이드그립 풀업	1	6	+15lb(7kg)	1	4
	2	6	+20lb(9kg)	2	5
	3	6	+25lb(11kg)	3	6
B 한 손 한 다리 루마니안 데드리프트	1	8	+50lb(23kg)	1	4
	2	8	+55lb(25kg)	2	5
	3	8	+60lb(27kg)	3	6
B 한 손 덤벨 벤치 프레스	1	10	+35lb(16kg)	1	4
	2	10	+40lb(18kg)	2	5
	3	10	+45lb(20kg)	3	6

표 7.2 특정 동작 및 관련된 동작 오류 또는 단계에 대한 큐를 요약하고 고정하기 위한 템플릿의 예

동작 명칭		
동작 단계 또는 오류	**외부 큐**	**비유**
1	1	1
	2	2
	3	3
2	1	1
	2	2
	3	3
3	1	1
	2	2
	3	3

다음은 기억해야 할 몇 가지 실용적인 팁이다.

- 새로운 큐를 만들기 위해 너무 많은 노력을 기울이기 전에 기존의 외부 큐와 비유를 적어두는 것이 도움이 된다.
- 새로운 큐를 만들기 위한 모델을 사용할 때는, 일반적인 동작 오류 또는 단계나 특정 선수를 대상으로 한 큐를 만드는 것이 도움이 된다.
- 이 전략은 2주 이상 사용해야 한다. 큐를 문서화함으로써, 말 그대로 언어 보관소를 구축하고 큐 생성 능력을 지속적으로 향상시킬 수 있다.

2~5주 요약

큐를 계획하기 위해 모델을 사용했을 때의 긍정적인 결과는, 이를 사용함으로써 매우 능숙해진다는 것이다. 어떤 면에서 이것은 네오Neo가 매트릭스에서 나온 첫날 쿵푸를 내려받은 것처럼 새로운 소프트웨어를 내 마음에 내려받는 것이다. 그리고 네오가 머릿속에서 모피어스Morpheus와 싸워 이 새로운 기술을 마스터해야 했던 것처럼, 우리는 처음부터 큐를 만드는 방법을 배우면서 자신만의 정신적 전투를 벌일 것이다. 그러나 이 소프트웨어를 완전히 내려받게 되면 우리는 모델을 사용하지 않고 대신 모델이 우리를 사용하는 것을 발견할 것이다. 즉시 큐의 거리가 가까운지 먼지, 방향이 내측인지 외측인지, 설명이 동작인지 비유인지 알 수 있을 것이고, 우리는 생각하지 않고도 큐를 조율하여 선수와 그들이 학습하는 동작에 맞게 만들 수 있을 것이다.

2~5주차에 대한 회고

변화는 정확히 14일 6시간 54분 후에 일어난다고 말할 수 있으나 학습은 그렇게 작동하지 않는다. 내가 말해줄 수 있는 것은 네오가 매트릭스에서 그랬던 것처럼 이전 전략에 더 많은 노력을 기울일수록 큐를 더 빠르고, 잘 찾을 수 있다는 것이다. 궁극적으로, 큐를 자신의 의지대로 조작하라면 도전을 받아들이고 시간을 들이며 변화와 함께 따라오는 불편함을 받아들여야 한다.

3단계 | 6주 이상 | 변화

마지막 단계를 설명하기 위해 제임스 클리어의 『Atomic Habits』를 다시 한 번 살펴보자. 클리어가 공유한 귀중한 통찰력들 중에서 습관과 정체성의 상호작용에 대한 논의는 가장 혁신적인 것 중 하나다. 클리어는 습관의 변화에 대한 세 가지 수준을 '양파 층'[1]에 비유해 설명한다.

바깥층은 결과를 나타내며 습관을 바꿈으로써 달성하고자 하는 목표를 나타낸다. 우리의 경우, 결과에 향상된 협응과 연결성 및 수행력이 포함된다. 중간층은 과정을 나타내며, 습관을 정의하는 전략 및 반응을 뜻한다. 우리의 경우, 과정은 외부 큐와 비유를 촉진하는 데 초점을 맞추고 있다. 안쪽 층은 정체성을 나타내며, 습관에 의미를 부여하는 믿음과 가치를 반영한다. 우리의 경우 앞서 언급한 결과와 과정과 관련된 정체성은 진실, 성장 및 코칭 우수성 추구를 가치 있게 여기는 것이다.

이러한 층들을 요약하면서 클리어[1]는 "결과는 무엇을 얻는가에 대한 것이고 과정은 무엇을 하는가이며 [그리고] 정체성은 무엇을 믿는 것에 관한 것이다"라고 말한다(p. 108). 클리어는 결과와 과정을 바꾸려는 시도가 정체성의 변화에 비해 많아 행동을 변화하려는 많은 시도들이 실패한다고 말한다. 본질적으로, 우리는 모든 결정을 내리는 과정에서 우리의 정체성, 우리가 소중히 여기는 것을 실천한다. 따라서 습관을 바꾸려면 습관을 고취시키는 정체성을 바꿔야 한다.

따라서 큐잉하는 습관이 새로운 길로 완전히 향하려면, 이 책에 제시하는 아이디어에 대한 진정한 믿음을 가지고 스스로를 바꿔야 한다. 일회성으로 끝나는 코칭 전략이 아니라 더 나은 코치가 되기 위함이다. 그리고 원칙적으로, 바로 1단계와 2단계가 이를 돕기 위해 고안된 것이다. 이러한 큐 개념을 믿고 신뢰하면 훈련 세션에서 실제로 적용할 수 있게 된다. 우리는 프리스타일을 할 수 있게 되어, 실시간으로 적응하고, 훈련을 마치고 온 선수가 다음 경기를 더 좋게 만들 우리의 통찰력을 공유받기를 기대하는 그 몇 초 안에 큐 모델을 사용할 수 있게 된다. 세션 준비에 이 모델을 사용하기로 마음먹었으니, 이제 세션 중에 모델을 사용할 준비가 됐다.

아직 사용하지 않았다면, 앞으로 몇 주 동안 훈련 세션 중에 큐 만들기와 적용에 대한 원칙을 사용하기 시작하길 바란다. 이는 필요에 맞춰 큐의 거리, 방향 또는 설명을 변경하고, 실시간으로 비유를 만들어내며, 그 비유를 개인의 필요에 맞게 수정하는 것을 의미한다. 이 마지막 단계를 거치면서, 새로운 큐잉 습관을 유지하는 데 중요한 핵심 요소인 우리의 취약성을 받아들일 수 있게 된다. 이제 우리는 행동으로, 코칭 언어를 향상시키는 것을 두려워하지 않는다는 것을 나타낸다.

그러나 우리가 실수를 범하고 불편함을 느끼며, 때때로 어리석은 소리를 할 수 있음을 확신하라. 이것은 정상적인 것이다. 우리가 실수를 받아들일 때마다 취약성을 받아들이는 것이다. 그리고 취약성을 통해서만, 우리가 무슨 일이 있어도 변하려고 하는 새로운 큐 만들기 습관이 있음을 인식할 수 있다. 끝까지 참고 이것을 배운다면, 언어가 적응해 당신의 선수가 더 잘하고 나은 성과를 얻을 것이라고 약속한다.

큐를 낚는 방법

"사람에게 물고기를 주면 하루 동안은 그의 배를 채울 수 있지만, 물고기 잡는 법을 가르쳐주면 평생을 먹고 살 수 있다"라는 말을 우리 모두 들어본 적이 있을 것이다. 나는 교육자로서 이 말을 실천하기 위해 최선을 다하고 있다. 그러나 많은 사람들이 빠른 해결책을 선호하기 때문에 "무엇을 해야 하는지 알려주세요", "이렇게 할 수 있는 도구는 없나요?", "실제 하는 모습을 보여주세요" 등을 요구한다. 사실 우리가 처리해야 하는 정보의 양에 비해 우리가 처리할 수 있는 능력이 상대적으로 적기 때문에 빠른 해결책이 많은 의미를 갖게 된다.

따라서 책을 읽고 오랫동안 거의 불변하거나 인식되지 않은 행동을 바꾸려는 것은 굉장한 노력이 필요하다는 것을 알고 있다. 그러나 이 글을 읽고 있다면, 여러분은 흐름을 거스르고 어려운 길에 전념했으며 빠른 해결에 대한 자연적인 익숙함을 버린 것이다. 아직 가야 할 길이 많이 남아 있기에, 그 과정에서 도움이 필요하겠지만, 앞으로 직면할 일들을 해결하기 위한 로드맵과 필요한 기술들을 보유하고 있으리라 확신한다.

많은 면에서 우리는 야심 찬 어부와 같다. 낚시를 배우는 것이 우리의 목표이지만, 목표를 달성하는 도중에 굶어 죽는다면 목표는 무의미해진다. 이러한 이유로 독자에게 냉장고에 생선이 가득 찬 것과 같은 큐를 제공하는 것이 중요하다고 느꼈다. 그래서 다음 세 장에 걸쳐 내 코칭에 들어와 내 개인 언어 저장소를 탐색하고, 당신이 자신의 언어를 발전시키는 데 필요한 모든 것을 가져가도록 초대하고자 한다.

8장에서는 스트렝스, 9장에서는 파워, 10장에서는 속도를 기반으로 한, 27가지 움직임에 대한 큐잉 그리드를 탐색할 수 있는 기회를 제공한다. 4장에서 설명한 코칭 커뮤니케이션 루프의 구조를 바탕으로 각각의 큐잉 그리드는 이 책에서 논의한 원칙과 모델을 반영하고 있다. 다음 세 장에서는 최대한 많은 것을 얻을 수 있도록, 큐잉 그리드의 논리를 설명하고 몇 가지 예제를 살펴볼 것이다.

큐잉 그리드

각 큐잉 그리드는 두 섹션으로 나뉘며 총 3장으로 구성된다. 1장의 섹션 1은 코칭 루프의 설명하기+시연하기에 해당하며, 또한 움직임을 설명하기 위해 권장되는 언어를 제공한다. 이 언어는 선수가 동작을 수행하기 전, 선수가 올바른 위치에 있는지 확인하기 위한 셋업 언어와 동작을 어떻게 수행해야 하는지 설명하는 실행 언어로 세분화된다.*

216 랭귀지 오브 코칭

상체 밀기 | 수평
양팔 덤벨 벤치 프레스
설명하기 + 시연하기

셋업 언어

앉기: "적절한 무게를 선택한 후 안전을 위해 스팟터와 함께 하여 벤치의 가장자리에 앉아 덤벨을 잡고 각 허벅지 위에 수직으로 놓아라."

흔들기: "몸을 길게 하는 자세로 앉아 그립을 강하게 하고 천천히 뒤로 흔드는 동시에 허벅지를 사용하여 덤벨이 자리 잡을 수 있도록 밀어넣음으로 덤벨을 시작 위치로 가져와라."

평평하게 하기: "이제 덤벨들을 어깨 위로 올려놓고, 허리를 벤치 안으로 눌러서 몸을 길고 평평하게 하라."

텐션 만들기: "무릎을 약간 벌려 몸을 Y자 모양을 만든 상태에서 발뒤꿈치를 무릎 바로 아래에 놓고 바닥을 눌러라."

실행 언어

자세: "발로 지면을 누를 때, 당신은 등에 아치를 주고 싶은 충동을 느낄 것이다. 당신의 몸통에 그 텐션을 모아서, 마치 펀치를 먹이려는 것처럼 몸을 단단하게 유지하라."

내리기(숨 들이쉬기): "덤벨을 수평으로 유지하면서 마치 가벼운 번지줄에 연결된 것처럼 천천히 아래로 끌어내려라. 덤벨이 가슴 한가운데에 정렬되도록 편안한 깊이에 안착시켜라."

들어올리기(숨 내쉬기): "텐션을 유지하고 덤벨을 천장 쪽으로 밀어라."

* 셋업 언어와 실행 언어 섹션 전체에서 내부 및 외부 큐가 혼합되어 사용된다. 이러한 언어 조합은 코칭 루프의 DESCRIBE it 구성 요소에 해당하는 언어 유형에 대한 우리의 논의와 일치한다. 그러나 여전히 외부 큐와 비유를 더 강조하고 있음을 잊지 말자. 따라서 더 간단하거나 흥미로운 방식으로 큐를 구성할 수 있다면 지나치게 내부 큐를 사용할 필요는 없다.

셋업 언어는 동작 유형에 따라 달라지지만(예: 벤치 프레스는 수직 점프보다 더 많은 셋업이 필요하다) 실행 언어는 공식을 따른다. 구체적으로 실행 단계에서는 우선 자세에 대한 설명이 나온다. 모든 운동은 어느 정도 자세 조절에 의해 제한되므로(5장의 '패턴보다 위치' 참조), 이에 대한 설명이 필요하다. 자세의 각 단계는 연속된 동작 경로로 정의된다. 예를 들어 벤치 프레스는 중량을 시작 위치에서 내리는 당기기 단계와 중량을 다시 들어 올리는 밀기 단계, 두 단계로 이뤄진다. 대조적으로 수직 점프는 3단계며, 선수가 빠르게 자세를 낮추는 하중 단계, 선수가 폭발적으로 뛰어 올라가는 폭발 단계, 점프 이후 지면으로 내려오는 착지 단계로 이뤄진다.* 섹션 1은 동작을 시연할 수 있는 방법에 대한 시각적 예시를 제공하며, 설명 언어의 기반이 되는 동작의 순서로 마무리된다.

스트롱 큐잉 217

큐잉하기+수행하기

자세
- "몸을 길게 유지하고 강하게 만들어라."
- "벤치 속으로 들어가듯이 몸을 평평하게 만들어라."
- "벤치에 붙어 있어라."
- "벽에서 벽으로 뻗어나가라."

내리는 단계
- "덤벨을 서로 멀리하듯이 하라."
- "덤벨을 땅으로 끌고 내려라."
- "덤벨을 내리면서 저항을 주어라."
- "바닥을 뚫고 나가라."

들어올리는 단계
- "천장을 향해 덤벨을 강하게 밀어라."
- "하늘을 향해 덤벨로 펀치를 날려라."
- "덤벨을 벤치에서 멀리하듯이 밀어라."
- "끝에서 덤벨을 서로 쥐어짜라."

자세

셋업: 각 어깨의 바깥쪽에 흰 테이프 한 장씩, 각 무릎의 바깥쪽에 흰 테이프 한 장씩, 각 엉덩이 바깥쪽에 노란 테이프 한 장씩을 붙인다.

큐 1: "하얀색 테이프가 붙여진 곳을 서로 멀리하라."

큐 2: "테이프가 붙여진 곳이 같은 수평선상에 놓이게 하라."

내리는 단계

셋업: 각 손목에 노란색 테이프 한 장씩, 각 팔꿈치에는 흰색 테이프 한 장씩을 붙인다.

큐 1: "내리는 동작 동안 노란색과 흰색 테이프가 같은 수직선상에 있도록 하라."

큐 2: "흰색(팔꿈치) 테이프를 지면을 향해 아래로 내려라."

큐 3: "흰색(팔꿈치) 테이프를 서로에게서 멀리(벽 쪽으로) 해나가라."

들어올리는 단계

셋업: 각 손목에 노란색 테이프 한 장씩, 각 팔꿈치에는 흰색 테이프 한 장씩을 붙인다.

큐 1: "미는 동작 동안 노란색과 흰색 테이프가 같은 수직선상에 있도록 하라."

큐 2: "노란색(손목) 테이프를 천장 쪽으로 밀어라."

큐 3: "흰색(팔꿈치) 테이프를 서로를 향해 당겨라."

2장의 섹션 2는 코칭 루프의 큐잉하기+수행하기로 연결되며, 두 가지 유형의 외부 큐를 제공한다. 첫 번째 유형인 클래식 큐는 자세와 각 동작의 단계에 대한 네 가지 큐를 제공한다. 각 큐는 5장의 3D 큐잉 모델을 기반으로 설계되었다. 따라서 거리, 방향 및 설명은 큐에 따라 다양하다.

두 번째 유형의 큐는 5장의 큐-테이프cue-tape** 전략을 사용하며, 코치들이 몸에 (큐)테이프를 붙여, 움직임 패턴의 가장 미묘한 차이를 만들어내는 방법을 보여준다. 각 큐 세트는 테이프를 붙일 위치와 그런 다음 그 테이프가 움직여야 하는 위치에 대한 설명으로 시작하며, 이를 통해 몸의 움직임을 안내한다. 이 과정에선 내부 큐가 필요하지 않다.

* 각 단계를 설명하는 데 사용되는 용어들은 8~10장에서 변경된다. 이는 각 단계의 속도를 가장 잘 나타내는 용어를 선택했기 때문이다. 그래서 느린 스트렝스 운동에는 '리프트(lift)'를 사용하고 빠른 파워 기반의 운동에는 '폭발적인(explode)'을 사용한다. 그리고 운동의 일반적인 오류를 기준으로 움직임의 큐를 구성해 보려고 했었으나, 단계별로 큐를 구성하는 것이 보다 일반화된 접근이며, 단계를 대상으로 함으로써, 해당 단계에 일반적인 움직임 오류도 지정할 수 있게 된다.

** 5장에서 설명한 것처럼, 체육용 테이프를 사용할 수 있다. 반복수 또는 세트당 하나의 테이프 방향만 사용해야 한다. 이는 표준적인 관행으로, 한 번에 하나의 동작 단계를 목표로 해야 한다. 또한 상황에 따라 의류를 붙인 테이프를 대신해 기준으로 쓸 수 있다(예: 테이프를 붙인 신발과 레퍼런스 신발 참조).

섹션 2는 3번째 장으로 계속되며, 자세와 각 동작 단계에 대한 비유를 제시한다. 이 비유들은 6장의 비유 모델을 바탕으로 한다. 따라서 비유는 시나리오, 제약 조건 또는 대상을 기반으로 두며, 각 비유는 움직임 동작, 속성 또는 둘 모두를 참조한다.

섹션 1이 동작 순서로 끝나는 것처럼 각 큐와 비유 세트는 시각적인 이미지와 관련되어 있다. 클래식 큐는 생체역학적인 선과 겹쳐져 평면적인 이미지를 동적인 동작으로 바꾸도록 도와준다. 큐 테이프는 신체에 실제 마커를 부착하여 테이프의 위치와 움직임에 대한 이해를 높여준다. 마지막으로 비유는 실제로 떠오르는 이미지를 반영하도록 설계된 풍부한 시각적인 이미지를 사용하여, 생생하게 묘사된다.

아마도 코칭 루프의 보고하기의 구성 요소가 어디에 있는지 궁금할 수 있다. 걱정하지 마라. 4장 이후로는 이 과정에 계속 있다. 아시다시피 보고하기는 코치와 선수가 이전 동작에 대해 논의할 기회를 제공하는 유동적인 과정이다. 이러한 논의를 통해 큐가 유지, 개선 또는 모두 변경될 수 있다. 따라서 동작에 대한 추가적인 논의는 섹션 1에 설명된 언어를 활용할 수 있으며, 보고하기에서 나오는 큐는 섹션 2에 설명된 언어를 사용한다. 따라서 제목이 보고하기라는 세 번째 섹션은 따로 필요하지 않다.

요약

마무리하기 위해 이번 장 초반에 만났던 두 코치를 다시 살펴보자. 기억하시겠지만, 첫 번째 코치는 지신이 원하는 습관 변화를 완전히 실현하지 못했지만 그와 달리 두 번째 코치는 실현했다. 지금까지 배운 습관 (재)형성에 대한 모든 것에 비추어볼 때 이러한 결과를 어떻게 설명할 수 있으며 첫 번째 코치에게 어떤 조언을 할 수 있을까?

우선, 두 번째 코치는 내 강의를 재수강하기 전에 이미 비유를 사용하는 습관을 형성해 왔다. 그녀는 이미 갈망을 개선된 조율과 비유 위에 따라오는 보상으로 발전시켰다. 원칙적으로, 그녀는 학습과 언어 간의 관계에 대한 인식을 가진 단계 1을 이미 완료한 상태였다. 또한 그녀는 효과적인 큐잉 행동을 그녀의 코칭에 통합했기에 단계 2를 마친 것이기도 하다. 따라서 그녀의 큐잉 습관은 강력한 기초 위에 세워졌으며, 그녀에게 필요한 것은 이 행동을 우연에서 선택으로 변화시키는 전략이었다.

반면에 첫 번째 코치는 이와 같은 수준의 자기 성찰을 하지 않았으며 결과적으로 해당 정보의 많은 부분을 처음으로 배우고 있었다. 그는 로드맵 없이 목적지를 쫓고 있었다. 이에 따라 그는 현재의 큐 접근 방식을 되돌아보는 일주일을 보낸 뒤, 통찰력을 얻을 것이며(단계 1), 설명하기 및 큐잉하기 코칭 루프의 구성 요소를 기반으로 언어 저장소를 (재)구성하여 그 혜택을 받을 것이고(단계 2: 교환), 큐 생성 모델을 사용하여 큐 저장소를 구축하는 방법을 배울 것이다(2단계: 준비). 종합적으로, 이러한 단계들이 모두 함께 이뤄진다면, 그는 제시된 큐잉 원칙들에 대한 믿음을 갖게 되며, 새로운 일상이 되어가는 변화를 천천히 습득할 수 있을 것이다. 시간이 지나면, 그는 실제 코칭 상황에서 이러한 원칙을 적용하는 데 자신감 있게 적용할 수 있을 것이며, 그동안에는 전혀 생각해 본 적이 없거나, 편안하지 않았을 수 있는 큐를 시도해 볼 수 있게 됐을 것이다(단계 3).

그날 코치들에게 이러한 통찰력을 전하지 못했지만, 그들의 경험을 통해 나는 당신이 실패하지 않을 것이라 믿어 의심치 않는다. 나는 그들에게 영원히 빚을 진 셈이다. 이제 당신은 내가 줄 모든 것을 가지고 있다. 물론 의심할 여지없이 이 주제에 대해 할 말들이 더 있겠지만, 당신의 시작을 위해서 말을 줄이겠다.

8 스트롱 큐잉

다음 몇 장은 힘을 기르기 위해 일반적으로 사용되는 9개의 동작이 포함하고 있다. 동작은 상체의 경우 영역(상체 또는 하체), 유형(밀거나 당기기), 방향(수직 또는 수평), 하체의 경우 자세(한 다리, 두 다리 또는 분할)별로 구성된다. 각 동작을 설명하기 위해 특정 운동을 예로 들기는 하였지만, 어떠한 운동도 사용될 수 있었다는 것을 아는 것은 중요하다.

7장에서 설명한 대로 동작은 큐잉 그리드로 구성되며, 이 그리드는 코칭 커뮤니케이션 루프(4장)에 집합적으로 매핑되는 두 섹션으로 나뉜다. 섹션 1에서는 설명하기 및 시연하기 단계를 지원하는 언어와 이미지를 제공하고, 섹션 2에서는 큐잉하기 및 수행하기 단계를 지원하는 언어와 이미지를 제공한다. 큐잉 그리드는 설명이 필요 없지만, 이를 해석하는 방법에 대한 자세한 설명은 7장 큐잉 그리드(208페이지)의 '큐잉 그리드' 섹션에 나와 있다.

기억해야 할 몇 가지 사항

1. 움직임 설명(즉, 설명하기)은 (1) 움직임 또는 움직임의 일부를 설명하는 데 사용할 수 있는 코칭 문구의 예시를 제공하고, (2) 코치인 당신에게 해당 움직임과 관련된 생체역학을 알려주는 두 가지 용도로 사용된다. 이것은 대본이 아니며, 특히 높은 수준의 시연을 제공할 수 있는 경우 모든 내용을 말할 필요는 거의 없다. 따라서 더도 말고 덜도 말고 필요한 것만 취하고 선수가 해당 움직임을 그 명칭만으로도 이해하면 설명은 생략하라. 이렇게 하면, 움직임 반복을 효과적으로 집중시킬 수 있는 짧은 단서(즉, 큐잉하기)를 만드는 데 집중할 수 있다.

2. 나는 비록, 움직임의 각 단계에 대해 여러 가지 외부 단서(및 비유)를 제공했지만, 사실 선수들에게 한 반복당 하나의 단서만 제공해야 한다. 기억하겠지만, 이는 주의력과 작업 기억의 한계 때문이다. 따라서 한 번에 하나의 동작, 한 번의 반복, 한 번의 집중으로 학습이 이루어지게 해야 한다.

3. 제공된 단서와 비유는 완전한 목록이 아니다. 따라서 제공된 단서와 유추를 사용하는 것 외에도 자신만의 단서와 비유를 생각해 내는 것이 좋다. 3D 큐잉 모델(5장)과 비유 모델(6장)을 사용하면 큐를 만드는 과정에서 도움을 받을 수 있을 것이다.

상체 밀기 | 수평 양팔 덤벨 벤치 프레스

설명하기 + 시연하기

셋업 언어

앉기: "적절한 무게를 선택한 후 안전을 위해 스팟터와 함께 하여 벤치의 가장자리에 앉아 덤벨을 잡고 각 허벅지 위에 수직으로 놓아라."

흔들기: "몸을 길게 하는 자세로 앉아 그립을 강하게 하고 천천히 뒤로 흔드는 동시에 허벅지를 사용하여 덤벨이 자리 잡을 수 있도록 밀어넣음으로 덤벨을 시작 위치로 가져와라."

평평하게 하기: "이제 덤벨들을 어깨 위로 올려놓고, 허리를 벤치 안으로 눌러서 몸을 길고 평평하게 하라."

텐션 만들기: "무릎을 약간 벌려 몸을 Y자 모양을 만든 상태에서 발뒤꿈치를 무릎 바로 아래에 놓고 바닥을 눌러라."

실행 언어

자세: "발로 지면을 누를 때, 당신은 등에 아치를 주고 싶은 충동을 느낄 것이다. 당신의 몸통에 그 텐션을 모아서, 마치 펀치를 먹이려는 것처럼 몸을 단단하게 유지하라."

내리기(숨 들이쉬기): "덤벨을 수평으로 유지하면서 마치 가벼운 번지줄에 연결된 것처럼 천천히 아래로 끌어내려라. 덤벨이 가슴 한가운데에 정렬되도록 편안한 깊이에 안착시켜라."

들어올리기(숨 내쉬기): "텐션을 유지하고 덤벨을 천장 쪽으로 밀어라."

큐잉하기+수행하기

자세

- "몸을 길게 유지하고 강하게 만들어라."
- "벤치 속으로 들어가듯이 몸을 평평하게 만들어라."
- "벤치에 붙어 있어라."
- "벽에서 벽으로 뻗어나가라."

내리는 단계

- "덤벨을 서로 멀리하듯이 하라."
- "덤벨을 땅으로 끌고 내려라."
- "덤벨을 내리면서 저항을 주어라."
- "바닥을 뚫고 나가라."

들어올리는 단계

- "천장을 향해 덤벨을 강하게 밀어라."
- "하늘을 향해 덤벨로 펀치를 날려라."
- "덤벨을 벤치에서 멀리하듯이 밀어라."
- "끝에서 덤벨을 서로 쥐어짜라."

자세

셋업: 각 어깨의 바깥쪽에 흰 테이프 한 장씩, 각 무릎의 바깥쪽에 흰 테이프 한 장씩, 각 엉덩이 바깥쪽에 노란 테이프 한 장씩을 붙인다.

큐 1: "하얀색 테이프가 붙여진 곳을 서로 멀리하라."

큐 2: "테이프가 붙여진 곳이 같은 수평선상에 놓이게 하라."

내리는 단계

셋업: 각 손목에 노란색 테이프 한 장씩, 각 팔꿈치에는 흰색 테이프 한 장씩을 붙인다.

큐 1: "내리는 동작 동안 노란색과 흰색 테이프가 같은 수직선상에 있도록 하라."

큐 2: "흰색(팔꿈치) 테이프를 지면을 향해 아래로 내려라."

큐 3: "흰색(팔꿈치) 테이프를 서로에게서 멀리(벽 쪽으로) 해나가라."

들어올리는 단계

셋업: 각 손목에 노란색 테이프 한 장씩, 각 팔꿈치에는 흰색 테이프 한 장씩을 붙인다.

큐 1: "미는 동작 동안 노란색과 흰색 테이프가 같은 수직선상에 있도록 하라."

큐 2: "노란색(손목) 테이프를 천장 쪽으로 밀어라."

큐 3: "흰색(팔꿈치) 테이프를 서로를 향해 당겨라."

자세

"누군가가 너의 배를 때린다고 생각하며 몸을 단단하게 유지하라."

내릴 때

"들어올릴 때 에너지를 쓰기 위해 스프링을 누르듯이 팔꿈치를 벌리면서 당겨라."

들어올릴 때

"두꺼운 유리를 깨부술 것처럼 위로 밀어라."

상체 밀기 | 수직
양팔 덤벨 숄더 프레스

설명하기 + 시연하기

셋업 언어

서기: "적절한 무게를 선택한 후, 필요한 경우 스팟터를 이용하여 덤벨을 어깨 바로 위에 오도록 올려라."

정렬: "마치 웨이터 쟁반을 두 개 들고 있는 것처럼 팔꿈치를 덤벨 아래 그리고 어깨 바로 앞에 있도록 하라."

키 크기: "프레스 전에 나무처럼 키가 크고, 뿌리처럼 지면을 강하게 밀며, 나뭇가지처럼 머리가 천장 꼭대기에 닿는다고 생각하며 몸통 전체에 텐션이 생기도록 하라."

실행 언어

자세: "지면을 강하게 밀면서, 당신은 등에 아치를 만들고 싶은 충동을 느낄 것이다. 마치 곧 누군가가 당신의 배에 방망이를 휘두르려고 하는 것처럼 단단하게 유지함으로써 텐션을 몸통에 저장하라."

들어올리기(숨 내쉬기): "덤벨 중앙이 어깨의 중앙과 수직으로 정렬될 때까지 덤벨을 천장 쪽으로 똑바로 프레스하라."

내리기(숨 들이쉬기): "(영화 '타워 오브 테러'처럼) 덤벨을 떨어뜨리고 싶은 충동을 억누르며 천천히 어깨 바로 위까지 덤벨을 내려놓아라."

큐잉하기+수행하기

자세

- "자랑스럽게 서 있어라."
- "프레스를 하는 동안 키가 크게 서 있어라."
- "프레스를 하는 동안 몸을 길게 유지해라."
- "무게가 당신을 움츠러들게 하지 마라."

들어올리는 단계

- "하늘을 향해 펀치를 날려라."
- "바닥으로부터 멀리 밀어내라."
- "천장으로 밀어 올려라."
- "지면으로 밀어 넣어라."

내리는 단계

- "내려갈수록 덤벨에 저항하라."
- "덤벨을 제어하면서 낮춰라."
- "낮출수록 덤벨을 수평으로 유지하라."
- "덤벨을 일정한 속도로 낮춰가라."

자세

셋업: 가슴 윗부분에 노란색 테이프를 붙이고 허리띠 위쪽에 흰색 테이프를 붙인다.

큐 1: "테이프들을 같은 수직선상에 놓이게 하라."

큐 2: "프레스 동안 테이프가 움직이지 않도록 하라. 테이프 사이 간격을 유지하라."

들어올리는 단계

셋업: 각 손목에 노란색 테이프 한 장씩, 각 팔꿈치에는 흰색 테이프 한 장씩을 붙인다.

큐 1: "동작을 수행하는 동안 노란색과 흰색 테이프를 같은 수직선상에 두어라."

큐 2: "노란색(손목) 테이프를 천장 쪽으로 강하게 밀어라."

큐 3: "흰색(팔꿈치) 테이프를 서로를 향해 강하게 밀어라."

내리는 단계

셋업: 각 손목에 노란색 테이프 한 장씩, 각 팔꿈치에는 흰색 테이프 한 장씩을 붙인다.

큐 1: "동작을 수행하는 동안 노란색과 흰색 테이프를 같은 수직선상에 두어라."

큐 2: "흰색(팔꿈치) 테이프를 지면을 향해 아래로 당겨라."

큐 3: "흰색(팔꿈치) 테이프를 서로에게서 멀리(그리고 벽 쪽으로) 벌려라."

자세
"나무처럼 길어져라."
들어올릴 때
"무거운 롤업을 차고 문을 열 때처럼
위로 프레스해라."
내릴 때
"높은 선반에서 무거운 상자를 내릴 때처럼
덤벨을 내려라."

상체 당기기 | 수평 원암 싱글레그 덤벨 로우

설명하기 + 시연하기

셋업 언어

힌지: "적절한 무게를 선택한 후, 벤치(또는 박스)에 다가가서 1피트(30cm) 정도 떨어져라. 지면에 닿은 다리와 같은 쪽에 있는 손에 덤벨을 들고, 균형을 잡기 위해 반대편 손을 벤치에 가볍게 올려놓고 반대쪽 다리가 올라갈 수 있도록 몸을 앞으로 기울여라."

길어지기: "몸통이 땅과 거의 평행하도록 앞으로 기울이고, 신발 바닥이 당신 뒤에 있는 벽으로 향하도록 하면서 머리부터 발뒤꿈치까지 길어지는 데 집중해라."

부드럽게 하기: "몸을 길고 안정된 자세로 유지한 채로 아래 무릎을 부드럽게(또는 구부리게) 하고, 밑으로 내려가는 엘리베이터처럼 몸 전체를 땅에 더 가까이 가져와라."

실행 언어

자세: "머리 꼭대기를 한쪽 벽으로 향하고 신발 바닥을 다른 쪽 벽으로 향하게 하며 머리부터 발뒤꿈치까지 길게 유지해라."

들어올리기(숨 내쉬기): "팔을 곧게 펴고 덤벨을 무릎 바로 앞에 둔 상태에서, 덤벨을 주머니 쪽으로 당겨오고 덤벨이 엉덩이 또는 엉덩이 바로 아래에 위치하면 동작을 종료해라."

내리기(숨 들이쉬기): "길고 평평한(테이블탑) 자세를 유지한 채로 덤벨을 천천히 시작 지점으로 내리면서 덤벨의 당김에 저항해라."

큐잉하기+수행하기

자세

- "한쪽 벽에서 반대편 벽으로 뻗어나가라."
- "길게 하여 뒤로 뻗어라."
- "당기는 동안 몸을 평평하게 유지해라."
- "당기는 동안 몸을 길게 유지해라."

들어올리는 단계

- "주머니 쪽으로 끌어당겨라."
- "바닥에서 멀리 끌어당겨라."
- "천장 쪽으로 당겨라."
- "수직선상을 따라 당겨라."

내리는 단계

- "무게에 저항하라."
- "덤벨을 천천히 내려라."
- "바닥까지 통제해서 내려라."
- "중력의 당김과 싸워나가라."

자세

셋업: 어깨의 바깥쪽에 흰색 테이프를, 신발의 바깥쪽에 흰색 테이프를, 엉덩이 바깥쪽에 노란색 테이프를 각각 붙인다.

큐 1: "흰색 테이프를 서로 멀리 뻗어라."

큐 2: "테이프들을 일직선으로 유지해라."

들어올리는 단계

셋업: 각 팔꿈치에 흰색 테이프를 붙인다.

큐 1: "테이프를 하늘로 강하게 당겨라."

큐 2: "테이프를 지면에서 멀리 떨어뜨려라."

큐 3: "테이프를 통해 덤벨을 잡아당겨라."

내리는 단계

셋업: 각 팔꿈치에 흰색 테이프를 붙인다.

큐 1: "테이프의 하강 속도를 늦춰라."

큐 2: "테이프를 일정한 속도로 내려라."

큐 3: "덤벨을 내릴 때 테이프와 수직선상에 두어라."

자세
"사슬이 양방향으로 당겨지는 것처럼
길고 강하게 만들어라."

들어올릴 때
"덤벨을 똑바로 움직이기 위해
콘크리트 벽을 긁으면서
위로 끌고 올라간다고
상상해 보아라."

내릴 때
"누군가 당신의 손에서
덤벨을 빼내려고 하는 것처럼
그 무게에 저항하라."

상체 당기기 | 수직 | 풀업

설명하기 + 시연하기

셋업 언어

그립 잡기: "손이 어깨너비보다 약간 넓은 위치에 있는 상태에서 바를 강하게 잡아라."

기다리기: "당기기 시작하기 전에, 당신의 신체가 길고 안정적인 위치에 있고 몸이 더 이상 흔들리지 않도록 하기 위해 잠시 기다려라."

실행 언어

자세: "머리 꼭대기를 천장으로 향하고 신발 바닥을 바닥으로 향하게 하며 머리부터 발뒤꿈치까지 길게 유지해라."

들어올리기(숨 내쉬기): "팔을 곧게 펴고 그립을 강하게 움켜쥐고 턱이 바를 통과할 때까지 몸을 똑바로 위로 당겨라. 당신은 올라가면서 다리를 곧게 펴고 있거나 무릎을 앉는 자세처럼 위로 올릴 수 있다."

내리기(숨 들이쉬기): "끝 지점에서 잠시 정지하고 막대를 쥐어짜고 난 이후에, (다리를 위로 올렸으면 몸을 다시 곧게 펴면서) 천천히 시작 위치로 다시 돌아가라."

큐잉하기+수행하기

자세

- "길어져라."
- "단단해져라."
- "벽과 평행하게 유지해라."
- "당겨짐을 통해 연결 상태를 유지해라."

들어올리는 단계

- "천장까지 당겨 올라가라."
- "바를 바닥으로 끌고 내려와라."
- "바를 당기면서 꽉 쥐어짜라."
- "바를 당기면서 구부려라."

내리는 단계

- "무게에 저항하라."
- "천천히 내려가라."
- "끝까지 통제하면서 내려가라."
- "중력의 당김과 싸워라."

자세

셋업: 등 상부(또는 가슴)에 노란색 테이프를 붙이고 등 하부(또는 허리띠 위)에 흰색 테이프를 붙인다.

큐 1: "테이프들을 같은 수직선상에 두어라."

큐 2: "당길 때 테이프들이 서로 가까워지지 않도록 하여라."

들어올리는 단계

셋업: 각 팔꿈치에 흰색 테이프를 붙이고 등 중앙에 노란색 테이프를 붙인다.

큐 1: "흰색(팔꿈치) 테이프를 바닥으로 강하게 당겨라."

큐 2: "노란색(등) 테이프를 바를 향해 당겨라."

큐 3: "흰색(팔꿈치) 테이프를 서로를 향해 당겨라."

내리는 단계

셋업: 각 팔꿈치에 흰색 테이프를 붙이고 등 중앙에 노란색 테이프를 붙인다.

큐 1: "흰색(팔꿈치) 테이프가 천천히 바깥으로 위로 호를 그리도록 해라."

큐 2: "노란색(등) 테이프를 천천히 지면으로 가지고와라."

큐 3: "흰색(팔꿈치) 테이프가 서로 호를 그리며 멀어지도록 해라."

자세
"마치 앞에 벽이 있는 것처럼
몸을 일자로 길게 유지해라."
들어올릴 때
"절벽 끝에 매달려 있을 때
당신이 그럴 것처럼 당기는데 집중해라."
내릴 때
"부서지려고 하는 나뭇가지에 매달려 있을 때
당신이 그럴 것처럼 천천히 몸을 내려라."

하체 밀기 | 프론트 스쿼트

설명하기 + 시연하기

셋업 언어

그립: "적절한 무게를 선택한 후, 필요하다면 스팟터의 도움을 받으면서 바벨 중앙 바로 밑에 위치하여 바벨이 당신의 목과 어깨 사이 공간에 안착할 수 있도록 해라. 바벨이 잘 견착되면 원하는 그립으로 바벨을 잡아라(그림에서는 오버핸드 그립을 사용함)."

뒤로 걸어 나가기: "팔꿈치를 앞으로 하고 팔을 책상처럼 평평하게 만든 후, 바벨을 들고 렉에서 빠져나와라. 두 발짝 정도 걸어 나온 후 발을 어깨너비 혹은 그보다 살짝 더 넓게 벌려라. 정확한 발 위치와 각도는 개인마다 다르다."

실행 언어

자세: "머리부터 엉덩이까지 길고 단단하게 만들고 팔꿈치로 벽에 레이저를 쏜다 생각하며 팔꿈치를 전방을 향하게 유지해라."

내릴 때(숨 들이쉬기): "곧게 선 몸통을 유지하며, 낮은 박스에 앉는 것처럼 엉덩이를 뒤로 내리고 무릎을 앞으로 내리며 지면을 향해 내려가라."

올라갈 때(숨 내쉬기): "편안한 깊이에 도달하면 땅을 찢으면서 똑바로 일어나는 데 집중해라."

큐잉하기+수행하기

자세

- "바벨의 수평을 계속 유지해라."
- "내려가면서 몸을 계속 길게 만들어라."
- "내려가면서 키가 계속 커지게 만들어라."
- "스쿼트 동안 계속 몸을 세워라."

내리는 단계

- "아래로 내려가라."
- "바닥을 당겨라."
- "뒤와 아래로 내려가라."
- "바벨 뒤로 내려가라."

들어올리는 단계

- "바닥을 밀어내라."
- "천장으로 강하게 올라가라."
- "바닥에서부터 폭발하듯이 올라가라."
- "지붕까지 폭발하듯이 올라가라."

자세

셋업: 노란색 테이프를 가슴 상단에, 흰색 테이프를 허리끈에 하나씩 붙인다.

큐: "스쿼트를 하는 동안 두 테이프가 서로 가까워지지 않도록 하여라."

내리는 단계

셋업: 엉덩이 양쪽에 흰색 테이프, 무릎 양쪽에 노란색 테이프를 붙인다.

큐 1: "흰색 테이프(엉덩이)를 아래로 내리며 뒤에 있는 벽 쪽으로 밀어라."

큐 2: "흰색 테이프(엉덩이)를 노란색 테이프(무릎) 뒤로 밀어라."

큐 3: "노란색 테이프(무릎)를 신발과 정렬되게 유지하라."

들어올리는 단계

셋업: 엉덩이 양쪽에 흰색 테이프, 무릎 양쪽에 노란색 테이프를 붙인다.

큐 1: "흰색 테이프(엉덩이)를 천장으로 강하게 밀어올려라."

큐 2: "흰색 테이프(엉덩이)가 노란색 테이프(무릎)보다 먼저 움직여야 한다."

큐 3: "노란색 테이프(무릎)를 신발과 정렬되게 유지하라."

자세

"척추가 철로 만들어졌다 생각하라."

내릴 때

"폭발물로 가득 찬 박스를 가볍게 터치한다고 생각하며 내려가라(진짜 박스를 사용하면 도움이 될 것이다)."

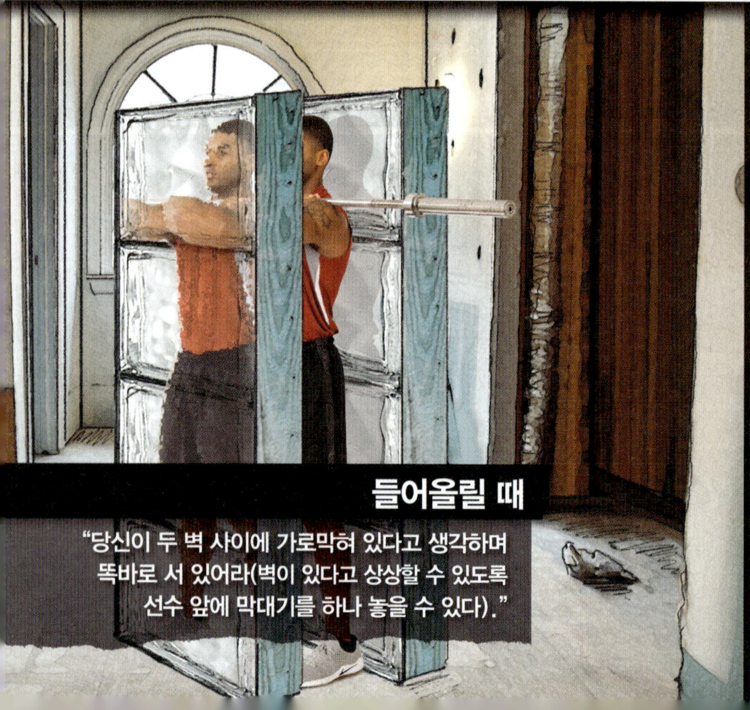

들어올릴 때

"당신이 두 벽 사이에 가로막혀 있다고 생각하며 똑바로 서 있어라(벽이 있다고 상상할 수 있도록 선수 앞에 막대기를 하나 놓을 수 있다)."

하체 밀기 | 싱글레그 벤치 스쿼트

설명하기 + 시연하기

셋업 언어

스탠스: "박스나 벤치를 이용하여 한 발자국(30cm) 정도 앞으로 나와 서 있어라. 세팅이 완료되면 스쿼트할 때 쓰지 않는 다리를 지면에서 들어올려라."

손 뻗기: "중심을 잡기 위하여 당신이 누군가에게 메디신볼을 건네준다고 생각하며 두 팔을 멀리 뻗어라. 만약 무게를 들기로 하였다면 가슴 가까이에 손을 위치시킬 필요가 있다."

실행 언어

자세: "머리부터 엉덩이까지 길고 단단하게 유지한 채로 팔을 바깥으로 멀리 뻗어라."

내려갈 때(숨 들이쉬기): "가슴을 곧게 세운 채로 벤치에 가볍게 닿을 때까지 엉덩이를 뒤로 내리고 무릎으로 앞으로 내리면서 몸을 벤치 쪽으로 낮춰라."

들어올릴 때(숨 내쉬기): "벤치를 터치하였다면 천장 쪽으로 강하게 밀면서 똑바로 서는 데 집중해라."

큐잉하기+수행하기

자세

- "앉으면서 몸을 곧게 펴라."
- "벤치에 닿으면서 몸을 길게 만들어라."
- "스쿼트를 하는 동안 몸을 길게 만들어라."
- "스쿼트를 하는 동안 몸을 길게 유지해라."

내리는 단계

- "벤치를 터치하여라."
- "뒤로 당기면서 아래로 앉아라."
- "스쿼트하고, 벤치를 터치하고, 일어서라."
- "벤치에 닿기 위하여 뒤로 뻗어나가라."

들어올리는 단계

- "지면을 밀어내라."
- "지붕을 향해 강하게 밀어내라."
- "바닥에서부터 강하게 올라가라."
- "바닥에서 폭발하듯이 올라가라."

자세

셋업: 노란색 테이프를 가슴 상단에, 흰색 테이프를 허리끈에 하나씩 붙인다.

큐: "스쿼트를 하는 동안 두 테이프가 서로 가까워지지 않도록 하여라."

내리는 단계

셋업: 엉덩이 양쪽에 흰색 테이프, 무릎 양쪽에 노란색 테이프를 붙인다.

큐 1: "흰색 테이프(엉덩이)를 벤치 쪽으로 뒤로 당기면서 아래로 내려가라."

큐 2: "흰색 테이프(엉덩이)를 노란색 테이프(무릎) 뒤로 밀어내라."

큐 3: "노란색 테이프(무릎)를 계속 벽 쪽으로 향하게 하라."

들어올리는 단계

셋업: 엉덩이 양쪽에 흰색 테이프, 무릎 양쪽에 노란색 테이프를 붙인다.

큐 1: "흰색 테이프(엉덩이)를 천장을 향해 강하게 밀어 올려라."

큐 2: "흰색 테이프(엉덩이)가 노란색 테이프(무릎)보다 먼저 움직여야 한다."

큐 3: "노란색 테이프(무릎)를 계속 벽 쪽으로 향하게 하라."

자세

"마치 당신이 무거운 메디신볼을 들고 있는 것처럼 스쿼트를 해라(매 반복마다 선수가 메디신볼을 든 스쿼트와 그냥 스쿼트를 번갈아가면서 하도록 해라)."

내릴 때

"무릎에서 레이저가 나온다고 생각하라. 레이저를 벽 쪽으로 향하게 하라."

들어올릴 때

"절벽 끝에 서 있다고 생각하며 똑바로 일어서라(절벽 끝에 서 있다는 것을 더 잘 상상할 수 있도록 선수가 테이프 위에 서 있도록 할 수 있다)."

하체 밀기 | 뒷다리가 올라가 있는 스플릿 스쿼트

설명하기 + 시연하기

셋업 언어

스탠스: "적당한 무게를 선택한 후 종아리가 거의 벤치 끝에 닿도록 벤치에 가까이 서 있어라. 뒷발을 지면에 붙여놓고 스플릿 스쿼트 셋업을 할 때처럼 앞으로 한 발 내밀어라. 앞다리에 대부분의 무게를 옮겨놓고 천천히 뒷발을 위에 올려놓으며(벤치로부터의 거리를 조정해야 할 수도 있다) 벤치 끝에 신발 윗부분을 얹혀놓아라."

실행 언어

자세: "머리부터 무릎까지 길고 단단하게 유지한 채로 앞발에 무게 대부분을 실어놓고 뒷발로 안정성을 유지해라."

내려갈 때(숨 들이쉬기): "가슴을 곧게 세운 채로 뒷무릎이 벤치를 향해 뒤와 아래로 내려가면서 앞무릎이 가볍게 앞으로 나아가도록 해서 몸을 지면으로 내려라. 스쿼트를 하며 내려가면서 당신은 무게가 뒤로 이동하는 느낌을 받을 것이다."

올라갈 때(숨 내쉬기): "편안한 깊이에 도달하게 되면 내려갔을 때와 같은 각도로 다시 위와 앞으로 올라가라. 몸을 완전히 길게 세우면 무게를 다시 앞발에 위치하도록 해라."

큐잉하기+수행하기

자세

- "스쿼트 동안 몸을 곧게 펴라."
- "내려가면서 몸을 길게 유지해라."
- "내려가면서 몸을 더 길게 만들어라."
- "내려가면서 가슴을 들어올려라."

내리는 단계

- "뒤와 아래로 당기면서 내려가라."
- "일정한 각도로 뒤로 당겨라."
- "바닥으로 몸을 당겨라."
- "벤치를 향해 뒤로 내려와라."

들어올리는 단계

- "지면을 밀어내라."
- "바닥을 뒤로 아래로 밀어내라."
- "천장으로 강하게 올라가라."
- "벤치로부터 멀리 밀어 올라가라."

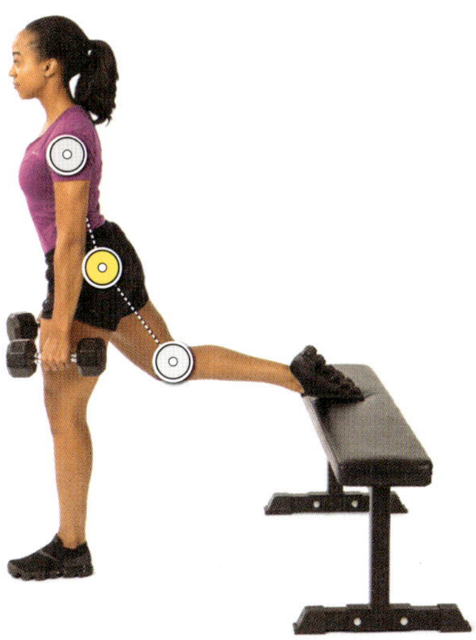

자세

셋업: 양쪽 어깨에 흰색 테이프, 양쪽 엉덩이에 노란색 테이프, 양쪽 무릎에 흰색 테이프를 붙인다.

큐 1: "동작을 수행하는 동안 테이프들이 정렬되어 있도록 하라."

큐 2: "흰색 테이프 2개 사이에 노란색 테이프(엉덩이)가 위치해 있도록 유지해라."

내리는 단계

셋업: 양쪽 무릎 안쪽에 흰색 테이프, 양쪽 무릎 바깥쪽에 노란색 테이프를 붙인다.

큐 1: "뒤에 위치한 흰색 테이프(무릎)를 벤치 밑을 향해 뒤와 아래로 당겨라."

큐 2: "뒤에 위치한 흰색 테이프(무릎)를 앞쪽 노란색 테이프(무릎) 뒤로 밀어라."

들어올리는 단계

셋업: 양쪽 엉덩이에 흰색 테이프, 양쪽 무릎에 노란색 테이프를 붙인다.

큐 1: "천장을 향해 흰색 테이프(엉덩이)를 위로 밀어라."

큐 2: "노란색 테이프(무릎) 위로 흰색 테이프(엉덩이)를 밀어라."

자세
"머리 위에 책을 올려놓고 중심을
잡는다고 생각하며 스쿼트를 하여라."
내릴 때
"뒤에 있는 무릎이 망치라고
가정하고 벤치 밑에 있는 못을
때린다고 생각해라."
들어올릴 때
"엉덩이가 주먹이라 생각하고
당신의 머리 꼭대기로 펀치를 날린다고
생각해라."

하체 당기기 | 양다리 루마니안 데드리프트

설명하기 + 시연하기

셋업 언어

그립: "적당한 무게를 선택한 후 바벨에 다가가서 어깨너비보다 살짝 넓게 손을 위치해라."

뒤로 걸어 나가기: "바벨을 잘 잡고 단단하게 몸통의 중립을 유지한 채로 다리를 이용해 천천히 일어서서 렉에서 걸어 나와라."

실행 언어

자세: "머리부터 엉덩이까지 길고 단단하게 유지한 채로 팔을 쭉 펴고 팔꿈치를 바깥으로 향하게 하고 그립을 단단하게 잡아라."

내려갈 때(숨 들이쉬기): "몸통을 곧게 편 상태를 유지하여 차 문을 닫는 것처럼 엉덩이를 뒤로 빼서 지면으로 힌지를 접어라. 이때 무릎은 살짝 구부려져 있어야 하고, 내려가는 동안 무릎이 움직이면 안 된다."

올라갈 때(숨 내쉬기): "편안한 깊이에 도달하면 몸통 위치를 유지하고 엉덩이를 앞과 위로 올리면서 바닥을 밀어내며 힌지를 다시 접어 올려라."

큐잉하기+수행하기

자세

- "바벨 위로 몸을 숙여라."
- "내려가면서 몸을 길게 만들어라."
- "몸을 바닥과 평행하게 만들어 마무리해라."
- "몸을 접는 동안 몸을 곧게 펴라."

내리는 단계

- "앞주머니를 숨겨라."
- "뒤에 있는 벽으로 엉덩이를 밀어라."
- "바벨에서 엉덩이를 멀리해라."
- "천장에 뒷주머니를 보여줘라."

들어올리는 단계

- "길게 서 있어라(바닥과 수직으로 서 있어라)."
- "천장을 향해 일어나라."
- "바닥에서 바벨을 멀리 가져와라."
- "바벨을 바닥으로부터 가속시켜라."

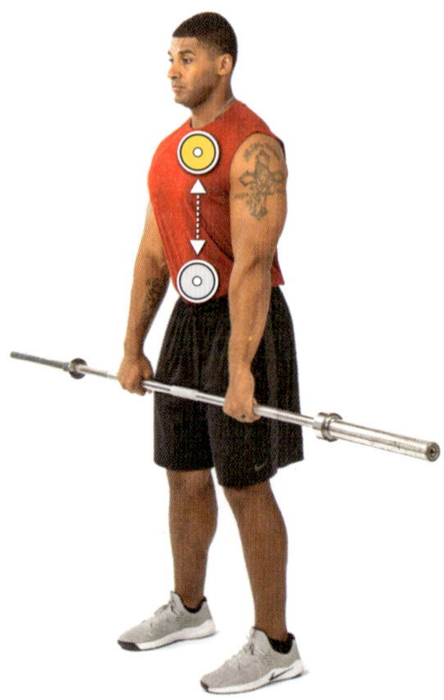

자세

셋업: 노란색 테이프를 가슴 상단에, 흰색 테이프를 허리끈 위에 하나씩 붙인다.

큐 1: "힌지를 접는 동안 두 테이프가 서로 가까워지지 않도록 하여라."

큐 2: "힌지를 접는 동안 노란색 테이프(가슴)가 흰색 테이프(허리)에서 멀어지도록 하여라."

내리는 단계

셋업: 양쪽 어깨 바깥쪽에 노란색 테이프, 양쪽 엉덩이 바깥쪽에 흰색 테이프를 붙인다.

큐 1: "흰색 테이프(엉덩이)를 벽 쪽(바벨에서 멀리)을 향해 뒤로 위로 당겨라."

큐 2: "흰색 테이프(엉덩이)를 노란색 테이프(어깨)에서 멀리 뒤로 밀어내라."

큐 3: "노란색 테이프(어깨)와 흰색 테이프(엉덩이)가 힌지를 접는 동안 정렬이 돼 있도록 유지해라."

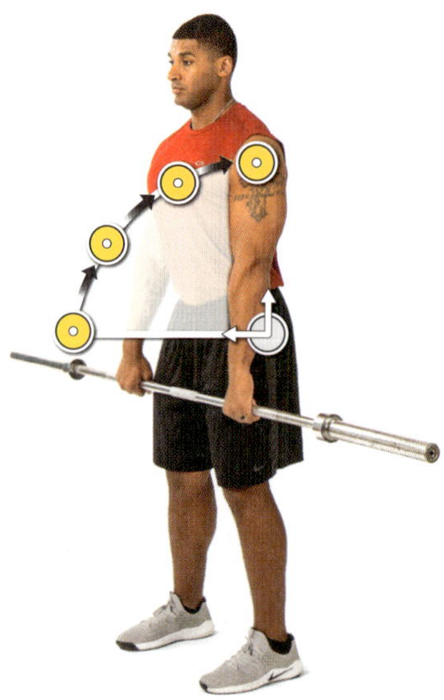

들어올리는 단계

셋업: 양쪽 어깨 바깥쪽에 노란색 테이프, 양쪽 엉덩이 바깥쪽에 흰색 테이프를 붙인다.

큐 1: "노란색 테이프(어깨)를 흰색 테이프(엉덩이) 위로(아니면 천장 쪽으로) 가속시켜라."

큐 2: "흰색 테이프(엉덩이)를 노란색 테이프(어깨) 쪽과 위로 밀어라."

큐 3: "노란색 테이프(어깨)로 4분원을 그려라."

자세
“상대편에게 대회에서 인사하듯이
바벨 위로 몸을 숙여라.”

내릴 때
“손을 쓰지 않고 차 문을 닫으려고
하는 것처럼 힌지를 접어라.”

들어올릴 때
“중력의 그립을 부러뜨려라.”

하체 당기기 I 한 다리 루마니안 데드리프트

설명하기 + 시연하기

셋업 언어

스탠스: "적절한 무게를 정한 후 모든 무게를 한 다리에 옮기고 무릎을 약간 구부리거나 부드럽게 해라. 무게가 옮겨진 상태로 머리부터 발뒤꿈치까지 일직선으로 유지하고 살짝 몸을 구부려서 반대쪽 다리가 뒤로 움직이고 지면에서 떨어지도록 한다."

실행 언어

자세: "머리부터 발뒤꿈치까지 길고 단단하게 유지한 채로 팔을 쭉 펴고, 팔꿈치를 바깥으로 향하게 하고, 그립을 잘 잡아라."

내려갈 때(숨 들이쉬기): "몸을 곧게 편 채로 무게가 실리지 않은 발뒤꿈치를 상체가 내려가는 속도와 같은 속도로 뒤와 위로 들어서 지면을 향해 힌지를 접어라. 동작을 수행하는 동안 무게가 실린 무릎은 살짝 구부러진 상태를 유지해야 한다."

올라갈 때(숨 내쉬기): "편안한 깊이에 도달하면 머리부터 발뒤꿈치까지 중립 상태를 유지하고 엉덩이를 앞과 위로 당기면서 바닥을 밀어내 힌지를 다시 접어 올려라."

큐잉하기+수행하기

자세

- "내려가면서 몸을 길게 유지해라."
- "한쪽 벽에서 다른 쪽 벽으로 뻗어나가라."
- "힌지를 접으면서 몸을 곧게 펴라."
- "몸을 숙이면서 몸통이 굽어지지 않도록 해라."

내리는 단계

- "앞주머니를 숨겨라."
- "발뒤꿈치를 머리보다 먼저 움직여라."
- "뒤쪽 벽에 발자국을 찍어라."
- "벽을 향해 발뒤꿈치를 뒤와 위로 밀어라."

들어올리는 단계

- "몸을 길게 서 있어라(지면과 수직으로)."
- "천장을 향해 일어서라."
- "덤벨을 바닥으로부터 가져와라(뺏어라)."
- "바닥에서부터 덤벨을 가속시켜라."

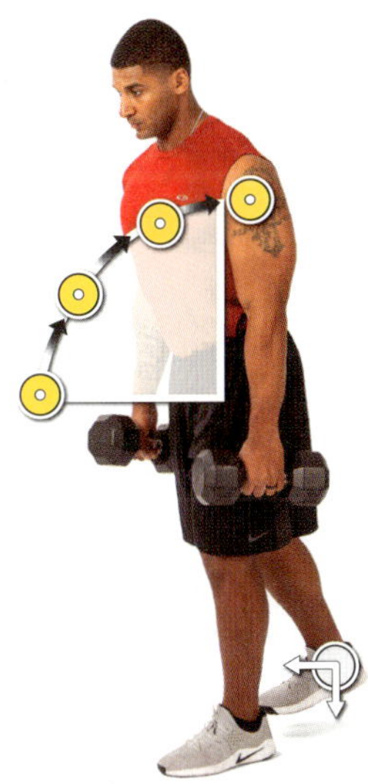

자세

셋업: 양쪽 어깨 바깥쪽에 노란색 테이프, 양쪽 신발 바깥쪽에 흰색 테이프를 붙인다.

큐 1: "힌지를 접는 동안 테이프들이 서로 가까워지지 않도록 하여라."

큐 2: "힌지를 접는 동안 노란색 테이프(어깨)를 흰색 테이프(신발)에서 멀리 밀어내라."

내리는 단계

셋업: 양쪽 어깨 바깥쪽에 노란색 테이프, 양쪽 신발 바깥쪽에 흰색 테이프를 붙인다.

큐 1: "흰색 테이프(신발)를 벽 쪽을 향해 위와 뒤로 밀어내라(아니면 덤벨에서 멀리)."

큐 2: "흰색 테이프(신발)를 노란색 테이프(어깨) 뒤로 멀리 밀어내라."

큐 3: "힌지를 접는 동안 노란색 테이프(어깨)와 흰색 테이프(신발)를 정렬시켜라."

들어올리는 단계

셋업: 양쪽 어깨 바깥쪽에 노란색 테이프, 양쪽 신발 바깥쪽에 흰색 테이프를 붙인다.

큐 1: "흰색 테이프(신발) 위로 노란색 테이프(어깨)를 가속시켜라(아니면 천장 쪽으로)."

큐 2: "일어나면서 흰색 테이프(신발)를 노란색 테이프(어깨) 아래로 당겨라."

큐 3: "노란색 테이프(어깨)로 4분원을 그려라."

자세

"머리부터 발뒤꿈치까지 당신이 양쪽으로 당겨지고 있는 번지라고 생각해라."

내릴 때

"발뒤꿈치에 분필이 있다고 가정하고 발뒤꿈치로 뒤에 있는 벽에 일직선을 그린다고 생각해라."

들어올릴 때

"가슴에 달린 체인이 바닥과 연결되어 있다고 생각하면서 위로 올라갈 때 이를 끊으려고 해라."

9 파워풀 큐잉

다음 페이지에는 파워 발달에 일반적으로 사용되는 8가지 플라이오메트릭 동작이 포함되어 있다. 동작은 유형(점프, 바운드, 홉, 쓰로우, 토스, 패스), 방향(수직, 수평, 회전), 그리고 개시 움직임(카운터 무브먼트 또는 논-카운터 무브먼트)별로 구성된다.

7장에서 설명한 대로 동작은 큐잉 그리드로 구성되며, 이 그리드는 코칭 커뮤니케이션 루프(4장)에 집합적으로 매핑되는 두 섹션으로 나뉜다. 섹션 1에서는 설명하기 및 시연하기 단계를 지원하는 언어와 이미지를 제공하고, 섹션 2에서는 큐잉하기 및 수행하기 단계를 지원하는 언어와 이미지를 제공한다. 큐잉 그리드는 설명이 필요 없지만, 이를 해석하는 방법에 대한 자세한 설명은 7장 큐잉 그리드(208페이지)의 '큐잉 그리드' 섹션에 나와 있다.

기억해야 할 몇 가지 사항

1. 움직임 설명(즉, 설명하기)은 (1) 움직임 또는 움직임의 일부를 설명하는 데 사용할 수 있는 코칭 문구의 예시를 제공하고, (2) 코치인 당신에게 해당 움직임과 관련된 생체역학을 알려주는 두 가지 용도로 사용된다. 이것은 대본이 아니며, 특히 높은 수준의 시연을 제공할 수 있는 경우 모든 내용을 말할 필요는 거의 없다. 따라서 더도 말고 덜도 말고 필요한 것만 취하고 선수가 해당 움직임을 그 명칭만으로도 이해하면 설명은 생략하라. 이렇게 하면, 움직임 반복을 효과적으로 집중시킬 수 있는 짧은 단서(즉, 큐잉하기)를 만드는 데 집중할 수 있다.
2. 나는 비록, 움직임의 각 단계에 대해 여러 가지 외부 단서(및 비유)를 제공했지만, 사실 선수들에게 한 반복당 하나의 단서만 제공해야 한다. 기억하겠지만, 이는 주의력과 작업 기억의 한계 때문이다. 따라서 한 번에 하나의 동작, 한 번의 반복, 한 번의 집중으로 학습이 이루어지게 해야 한다.
3. 제공된 단서와 비유는 완전한 목록이 아니다. 따라서 제공된 단서와 유추를 사용하는 것 외에도 자신만의 단서와 비유를 생각해 내는 것이 좋다. 3D 큐잉 모델(5장)과 비유 모델(6장)을 사용하면 큐를 만드는 과정에서 도움을 받을 수 있을 것이다.

카운터 무브먼트 | 버티컬 점프

설명하기 + 시연하기

셋업 언어

스탠스: "발을 어깨너비보다 약간 넓게 벌려라. 똑바로 서서 팔을 들어올려 축구(풋볼)의 스로인이나 럭비의 라인아웃과 비슷한 자세를 잡는다."

실행 언어

자세: "머리부터 고관절까지 길고 견고한 자세를 잡는다. 몸은 조용하게, 그리고 두 다리와 팔은 격렬한 움직임을 만들어야 한다."

로드(숨 들이쉬기): "가슴을 활짝 편 상태를 유지하면서 두 개의 수직 스프링(다리)에 균등하게 하중을 싣는 것처럼 엉덩이를 아래로 내리고 뒤로 밀면서 땅을 향해 몸을 가속한다. 동시에 팔을 아래로 내리고 뒤로 던지는 데 집중하여 아래로 내려가는 힘이 엉덩이(또는 스프링)에 실리도록 돕는다."

폭발(숨 내쉬기): "편안한 깊이(스프링 감각 또는 탄성 장력을 극대화한 곳)에 도달하면, 폭발적으로 하늘을 향해 뛰는 것에 집중한다. 이때 팔은 가장 높은 지점에서 공을 잡으려고 노력하듯 가속시킨다."

착지: "공중에 있는 시간을 최대화시킨 후, 지면을 향해 다시 떨어지기 시작한다. 임팩트 직전에 팔을 다시 아래로 내리고 재가속하면 엉덩이가 지면의 충격을 흡수하면서 원래 포지션으로 돌아오는 데 도움을 줄 것이다."

큐잉하기+수행하기

자세

- "로딩할 때 자세를 길게 유지하라."
- "몸을 내릴 때 자랑스러운 자세를 취하라."
- "몸을 내릴 때 셔츠의 앞쪽을 늘려라."
- "키를 크게 키워라."

로딩 단계

- "로딩을 하고 폭발시켜라."
- "몸을 바닥으로 당겨라."
- "두 발꿈치 사이로 몸을 뒤로 보내 앉아라."
- "지면과 수직을 따라 몸을 내려라."

폭발 단계

- "바닥과 멀어지게 밀어내라."
- "바닥에서 폭발시켜라."
- "하늘을 향해 가속해라."
- "천장을 뚫을 듯이 박차며 올라라."

착지 단계

- "바닥을 흡수하라."
- "바닥을 몸 쪽으로 당겨라."
- "떨어짐을 점진적으로 멈춰라."
- "브레이크를 걸 때 두 손을 뒤로 던져라."

자세

셋업: 노란색 테이프는 가슴에, 하얀색 테이프는 허리밴드 위에 붙인다.

큐 1: "로딩을 할 때 두 테이프 사이의 간격이 가까워져서는 안 된다."

큐 2: "로딩을 할 때 노란색 테이프(가슴)를 위로 보내고 하얀색 테이프(허리)로부터 멀어지게 하라."

로딩 단계

셋업: 하얀색 테이프를 양쪽 고관절 옆에 붙이고 노란색 테이프는 양쪽 무릎 바깥에 붙인다.

큐 1: "하얀색 테이프(고관절)를 아래, 그리고 뒤로 보낸다."

큐 2: "하얀색 테이프(고관절)를 노란색 테이프(무릎) 뒤로 밀어낸다."

큐 3: "노란색 테이프(무릎)는 정면을 향하게 유지한다."

폭발 단계

셋업: 노란색 테이프는 가슴 앞에, 하얀색 테이프는 허리밴드 위에 붙인다.

큐 1: "노란색 테이프(가슴)를 하늘로 밀어내라."

큐 2: "하얀색 테이프(허리)로 노란색 테이프(가슴)를 밀어올린다."

큐 3: "점프의 가장 높은 지점에서 테이프들이 정렬을 지키게 하라."

착지 단계

셋업: 하얀 테이프를 양쪽 고관절 옆에 붙이고 노란 테이프는 양쪽 무릎 바깥에 붙인다.

큐 1: "하얀색 테이프(고관절)를 아래, 그리고 뒤로 보낸다."

큐 2: "하얀색 테이프(고관절)를 노란색 테이프(무릎) 뒤로 밀어낸다."

큐 3: "노란색 테이프(무릎)는 정면을 향하게 유지한다."

자세
"자세를 지퍼로 잠궈라."
(짧게: "지퍼를 잠궈라")

로딩
"스프링을 누르듯 가속하여
몸을 내리고, 그 힘을 사용하여
위로 점프하라."
(짧게: "코일을 사용하라.",
"스프링에 부하를 실어라.")

폭발시키기
"점프의 가장 높은 지점에서
럭비공을 잡을 것처럼
폭발적으로 날아올라라."
(짧게, "일어나라."
또는 "캐치하라")

착지
"무릎이 마치 자동차 전조등과 같다고 생각하라,
그 전조등은 정면을 비춘다." (짧게, "헤드라이트")

카운터 무브먼트 | 호리즌탈 점프

설명하기 + 시연하기

셋업 언어

스탠스: "발을 어깨너비보다 약간 넓게 벌려라. 똑바로 서서 팔을 들어올려 축구(풋볼)의 스로인이나 럭비의 라인아웃과 비슷한 자세를 잡는다."

실행 언어

자세: "머리부터 고관절까지 길고 견고한 자세를 잡는다. 몸은 조용하게, 그리고 두 다리와 팔은 격렬한 움직임을 만들어야 한다."

로드(숨 들이쉬기): "가슴을 활짝 편 상태를 유지하면서 두 개의 수직 스프링(다리)에 균등하게 하중을 싣는 것처럼 엉덩이를 아래로 내리고 뒤로 밀면서 땅을 향해 몸을 가속한다. 동시에 팔을 아래로 내리고 뒤로 던지는 데 집중하여 아래로 내려가는 힘이 엉덩이(또는 스프링)에 실리도록 돕는다."

폭발(숨 내쉬기): "편안한 깊이(스프링 감각 또는 탄성 장력을 극대화한 곳)에 도달하면, 의도한 착지 지점을 향해 팔을 가속하면서 위로 폭발하는 데 집중하라."

착지: "공중에 머무는 시간을 최대로 늘린 후에는 던진 공이 날아가는 것처럼 지면을 향해 다시 떨어지기 시작한다. 착지를 준비하면서 몸을 반으로 접는다는 느낌으로 다리를 앞으로 내밀기 시작하라. 임팩트 직전에 팔을 다시 아래로 내리고 뒤로 젖히면 엉덩이가 지면을 흡수하면서 제자리로 돌아오는 데 도움이 될 것이다."

큐잉하기+수행하기

Note: 움직임의 단계에 따라 색으로 구분된다.

자세

- "로딩을 걸 때 몸을 길게 만들어라."
- "디핑을 하려 할 때 가슴을 활짝 펴라."
- "앉으려 할 때 티셔츠의 텐션을 유지하라."
- "출발선에서 뛰기 전에 오래 버텨라."

로딩 단계

- "몸을 푹 담겼다가 뛰어오를 준비를 해라."
- "로딩을 할 때 몸을 앞으로 기울이거나 떨어뜨려라."
- "지면과 수직으로 로딩을 실어라."
- "몸을 낮추면서 (손으로) 공기를 잘라내라."

폭발 단계

- "출발선을 멀리 밀어내라."
- "출발선으로부터 박차며 올라라."
- "원뿔을 향해 폭발해라."
- "원뿔 너머로 뻗어나가라."

착지 단계

- "지면을 흡수해라."
- "경기장을 당신에게로 당겨라."
- "디핑(또는 착지)은 천천히 하라."
- "착지할 때 공기를 (손으로) 잘라내라."

자세

셋업: 노란색 테이프는 가슴에, 하얀색 테이프는 허리밴드 위에 붙인다.

큐 1: "로딩을 할 때 두 테이프 사이의 간격이 가까워져서는 안 된다."

큐 2: "로딩을 할 때 노란색 테이프(가슴)를 위로 보내고 하얀색 테이프(허리)로부터 멀어지게 하라."

로딩 단계

셋업: 하얀색 테이프를 양쪽 고관절 옆에 붙이고 노란색 테이프는 양쪽 무릎 바깥에 붙인다.

큐 1: "하얀색 테이프(고관절)를 아래, 그리고 뒤로 보낸다."

큐 2: "하얀색 테이프(고관절)를 노란색 테이프(무릎) 뒤로 밀어낸다."

큐 3: "노란색 테이프(무릎)는 정면을 향하게 유지한다."

폭발 단계

셋업: 노란색 테이프는 가슴 앞에, 하얀색 테이프는 허리밴드 아래에 붙인다(또는 양쪽 고관절 옆에).

큐 1: "노란색 테이프(가슴)를 원뿔을 향해 밀어내라."

큐 2: "하얀색 테이프(허리)로 노란색 테이프(가슴)를 밀어올린다."

큐 3: "출발선에서 뛰어오를 때 테이프들이 정렬을 지키게 하라."

착지 단계

셋업: 하얀색 테이프를 양쪽 고관절 옆에 붙이고 노란색 테이프는 양쪽 무릎 바깥에 붙인다.

큐 1: "하얀색 테이프(고관절)를 아래, 그리고 뒤로 보낸다."

큐 2: "하얀색 테이프(고관절)를 노란색 테이프(무릎) 뒤로 밀어낸다."

큐 3: "노란색 테이프(무릎)는 정면을 향하게 유지한다."

자세

"밴드가 당신을 지면으로 당긴다고 상상하라. 밴드를 뚫고 돌파하는 데 집중하라." (짧게: "밴드를 끊어내라.")

로딩

"스키 점프대(또는 경사로)에서 뛰어오르기 직전처럼 아래와 전방으로 로딩을 걸어라."

폭발시키기

"마치 빠르게 흐르는 강을 뛰어 넘는 것처럼 폭발적으로 뛰어라." (통제 조건: 원뿔, 선, 또는 테이프 등을 사용해서 강의 경계선을 만들어라.")

착지

"물웅덩이 위로 물을 튀기지 않으면서 착지한다고 상상하라." (짧게: "물 튀김이 아닌, 파문을 만들어라.")

카운터 무브먼트 | 버티컬 홉

설명하기 + 시연하기

셋업 언어

스탠스: "두 발을 모은 상태에서, 체중을 한쪽 다리로 옮긴다. 그리고 다른 발을 들어 공중에 띄워준다. 똑바로 서서 팔을 들어올려 축구에서 스로인할 때, 또는 럭비의 라인아웃과 비슷한 자세를 취한다."

실행 언어

자세: "머리부터 고관절까지 길고 견고한 자세를 잡는다. 몸은 조용하게, 그리고 두 다리와 팔은 격렬한 움직임을 만들어야 한다."

로드(숨 들이쉬기): "가슴을 활짝 편 상태를 유지하면서 두 개의 수직 스프링(다리)에 균등하게 하중을 싣는 것처럼 엉덩이를 아래로 내리고 뒤로 밀면서 땅을 향해 몸을 가속한다. 동시에 팔을 아래로 내리고 뒤로 던지는 데 집중하여 아래로 내려가는 힘이 엉덩이(또는 스프링)에 실리도록 돕는다."

폭발(숨 내쉬기): "편안한 깊이(탄성 또는 탄력적 긴장감을 극대화할 수 있는 깊이)에 도달하면, 폭발하는 데 집중하라. 가장 높은 지점에서 공을 잡는 것처럼 팔을 가속하면서 하늘로 날아오르는 데 집중하라."

착지: "공중에 머무는 시간을 최대로 늘리고 나면 바닥을 향해 다시 떨어지기 시작한다. 임팩트 직전 팔을 다시 아래로 내리고 뒤로 보내면 고관절이 지면의 충격을 흡수할 때 도움이 될 것이다."

큐잉하기+수행하기

자세

- "몸을 낮출 때 몸을 길게 만들어라."
- "앉을 때 정면을 바라보라."
- "착지 시 당신의 셔츠가 상대방에게 잘 보여야 한다."
- "하늘을 향해 쭉 뻗어라."

로딩 단계

- "몸을 낮추다가 곧바로 점프하라."
- "바닥을 향해 가속하라."
- "신발 끈과 일직선을 이루게 몸을 낮춰라."
- "로딩을 할 때 (손으로) 공기를 잘라내라."

폭발 단계

- "지면을 멀리 밀어내라."
- "풀밭으로부터 멀어져라."
- "천장을 향해 박차며 올라라."
- "공중으로 가속해라."

착지 단계

- "앉을 때 소리를 내지 마라."
- "바닥을 당신에게 당겨라."
- "떨어지면서 감속하라."
- "착지할 때 공기를 (손으로) 잘라내라."

자세

셋업: 노란색 테이프는 가슴에, 하얀색 테이프는 허리밴드 위에 붙인다.

큐 1: "로딩을 할 때 두 테이프 사이가 가깝게 오지 못하게 하라."

큐 2: "로딩을 할 때 노란색 테이프(가슴)를 위로 보내고 하얀색 테이프(허리)로부터 멀어지게 하라."

로딩 단계

셋업: 하얀색 테이프를 양쪽 고관절 옆에 붙이고 노란색 테이프는 양쪽 무릎 바깥에 붙인다.

큐 1: "하얀색 테이프(고관절)를 아래, 그리고 뒤로 보낸다."

큐 2: "하얀색 테이프(고관절)를 노란색 테이프(무릎) 뒤로 밀어낸다."

큐 3: "노란색 테이프(무릎)는 정면을 향하게 유지한다."

폭발 단계

셋업: 노란색 테이프는 가슴 앞에, 하얀색 테이프는 허리밴드 위래에 붙인다(또는 양쪽 고관절 옆에).

큐 1: "노란색 테이프(가슴)를 하늘을 향해 밀어내라."

큐 2: "하얀색 테이프(허리)로 노란색 테이프(가슴)를 밀어올린다."

큐 3: "홉의 가장 높은 순간에 테이프들이 쌓이게 하라."

착지 단계

셋업: 하얀색 테이프를 양쪽 고관절 옆에 붙이고 노란색 테이프는 양쪽 무릎 바깥에 붙인다.

큐 1: "하얀색 테이프(고관절)를 아래, 그리고 뒤로 보낸다."

큐 2: "하얀색 테이프(고관절)를 노란색 테이프(무릎) 뒤로 밀어낸다."

큐 3: "노란색 테이프(무릎)는 정면을 향하게 유지한다."

54
54
자세
“당신이 입은 셔츠 앞에 54라는 큰 숫자가 적혀 있다.
우리가 항상 그 숫자를 볼 수 있게 하라.”
(짧게: “셔츠의 숫자를 보여라.”)
로딩
“매우 좁은 통로에서 그대로
몸을 내려 로딩을 하라.”
폭발시키기
“마치 농구 골대의 그물 아래를
터치하듯 폭발적으로 점프하라.”
(짧게: “그물을 잡아라.”)
착지
“방금 아이가 잠에 든 후에
착지를 한다고 생각하라.”
(짧게: “아기를 깨우지 말라.”)
Shhhh

카운터 무브먼트 | 래터럴 바운드

설명하기 + 시연하기

셋업 언어

스탠스: “두 발을 모은 상태에서, 바운드를 할 방향의 반대쪽 다리에 모든 체중을 실어라. 그리고 다른 발을 들어 공중에 띄워준다. 똑바로 서서 팔을 들어올리고 축구(풋볼)의 스로인이나 럭비의 라인아웃과 비슷한 자세를 취한다.”

실행 언어

자세: “머리부터 고관절까지 길고 견고한 자세를 잡는다. 몸은 조용하게, 그리고 두 다리와 팔은 격렬한 움직임을 만들어야 한다.”

로드(숨 들이쉬기): “가슴을 활짝 편 상태를 유지하면서 두 개의 수직 스프링(다리)에 균등하게 하중을 싣는 것처럼 엉덩이를 아래로 내리고 뒤로 밀면서 땅을 향해 몸을 가속한다. 동시에 팔을 아래로 내리고 뒤로 던지는 데 집중하여 아래로 내려가는 힘이 엉덩이(또는 스프링)에 실리도록 돕는다.”

폭발(숨 내쉬기): “편안한 깊이(탄성 또는 탄력적 긴장감을 극대화할 수 있는 깊이)에 도달하면, 시작 위치에서 위, 그리고 옆으로 폭발하듯 뛰는 데 집중하라. 가장 높은 지점에서 공을 잡듯이 팔을 가속하라.”

착지: “공중에 머무는 시간을 최대로 늘리고 나면 바닥을 향해 다시 떨어지기 시작한다. 임팩트 직전 팔을 다시 아래로 내리고 뒤로 보내면 고관절이 지면의 충격을 흡수할 때 도움이 될 것이다.”

큐잉하기+수행하기

자세

- "몸을 낮출 때 몸을 길게 만들어라."
- "로딩을 할 때 정면을 바라본다."
- "모든 이들이 당신 티셔츠의 숫자를 볼 수 있도록 유지하라."
- "공중에 떠 있을 때에는 수직을 유지하라."

로딩 단계

- "몸을 구부리고 폭발하라."
- "바닥을 향해 힘을 응축하라."
- "로딩을 할 때 몸을 떨어뜨려라(또는 옆으로)."
- "몸을 구부릴 때 (손으로) 망치질을 하라."

폭발 단계

- "지면을 멀리 밀어내라."
- "지면에서 순식간에 떨어져라."
- "아치(또는 무지개) 형태로 옆으로 날아올라라."
- "지면을 박차고 위로 올라라(원뿔이나 라인을 향해)."

착지 단계

- "바닥을 부드럽게 받아들여라."
- "바닥을 당신에게 당겨라."
- "바닥에서 브레이크를 밟아라."
- "브레이크를 걸 때 (손으로) 망치질을 하라."

자세

셋업: 노란색 테이프는 가슴에, 하얀색 테이프는 허리밴드 위에 붙인다.

큐 1: "로딩을 할 때 두 테이프 사이가 가깝게 오지 못하게 하라."

큐 2: "로딩을 할 때 노란색 테이프(가슴)를 위로 보내고 하얀색 테이프(허리)로부터 멀어지게 하라."

로딩 단계

셋업: 하얀색 테이프를 양쪽 고관절 옆에 붙이고 노란색 테이프는 양쪽 무릎 바깥에 붙인다.

큐 1: "하얀색 테이프(고관절)를 아래, 그리고 뒤로 보낸다."

큐 2: "하얀색 테이프(고관절)를 노란색 테이프(무릎) 뒤로 밀어낸다."

큐 3: "노란색 테이프(무릎)는 정면을 향하게 유지한다."

폭발 단계

셋업: 노란색 테이프는 가슴 앞에, 하얀색 테이프는 허리밴드 아래에 붙인다(또는 양쪽 고관절 옆에).

큐 1: "노란색 테이프(가슴)를 하늘을 향해 밀어내라."

큐 2: "하얀색 테이프(허리)로 노란색 테이프(가슴)를 밀어올린다."

큐 3: "홉의 가장 높은 순간에 테이프들이 쌓이게 하라."

착지 단계

셋업: 하얀색 테이프를 양쪽 고관절 옆에 붙이고 노란색 테이프는 양쪽 무릎 바깥에 붙인다.

큐 1: "하얀색 테이프(고관절)를 아래, 그리고 뒤로 보낸다."

큐 2: "하얀색 테이프(고관절)를 노란색 테이프(무릎) 뒤로 밀어낸다."

큐 3: "노란색 테이프(무릎)는 정면을 향하게 유지한다."

자세
"발에 연결된 체인이 반대쪽 어깨를 당기고
있다고 상상하라. 바운드를 할 때
그 체인을 끊어낸다는 이미지를 만들어라."
(짧게: "체인을 끊어라.")

로딩
"전방으로 태클을 걸려고 하듯이 로딩을 하라."
(짧게: "임팩트를 위해 로딩을 걸어라.")

폭발시키기
"불구덩이를 바운드하여
넘듯이 위와 옆으로
폭발시켜라."
(짧게: "불구덩이를
넘어라.")

착지
"얇은 얼음판 위로 착지하라."
(짧게: "얼음판을 깨지 말라.")

논카운터 무브먼트 | 스쿼트 투 쓰로우

설명하기 + 시연하기

셋업 언어

스탠스: "두 발은 어깨너비보다 약간 넓게 벌려 선다. 메디신볼을 가슴 앞에 잡고, 팔꿈치는 아래를 향하게 하며, 1/4~1/2 스쿼트 자세로 몸을 낮춘다."

실행 언어

자세: "머리부터 고관절까지 길고 견고한 자세를 잡는다. 곧 튕겨져 나갈 스프링처럼 힘을 축적한다."

폭발시키기(숨 내쉬기): "편안한 깊이(탄성 또는 탄력적 긴장감을 극대화할 수 있는 깊이)에 도달하면, 하늘 방향으로 폭발시키는 데 집중하라. 공을 최대한 높이 던지기 위해 가속한다."

착지: "자연스럽게 착지하려 할 때 공을 시야에서 놓치지 않도록 한다(무릎과 고관절을 살짝 구부리고 척추는 길게 유지한다). 공은 수직선상으로 바로 내려와야 하는데, 이때 공을 피해 살짝 자리를 물러나야 할 수도 있다(공을 꽉 잡으려고 시도하지 말라)."

큐잉하기+수행하기

자세

- "척추를 길게 만들어라."
- "가슴을 펴라."
- "공을 아래에서 떠받쳐라."
- "공의 위치를 쇄골 앞에서 유지하라."

폭발 단계

- "지면에서 폭발하여 떨어져라."
- "지면에서 멀어지게 힘을 써라."
- "공을 하늘로 가속시켜라."
- "공을 가능한 높이 위로 던져라."

자세

셋업: 노란색 테이프는 가슴에, 하얀색 테이프는 허리밴드 위에 붙인다.

큐 1: "로딩을 할 때 두 테이프 사이가 가깝게 오지 못하게 하라."

큐 2: "폭발시킬 때 노란색 테이프(가슴)가 하얀색 테이프(허리)를 이끌어야 한다."

폭발 단계

셋업: 노란색 테이프는 가슴 앞에, 하얀색 테이프는 허리밴드 위래에 붙인다(또는 양쪽 고관절 옆에).

큐 1: "노란색 테이프(가슴)를 하늘로(또는 공을 통과해 위로) 보낸다."

큐 2: "하얀색 테이프(허리)로 노란색 테이프(가슴)를 밀어올린다."

큐 3: "던지기의 피크 점에서 테이프들이 수직으로 쌓여야 한다."

자세
"공이 지면의 체인에 연결되듯
텐션을 만들어라."
(짧게: "텐션과 폭발")

폭발시키기
"물속에 완전히 잠겨 있다. 폭발적으로
물 밖으로 뛰쳐나와라."
(짧게: "물에서 뛰쳐나와라.")

논카운터 무브먼트 | 버티컬 토스

설명하기 + 시연하기

셋업 언어

스탠스: "어깨너비보다 약간 넓게 두 발을 벌린다. 팔을 곧게 펴고(팔꿈치 구부림 없이), 고관절을 접어(루마니안 데드리프트처럼), 공이 두 신발 사이 공중에 위치하도록 한다."

실행 언어

자세: "머리부터 고관절까지 길고 견고한 자세를 잡는다. 상체를 테이블처럼 만들어야 한다."

폭발시키기(숨 내쉬기): "편안한 깊이(탄성 또는 탄력적 긴장감을 극대화할 수 있는 깊이)에 도달하면, 하늘 방향으로 폭발시키는 데 집중하라. 공을 최대한 (수직으로) 높이 던지기 위해 가속한다."

착지: "자연스럽게 착지하려 할 때 공을 시야에서 놓치지 않도록 한다(무릎과 고관절을 살짝 구부리고 척추는 길게 유지한다). 공은 수직선상으로 바로 내려와야 하는데, 이때 공을 피해 살짝 자리를 물러나야 할 수도 있다(공을 꽉 잡으려고 시도하지 말라)."

큐잉하기+수행하기

자세

- "상체를 평평하게 유지하라."
- "가슴을 펴라."
- "공 위에서 고관절을 접어라."
- "상체와 지면을 수평으로 유지하라."

폭발 단계

- "공이 지면과 멀어지게 가속하라."
- "공을 수직으로 던져라."
- "공을 하늘로 뿌려라."
- "공을 하늘 높이 보내라."

자세

셋업: 하얀색 테이프는 양쪽 고관절 옆에, 노란색 테이프는 양쪽 무릎 옆에 붙인다.

큐 1: "힌지를 할 때 하얀색 테이프(고관절)가 떨어지지 않게 하라."

큐 2: "하얀색 테이프(고관절)는 노란색 테이프(무릎) 위에 있어야 한다."

폭발 단계

셋업: 노란색 테이프는 가슴 앞이나 양쪽 어깨 옆에 하나씩 붙이고, 하얀색 테이프는 양쪽 고관절 옆에 붙인다.

큐 1: "노란색 테이프(가슴)를 하늘로(또는 공을 통과해 위로) 보낸다."

큐 2: "하얀색 테이프(허리)로 노란색 테이프(가슴)를 밀어올린다."

큐 3: "던지기의 피크 점에서 테이프들이 수직으로 쌓여야 한다."

자세

"엉덩이 바로 아래에 놓인 박스 위에 앉듯이 힌지를 한다. 스쿼트 하듯 엉덩이가 내려가면 안 된다." (짧게: "박스 위에 털썩 주저앉지 말라.")

폭발시키기

"뒤에 벽이 있어 부딪히지 않게 하면서 공을 수직으로 던져라." (짧게: "벽을 따라 공을 위로 던져라.")

논카운터 무브먼트 | 체스트 패스

설명하기 + 시연하기

셋업 언어

거리: "스쿼팅을 하기 전, 바르게 서서 벽으로 공을 뻗는다. 공과 벽 사이의 거리는 1~2피트(30~61cm)가 되어야 한다. 이 움직임을 처음 배울 때, 특히 메디신볼이 많이 튀지 않는 제품인 경우 벽 가까이에서 시작한다. 동작에 익숙해지면 (또는 탄성이 높은 메디신볼을 사용하는 경우) 좀 더 거리를 둘 수 있는데 이렇게 되면 파워에 대한 집중력이 높아진다."

스탠스: "벽에 평행하게 서서, 어깨너비보다 약간 넓게 두 발을 벌린다. 메디신볼을 가슴 앞에 든다. 팔꿈치를 아래로 향하게 하고, 1/4~1/2 스쿼트 자세를 취한다."

실행 언어

자세: "머리부터 고관절까지 길고 견고한 자세를 잡는다. 상체의 지퍼를 잠근다."

폭발시키기(숨 내쉬기): "편안한 깊이에 도달하면 공으로 맞추고 싶은 가상의 타깃을 벽에 이미지화한다(타깃은 공과 평행해야 한다). 타깃에 집중하면서 몸통과 하체의 움직임을 최소화하면서 벽을 향해 공을 가속시킨다."

캐치: "메디신볼이 탱탱하지 않은 경우(즉, 데드볼) 팔을 쭉 뻗은 상태에서 잡는다. 메디신볼이 탱탱한 경우(즉, 리액티브 볼)에는 공이 벽에서 튕겨 나올 때 팔꿈치를 부드럽게 하여(구부려서) 공을 받아들여야 한다."

큐잉하기+수행하기

자세

- "상체를 바르게 펴고, 공을 잘 받쳐 든다."
- "벽과 평행으로 선다."
- "공은 가슴 높이로 유지한다."
- "공으로 맞추고자 하는 벽의 지점에 집중하라."

폭발 단계

- "공이 당신으로부터 멀어지게 하라."
- "공을 똑바르게 던져라."
- "공을 벽 쪽으로 가속하라."
- "벽을 뚫을 듯이 공을 던져라."

자세

셋업: 노란색 테이프는 양쪽 어깨 옆에 하나씩, 하얀색 테이프는 두 신발 바깥에 하나씩 붙인다.

큐 1: "노란색 테이프(어깨)와 하얀색 테이프(신발)가 수직선상에 위치하게 하라."

큐 2: "두 노란색 테이프(어깨)는 각각의 신발 중간 위에 위치해야 한다."

폭발 단계

셋업: 노란색 테이프는 양쪽 어깨 옆에 하나씩, 그리고 하얀색 테이프는 손등에 하나씩 붙인다.

큐 1: "하얀색 테이프(손)를 벽으로 뿌려라."

큐 2: "하얀색 테이프(손)가 노란색 테이프(어깨)와 수평선상에서 동작이 마무리되어야 한다."

큐 3: "공이 노란색 테이프(어깨)에서 멀리 떨어지게 하라."

자세

"농구에서 동료에게 패스를 하듯 자세를 셋팅하라."

폭발시키기

"테이프로 상체와 팔이 둘러싸여 있고, 팔이 몸 측면에 고정되어 있다고 상상하라. 공을 벽으로 던질 때 이 테이프를 찢어낸다고 생각하라."
(짧게: "테이프를 찢어내라.")

논카운터 무브먼트 | 로테이셔널 쓰로우

설명하기 + 시연하기

셋업 언어

거리: "스쿼팅을 하기 전, 바르게 서서 벽으로 공을 뻗는다. 손과 벽 사이의 거리는 1피트(30cm)보다 멀어서는 안 된다. 이 움직임을 처음 배울 때, 특히 메디신볼이 많이 튀지 않는 제품인 경우 벽 가까이에서 시작한다. 동작에 익숙해지면(또는 탄성이 높은 메디신볼을 사용하는 경우) 좀 더 거리를 둘 수 있는데 이렇게 되면 파워에 대한 집중력이 높아진다."

스탠스: "벽에 수직으로 서서, 어깨너비보다 약간 넓게 두 발을 벌린다. 메디신볼을 바지 주머니 옆에서 받치고 1/4~1/2 스쿼트 자세를 취한다. 몸을 살짝 공 쪽으로 돌려서 몸통과 고관절에서 텐션을 만든다."

실행 언어

자세: "머리부터 고관절까지 길고 견고한 자세를 잡는다. 상체의 지퍼를 잠근다."

폭발시키기(숨 내쉬기): "편안한 깊이에 도달하면 공으로 맞추고 싶은 가상의 타깃을 벽에 이미지화한다(타깃은 공과 평행해야 한다). 타깃에 집중하면서 목표물에 포커스를 맞추고 벽으로 공을 가속하여 테니스공을 칠 때처럼 고관절과 몸통이 회전하도록 하라."

캐치: "메디신볼이 탱탱하지 않은 경우(즉, 데드볼) 팔을 쭉 뻗은 상태에서 잡는다. 메디신볼이 탱탱한 경우(즉, 리액티브 볼)에는 공이 벽에서 튕겨 나올 때 팔꿈치를 부드럽게 하여(구부려서) 공을 받아들여야 한다."

큐잉하기+수행하기

자세

- "상체를 바르게 펴고, 공을 내린다."
- "공을 벽으로부터 숨긴다."
- "공은 바지 주머니 바로 옆에 놓는다."
- "공으로 맞추고자 하는 벽의 지점을 본다."

폭발 단계

- "벨트 버클과 공은 벽을 향한다."
- "공은 지면과 수평으로 나아간다."
- "공을 벽으로 뿌려라."
- "벽을 뚫을 듯이 공을 던져라."

자세

셋업: 하얀색 테이프는 각 고관절 앞에 붙인다.

큐 1: "로딩을 걸 때 몸을 돌려 바깥쪽 하얀색 테이프(고관절)는 안쪽 하얀색 테이프(고관절) 뒤로 보내라."

큐 2: "공과 바깥쪽 테이프(고관절)가 안쪽 테이프(고관절) 뒤로 올 때까지 몸을 돌린다."

폭발 단계

셋업: 하얀색 테이프는 각 고관절 앞에 붙인다.

큐 1: "바깥쪽 테이프(고관절)를 공과 함께 벽 쪽으로 보내라."

큐 2: "공을 바깥쪽 테이프(고관절)에서 벽까지의 일직선상으로 가속하라."

큐 3: "두 테이프(고관절)가 벽과 정면을 향하여 동작이 마무리되도록 공을 던져라."

자세

"소프트볼 타석에서 곧 배트를 휘두를 것같이 로딩을 걸어라." (소프트볼 외에 테니스, 골프, 그리고 하키와 같은 비유를 사용할 수 있다.)

폭발시키기

"벽으로 던져서 공을 터뜨려라." ("쾅! 빵!"과 같이 터뜨리라는 표현을 말소리로 크게 내고, 공이 벽에 부딪히면 박수를 크게 쳐서 이 비유를 강조하라.)

10 패스트 큐잉

다음 장에서는 주로 필드 및 코트 스포츠의 속도 표현과 관련된 10가지 동작 기술이 포함된다. 동작은 방향(선형 및 다방향) 및 유형별(예: 가속, 크로스오버, 역주행 등)로 구성된다.

7장에서 살펴본 바와 같이 동작은 큐잉 그리드로 구성되며, 이 그리드들은 4장의 코칭 커뮤니케이션 루프에 집합적으로 매핑되는 두 섹션으로 나뉜다. 섹션 1은 설명하기와 시연하기 단계를 지원하는 언어와 이미지를, 섹션 2는 큐잉하기 및 수행하기 단계를 지원하는 언어와 이미지를 제공한다. 큐잉 그리드는 이 장에서도 설명이 가능하지만, 이에 대한 자세한 설명은 7장 208쪽의 큐잉 그리드 섹션에서 제공된다.

기억해야 할 사항들

1. 동작 설명(즉, 설명하기)은 두 가지 목적을 가진다. (1) 동작 또는 동작의 일부를 설명하는 데 사용할 수 있는 코칭 문구의 예와, (2) 관련된 생체역학에 대한 큐를 제공한다. 대본이 필요하지 않으며, 특히나 질 좋은 데모를 시연하는 경우에는 내가 공유한 모든 내용을 말할 필요가 거의 없을 것이다. 따라서 더도 말고 덜도 말고 필요한 만큼만 사용하라. 선수가 동작의 이름을 이해했다면 이에 대한 설명은 생략해도 된다. 이렇게 하면 한 반복에서 다음 반복으로 초점/집중을 효과적으로 안내하는 짧은 큐(즉, 큐잉하기)를 만드는 데 집중할 수 있다.
2. 동작의 각 단계에 대한 여러 외부 큐(및 비유)를 제공했지만, 선수에게 하나의 동작에 하나의 큐만 제공해야 한다. 기억하듯이, 이는 주의력과 작업 기억력의 한계 때문이다. 따라서 우리는 한 번에 하나의 움직임, 하나의 반복, 하나의 초점을 구축한다.
3. 제공된 큐와 비유가 전부가 아니다. 이러한 이유로, 제공된 것 외에 자신만의 큐와 비유 만들기를 권장한다. 큐 생성을 위해 5장의 3D 큐잉 모델과 6장의 비유 모델을 활용하라.

선형 속도 | 3점 출발 자세(달리기 출발 자세)

설명하기 + 시연하기

셋업 언어

스텝step: "출발선에 서서, 두 발을 엉덩이 너비로 벌리고, 한 걸음 뒤로 물러선다. 이제 두 발은 출발선에서 1~1.5피트 정도 떨어져 있다."

드래그 앤 드롭drag and drop: "주로 미는 다리를 뒤로 끌어 당겨 무릎을 지면을 향하게 한다. 그 무릎은 반대쪽 신발의 발가락이 있는 자리와 같은(또는 약간 뒤) 위치에 있다(여전히 엉덩이 너비만큼 두 다리가 떨어져 있음). 이제 발뒤꿈치를 수직으로 들어올리면, 무릎을 굽힌 자세로 트랙이나 필드를 내려보고 있다."

폴fall: "물 두 잔을 들고 있는 듯한 손 자세를 취한 채, 몸을 앞으로 기울여 시작선 가장자리에 손가락을 둔다. 엄지손가락은 어깨 중앙에 정렬되고, 엄지와 검지는 지면과 직각 삼각형을 이룬다."

리프트 앤 로드lift and load: "뒤에 벽이 있는 것처럼 천천히 엉덩이를 앞으로, 위로 들어올린다. 그다음 앞쪽 다리와 같은 쪽의 손을 고관절까지 뒤로 가져온다. 이 시점에서, 아래 첫 번째 사진과 같은 자세가 된다."

실행 언어

자세: "머리부터 엉덩이까지 몸을 길게 하고, 단단히 유지한다. '길이를 통한 긴장'이다."

다리 동작(밀기): "양다리를 앞쪽 정강이와 같은 각도로 밀어낸다. 몸통은 밀기 동안 앞쪽 정강이와 평행을 이룬다. 밀기 단계는 머리부터 발뒤꿈치까지 직선이 되면 끝난다."

다리 동작(차기): "초기 밀기 후 뒷다리는 무릎이 지면 위로 미끄러지며, 허벅지와 몸통이 90도 각도가 될 때까지 앞으로 찬다."

"밀기와 차기는 동시에 끝난다. 그다음 동작이 바뀌어 다음 보폭을 시작한다."

팔 동작: "앞쪽 팔은 직선이며, 손이 출발선을 앞으로 밀어낸다. 팔이 벽처럼 작용하고, 다리, 특히 앞다리를 뒤로 밀어내며 몸에 팽팽한 긴장을 만든다. 출발 시, 아래팔을 뒤로, 위팔은 앞으로 강하게 던진다. 이 동작은 관성을 깨고 앞으로 나아가는 움직임을 시작하는 역할을 한다."

큐잉하기+수행하기

자세
- "밀 때, 몸을 길게 해라."
- "찰 때, 몸을 길게 해라."
- "출발할 때, 몸을 길게 해라."
- "몸을 길게 그리고 낮게 유지해라."

다리 동작(밀기 강조)
- "출발선에서 폭발적으로 나가라."
- "출발선을 밀어내라."
- "블록 밖으로 돌진해라."
- "지면을 뒤로 밀어내라."

다리 동작(펀치 강조)
- "위로, 앞으로 폭발하듯 올려라."
- "현재 위치에서 앞으로 차라."
- "결승선을 향해 돌진해라."
- "일어나자마자 질주해라."

팔 동작
- "결승선으로 (팔을) 던져라."
- "벽을 향해서 (손을) 던져라."
- "뒤로 (네 손을) 망치질 해라."
- "(팔을) 앞으로 쏴라."

자세
준비: 등 위쪽에 노란색 테이프를, 등 아래쪽에 흰색 테이프를 붙인다.

큐 1: "출발선에서 달리는 순간 테이프 조각끼리 서로 부딪히게 해라."

큐 2: "출발선에서 벗어날 때까지, 테이프 조각의 정렬을 유지해라."

다리 동작
준비: 앞다리 발목 바깥쪽에 흰색 테이프를, 뒷다리 무릎 바깥쪽에 노란색 테이프를 붙인다.

큐 1: "흰색 테이프(발목)를 지면을 향해서 뒤로 밀어라." (밀기 강조).

큐 2: "노란색 테이프(무릎)를 결승선을 향해서 차라." (차기 강조)

큐 3: "출발선에서 달려 나가며, 테이프 조각들(발목과 무릎)이 서로 찢어져 떨어지게 해라."

팔 동작
준비: 아래 손에 흰색 테이프 조각을, 위쪽 손에 노란색 테이프 조각을 붙인다.

큐 1: "흰색 테이프를 뒤로 던져라."

큐 2: "노란색 테이프를 앞으로 던져라."

큐 3: "결승선을 향해 폭발적으로 달리면서, 테이프 조각들을 서로 찢어져 떨어지게 해라."

자세

"머리부터 발뒤꿈치까지 당신의 몸이 사슬이라고 상상해 보자. 앞으로 뛰어 나갈 때, 사슬을 "쾅" 소리가 나게 끊어." (짧게: "체인을 끊어.")

다리 동작(밀기)

"치타가 두 걸음 뒤에서 쫓아오고 있는 것처럼 출발선에서 폭발적으로 뛰어 나가." (짧게: "치타를 이겨.")

다리 동작(차기)

"언덕을 뛰어오르듯, 출발선에서 뛰어 나가."
(짧게: "언덕을 올라가.")

팔 동작

"누군가가 손목을 잡고 있다고 상상해 보자.
그들의 손을 뿌리치듯 팔을 빠르게 움직여."
(짧게: "손목을 뿌리쳐.")

선형 속도 I 가속

설명하기 + 시연하기

실행 언어

개요: 가속은 분석을 목적으로 여러 단계로 나눌 수 있지만, 코칭에 있어서는 선수가 가속을 주기적이고 번갈아가면서 움직이는 단일 동작으로 실행한다는 것을 인식해야 한다. 따라서 우리는 가속을 하나의 단계를 가진 동작으로 취급하며, 한쪽 다리는 뒤로 밀고(뒷방향 역학으로 불리기도 함) 반대쪽 다리는 앞으로 차는 것(앞쪽 역학이라고 불림)을 번갈아 수행하는 것으로 볼 것이다. 3점 출발 자세를 위한 큐와 유사하게, 각 다리 동작에 대한 별도의 큐를 고려할 것이다.

자세: "머리부터 엉덩이까지 길고 단단하게, '길이에 따른 긴장감'을 유지한다."

다리 동작(밀기): "밀기는 허벅지와 고관절의 굴곡이 끝날 때 시작되며, 같은 쪽 발이 지면에 닿을 때까지 계속되고, 발이 지면을 끝까지 밀어내면 끝난다. 밀기 동안 다리는 뒤로, 몸통과 같은 각도로 움직여야 한다(정강이가 몸통과 평행해야 함). 성공적으로 민다면, 발이 질량 중심 아래(또는 약간 앞쪽)를 딛어, 선수가 트랙에서 떠오르기에 충분한 수직력과 앞으로 나아가기에 충분한 수평력을 만들어낸다."

다리 동작(차기): "차기는 발이 지면에서 밀기를 마치면 시작되고, 같은 쪽 다리가 앞으로 움직이는 동안 계속되며, 허벅지와 고관절의 굴곡이 끝날 때까지 이어진다. 차기 중에 허벅지는 즉시 앞으로 움직이며 몸과 80~90도 각도를 이룰 때까지 계속 이뤄진다. 이 전진 동작이 지연되면(허벅지가 앞으로 움직이는 대신 발뒤꿈치가 먼저 올라가는 경우), 전반적인 기술의 조화가 깨질 수 있다."

"밀기와 차기가 효과적으로 조율되면 선수는 가속에서 절대 속도로 전환할 때 제트기가 이륙하듯, 점진적으로 떠오르는 것처럼 보일 것이다."

팔 동작: "다리와 마찬가지로, 팔도 앞뒤로 번갈아 움직인다. 앞으로 움직이는 동작은 팔을 구부리게 하고(반대쪽 다리가 구부러지는 것처럼) 뒤로 움직이면 팔이 펴지게 된다(반대쪽 다리가 펴지는 것처럼)."

큐잉하기+수행하기

자세
- ► "지면을 밀 때까지 몸을 길게 유지해라."
- ► "달릴 때 몸을 길게 해라."
- ► "다리를 들 때 몸을 길게 해라."
- ► "뛰면서 몸을 세워라."

다리 동작(밀기)
- ► "트랙이 몸 뒤로 가게 달려라."
- ► "지면에서 폭발적으로 나가라."
- ► "지면을 밀어라."
- ► "지면을 밀어서 몸을 총알처럼 쏴라."

다리 동작(차기)
- ► "앞으로 차라."
- ► "결승선을 향해 달려라."
- ► "결승선까지 차라."
- ► "지면에서 떨어져라."

팔 동작
- ► "공기를 끊어라."
- ► "공기를 잘라내라."
- ► "(팔을) 뒤로 던져라."
- ► "(팔을) 망치질 해라."

자세

준비: 등 위쪽에 노란색 테이프를, 등 아래쪽에 흰색 테이프를 붙인다.

큐 1: "전력질주 동안 테이프들이 직선이 되게 유지해라."

큐 2: "전력질주 중에 테이프가 서로 더 멀어지지 않게 해라."

큐 3: "지면에서 달릴 때, 테이프들(등에 붙인)도 같이 질주하는 거야."

다리 동작

준비: 흰색 테이프를 각 발목의 바깥쪽이나 앞쪽에, 노란색 테이프를 각 무릎의 바깥쪽이나 위쪽에 붙인다.

큐 1: "흰색(발목) 테이프를 지면을 향해 밀어라." (밀기 강조)

큐 2: "노란색(무릎) 테이프를 결승선을 향해 밀어라." (차기 강조)

큐 3: "지면을 박찰 때마다 (반대편의) 테이프 조각들이 서로 떨어지게 해라."

팔 동작

준비: 각 손목 상단에 노란색 테이프 한 조각을 붙인다.

큐 1: "테이프를 뒤로 던져라."

큐 2: "테이프를 망치질 해라."

큐 3: "테이프가 바지 주머니를 지나쳐 움직여라."

자세

"가속하면서 항공모함에서
이륙하는 제트기처럼 서서히 일어나."
(짧게: "비행기처럼" 또는 "비행기 타듯이.")

다리 동작(밀기)

"뒤로 박차. 트랙을 찢어 버려."
(짧게: "트랙을 찢어.")

다리 동작(차기)

"유리창을 깨듯 무릎을 앞으로 내밀어."
(짧게: "유리를 깨뜨려.")

팔 동작

"팔은 망치라고 생각해. 다리는 못이야. 망치로 못을 박아."
(짧게: "망치질 해." 또는 "못을 박아.")

선형 속도 | 절대 속도

설명하기 + 시연하기

실행 언어

개요: 절대 속도는 분석을 위해 여러 단계로 나눌 수 있지만, 코칭에 있어서는 선수가 절대 속도를 주기적이고 번갈아가면서 움직이는 단일 동작으로 실행한다는 것을 인식해야 한다. 따라서 우리는 절대 속도를 하나의 단계를 가진 동작으로 취급하며, 한쪽 다리는 뒤로 밀고(뒷방향 역학으로 불리기도 함) 반대쪽 다리는 앞으로 차는 것(앞쪽 역학이라고 불림)을 번갈아 수행하는 것으로 볼 것이다. 적용되는 물리적 특성이 겹치기에, 절대 속도의 코칭 언어는 일반적으로 지구력 달리기에도 적용할 수 있다.

자세: "머리부터 엉덩이까지 키를 유지하라. 벨트 버클이나 허리띠(몸의 중심)가 선두다."

다리 동작(밀기): "밀기는 허벅지와 고관절의 굴곡이 끝나면 시작되고, 같은 쪽 발이 땅에 닿을 때까지 계속되며, 발이 지면 밀기를 마치면 끝납니다. 다리는 질량 중심 바로 앞을 디뎌 몸이 트랙에서 들려 올라가기에 충분한 수직력을 생성해야 한다. 최대 속도는 추가되는 수평력에 의해 속도가 증가하거나 유지 또는 감소의 여부가 결정된다."

다리 동작(차기): "차기는 발이 지면에서 밀기를 마치면 시작되고, 같은 쪽 다리가 앞으로 움직이는 동안 계속되며, 허벅지와 고관절의 굴곡이 끝날 때까지 이어진다. 차기 중에 허벅지는 즉시 앞으로 움직이며 몸과 80~90도 각도를 이룰 때까지 계속 이뤄진다. 이 전진 동작이 지연되면(허벅지가 앞으로 움직이는 대신 발뒤꿈치가 먼저 올라가는 경우), 전반적인 기술의 조화가 깨질 수 있다."

"밀기와 차기가 효과적으로 조율되면 뒤 허벅지(다리)가 위로, 앞으로 움직이는 것과 동시에 앞 허벅지(다리)가 아래로 뒤로 움직이게 된다."

팔 동작: "다리처럼 팔도 앞뒤로 번갈아 움직이고, 앞으로 가려면 팔이 굴곡해야 하고(반대쪽 다리가 구부러지는 것처럼) 뒤로 움직이려면 펴져야 한다(반대쪽 다리가 펴지는 것처럼)."

큐잉하기+수행하기

참고: 서로 다른 색상의 윤곽선은 움직임의 여러 단계를 나타낸다.

자세

- "몸을 펴라."
- "하늘까지 길어져라."
- "다리를 들 때만 길어져라."
- "벨트 버클(또는 허리띠)이 선두야."

다리 동작(밀기)

- "트랙을 박차라."
- "아래, 뒤로 밀어내라."
- "트랙에서 폭발적으로 떨어져라."
- "공격적으로 밀어내라."

다리 동작(차기)

- "하늘을 때려라."
- "하늘을 차라."
- "(너의) 허벅지를 하늘로."
- "공격적으로 차라."

팔 동작

- "공기를 끊어 내라."
- "공기를 잘라 내라."
- "(팔을) 뒤로 던져라."
- "(팔을) 뒤로 망치질 해라."

자세

준비: 등 위쪽에 노란색 테이프를, 등 아래쪽에 흰색 테이프를 붙인다.

큐 1: "전력질주 동안 테이프들이 서로 직선이 되게 유지해라."

큐 2: "전력질주 동안 테이프들을 정렬된 상태로 유지해라."

큐 3: "노란색(위쪽) 테이프를 흰색(아래쪽) 테이프에서 위로 잡아당겨라."

다리 동작

준비: 흰색 테이프를 각 발목의 바깥쪽이나 앞쪽에, 노란색 테이프를 각 무릎의 바깥쪽이나 위쪽에 붙인다.

큐 1: "흰색(발목) 테이프를 지면을 향해 밀어라." (밀기 강조)

큐 2: "노란색(무릎) 테이프를 결승선을 향해 밀어라." (차기 강조)

큐 3: "지면을 박찰 때마다 (반대편의) 테이프 조각들이 서로 떨어지게 해라."

팔 동작

준비: 각 손목 상단에 노란색 테이프 조각을 붙인다.

큐 1: "테이프를 뒤로 던져라."

큐 2: "테이프를 망치질 해라."

큐 3: "테이프가 바지 주머니를 지나쳐 움직여라."

자세

"몸을 길게 하고 몸을 앞으로 (살짝) 기울여.
(짧게: "바람이 너를 밀고 있어." 또는 "바람에 기대."
또는 "뒤로 날아가지 마.")

다리 동작(밀기)

"가파른 계단을 질주하듯 트랙을 따라
다리를 밑으로 움직여."
(짧게: "계단을 올라." 또는 "계단을 박차.")

다리 동작(차기)

"스파링 미트를 뚫듯이 무릎(허벅지)을 앞으로 내밀어." (짧게: "미트를 쳐.")

팔 동작

"팔꿈치는 팔이 뒤로 움직이면 열리고, 앞으로 움직이면 닫히는 문의 경첩이야." (짧게: "문을 열어.")

다방향 스피드 | 45도 컷

설명하기 + 시연하기

실행 언어

개요: 방향 변화는 컷팅의 한 유형으로, 운동선수가 한 방향으로의 움직임을 멈추고(즉, 감속) 새로운 방향으로 움직임을 생성(즉, 가속)하는 모든 동작을 말한다. 45도 컷의 맥락에서 운동선수가 접근하는 수비수를 제치고 나갈 방법을 찾고 있다고 상상해 보자. 수비수의 왼쪽이나 오른쪽에 공간이 있는 경우, 선수는 45도 컷을 통해 그 공간을 공격하기로 결정할 것이다. 우리는 컷 자체에 대한 큐잉을 구체적으로 살펴볼 것이지만, 이 움직임의 전체에는 접근 방식, 컷, 전환이 필요하며, 이 경우 선형 가속(이 장의 앞부분에서 논의한 움직임)이 필요하다는 점을 인식하는 것이 중요하다.

자세: "당신이 움직이고자 하는 곳을 수비수에게 티가 나지 않도록 똑바로 마주하라. 당신의 자세는 수비수와 정면('스퀘어 업')을 유지하고 중립('자랑스러운 자세' 또는 '자랑스럽게')을 유지해야 한다. 밀기를 시작하면 당신의 자세는 '거만하게' 상태로 남아서 컷 방향으로 움직여야 한다(미는 다리를 구부리거나 그쪽으로 기대지 마라)."

다리 동작(밀기): "수비수에게 접근할 때, 몸을 낮추기 시작하라(시나리오에 따라 갑자기 또는 점진적으로). 일단 당신이 충분히 낮아지면(시나리오에 따라 1/4에서 하프 스쿼트 깊이), 바깥쪽 발의 클리트(징)를 지면에 단단히 박고 빈 공간(왼쪽 또는 오른쪽 45도)으로 몸을 밀어 넣는다. 이를 각진 가속 스텝angled acceleration step이라고 생각하면 된다."

다리 동작(차기): "가속할 때 밀기PUSH와 차기PUNCH가 함께 작동하는 것처럼 커팅할 때도 함께 작동한다. 미는 다리가 원하는 방향으로 움직일 때, (안쪽) 차는 다리가 리프팅되어 새로운 방향을 가리켜야 한다. 무릎을 자동차의 헤드라이트처럼 생각하면 헤드라이트가 내가 가고 있는 방향을 가리키고 있어야 한다.

"올바르게 동작을 수행하면 미는 다리와 차는 다리가 함께 작동하여 컷의 다음 스텝은 선형 가속의 첫 번째 스텝처럼 보일 것이다."

팔 동작: "팔은 한 방향의 추진력을 꺾어 다른 방향으로 방향을 전환하는 데 중요한 역할을 한다. 가속과 마찬가지로 반대쪽 팔과 다리가 함께 작동한다. 바깥쪽 팔은 차는 다리와 같은 방향으로 몸을 가로질러 움직이고, 안쪽 팔은 미는 다리 쪽으로 다시 움직인다."

큐잉하기+수행하기

자세

- "상대와 마주 서라(수비수)."
- "공격할 때 단단함을 유지하라."
- "밀어붙일 때 자신감을 유지하라."
- "잘라 들어갈 때 절대로 꺾이지 마라."

다리 동작(밀기)

- "지면에서 멀어져라."
- "지면을 박차라."
- "지면을 밀어라."
- "밀어낼 때 낮게 (또는 평평하게) 유지하라."

다리 동작(차기)

- "발로 지면을 강하게 파고들어라."
- "수비수의 바깥으로 향하라."
- "컷의 바깥쪽으로 (또는 공간으로) 차라."
- "펀치할 때 낮게 (또는 평평하게) 유지하라(컷의 바깥으로)."

팔 동작

- "팔을 가로질러 차라."
- "팔을 가로질러 던져라."
- "회전할 때 토크를 만들어라."
- "달리는 쪽으로 회전하라(또는 뻗어라)."

자세

셋업: 가슴 위쪽에 노란색 테이프 조각을 붙이고 허리띠 위에 흰색 테이프 조각은 붙인다.

큐 1: "컷을 할 때 테이프를 연결하라."

큐 2: "노란색(가슴) 테이프를 (바깥쪽) 주머니 안에 넣어라."

큐 3: "컷을 할 때 노란색(가슴) 테이프로 리드하라."

다리 동작

셋업: 각 발목의 바깥쪽이나 앞쪽에 흰색 테이프 조각을 붙이고 각 무릎의 바깥쪽이나 위쪽에 노란색 테이프 조각을 붙인다.

큐 1: "흰색(발목) 테이프를 땅으로 밀어 넣어라." (푸시 강조).

큐 2: "노란색(무릎) 테이프를 공간으로 몰아넣어라." (펀치 강조).

큐 3: "땅에서 발을 뗄 때 (반대) 테이프 조각을 서로 멀게 하라."

팔 동작

셋업: 각 손목 위에 노란색 테이프 조각을 붙인다.

큐 1: "공간을 향해 (외부) 노란색 테이프를 차라."

큐 2: "(외부) 노란색 테이프를 공간으로 던져라."

큐 3: "몸의 중심선을 가로질러 (외부) 노란색 테이프를 움직여라."

자세

"자세를 낮추고 어깨로 문을 부술 것처럼 기대라." (짧게: "문을 부숴라.")

다리 동작(밀기)

"마치 발목 측면을 물려고 하는 방울뱀으로부터 도망치는 것처럼 컷에서 벗어나라." (짧게: "물리지 마.")

다리 동작(차기)

"무릎이 헤드라이트라고 상상하고, 가고자 하는 방향으로 가리켜라." (짧게: "길을 밝혀라.")

팔 동작

"당신의 몸통이 팽이라고 상상해 보라. 팔을 던져서 당신이 가고 싶은 방향으로 돌려 보라." (짧게: "팽이를 돌려라.")

다방향 스피드 | 사이드 스텝 컷

설명하기 + 시연하기

실행 언어

개요: 사이드 스텝 컷이 유형인 방향의 변화는 운동선수가 한 방향(즉, 감속)에서 움직임을 멈추고 새로운 방향(즉, 가속)에서 움직임을 생성할 수 있는 모든 움직임을 말한다. 사이드 스텝 컷의 맥락에서, 운동선수가 접근하는 수비수를 제치고 나갈 방법을 찾고 있다고 상상해 보자. 수비수의 왼쪽이나 오른쪽에 공간이 있으면, 선수는 수비수를 피하고 사용 가능한 공간을 공격하기로 결정한다. 우리는 특히 컷 자체에 대한 큐잉을 살펴볼 것이지만, 이 움직임의 전체는 접근 방식, 컷 그리고 전환을 필요로 한다는 것을 인식하는 것이 중요하며, 이 경우는 선형 가속(이 장의 앞부분에서 논의한 움직임)이다.

자세: "당신이 움직이고자 하는 곳을 수비수에게 티가 나지 않도록 똑바로 마주하라. 당신의 자세는 수비수와 정면('스퀘어 업')을 유지하고 중립('자랑스러운 자세' 또는 '자랑스럽게')을 유지해야 한다. 밀기를 시작하면 당신의 자세는 '거만하게' 상태로 남아서 컷 방향으로 움직여야 한다(미는 다리를 구부리거나 그쪽으로 기대지 마라)."

다리 동작(밀기): "수비수에게 접근할 때, 몸을 낮추기 시작하라(시나리오에 따라 갑자기 또는 점진적으로). 일단 당신이 충분히 낮아지면(시나리오에 따라 1/4에서 하프 스쿼트 깊이), 바깥쪽 발의 클리트(징)를 지면에 단단히 박고 달리고 있는 방향으로 정면을 유지하면서 옆으로(왼쪽이나 오른쪽으로 90도) 자신을 밀고나가라."

다리 동작(차기): "밀기와 펀치가 가속 중에 함께 작동하는 것처럼, 사이드 스텝 단계에서도 함께 작동한다. 당신의 미는 다리가 당신을 옆으로 이동시킬 때, 당신의 (내부) 펀치 다리는 들어 올리고 측면으로 끌어내야 하고, 계속 정면을 유지해야 한다.

"올바르게 완료되면, 밀기와 펀치 다리는 측면 움직임 다음 스텝이 선형 가속의 첫 번째 스텝처럼 보일 수 있도록 함께 작동하게 된다."

팔 동작: "당신의 팔은 사이드 스텝을 할 때 반대쪽 다리를 반영하고 사이드 스텝을 빠져나갈 때 가속으로 빠르게 전환해야 한다. 팔은 측면 운동을 선형 가속으로 옮기는 데 중요하므로, 사이드 스텝을 빠져나갈 때 공격적일 필요가 있다."

큐잉하기+수행하기

자세

- "상대와 마주 서라(수비수)."
- "스텝을 옮길 때 단단함을 유지하라."
- "밀고 나갈 때 거만한 자세를 유지하라."
- "스텝을 옮길 때 견고하게 해라."

다리 동작(밀기)

- "지면에서 폭발하라."
- "비켜 서라."
- "측면으로 빠질 때 파고들어라."
- "스텝을 옮길 때 낮은 자세를 유지하라."

다리 동작(차기)

- "폭발적으로 공간으로 이동하라."
- "공간으로 스텝을 옮겨라."
- "수비수의 바깥으로 이동하라."
- "펀치하며 나갈 때 낮은 자세를 유지하라."

팔 동작

- "측면으로 움직일 때 (팔의) 힘을 빼라."
- "(스텝을 하는 동안) 팔을 고정시켰다가 (스프린트 할 때) 공격적으로."
- "(팔을) 뒤로 던져라(스프린트 하는 동안)."

자세

셋업: 가슴 상부에 노란색 테이프를 붙이고 하얀색 테이프는 허리띠보다 약간 위에 붙인다.

큐 1: "스텝을 하는 동안 두 테이프를 서로 가까이 유지하라."

큐 2: "노란색 테이프(가슴)를 주머니에 넣어라(바깥으로)."

큐 3: "스텝이 끝날 때 노란색 테이프(가슴)가 먼저 나가라."

다리 동작

셋업: 하얀색 테이프를 발목 위에 붙이고 노란 테이프를 다른 쪽 무릎 위에 붙인다.

큐 1: "하얀색 테이프(발목)를 측면으로 지면에 때려 박아라." (밀기 강조)

큐 2: "노란색 테이프(무릎)를 들어서 바깥쪽 공간으로 밀어라." (펀치 강조)

큐 3: "지면을 밀어낼 때 두 테이프를 서로 멀리 하라."

팔 동작

셋업: 노란색 테이프를 각각의 손목 위에 붙인다.

큐 1: "스텝을 벗어날 때 노란색 테이프를 뒤로 던져라."

큐 2: "스텝을 벗어날 때 노란색 테이프를 내려쳐라."

큐 3: "스텝을 벗어날 때 노란색 테이프를 주머니 뒤로 보내라."

자세
"스텝을 옮길 때, 당신 앞에 벽이 있다. 밖으로 나가려면 출입구에 들어가야 한다고 상상해 보라." (짧게: "문 밖으로 나가.")
다리 동작(밀기)
"맨발로 뜨거운 석탄더미 위에 있다고 생각하고 스텝을 옮겨보라." (짧게: "석탄에서 내려와.")
다리 동작(차기)
"수비수(또는 공간으로)를 피한 후, 좁은 복도를 질주하는 것처럼 직진(또는 북쪽으로)하라." (짧게: "북쪽으로 가.")
팔 동작
"수비수(또는 공간으로)를 피하고 나면, 마치 [물건 이름 설정]을 뒤로 던지는 것처럼 팔을 가속하라." (짧게: "[물건 이름 설정]을 던져라.")

다방향 스피드 | 180도 컷

설명하기 + 시연하기

실행 언어

개요: 방향 변경은 180도 컷이 하나의 유형으로 포함되는 것을 의미하며, 이는 선수가 움직임을 하나의 방향에서 멈추고(즉, 감속) 새로운 방향으로 움직임을 생성(즉, 가속)하는 모든 동작을 말한다. 스포츠에서 때때로 선수들은 이러한 극단적인 동작을 수행해야 할 때도 있지만, 아래에 설명하는 버전은 NFL 콤바인에 포함됨으로써 인기를 끄는 'Pro-Agility Drill'과 연관되어 있다. 나의 콤바인 코칭 뿌리에 대한 한 시선으로, 이 거짓말같이 어려운 드릴을 습득하는 데 도움이 되는 여러 가지 큐를 사용해 왔기 때문에 이를 여기에 포함시키기로 마음먹었다. 이미 45도 컷과 사이드 스텝 컷에 대한 자세하고(그리고 전이 가능한) 큐들을 고려했기 때문에 접근 방법, 컷 및 전환까지 포함하여 우리의 관점을 넓힐 것이다. 이 경우, 가속을 위한 교차 동작(이동은 이 장에서 나중에 다룰 것이다)을 포함한다.

접근 방식: "단순하게, 우리는 접근 방식을 컷의 세 스텝으로 정의할 것이다. 첫 스텝은 앉기 스텝으로, 두번째 스텝은 피벗 스텝으로, 세 번째 스텝은 컷 스텝으로 분류할 수 있다. 핵심은 앉기 스텝(쿼터에서 하프 스쿼트)에서 질량 중심을 떨어뜨리는 것이다. 피벗 스텝에서는 피벗, 몸 기울이기, 그리고 몸을 낮추는 것(쿼터에서 반 회전), 그리고 컷 스텝에서 안쪽 피벗 다리를 로드하는 동안 (컷) 라인을 펀치하는 것이다. 피벗 스텝에서 컷 단계로의 전환은 빠른, 하나… 둘, 템포여야 한다."

컷: "접근이 올바르게 완료되면, (바깥쪽) 컷 다리는 (컷) 라인 위에 있거나 그 너머에 있을 것이며, 무게의 대부분은 (안쪽) 피벗 다리로 이동된다. 피벗 스텝에서 체중을 받아들인 컷 스텝은 당신을 라인에서 빠르게 밀어내기 위해 사용될 수 있다."

전환: "(안쪽) 피벗 다리가 이미 3점 출발에서 앞 다리처럼 로드된 경우, 컷 스텝은 관성을 극복하는 데 필요한 부스트를 제공한다. 3점 시작과 마찬가지로, 당신은 처음에 두 다리로 밀어붙일 것이다. 충분한 힘을 발휘하면, 컷팅을 하는 다리는 (단단하게) 몸을 가로질러 움직일 것이다(크로스오버로 알려진 것). 팔의 도움으로, 이 교차 동작은 당신을 강력한 가속 위치로 발사할 것이다."

큐잉하기+수행하기

참고: 색상이 지정된 윤곽선은 움직임의 단계들을 나타낸다.

접근
- "앉아라." (앉기 단계)
- "낮게 기대라." (PIVOT 단계)
- "라인을 펀치해라." (컷 단계)
- "라인에 들어가면 자세를 낮춰라."

컷
- "라인을 쳐라."
- "라인에서 튀어 나가라."
- "라인에서 떨어져라."
- "라인에서 빠르게 벗어나라."

전환
- "끝을 향해 폭발해라."
- "안쪽 다리를 세게 밀어라."
- "마지막에 불을 지펴라(바깥쪽 무릎)."
- "무릎을 바깥쪽 주머니로 차라."

접근
설정: 허리띠 바로 위에 노란색 테이프 조각을 붙인다.

큐 1: "자세를 낮출 때 테이프[컷 하는 동안 마주하게 될 목표물을 정한다]를 돌려라."

큐 2: "라인에 힘을 실을 때 테이프를 낮춰라."

컷
설정: 허리띠 바로 위에 노란색 테이프 조각을 붙인다.

큐 1: "노란색(허리) 테이프를 컷 스텝 안에 둔다."

큐 2: "노란색(허리) 테이프를 컷 스텝으로부터 멀리 한다."

전환
설정: 각 무릎의 바깥쪽이나 상단에 노란색 테이프 조각을 붙인다.

큐 1: "마지막에 노란색 테이프(무릎)를 당겨라."

큐 2: "노란색 테이프(무릎)로 (안쪽)주머니에 차라."

접근

"드릴을 하는 동안 삼각형 지붕이 위에 있다고 상상해 보라. 라인에 접근할 때, 지붕 아래로 들어가라." (짧게: "지붕 아래로 가.")

컷

"라인에 100달러가 있다고 상상해 보자. 경쟁자가 갖기 전에 먼저 가져오자." (짧게: "돈을 가져.")

전환

"당신 바로 앞에 낭떠러지가 있는 것처럼 크로스오버를 바짝 당겨 조여라." (짧게: "떨어지지 마.")

다방향 스피드 | 크로스 오버에서 질주까지

설명하기 + 시연하기

실행 언어

개요: 크로스오버가 하나의 유형인 전환 움직임은 선수를 회전시켜 속도를 줄이지 않고 다른 방향으로 전환하게 하는 모든 운동을 가리킨다. 크로스오버가 스프린트에 적용되는 맥락에서는 수비수로서, 상대에게 안쪽 혹은 바깥쪽을 내어준 경우에 빠르게 크로스오버를 해서 도망가는 공격수(공격 선수)를 따라 잡으려고 스프린트를 하는 것을 생각해 볼 수 있다. 이 글에서는 특히 크로스오버에서 스프린트로 전환하기 위한 큐들을 살펴보겠지만, 이 움직임에는 접근 방법(일반적으로 셔플), 컷, 그리고 전환(즉, 크로스오버에서 스프린트로)이 모두 필요하다는 것을 인식하는 것이 중요하다.

자세: "상대를 놓쳤다는 것을 깨달으면 시선을 상대에게 계속 고정시키고, 중립적인 (자랑스러운) 자세를 유지해야 한다. 이 자세를 통해서 '나를 절대 이길 수 없어'라는 것을 보여줄 수 있다."

다리 동작(밀기): "상대가 당신의 바깥쪽으로 움직이기 시작한 즉시, 질주하는 데 필요한 자세를 빠르게 유지하고 그 방향으로 체중 이동을 해야 한다. 이동하고자 하는 방향으로 체중을 이동했다면 (안쪽) 미는 다리로 밀어내며 도망가는 상대의 방향으로 나아가라."

다리 동작(펀치): "밀기와 펀치는 가속할 때 함께 작동하듯, 크로스오버 중에도 함께 작동된다. 밀기 다리가 원하는 방향으로 몸을 밀어낼 때, (바깥쪽) 펀치 다리는 들어올리고 그 새로운 방향을 향해 단단히 몸의 앞을 가리키며 움직인다(무릎을 차량의 헤드라이트처럼 생각해 보자. 원하는 방향을 향하도록 그 헤드라이트를 돌리는 것이 목표이다)."

"올바르게 수행하면 밀기와 펀치 다리가 함께 작동하여 크로스오버에서 다음 단계가 선형 가속의 첫 단계와 같이 보일 수 있도록 해준다."

팔 동작: "팔은 움직임의 방향을 전환하기 위해 한 방향의 관성을 깨는 데 중요한 역할을 한다. 가속과 마찬가지로 반대편의 팔과 다리는 함께 작동한다. 안쪽 팔은 몸의 앞으로 향하는 방향으로 가로질러 움직이고, 바깥쪽 팔은 밀기 다리 쪽으로 뒤로 향하도록 움직인다."

큐잉하기+수행하기

자세

- "공격자를 추적하라."
- "공격자의 그림자가 되어라."
- "밀어붙일 때 거만함을 유지하라."

다리 동작(밀기)

- "지면을 강하게 밀어라."
- "지면을 밀어내라."
- "출발할 때 낮게(또는 평평하게) 유지하라."
- "밀 때 수평(또는 평평하게)을 유지하라."

다리 동작(차기)

- "공격자를 강하게 몰아라."
- "공격자를 쫓아라."
- "크로스오버에서(또는 공간으로) 차라."
- "크로스오버에서 펀치할 때 수평(또는 평평한)을 유지하라."

팔 동작

- "팔뚝을 가로질러 차라."
- "(당신의 팔뚝)을 가로질러 던져라."
- "회전할 때 토크를 만들어라."
- "팔을 뻗으며 달려나가라."

자세

설정: 가슴 위쪽에 노란색 테이프 조각을 붙이고 허리띠 위에 흰색 테이프 조각을 붙인다.

큐 1: "크로스오버를 하는 동안 테이프 정렬을 맞춰라."

큐 2: "노란색(가슴) 테이프를 (안쪽) 주머니 뒤로 보내라."

큐 3: "크로스오버 할 때 노란색(가슴) 테이프로 리드하라."

다리 동작

설정: 각 발목의 바깥쪽이나 앞쪽에 흰색 테이프 조각을 붙이고 각 무릎의 바깥쪽이나 위쪽에 노란색 테이프 조각을 붙인다.

큐 1: "흰색(발목) 테이프를 지면에 밀어 넣어라." (푸시 강조)

큐 2: "노란색(무릎) 테이프를 공간으로 때려 넣어라." (펀치 강조)

큐 3: "지면을 밀 때 (반대) 테이프 조각을 서로에게서 멀리하라."

팔 동작

설정: 각 손목 위에 노란색 테이프 조각을 붙인다.

큐 1: "공간을 향해 (안쪽) 노란색 테이프를 차라."

큐 2: "(안쪽) 노란색 테이프를 공간에다 던져라."

큐 3: "(안쪽) 노란색 테이프를 몸 중심선을 가로질러라."

자세

"미사일을 발사하는 것처럼 크로스오버로 발사하라." (짧게: "발사해.")

다리 동작(밀기)

"막 스타트를 한 육상 선수와 레이스를 한다고 상상해 보라. 라인을 빼앗기지 않도록 크로스오버를 하라."
(짧게: "선수들을 마주하게 하고 주어진 거리에서 경쟁하게 하라.")

다리 동작(차기)
"티 위에 놓인 야구공을 치듯이 무릎을 차라."
(짧게: "공을 쳐.")

팔 동작
"안쪽 팔이 밴드에 묶여 뒤로 당겨져 있다고 상상해 보라.
크로스오버를 할 때 밴드를 낚아채라."
(짧게: "밴드를 낚아채.")

멀티 디렉셔널 스피드 | 크로스오버 런

설명하기 + 시연하기

실행 언어

개요: 트래킹 움직임(크로스오버 런cross over run도 이 움직임 중 하나)이란, 상대를 추적하는 데 사용되는 모든 움직임을 말하며, 가장 일반적으로는 수비 상황에서 사용된다. 크로스오버 런을 보면, 한 선수가 수비 중이며 전방으로 이동하는 공격자(상대팀 선수)를 추적하여 위치를 유지하거나 멈출 수 있는 능력이 필요한 상황에서 사용한다. 미식축구에서는 이 패턴을 통해 디펜시스 백(수비수)이 와이드 리시버를 경계할 수 있게 한다. 럭비에서도 마찬가지로 이 동작을 통해 수비수는 상대를 터치(아웃오브바운드) 또는 수비수나 팀 동료에게 태클을 당할 가능성이 있는 안쪽으로 밀어 넣을 수 있다. 궁극적으로 크로스오버 런은 빠르게 움직이는 상대를 추적하기 위해 다양한 각도로 뒤로 이동하는 가장 효과적인 방법이다.

자세: 시선은 항상 상대(또는 목표물)에 집중하고, 뒤로 움직이면서 중립적인 ('가슴은 편') 자세를 유지한다.

다리 동작(밀기): "상대방이 움직인다는 것을 알아채자마자 빠르게 몸의 중심을 낮추고('낮추기' 또는 '내려가기') 상대가 움직이는 방향으로 이동해야 한다. 움직이려는 방향으로 체중을 이동한 상태에서 안쪽 다리(푸시)와 바깥쪽 다리(밀기)를 번갈아가며 바닥을 밀어내고 당신을 피하려는 상대방의 방향으로 몸을 움직인다."

다리 동작(차기): "가속할 때 밀기와 차기가 함께 작동하는 것처럼, 크로스오버 런을 하는 동안에도 밀기와 차기는 함께 작동한다. 미는 다리가 원하는 방향으로 당신을 움직일 때, 차는 다리는 미는 다리와 같은 방향으로 들어올려져 견고하게 몸을 이동시켜야 한다(무릎을 손전등이라 생각하고 당신이 가고자 하는 방향을 비춰야 한다)."

"이 동작을 올바르게 수행하면 밀기와 차기를 번갈아가며 수행해 원하는 각도로 가속, 후진을 할 수 있다."

팔 동작: "가속할 때와 마찬가지로 반대쪽 팔과 다리가 함께 움직인다. 차는 다리의 반대쪽 팔은 앞으로, 미는 다리의 반대쪽 팔은 뒤로 움직인다."

큐잉하기+수행하기

자세

- "상대 공격수를 추적하라."
- "상대 공격수를 따라다녀라."
- "추적할 때 정면을 유지하라."
- "다리를 길게 밀어라."

다리 동작(밀기)

- "라인을 강하게 밟아 밀어라."
- "뒤로 달려라. 푸시, 푸시, 푸시."
- "신속하게 지면을 밀어라."
- "밀어낼 때 몸의 수평을 유지하라."

다리 동작(차기)

- "공간을 닫아라."
- "공간을 쫓아라."
- "라인을 밟아 밀어라."
- "잔디에서 멀어지게 하라."

팔 동작

- "공간을 잘라내라."
- "공간을 썰어라."
- "팔을 뒤로 던져라."
- "팔을 뒤로 내리쳐라."

자세

셋업: 노란색 테이프는 가슴에, 하얀색 테이프는 허리 밴드 위에 붙인다.

큐 1: "달리는 동안 두 테이프의 정렬을 유지하라."

큐 2: "달리는 동안 노란색 테이프(가슴)는 상대를 향하고 있어야 한다."

큐 3: "달릴 때 노란색 테이프(가슴)가 동작을 이끌어야 한다."

다리 동작

셋업: 하얀색 테이프를 양쪽 발목의 바깥 또는 앞쪽에 붙이고 노란색 테이프는 양쪽 무릎 바깥 또는 위쪽에 붙인다.

큐 1: "흰색(발목) 테이프를 땅바닥에 땅에 박아라." (밀기 강조)

큐 2: "노란색(무릎) 테이프를 공간에 밀어 넣는다." (차기 강조)

큐 3: "바닥을 밀어낼 때 (반대쪽) 테이프 조각을 서로 멀리 떨어뜨려라."

팔 동작

셋업: 노란색 테이프를 양쪽 손목 위에 붙인다.

큐 1: "노란색 테이프를 뒤로 던져라."

큐 2: "노란색 테이프를 뒤쪽으로 내려찍어라."

큐 3: "테이프가 바지 주머니를 지나치게 해라."

자세
"슈퍼맨처럼 눈에서 레이저가 나간다고 상상해 보라.
그 레이저를 상대의 엉덩이에 조준하라."
(짧게: "레이저를 조준하라.")

다리 동작(밀기)
"땅이 드럼이고 각 스텝으로 드럼을 친다고 생각하라.
크고 빠른 드럼 비트를 만들어보아라."
(짧게: "박자를 높여라." 또는 "비트를 끌어올려라.")

다리 동작(차기)

"라인을 정하면 벼랑 끝에 있는 것처럼 달려라."
(짧게: "벼랑 끝을 달려라.")

팔 동작

"팔뚝이 터미네이터 2의 T-1000과 같은
금속 칼날이라 생각하고 공기를 자른다고 상상하라."
(짧게: "공기를 잘라라[또는 썰어라].")

멀티 디렉셔널 스피드 | 드롭 스텝 투 스프린트

설명하기 + 시연하기

실행 언어

개요: 전환 움직임(드롭 스텝도 이 유형에 속한다)은 속도를 줄이지 않고 회전을 통해 선수가 한 방향에서 다른 방향으로 전환하는 데 사용되는 모든 동작을 말한다. 드롭 스텝 투 스프린트drop step to sprint는 수비수가 위치를 유지하기 위해 뒷걸음질을 하다 안쪽이나 바깥쪽으로 치고 나간 후 빠르게 드롭 스텝을 밟고 전력질주(스프린트)하여 도망가는 공격수를 잡는 동작이다. 드롭 스텝 자체에 대한 큐잉을 구체적으로 살펴보겠지만, 이 동작은 어프로치approch(일반적으로는 뒷걸음질, 백페달), 컷cut, 트렌지션transition(즉, 드롭 스텝 투 스트린트)으로 구성된다고 인식하는 것이 중요하다. 크로스오버는 일반적으로 90도에서 135도 사이의 회전 전환에 사용되는 반면, 드롭 스텝은 일반적으로 90도에서 180도 사이의 회전 전환에 사용된다. 어느 쪽을 사용할지는 선수의 신체적 특성, 동작 선호도, 상황에 따라 결정된다.

자세: "공격자가 나를 피했다는 것을 알게 되는 순간, 상대를 계속 주시하고 상대를 마주하는(또는 따르는) 중립적인 (가슴을 편) 자세를 유지해야 한다."

다리 동작(밀기): "공격자가 내 바깥쪽으로 움직인다는 것을 알아채자마자 빠르게 몸의 중심을 낮추고('몸 낮추기' 또는 '몸 숙이기') 공격자의 움직임 방향으로(바깥쪽 다리에서) 피벗을 시작해야 한다. 공격자를 추적하면 피벗에서 밀기로 전환하여(바깥쪽) 밀기 다리를 떼고 도망치는 공격자 방향으로 몸을 돌릴 수 있다."

다리 동작(차기): "가속할 때 밀기와 차기가 함께 작동하는 것처럼, 드롭 스텝을 하는 동안에도 밀기와 차기는 함께 작동한다. 미는 다리가 원하는 방향으로 움직이면 (안쪽) 차는 다리가 들어올려지고, 스윙(오픈)되며, 새로운 방향을 가리켜야 한다."

"이 동작을 올바르게 수행하면 밀기와 차기 다리가 함께 작동하여 드롭 스텝의 다음 단계가 선형 가속의 첫 번째 단계처럼 보이도록 한다."

팔 동작: "팔은 한 방향의 추진력을 다른 방향으로 전환할 수 있도록 전달하는 데 중요한 역할을 한다. 가속과 마찬가지로 반대쪽 팔과 다리가 함께 작동한다. 바깥쪽 팔은 몸을 가로질러 차는 다리와 같은 방향으로 전진하고, 안쪽 팔은 미는 다리 방향으로 후진한다."

큐잉하기+수행하기

자세
- "상대 공격수를 추적하라."
- "상대 공격수 동작을 따라다녀라."
- "밀어낼 때 정면을 유지하라."
- "밀어낼 때 자세를 유지하라."

다리 동작(밀기)
- "뒤쪽으로 폭발적으로 밀어라."
- "지면으로부터 멀어지게 밀어라."
- "피벗을 사용하여 밀어라."
- "밀어낼 때 몸의 수평을 유지하라."

다리 동작(차기)
- "뒤 공간을 향해 폭발시켜라."
- "뒤 공간으로 몸을 열어라."
- "피벗을 사용하여 밀어라."
- "다리를 스윙하거나 쓸어내며 몸을 열어라."

팔 동작
- "안쪽 팔꿈치를 사용해 뒤쪽을 망치질 하라."
- "안쪽 팔꿈치를 뒤쪽으로 던져라."
- "몸을 돌릴 때 토크를 만들어라."
- "몸을 돌릴 때 팔꿈치를 허공으로 보내라."

자세
셋업: 노란색 테이프는 가슴에, 하얀색 테이프는 허리 밴드 위에 붙인다.

큐 1: "드롭 스텝을 하는 동안 두 테이프를 연결시켜라."

큐 2: "드롭 스텝으로 밀 때 테이프를 뒤로 보내라."

큐 3: "드롭 스텝으로 피벗할 때 노란색(가슴) 테이프가 공격자를 추적해야 한다."

다리 동작
셋업: 하얀색 테이프를 양쪽 발목의 바깥 또는 앞쪽에 붙이고 노란색 테이프는 양쪽 무릎 바깥 또는 위쪽에 붙인다.

큐 1: "흰색(발목) 테이프를 땅 속으로 밀어 넣어라." (밀기 강조)

큐 2: "노란색(무릎) 테이프를 공간으로 스윙하라." (차기 강조)

큐 3: "바닥을 밀어낼 때 (반대쪽) 테이프 조각들을 서로 멀리 떨어뜨려라."

팔 동작
셋업: 노란색 테이프를 양쪽 팔꿈치 뒤 또는 바깥에 붙인다.

큐 1: "(안쪽에 있는) 노란색 테이프를 뒤로 밀어라."

큐 2: "(안쪽에 있는) 노란색 테이프를 뒤로 던져라."

큐 3: "(안쪽에 있는) 노란색 테이프를 뒤로 내리쳐라."

자세

"아이언맨처럼 가슴에서 스포트라이트가 쏟아져 나온다고 상상해 보라.
스포트라이트가 항상 공격하는 선수를 향하도록 하라." (짧게: "계속 조명을 비춰라.")

다리 동작(밀기)

"누군가 태클을 걸 때처럼 뒤로 물러나라."

다리 동작(차기)

"몸이 문이라고 상상해 보라. 돌아가면서 문을 열어라."
(짧게: "문을 열어라.")

팔 동작

"태클 더미를 치는 것처럼 안쪽 팔꿈치를 앞뒤로 휘두른다."
(짧게: "더미를 때려라.")

멀티 디렉셔널 스피드 | 백페달

설명하기 + 시연하기

실행 언어

개요: 트래킹 움직임(백페달이 이 동작 유형에 속한다)은 상대방을 추적하는 데 사용되는 모든 움직임을 말하며, 백페달이 한 유형인 트래킹 동작은 다음을 의미한다. 상대를 추적하는 데 사용되는 모든 동작을 말하며, 가장 일반적으로는 방어 시나리오에서 상대를 추적하는 데 사용되는 모든 움직임을 말한다. 백페달의 맥락에서 운동선수가 수비 중이고 수비 중이며 전방으로 이동하는 공격자(공격형 선수)를 추적하여 위치를 유지하거나 멈출 수 있는 능력이 필요하다. 미식축구를 보면, 디펜시브 백이 이 움직임을 사용하여 달리는 와이드 리시버의 위치를 막게 된다. 럭비에서도 마찬가지로, 이 동작을 통해 수비수가 다시 디펜스 라인으로 들어갈 수 있나. 궁극적으로 백페달은 짧은 거리를 곧바로 뒤로 물러나는 데 사용하지만 만약 속도를 높이거나 비스듬히 움직여야 하는 경우 가장 효율적으로 크로스 오버를 사용할 수 있는 움직임이다.

자세: "시선은 항상 상대(또는 목표물)에 집중하라, 정면을 응시하고, 뒤로 물러날 때 중립적인('자랑스러운') 자세를 유지한다."

다리 동작(밀기): "공격자가 움직인다는 것을 알아차리자마자 빠르게 몸의 중심을 낮추고('낮추기' 또는 '내려가기') 1/4 스쿼트 자세로 몸을 낮춘다. 체중을 낮추고 앞으로 나아간 상태에서 '팝, 팝, 팝'을 번갈아가며 빠르게 땅을 밀면서 뒤로 이동한다."

다리 동작(들어올리기): "한쪽 다리를 밀고 있는 동안 반대쪽 다리는 들어올리게 된다. 이 미묘한 패턴은 무릎을 구부려서 다음 보폭에서 다시 한 번 빠르게 뻗어 지면을 밀어낼 수 있도록 해야 한다.

"머리, 몸통(자세), 허벅지(위쪽 다리)는 안정적으로(또는 조용히) 유지해야 한다. 눈에 보이는 모든 움직임, 즉 무릎을 펴고 구부리고 팔을 사용하는 동작은 번갈아가며 일어나야 한다."

팔 동작: "팔은 스프린트를 할 때보다 훨씬 작게 움직이지만, 반대쪽 다리가 밀면 앞으로, 반대쪽 다리가 들어올리면 뒤로 번갈아가며 움직인다."

큐잉하기+수행하기

자세
- "상대 공격수과 같은 방향으로 움직여라."
- "상대 공격수의 정면의 위치를 고수하라."
- "밀어낼 때 정면을 유지하라."
- "밀어낼 때 자세를 유지하라."

다리 동작(밀기)
- "신속하게 뒤쪽으로 밀어낸다."
- "빠르게 지면을 멀리 밀어낸다."
- "땅에서 튕겨져 나가듯 멀어진다."
- "밀어낼 때 낮은 자세를 유지한다."

다리 동작(차기)
- "뒤꿈치를 튕겨내라(엉덩이 주머니를 향해)."
- "뒤꿈치를 들어라(그저 바닥에서만 올리면 된다)."
- "뒤꿈치를 숨겨라(햄스트링 뒤쪽으로)."
- "가능한 빠르게 지면과 떨어진다."

팔 동작
- "(팔을) 빠르게 휘둘러라."
- "(팔을) 신속하게 휘둘러라."
- "공간을 썰어라."
- "공간을 잘라내라."

자세
셋업: 노란색 테이프는 가슴에, 하얀색 테이프는 허리밴드 위에 붙인다.

큐 1: "백페달을 하는 동안 두 테이프 사이가 가까워지지 않게 하라."

큐 2: "노란색(가슴) 테이프가 하얀색(허리) 테이프 앞쪽 위치를 유지하도록 한다."

큐 3: "공격수가 노란색(가슴) 테이프를 볼 수 있도록 한다."

다리 동작
셋업: 하얀색 테이프를 양발목의 바깥 또는 앞쪽에 붙이고 노란색 테이프는 양쪽 무릎 바깥 또는 위쪽에 붙인다.

큐 1: "흰색(발목) 테이프를 땅 속으로 밀어 넣어라." (밀기 강조)

큐 2: "하얀색(발목) 테이프가 노란색(무릎) 테이프 앞에서 튕기도록 하라." (밀기 강조)

큐 3: "하얀색(발목) 테이프를 노란색(무릎) 테이프 앞에서 들어올려라." (들기 강조)

팔 동작
셋업: 노란색 테이프를 양쪽 손목 뒤 또는 바깥에 붙인다.

큐 1: "노란색 테이프를 뒤로 밀어라."

큐 2: "노란색 테이프를 뒤로 흔들어라."

큐 3: "노란색 테이프가 엉덩이 주머니를 지나도록 흔들어라."

자세

"머리 위에 책(또는 다른 물체)이 놓여 있다고 상상해 보라. 그리고 책이 떨어지지 않도록 하라." (짧게: "책의 균형을 잡아라.")

다리 동작(밀기)

"반바지와 신발에 고무줄이 꿰매져 있다고 상상해 보라. 뒷걸음질 치면서 그 밴드를 재빨리 늘여라."
(짧게: "밴드를 늘여라.")

다리 동작(들어올리기)

"맨발로 뜨거운 아스팔트 위에 서 있다고 상상해 보라. 최대한 빨리 바닥에서 발을 들어올려라."
(짧게: "바닥에서 발을 때라.")

팔 동작

"여러분의 팔이 종 안의 종을 울리는 추라고 상상해 보라. 최대한 빨리 종을 울려라." (짧게: "종을 울려라.")

참고 문헌

Chapter 1

1. Bjork, EL, and Bjork, RA. Making things hard on yourself, but in a good way: Creating desirable difficulties to enhance learning. In *Psychology and the Real World: Essays Illustrating Fundamental Contributions to Society*. Gernbacher, MA, Pew, RW, Hough, LM, and Pomerantz, JR, eds. New York: Worth, 56-64, 2011.
2. Brady, F. The contextual interference effect and sport skills. *Perceptual and Motor Skills* 106:461-472, 2008.
3. Cahill, L, McGaugh, JL, and Weinberger, NM. The neurobiology of learning and memory: Some reminders to remember. *Trends in Neuroscience* 24:578-581, 2001.
4. Farrow, D, and Buszard, T. Exploring the applicability of the contextual interference effect in sports practice. *Progress in Brain Research* 234:69-83, 2017.
5. Guadagnoli, MA, and Lee, TD. Challenge point: A framework for conceptualizing the effects of various practice conditions in motor learning. *Journal of Motor Behavior* 36:212-224, 2004.
6. Johnson, L, Burridge, JH, and Demain, SH. Internal and external focus of attention during gait re-education: An observational study of physical therapist practice in stroke rehabilitation. *Physical Therapy* 93:957-966, 2013.
7. Kantak, SS, and Winstein, CJ. Learning–performance distinction and memory processes for motor skills: A focused review and perspective. *Behavioural Brain Research* 228:219-231, 2012.
8. Morin, J-B, Slawinski, J, Dorel, S, Couturier, A, Samozino, P, Brughelli, M, and Rabita, G. Acceleration capability in elite sprinters and ground impulse: Push more, brake less? *Journal of Biomechanics* 48:3149-3154, 2015.
9. Porter, JM, and Beckerman, T. Practicing with gradual increases in contextual interference enhances visuomotor learning. *Kinesiology: International Journal of Fundamental and Applied Kinesiology* 48:244-250, 2016.
10. Porter, JM, and Magill, RA. Systematically increasing contextual interference is beneficial for learning sport skills. *Journal of Sports Sciences* 28:1277-1285, 2010.
11. Porter, JM, and Saemi, E. Moderately skilled learners benefit by practicing with systematic increases in contextual interference. *International Journal of Coaching Science* 4:61-71, 2010.
12. Porter, JM, Wu, W, and Partridge, J. Focus of attention and verbal instructions: Strategies of elite track and field coaches and athletes. *Sport Science Review* XIX:199-211, 2010.
13. Schmidt, RA, and Bjork, RA. New conceptualizations of practice: Common principles in three paradigms suggest new concepts for training. *Psychological Science* 3:207-218, 1992.
14. Shea, JB, and Morgan, RL. Contextual interference effects on the acquisition, retention, and transfer of a motor skill. *Journal of Experimental Psychology: Human Learning and Memory* 5:179, 1979.
15. Soderstrom, NC, and Bjork, RA. Learning versus performance: An integrative review. *Perspectives on Psychological Science* 10:176-199, 2015.
16. Weyand, PG, Sternlight, DB, Bellizzi, MJ, and Wright, S. Faster top running speeds are achieved with greater ground forces not more rapid leg movements. *Journal of Applied Physiology* 89:1991-1999, 2000.
17. Wulf, G. *Attention and Motor Skill Learning*. Champaign, IL: Human Kinetics, 2007.
18. Wulf, G. Attentional focus and motor learning: A review of 15 years. *International Review of Sport and Exercise Psychology* 6:77-104, 2013.
19. Wulf, G, McConnel, N, Gartner, M, and Schwarz, A. Enhancing the learning of sport skills through external-focus feedback. *Journal of Motor Behavior* 34:171-182, 2002.
20. Young, W, McLean, B, and Ardagna, J. Relationship between strength qualities and sprinting performance. *Journal of Sports Medicine and Physical Fitness* 35:13-19, 1995.
21. PGA Tour. Funny golf tip from J.C. Anderson. December 2010. www.youtube.com/watch?v=qQVFhqAKcMg.

Chapter 2

1. Anderson, BA. A value-driven mechanism of attentional selection. *Journal of Vision* 13:7, 2013.
2. Anderson, BA. The attention habit: How reward learning shapes attentional selection. *Annals of the New*

York Academy of Sciences 1369:24-39, 2016.

3. Baird, B, Smallwood, J, Mrazek, MD, Kam, JW, Franklin, MS, and Schooler, JW. Inspired by distraction: Mind wandering facilitates creative incubation. *Psychological Science* 23:1117-1122, 2012.
4. Baker, J, Côte, J, and Abernethy, B. Sport-specific practice and the development of expert decision-making in team ball sports. *Journal of Applied Sport Psychology* 15:12-25, 2003.
5. Baker, J, Côté, J, and Abernethy, B. Learning from the experts: Practice activities of expert decision makers in sport. *Research Quarterly for Exercise and Sport* 74:342-347, 2003.
6. Bjork, EL, and Bjork, RA. Making things hard on yourself, but in a good way: Creating desirable difficulties to enhance learning. In *Psychology and the Real World: Essays Illustrating Fundamental Contributions to Society*. Gernbacher, MA, Pew, RW, Hough, LM, and Pomerantz, JR, eds. New York: Worth, 56-64, 2011.
7. Brault, S, Bideau, B, Kulpa, R, and Craig, C. Detecting deceptive movement in 1 vs. 1 based on global body displacement of a rugby player. *International Journal of Virtual Reality* 8, 2009.
8. Connor, JD, Crowther, RG, and Sinclair, WH. Effect of different evasion maneuvers on anticipation and visual behavior in elite Rugby League players. *Motor Control* 22:18-27, 2018.
9. Conway, AR, Cowan, N, and Bunting, MF. The cocktail party phenomenon revisited: The importance of working memory capacity. *Psychonomic Bulletin & Review* 8:331-335, 2001.
10. Coyle, D. *The Little Book of Talent: 52 Tips for Improving Your Skills.* New York: Bantam, 2012.
11. Craig, A. Interoception: The sense of the physiological condition of the body. *Current Opinion in Neurobiology* 13:500-505, 2003.
12. Csikentmihalyi, M. *Flow: The Psychology of Optimal Experience.* New York: HarperCollins, 1990.
13. Downar, J, Crawley, AP, Mikulis, DJ, and Davis, KD. A cortical network sensitive to stimulus salience in a neutral behavioral context across multiple sensory modalities. *Journal of Neurophysiology* 87:615-620, 2002.
14. Ericsson, A, and Pool, R. *Peak: Secrets From the New Science of Expertise.* Boston: Houghton Mifflin Harcourt, 2016.
15. Ericsson, KA. Deliberate practice and acquisition of expert performance: A general overview. *Academic Emergency Medicine* 15:988-994, 2008.
16. Ericsson, KA, Krampe, RT, and Tesch-Römer, C. The role of deliberate practice in the acquisition of expert performance. *Psychological Review* 100:363, 1993.
17. Fan, J, McCandliss, BD, Fossella, J, Flombaum, JI, and Posner, MI. The activation of attentional networks. *Neuroimage* 26:471-479, 2005.
18. Fecteau, JH, and Munoz, DP. Salience, relevance, and firing: A priority map for target selection. *Trends in Cognitive Sciences* 10:382-390, 2006.
19. Fitts, PM. Categories of human learning. In *Perceptual–Motor Skills Learning*. Melton, AW, ed. New York: Academic Press, 1964.
20. Fitts, PM, and Posner, MI. *Human Performance.* Belmont, CA: Brooks/Cole, 1967.
21. Gallagher, W. *New: Understanding Our Need for Novelty and Change.* New York: Penguin, 2011.
22. Gegenfurtner, A, Lehtinen, E, and Säljö, R. Expertise differences in the comprehension of visualizations: A meta-analysis of eye-tracking research in professional domains. *Educational Psychology Review* 23:523-552, 2011.
23. Guadagnoli, MA, and Lee, TD. Challenge point: A framework for conceptualizing the effects of various practice conditions in motor learning. *Journal of Motor Behavior* 36:212-224, 2004.
24. Güllich, A. Many roads lead to Rome: Developmental paths to Olympic gold in men's field hockey. *European Journal of Sport Science* 14:763-771, 2014.
25. Hambrick, DZ, Oswald, FL, Altmann, EM, Meinz, EJ, Gobet, F, and Campitelli, G. Deliberate practice: Is that all it takes to become an expert? *Intelligence* 45:34-45, 2014.
26. Kahneman, D. *Thinking, Fast and Slow.* New York: Macmillan, 2011.
27. Killingsworth, MA, and Gilbert, DT. A wandering mind is an unhappy mind. *Science* 330:932-932, 2010.
28. Levitin, DJ. *The Organized Mind: Thinking Straight in the Age of Information Overload.* New York: Penguin, 2014.
29. Locke, EA, and Latham, GP. *A Theory of Goal Setting & Task Performance.* Englewood Cliffs, NJ: Prentice Hall, 1990.

30. Locke, EA, and Latham, GP. Building a practically useful theory of goal setting and task motivation: A 35-year odyssey. *American Psychologist* 57:705, 2002.

31. Macnamara, BN, Moreau, D, and Hambrick, DZ. The relationship between deliberate practice and performance in sports: A meta-analysis. *Perspectives on Psychological Science* 11:333-350, 2016.

32. Magill, R, and Anderson, D. Augmented feedback. In *Motor Learning and Control: Concepts and Applications*. 11th ed. New York: McGraw-Hill Education, 2017.

33. McVay, JC, and Kane, MJ. Why does working memory capacity predict variation in reading comprehension? On the influence of mind wandering and executive attention. *Journal of Experimental Psychology: General* 141:302, 2012.

34. Menon, V, and Uddin, LQ. Saliency, switching, attention and control: A network model of insula function. *Brain Structure and Function* 214:655-667, 2010.

35. Mooneyham, BW, and Schooler, JW. The costs and benefits of mind-wandering: A review. *Canadian Journal of Experimental Psychology/Revue canadienne de psychologie expérimentale* 67:11, 2013.

36. Paus, T. Primate anterior cingulate cortex: Where motor control, drive and cognition interface. *Nature Reviews Neuroscience* 2:417, 2001.

37. Petersen, SE, and Posner, MI. The attention system of the human brain: 20 years after. *Annual Review of Neuroscience* 35:73-89, 2012.

38. Posner, MI. *Attention in a Social World.* United Kingdom: Oxford University Press, 2011.

39. Posner, MI, and Fan, J. Attention as an organ system. *Topics in Integrative Neuroscience* 31-61, 2008.

40. Posner, MI, and Rothbart, MK. Research on attention networks as a model for the integration of psychological science. *Annual Review of Psychology* 58:1-23, 2007.

41. Ptak, R. The frontoparietal attention network of the human brain: Action, saliency, and a priority map of the environment. *The Neuroscientist* 18:502-515, 2012.

42. Raichle, ME. The brain's default mode network. *Annual Review of Neuroscience* 38:433-447, 2015.

43. Raichle, ME, MacLeod, AM, Snyder, AZ, Powers, WJ, Gusnard, DA, and Shulman, GL. A default mode of brain function. *Proceedings of the National Academy of Sciences* 98:676-682, 2001.

44. Raichle, ME, and Mintun, MA. Brain work and brain imaging. *Annual Review of Neuroscience* 29:449-476, 2006.

45. Randall, JG, Oswald, FL, and Beier, ME. Mind-wandering, cognition, and performance: A theory-driven meta-analysis of attention regulation. *Psychological Bulletin* 140:1411, 2014.

46. Smallwood, J, and Schooler, JW. The restless mind. *Psychological Bulletin* 132:946, 2006.

47. Sridharan, D, Levitin, DJ, and Menon, V. A critical role for the right fronto-insular cortex in switching between central-executive and default-mode networks. *Proceedings of the National Academy of Sciences* 105:12569-12574, 2008.

48. Tucker, R, and Collins, M. What makes champions? A review of the relative contribution of genes and training to sporting success. *British Journal of Sports Medicine* 46:555-561, 2012.

49. Uddin, LQ. Salience processing and insular cortical function and dysfunction. *Nature Reviews Neuroscience* 16:55, 2015.

50. Unsworth, N, and McMillan, BD. Mind wandering and reading comprehension: Examining the roles of working memory capacity, interest, motivation, and topic experience. *Journal of Experimental Psychology: Learning, Memory, and Cognition* 39:832, 2013.

51. Ward, P, Hodges, NJ, Starkes, JL, and Williams, MA. The road to excellence: Deliberate practice and the development of expertise. *High Ability Studies* 18:119-153, 2007.

52. James, W. *The Principles of Psychology*. New York: Dover Publications, 1890.

53. Gladwell, M. *Outliers: The Story of Success*. United Kingdom: Hachette, 2008.

54. Damasio, A. *Descartes' Error: Emotion, Reason, and the Human Brain*. New York: Putnam, 1994.

Chapter 3

1. Adolphs, R, Cahill, L, Schul, R, and Babinsky, R. Impaired declarative memory for emotional material following bilateral amygdala damage in humans. *Learning & Memory* 4:291-300, 1997.

2. Akkal, D, Dum, RP, and Strick, PL. Supplementary motor area and presupplementary motor area: Targets

of basal ganglia and cerebellar output. *Journal of Neuroscience* 27:10659-10673, 2007.

3. Atkinson, RC, and Shiffrin, RM. Human memory: A proposed system and its control processes. In *Psychology of Learning and Motivation*. Elsevier, 89-195, 1968.
4. Baddeley, A. The episodic buffer: A new component of working memory? *Trends in Cognitive Sciences* 4:417-423, 2000.
5. Baddeley, A. Working memory: Looking back and looking forward. *Nature Reviews Neuroscience* 4:829, 2003.
6. Baddeley, A. Working memory: Theories, models, and controversies. *Annual Review of Psychology* 63:1-29, 2012.
7. Baddeley, AD, and Hitch, G. Working memory. In *Psychology of Learning and Motivation*. Elsevier, 47-89, 1974.
8. Ballanger, B, Thobois, S, Baraduc, P, Turner, RS, Broussolle, E, and Desmurget, M. "Paradoxical kinesis" is not a hallmark of Parkinson's disease but a general property of the motor system. *Movement Disorders* 21:1490-1495, 2006.
9. Barclay, JR, Bransford, JD, Franks, JJ, McCarrell, NS, and Nitsch, K. Comprehension and semantic flexibility. *Journal of Verbal Learning and Verbal Behavior* 13:471-481, 1974.
10. Bergson, H. *Matter and Memory.* New York: Macmillan, 1911.
11. Biran, Md. *The Influence of Habit on the Faculty of Thinking.* Baltimore: Williams & Wilkins, 1929.
12. Bower, GH. Mood and memory. *American Psychologist* 36:129, 1981.
13. Boyd, LA, and Winstein, CJ. Cerebellar stroke impairs temporal but not spatial accuracy during implicit motor learning. *Neurorehabilitation and Neural Repair* 18:134-143, 2004.
14. Broadbent, DE. *Perception and Communication.* New York: Pergamon Press, 1958.
15. Buszard, T, Farrow, D, Verswijveren, S, Reid, M, Williams, J, Polman, R, Ling, FCM, and Masters, RSW. Working memory capacity limits motor learning when implementing multiple instructions. *Front Psychol* 8:1350, 2017.
16. Cahill, L, Haier, RJ, Fallon, J, Alkire, MT, Tang, C, Keator, D, Wu, J, and Mcgaugh, JL. Amygdala activity at encoding correlated with long-term, free recall of emotional information. *Proceedings of the National Academy of Sciences* 93:8016-8021, 1996.
17. Cahill, L, Prins, B, Weber, M, and McGaugh, JL. \gb\-adrenergic activation and memory for emotional events. *Nature* 371:702, 1994.
18. Casasanto, D, and Dijkstra, K. Motor action and emotional memory. *Cognition* 115:179-185, 2010.
19. Cowan, N. Evolving conceptions of memory storage, selective attention, and their mutual constraints within the human information-processing system. *Psychological Bulletin* 104:163, 1988.
20. Cowan, N. The magical number 4 in short-term memory: A reconsideration of mental storage capacity. *The Behavioral and Brain Sciences* 24:87-185, 2001.
21. Cowan, N. The magical mystery four: How is working memory capacity limited, and why? *Current Directions in Psychological Science* 19:51-57, 2010.
22. Craik, FI, and Lockhart, RS. Levels of processing: A framework for memory research. *Journal of Verbal Learning and Verbal Behavior* 11:671-684, 1972.
23. Craik, FI, and Tulving, E. Depth of processing and the retention of words in episodic memory. *Journal of Experimental Psychology: General* 104:268, 1975.
24. Cushion, CJ, and Jones, R. A systematic observation of professional top-level youth soccer coaches. *Journal of Sport Behavior* 24:354, 2001.
25. DeLong, MR, and Wichmann, T. Circuits and circuit disorders of the basal ganglia. *Archives of Neurology* 64:20-24, 2007.
26. Dijkstra, K, Kaschak, MP, and Zwaan, RA. Body posture facilitates retrieval of autobiographical memories. *Cognition* 102:139-149, 2007.
27. Doyon, J, Bellec, P, Amsel, R, Penhune, V, Monchi, O, Carrier, J, Lehéricy, S, and Benali, H. Contributions of the basal ganglia and functionally related brain structures to motor learning. *Behavioural Brain Research* 199:61-75, 2009.
28. Eichenbaum, H. *The Cognitive Neuroscience of Memory: An Introduction.* New York: Oxford University Press, 2011.

29. Eichenbaum, H. Two distinct stages of memory consolidation. In *The Cognitive Neuroscience of Memory: An Introduction*. New York: Oxford University Press, 317-350, 2011.

30. Elbert, T, Pantev, C, Wienbruch, C, Rockstroh, B, and Taub, E. Increased cortical representation of the fingers of the left hand in string players. *Science* 270:305-307, 1995.

31. Ford, PR, Yates, I, and Williams, AM. An analysis of practice activities and instructional behaviours used by youth soccer coaches during practice: Exploring the link between science and application. *Journal of Sports Sciences* 28:483-495, 2010.

32. Fried, I, Haggard, P, He, BJ, and Schurger, A. Volition and action in the human brain: processes, pathologies, and reasons. *Journal of Neuroscience* 37:10842-10847, 2017.

33. Fried, I, Katz, A, McCarthy, G, Sass, KJ, Williamson, P, Spencer, SS, and Spencer, DD. Functional organization of human supplementary motor cortex studied by electrical stimulation. *Journal of Neuroscience* 11:3656-3666, 1991.

34. Gaser, C, and Schlaug, G. Brain structures differ between musicians and non-musicians. *Journal of Neuroscience* 23:9240-9245, 2003.

35. Glickstein, M, and Stein, J. Paradoxical movement in Parkinson's disease. *Trends in Neurosciences* 14:480-482, 1991.

36. Haslinger, B, Erhard, P, Altenmüller, E, Hennenlotter, A, Schwaiger, M, Gräfin von Einsiedel, H, Rummeny, E, Conrad, B, and Ceballos Baumann, AO. Reduced recruitment of motor association areas during bimanual coordination in concert pianists. *Human Brain Mapping* 22:206-215, 2004.

37. Herculano-Houzel, S. The human brain in numbers: A linearly scaled-up primate brain. *Frontiers in Human Neuroscience* 3:31, 2009.

38. Isen, AM, Shalker, TE, Clark, M, and Karp, L. Affect, accessibility of material in memory, and behavior: A cognitive loop? *Journal of Personality and Social Psychology* 36:1, 1978.

39. Jahanshahi, M, Jenkins, IH, Brown, RG, Marsden, CD, Passingham, RE, and Brooks, DJ. Self-initiated versus externally triggered movements: I. An investigation using measurement of regional cerebral blood flow with PET and movement-related potentials in normal and Parkinson's disease subjects. *Brain* 118:913-933, 1995.

40. James, W. *The Principles of Psychology*. New York: Dover Publications, 1890.

41. Jenkins, IH, Jahanshahi, M, Jueptner, M, Passingham, RE, and Brooks, DJ. Self-initiated versus externally triggered movements: II. The effect of movement predictability on regional cerebral blood flow. *Brain* 123:1216-1228, 2000.

42. Kane, MJ, and Engle, RW. The role of prefrontal cortex in working-memory capacity, executive attention, and general fluid intelligence: An individual-differences perspective. *Psychonomic Bulletin & Review* 9:637-671, 2002.

43. LePort, AK, Mattfeld, AT, Dickinson-Anson, H, Fallon, JH, Stark, CE, Kruggel, F, Cahill, L, and McGaugh, JL. Behavioral and neuroanatomical investigation of highly superior autobiographical memory (HSAM). *Neurobiology of Learning and Memory* 98:78-92, 2012.

44. Lim, I, van Wegen, E, de Goede, C, Deutekom, M, Nieuwboer, A, Willems, A, Jones, D, Rochester, L, and Kwakkel, G. Effects of external rhythmical cueing on gait in patients with Parkinson's disease: A systematic review. *Clinical Rehabilitation* 19:695-713, 2005.

45. Lisberger, SG, and Thach, WT. The cerebellum. In *Principles of Neural Science*. 5th ed. Kandel, ER, Schwartz, JH, Jessell, TM, Siegelbaum, SA, Hudspeth, AJ, eds. New York: McGraw-Hill, 2013.

46. Loukas, C, and Brown, P. Online prediction of self-paced hand-movements from subthalamic activity using neural networks in Parkinson's disease. *Journal of Neuroscience Methods* 137:193-205, 2004.

47. Magill, RA, and Anderson, DI. Memory components, forgetting, and strategies. In *Motor Learning and Control: Concepts and Applications*. 11th ed. New York: McGraw-Hill Education, 2017.

48. Maguire, EA, Gadian, DG, Johnsrude, IS, Good, CD, Ashburner, J, Frackowiak, RS, and Frith, CD. Navigation-related structural change in the hippocampi of taxi drivers. *Proceedings of the National Academy of Sciences* 97:4398-4403, 2000.

49. Maguire, EA, Valentine, ER, Wilding, JM, and Kapur, N. Routes to remembering: The brains behind superior memory. *Nature Neuroscience* 6:90, 2003.

50. Manto, M, Bower, JM, Conforto, AB, Delgado-García, JM, da Guarda, SNF, Gerwig, M, Habas, C, Hagura, N, Ivry, RB, Mariën, P, Molinari, M, Naito, E, Nowak, DA, Ben Taib, NO, Pelisson, D, Tesche, CD, Tilikete, C, and Timmann, D. Consensus paper: Roles of the cerebellum in motor control—The diversity of ideas on

cerebellar involvement in movement. *Cerebellum (London, England)* 11:457-487, 2012.

51. McGaugh, JL. Memory: A century of consolidation. *Science* 287:248-251, 2000.

52. McRobbie, LR. Total recall: The people who never forget. *The Guardian*. February 2017. www.theguardian.com/science/2017/feb/08/total-recall-the-people-who-never-forget.

53. Miller, EK, and Cohen, JD. An integrative theory of prefrontal cortex function. *Annual Review of Neuroscience* 24:167-202, 2001.

54. Milner, B, Corkin, S, and Teuber, H-L. Further analysis of the hippocampal amnesic syndrome: 14-year follow-up study of HM. *Neuropsychologia* 6:215-234, 1968.

55. Nachev, P, Wydell, H, O'Neill, K, Husain, M, and Kennard, C. The role of the pre-supplementary motor area in the control of action. *Neuroimage* 36:T155-T163, 2007.

56. Pessiglione, M, Seymour, B, Flandin, G, Dolan, RJ, and Frith, CD. Dopamine-dependent prediction errors underpin reward-seeking behaviour in humans. *Nature* 442:1042, 2006.

57. Potrac, P, Jones, R, and Cushion, C. Understanding power and the coach's role in professional English soccer: A preliminary investigation of coach behaviour. *Soccer & Society* 8:33-49, 2007.

58. Pulvermüller, F, Hauk, O, Nikulin, VV, and Ilmoniemi, RJ. Functional links between motor and language systems. *European Journal of Neuroscience* 21:793-797, 2005.

59. Rizzolatti, G, and Kalaska, JF. Voluntary movement: The parietal and premotor cortex. In *Principles of Neural Science*. 5th ed. Kandel, ER, Schwartz, JH, Jessell, TM, Siegelbaum, SA, Hudspeth, AJ, eds. New York: McGraw-Hill, 2013.

60. Rizzolatti, G, and Kalaska, JF. Voluntary movement: The primary motor cortex. In *Principles of Neural Science*. 5th ed. Kandel, ER, Schwartz, JH, Jessell, TM, Siegelbaum, SA, Hudspeth, AJ, eds. New York: McGraw-Hill, 2013.

61. Schacter, DL. Implicit memory: History and current status. *Journal of Experimental Psychology: Learning, Memory, and Cognition* 13:501, 1987.

62. Schacter, DL. The seven sins of memory: Insights from psychology and cognitive neuroscience. *American Psychologist* 54:182, 1999.

63. Schacter, DL, and Wagner, AW. Learning and memory. In *Principles of Neural Science*. 5th ed. Kandel, ER, Schwartz, JH, Jessell, TM, Siegelbaum, SA, Hudspeth, AJ, eds. New York: McGraw-Hill, 2013.

64. Schneider, D, Mertes, C, and Wascher, E. The time course of visuo-spatial working memory updating revealed by a retro-cuing paradigm. *Scientific Reports* 6:21442, 2016.

65. Scoville, WB, and Milner, B. Loss of recent memory after bilateral hippocampal lesions. *Journal of Neurology, Neurosurgery, and Psychiatry* 20:11, 1957.

66. Seidler, RD, Bo, J, and Anguera, JA. Neurocognitive contributions to motor skill learning: The role of working memory. *Journal of Motor Behavior* 44:445-453, 2012.

67. Squire, LR. The legacy of patient HM for neuroscience. *Neuron* 61:6-9, 2009.

68. Tulving, E. Episodic and semantic memory. In *Organisation of Memory*. Tulving, E, Donaldson, W, eds. New York: Academic Press, 1972.

69. Tulving, E. How many memory systems are there? *American Psychologist* 40:385, 1985.

70. Tulving, E, and Thomson, DM. Encoding specificity and retrieval processes in episodic memory. *Psychological Review* 80:352, 1973.

71. Vaidya, CJ, Zhao, M, Desmond, JE, and Gabrieli, JD. Evidence for cortical encoding specificity in episodic memory: Memory-induced re-activation of picture processing areas. *Neuropsychologia* 40:2136-2143, 2002.

72. Wichmann, T, and DeLong, MR. The basal ganglia. In *Principles of Neural Science*. 5th ed. Kandel, ER, Schwartz, JH, Jessell, TM, Siegelbaum, SA, Hudspeth, AJ, eds. New York: McGraw-Hill, 2013.

73. Wolpert, DM, and Flanagan, JR. Motor prediction. *Current Biology* 11:R729-R732, 2001.

74. Wu, T, Kansaku, K, and Hallett, M. How self-initiated memorized movements become automatic: A functional MRI study. *Journal of Neurophysiology* 91:1690-1698, 2004.

75. Hebb, DO. *The Organization of Behavior: A Neuropsychological Theory*. Mahwah, NJ: Lawrence Erlbaum Associates, 2009.

76. Schacter, DL. The seven sins of memory: Insights from psychology and cognitive neuroscience. *American Psychologist* 54:182, 1999.

77. Miller, GA. The magical number seven, plus or minus two: Some limits on our capacity for processing information. *Psychological Review* 63:81, 1956.
78. Foer ,J. *Moonwalking With Einstein: The Art and Science of Remembering Everything*. New York: Penguin, 2012.
79. Claparède, E. Recognition and "me-ness." In *Organization and Pathology of Thought*. Rapaport, D, ed. New York: Columbia University Press, 58-75, 1951.
80. Graf, P, and Schacter, DL. Implicit and explicit memory for new associations in normal and amnesic subjects. *Journal of Experimental Psychology: Learning, Memory, and Cognition* 11:501, 1985.
81. Schacter, DL. Implicit memory: History and current status. *Journal of Experimental Psychology: Learning, Memory, and Cognition* 13:501, 1987.
82. Eichenbaum, H. To cortex: Thanks for the memories. *Neuron* 19:481-484, 1997.
83. Soderstrom, NC, and Bjork, RA. Learning versus performance: An integrative review. *Perspectives on Psychological Science* 10:176-199, 2015.
84. Foer, J. Feats of memory anyone can do. February 2012. www.ted.com/talks/joshua_foer_feats_of_memory_anyone_can_do#t-88395.
85. Michael J Fox Parkinson's disease. April 2009. www.youtube.com/watch?v=ECkPVTZlfP8.
86. Wolpert, D. The real reason for brains. July 2011. www.ted.com/talks/daniel_wolpert_the_real_reason_for_brains.

Chapter 4

1. Al-Abood, SA, Bennett, SJ, Hernandez, FM, Ashford, D, and Davids, K. Effect of verbal instructions and image size on visual search strategies in basketball free throw shooting. *Journal of Sports Sciences* 20:271-278, 2002.
2. An, J, Wulf, G, and Kim, S. Increased carry distance and X-factor stretch in golf through an external focus of attention. *Journal of Motor Learning and Development* 1:2-11, 2013.
3. Andrieux, M, and Proteau, L. Observation learning of a motor task: Who and when? *Experimental Brain Research* 229:125-137, 2013.
4. Andrieux, M, and Proteau, L. Mixed observation favors motor learning through better estimation of the model's performance. *Experimental Brain Research* 232:3121-3132, 2014.
5. Baumeister, RF. Choking under pressure: Self-consciousness and paradoxical effects of incentives on skillful performance. *Journal of Personality and Social Psychology* 46:610, 1984.
6. Beck, EN, Intzandt, BN, and Almeida, QJ. Can dual task walking improve in Parkinson's disease after external focus of attention exercise? A single blind randomized controlled trial. *Neurorehabilitation and Neural Repair* 32:18-33, 2018.
7. Becker, KA, and Smith, PJ. Attentional focus effects in standing long jump performance: Influence of a broad and narrow internal focus. *Journal of Strength & Conditioning Research* 29:1780-1783, 2015.
8. Beilock, S. *Choke: What the Secrets of the Brain Reveal About Getting It Right When You Have To*. New York: Simon and Schuster, 2010.
9. Beilock, SL, and Carr, TH. On the fragility of skilled performance: What governs choking under pressure? *Journal of Experimental Psychology: General* 130:701-725, 2001.
10. Beilock, SL, Carr, TH, MacMahon, C, and Starkes, JL. When paying attention becomes counterproductive: Impact of divided versus skill-focused attention on novice and experienced performance of sensorimotor skills. *Journal of Experimental Psychology: Applied* 8:6-16, 2002.
11. Beilock, SL, and Gray, R. From attentional control to attentional spillover: A skill-level investigation of attention, movement, and performance outcomes. *Human Movement Science* 31:1473-1499, 2012.
12. Benjaminse, A, Otten, B, Gokeler, A, Diercks, RL, and Lemmink, KA. Motor learning strategies in basketball players and its implications for ACL injury prevention: A randomized controlled trial. *Knee Surgery, Sports Traumatology, Arthroscopy* 1-12, 2015.
13. Benjaminse, A, Welling, W, Otten, B, and Gokeler, A. Transfer of improved movement technique after receiving verbal external focus and video instruction. *Knee Surgery, Sports Traumatology, Arthroscopy* 26:955-962, 2018.
14. Bernstein, NA. *The Coordination and Regulation of Movements*. New York: Pergamon Press, 1967.

15. Castaneda, B, and Gray, R. Effects of focus of attention on baseball batting performance in players of differing skill levels. *Journal of Sport and Exercise Psychology* 29:60-77, 2007.

16. Christina, R, and Alpenfels, E. Influence of attentional focus on learning a swing path change. *International Journal of Golf Science* 3:35-49, 2014.

17. Coker, C. Combining attentional focus strategies: Effects and adherence. *Physical Educator* 76:98-109, 2019.

18. DeCaro, MS, Thomas, RD, Albert, NB, and Beilock, SL. Choking under pressure: Multiple routes to skill failure. *Journal of Experimental Psychology: General* 140:390-406, 2011.

19. Diekfuss, JA, and Raisbeck, LD. Focus of attention and instructional feedback from NCAA division 1 collegiate coaches. *Journal of Motor Learning and Development* 4:262-273, 2016.

20. Fietzer, AL, Winstein, CJ, and Kulig, K. Changing one's focus of attention alters the structure of movement variability. *Human Movement Science* 62:14-24, 2018.

21. Fitts, PM, and Posner, MI. *Human Performance.* Belmont, CA: Brooks/Cole, 1967.

22. Ford, P, Hodges, NJ, and Mark Williams, A. An evaluation of end-point trajectory planning during skilled kicking. *Motor Control* 13:1-24, 2009.

23. Freudenheim, AM, Wulf, G, Madureira, F, Pasetto, SC, and Corrêa, UC. An external focus of attention results in greater swimming speed. *International Journal of Sports Science and Coaching* 5:533-542, 2010.

24. Gokeler, A, Benjaminse, A, Welling, W, Alferink, M, Eppinga, P, and Otten, B. The effects of attentional focus on jump performance and knee joint kinematics in patients after ACL reconstruction. *Physical Therapy in Sport* 16:114-120, 2015.

25. Gokeler, A, Neuhaus, D, Benjaminse, A, Grooms, DR, and Baumeister, J. Principles of motor learning to support neuroplasticity after ACL injury: Implications for optimizing performance and reducing risk of second ACL injury. *Sports Medicine* 49:853-865, 2019.

26. Gray, R. Attending to the execution of a complex sensorimotor skill: Expertise differences, choking, and slumps. *Journal of Experimental Psychology: Applied* 10:42-54, 2004.

27. Gray, R. Transfer of training from virtual to real baseball batting. *Frontiers in Psychology* 8:2183, 2017.

28. Gray, R. Comparing cueing and constraints interventions for increasing launch angle in baseball batting. *Sport, Exercise, and Performance Psychology* 7:318, 2018.

29. Guss-West, C, and Wulf, G. Attentional focus in classical ballet: A survey of professional dancers. *Journal of Dance Medicine & Science* 20:23-29, 2016.

30. Halperin, I, Chapman, DW, Martin, DT, Abbiss, C, and Wulf, G. Coaching cues in amateur boxing: An analysis of ringside feedback provided between rounds of competition. *Psychology of Sport and Exercise* 25:44-50, 2016.

31. Hitchcock, DR, and Sherwood, DE. Effects of changing the focus of attention on accuracy, acceleration, and electromyography in dart throwing. *International Journal of Exercise Science* 11:1120-1135, 2018.

32. Hodges, N, and Williams, AM. *Skill Acquisition in Sport: Research, Theory and Practice.* New York: Routledge, 2012.

33. Hommel, B, Müsseler, J, Aschersleben, G, and Prinz, W. The theory of event coding (TEC): A framework for perception and action planning. *Behavioral and Brain Sciences* 24:849-878, 2001.

34. Ille, A, Selin, I, Do, MC, and Thon, B. Attentional focus effects on sprint start performance as a function of skill level. *Journal of Sports Sciences* 31:1705-1712, 2013.

35. Jeannerod, M. The representing brain: Neural correlates of motor intention and imagery. *Behavioral and Brain Sciences* 17:187-202, 1994.

36. Kim, T, Díaz, JJ, and Chen, J. The effect of attentional focus in balancing tasks: A systematic review with meta-analysis. *Journal of Human Sport and Exercise* 12:463-479, 2017.

37. Komar, J, Chow, J-Y, Chollet, D, and Seifert, L. Effect of analogy instructions with an internal focus on learning a complex motor skill. *Journal of Applied Sport Psychology* 26:17-32, 2014.

38. Lee, DN, Lishman, JR, and Thomson, JA. Regulation of gait in long jumping. *Journal of Experimental Psychology: Human Perception and Performance* 8:448, 1982.

39. Liao, CM, and Masters, RSW. Self-focused attention and performance failure under psychological stress. *Journal of Sport & Exercise Psychology* 24:289-305, 2002.

40. Lohse, K, Wadden, K, Boyd, L, and Hodges, N. Motor skill acquisition across short and long time scales: A meta-analysis of neuroimaging data. *Neuropsychologia* 59:130-141, 2014.

41. Lohse, KR, Jones, M, Healy, AF, and Sherwood, DE. The role of attention in motor control. *Journal of Experimental Psychology: General* 143:930-948, 2014.

42. Lohse, KR, Sherwood, DE, and Healy, AF. How changing the focus of attention affects performance, kinematics, and electromyography in dart throwing. *Human Movement Science* 29:542-555, 2010.

43. Marchant, DC, Greig, M, and Scott, C. Attentional focusing instructions influence force production and muscular activity during isokinetic elbow flexions. *Journal of Strength & Conditioning Research* 23:2358-2366, 2009.

44. Masters, RS. Knowledge, knerves and know□how: The role of explicit versus implicit knowledge in the breakdown of a complex motor skill under pressure. *British Journal of Psychology* 83:343-358, 1992.

45. Maurer, H, and Munzert, J. Influence of attentional focus on skilled motor performance: Performance decrement under unfamiliar focus conditions. *Human Movement Science* 32:730-740, 2013.

46. Miles, GF. Thinking outside the block: External focus of attention shortens reaction times in collegiate track sprinters. In *College of Science and Health Human Performance*. La Crosse: University of Wisconsin, 2018.

47. Muller, H, and Loosch, E. Functional variability and an equifinal path of movement during targeted throwing. *Journal of Human Movement Studies* 36:103-126, 1999.

48. Ong, NT, Bowcock, A, and Hodges, NJ. Manipulations to the timing and type of instructions to examine motor skill performance under pressure. *Frontiers in Psychology* 1:1-13, 2010.

49. Park, SH, Yi, CW, Shin, JY, and Ryu, YU. Effects of external focus of attention on balance: A short review. *Journal of Physical Therapy Science* 27:3929-3931, 2015.

50. Parr, R, and Button, C. End-point focus of attention: Learning the "catch" in rowing. *International Journal of Sport Psychology* 40:616-635, 2009.

51. Porter, JM, Wu, W, and Partridge, J. Focus of attention and verbal instructions: Strategies of elite track and field coaches and athletes. *Sport Science Review* XIX:199-211, 2010.

52. Prinz, W. Perception and action planning. *European Journal of Cognitive Psychology* 9:129-154, 1997.

53. Raisbeck, LD, Suss, J, Diekfuss, JA, Petushek, E, and Ward, P. Skill-based changes in motor performance from attentional focus manipulations: A kinematic analysis. *Ergonomics* 59:941-949, 2016.

54. Redgrave, P, Rodriguez, M, Smith, Y, Rodriguez-Oroz, MC, Lehericy, S, Bergman, H, Agid, Y, DeLong, MR, and Obeso, JA. Goal-directed and habitual control in the basal ganglia: Implications for Parkinson's disease. *Nature Reviews: Neuroscience* 11:760-772, 2010.

55. Rocha, PA, Porfirio, GM, Ferraz, HB, and Trevisani, VF. Effects of external cues on gait parameters of Parkinson's disease patients: A systematic review. *Clinical Neurology and Neurosurgery* 124:127-134, 2014.

56. Rohbanfard, H, and Proteau, L. Learning through observation: A combination of expert and novice models favors learning. *Experimental Brain Research* 215:183-197, 2011.

57. Schorer, J, Baker, J, Fath, F, and Jaitner, T. Identification of interindividual and intraindividual movement patterns in handball players of varying expertise levels. *Journal of Motor Behavior* 39:409-421, 2007.

58. Schutts, KS, Wu, WFW, Vidal, AD, Hiegel, J, and Becker, J. Does focus of attention improve snatch lift kinematics? *Journal of Strength & Conditioning Research* 31:2758-2764, 2017.

59. Scott, MA, Li, F-X, and Davids, K. Expertise and the regulation of gait in the approach phase of the long jump. *Journal of Sports Sciences* 15:597-605, 1997.

60. Shea, CH, and Wulf, G. Enhancing motor learning through external-focus instructions and feedback. *Human Movement Science* 18:553-571, 1999.

61. Spaulding, SJ, Barber, B, Colby, M, Cormack, B, Mick, T, and Jenkins, ME. Cueing and gait improvement among people with Parkinson's disease: A meta-analysis. *Archives of Physical Medicine and Rehabilitation* 94:562-570, 2013.

62. Stoate, I, and Wulf, G. Does the attentional focus adopted by swimmers affect their performance? *International Journal of Sports Science and Coaching* 6:99-108, 2011.

63. Vance, J, Wulf, G, Tollner, T, McNevin, N, and Mercer, J. EMG activity as a function of the performer's focus of attention. *Journal of Motor Behavior* 36:450-459, 2004.

64. Vereijken, B, Emmerik, REv, Whiting, H, and Newell, KM. Free(z)ing degrees of freedom in skill acquisition. *Journal of Motor Behavior* 24:133-142, 1992.

65. Vidal, A, Wu, W, Nakajima, M, and Becker, J. Investigating the constrained action hypothesis: A movement coordination and coordination variability approach. *Journal of Motor Behavior* 1-10, 2017.

66. Weiss, SM, Reber, AS, and Owen, DR. The locus of focus: The effect of switching from a preferred to a non-preferred focus of attention. *Journal of Sports Sciences* 26:1049-1057, 2008.

67. Wolpert, DM, Ghahramani, Z, and Jordan, MI. An internal model for sensorimotor integration. *Science* 269:1880-1882, 1995.

68. Wulf, G, and Dufek, JS. Increased jump height with an external focus due to enhanced lower extremity joint kinetics. *Journal of Motor Behavior* 41:401-409, 2009.

69. Wulf, G, Dufek, JS, Lozano, L, and Pettigrew, C. Increased jump height and reduced EMG activity with an external focus. *Human Movement Science* 29:440-448, 2010.

70. Wulf, G, Lauterbach, B, and Toole, T. The learning advantages of an external focus of attention in golf. *Research Quarterly for Exercise and Sport* 70:120-126, 1999.

71. Wulf, G, and Lewthwaite, R. Effortless motor learning? An external focus of attention enhances movement effectiveness and efficiency. In *Effortless Attention: A New Perspective in Attention and Action*. Bruya, B, ed. Cambridge, MA: MIT Press, 75-101, 2010.

72. Wulf, G, and Lewthwaite, R. Optimizing performance through intrinsic motivation and attention for learning: The OPTIMAL theory of motor learning. *Psychonomic Bulletin & Review* 23:1382-1414, 2016.

73. Wulf, G, McConnel, N, Gartner, M, and Schwarz, A. Enhancing the learning of sport skills through external-focus feedback. *Journal of Motor Behavior* 34:171-182, 2002.

74. Wulf, G, McNevin, N, and Shea, CH. The automaticity of complex motor skill learning as a function of attentional focus. *The Quarterly Journal of Experimental Psychology* 54:1143-1154, 2001.

75. Wulf, G, McNevin, NH, Fuchs, T, Ritter, F, and Toole, T. Attentional focus in complex skill learning. *Research Quarterly for Exercise and Sport* 71:229-239, 2000.

76. Wulf, G, Shea, C, and Park, JH. Attention and motor performance: Preferences for and advantages of an external focus. *Research Quarterly for Exercise and Sport* 72:335-344, 2001.

77. Zachry, T, Wulf, G, Mercer, J, and Bezodis, N. Increased movement accuracy and reduced EMG activity as the result of adopting an external focus of attention. *Brain Research Bulletin* 67:304-309, 2005.

78. Gallwey, TW. *The Inner Game of Tennis: The Classic Guide to the Mental Side of Peak Performance*. New York: Random House, 2010.

79. Chater, N. *The Mind Is Flat: The Remarkable Shallowness of the Improvising Brain*. New Haven, CT: Yale University Press, 2018.

80. Wulf, G. *Attention and Motor Skill Learning*. Champaign, IL: Human Kinetics, 2007.

81. Bijl, P. 10 step plan to the perfect power gybe. January 2016. http://pieterbijlwindsurfing.com/tutorialpower-gybe.

82. Wulf, G, Hoss, M, and Prinz, W. Instructions for motor learning: Differential effects of internal versus external focus of attention. *Journal of Motor Behavior* 30:169-179, 1998.

83. James, W. *The Principles of Psychology*, Vol. 2. New York: Henry Holt and Company, 1890.

84. Stock, A, and Stock, C. A short history of ideo-motor action. *Psychological Research* 68:176-188, 2004.

85. Wulf, G, McNevin, N, and Shea, CH. The automaticity of complex motor skill learning as a function of attentional focus. *The Quarterly Journal of Experimental Psychology* 54:1143-1154, 2001.

86. Castaneda, B, and Gray, R. Effects of focus of attention on baseball batting performance in players of differing skill levels. *Journal of Sport and Exercise Psychology* 29:60-77, 2007.

87. Liao, C-M, and Masters, RS. Analogy learning: A means to implicit motor learning. *Journal of Sports Sciences* 19(5):307-319, 2001.

88. Lam, WK., Maxwell, JP., and Masters, RSW. Analogy versus explicit learning of a modified basketball shooting task: Performance and kinematic outcomes. *Journal of Sports Sciences* 27(2):179-191, 2009.

89. Choosing music over meds, one man's quest to retrain his brain to overcome dystonia. *Globe and Mail*. https://youtu.be/IpcXkV_ex8Y.

90. Beilock, SL. Why we choke under pressure—and how to avoid it. November 2017. www.ted.com/talks/sian_leah_beilock_why_we_choke_under_pressure_and_how_to_avoid_it?language=en.

91. Wulf, G. Attentional focus and motor learning: A review of 15 years. *International Review of Sport and Exercise Psychology* 6(1):77-104, 2013.

92. McNevin, NH, Shea, CH, and Wulf, G. Increasing the distance of an external focus of attention enhances learning. *Psychological Research* 67:22-29, 2003.

93. Bernstein, NA. *The Coordination and Regulation of Movements*. New York: Pergamon Press, 1967.

Chapter 5

1. Abdollahipour, R, Wulf, G, Psotta, R, and Palomo Nieto, M. Performance of gymnastics skill benefits from an external focus of attention. *Journal of Sports Sciences* 1-7, 2015.
2. Becker, KA, Georges, AF, and Aiken, CA. Considering a holistic focus of attention as an alternative to an external focus. *Journal of Motor Learning and Development* 1-10, 2018.
3. Beilock, SL, Carr, TH, MacMahon, C, and Starkes, JL. When paying attention becomes counterproductive: Impact of divided versus skill-focused attention on novice and experienced performance of sensorimotor skills. *Journal of Experimental Psychology: Applied* 8:6-16, 2002.
4. Bredin, SS, Dickson, DB, and Warburton, DE. Effects of varying attentional focus on health-related physical fitness performance. *Applied Physiology, Nutrition, and Metabolism* 38:161-168, 2013.
5. Calatayud, J, Vinstrup, J, Jakobsen, MD, Sundstrup, E, Brandt, M, Jay, K, Colado, JC, and Andersen, LL. Importance of mind-muscle connection during progressive resistance training. *European Journal of Applied Physiology* 116:527-533, 2016.
6. Calatayud, J, Vinstrup, J, Jakobsen, MD, Sundstrup, E, Colado, JC, and Andersen, LL. Mind-muscle connection training principle: Influence of muscle strength and training experience during a pushing movement. *European Journal of Applied Physiology* 117:1445-1452, 2017.
7. Calatayud, J, Vinstrup, J, Jakobsen, MD, Sundstrup, E, Colado, JC, and Andersen, LL. Influence of different attentional focus on EMG amplitude and contraction duration during the bench press at different speeds. *Journal of Sports Science* 36:1162-1166, 2018.
8. Castaneda, B, and Gray, R. Effects of focus of attention on baseball batting performance in players of differing skill levels. *Journal of Sport and Exercise Psychology* 29:60-77, 2007.
9. Coker, C. Optimizing external focus of attention Instructions: The role of attainability. *Journal of Motor Learning and Development* 4:116-125, 2016.
10. Corbin, JC, Reyna, VF, Weldon, RB, and Brainerd, CJ. How reasoning, judgment, and decision making are colored by gist-based intuition: A fuzzy-trace theory approach. *Journal of Applied Research in Memory and Cognition* 4:344-355, 2015.
11. Couvillion, KF, and Fairbrother, JT. Expert and novice performers respond differently to attentional focus cues for speed jump roping. *Frontiers in Psychology* 9:2370, 2018.
12. De Giorgio, A, Sellami, M, Kuvacic, G, Lawrence, G, Padulo, J, Mingardi, M, and Mainolfi, L. Enhancing motor learning of young soccer players through preventing an internal focus of attention: The effect of shoes colour. *PloS One* 13:e0200689, 2018.
13. Ducharme, SW, Wu, WF, Lim, K, Porter, JM, and Geraldo, F. Standing long jump performance with an external focus of attention is improved as a result of a more effective projection angle. *Journal of Strength & Conditioning Research* 30:276-281, 2016.
14. Gokeler, A, Benjaminse, A, Welling, W, Alferink, M, Eppinga, P, and Otten, B. The effects of attentional focus on jump performance and knee joint kinematics in patients after ACL reconstruction. *Physical Therapy in Sport* 16:114-120, 2015.
15. Halperin, I, Williams, KJ, Martin, DT, and Chapman, DW. The effects of attentional focusing instructions on force production during the isometric mid-thigh pull. *Journal of Strength & Conditioning Research* 30:919-923, 2016.
16. Ille, A, Selin, I, Do, MC, and Thon, B. Attentional focus effects on sprint start performance as a function of skill level. *Journal of Sports Sciences* 31:1705-1712, 2013.
17. Marchant, DC, Greig, M, Bullough, J, and Hitchen, D. Instructions to adopt an external focus enhance muscular endurance. *Research Quarterly for Exercise and Sport* 82:466-473, 2011.
18. Marchant, DC, Greig, M, and Scott, C. Attentional focusing instructions influence force production and muscular activity during isokinetic elbow flexions. *Journal of Strength & Conditioning Research* 23:2358-2366, 2009.
19. McNevin, NH, Shea, CH, and Wulf, G. Increasing the distance of an external focus of attention enhances learning. *Psychological Research* 67:22-29, 2003.
20. Perkins-Ceccato, N, Passmore, SR, and Lee, TD. Effects of focus of attention depend on golfers' skill. *Journal of Sports Sciences* 21:593-600, 2003.
21. Porter, JM, Anton, PM, Wikoff, NM, and Ostrowski, JB. Instructing skilled athletes to focus their attention

externally at greater distances enhances jumping performance. *Journal of Strength & Conditioning Research* 27:2073-2078, 2013.

22. Porter, JM, Anton, PM, and Wu, WF. Increasing the distance of an external focus of attention enhances standing long jump performance. *Journal of Strength & Conditioning Research* 26:2389-2393, 2012.
23. Read, K, Macauley, M, and Furay, E. The Seuss boost: Rhyme helps children retain words from shared storybook reading. *First Language* 34:354-371, 2014.
24. Schoenfeld, BJ, and Contreras, B. Attentional focus for maximizing muscle development: The mind-muscle connection. *Strength & Conditioning Journal*, 2016.
25. Schutts, KS, Wu, WFW, Vidal, AD, Hiegel, J, and Becker, J. Does focus of attention improve snatch lift kinematics? *Journal of Strength & Conditioning Research* 31:2758-2764, 2017.
26. Stins, JF, Marmolejo-Ramos, F, Hulzinga, F, Wenker, E, and Canal-Bruland, R. Words that move us: The effects of sentences on body sway. *Advances in Cognitive Psychology* 13:156-165, 2017.
27. Vance, J, Wulf, G, Tollner, T, McNevin, N, and Mercer, J. EMG activity as a function of the performer's focus of attention. *Journal of Motor Behavior* 36:450-459, 2004.
28. Winkelman, N. Theoretical and practical applications for functional hypertrophy: Development of an off-season strategy for the intermediate to advanced athlete. *Professional Strength & Conditioning* 16, 2009.
29. Wulf, G. Attentional focus effects in balance acrobats. *Research Quarterly for Exercise and Sport* 79:319-325, 2008.
30. Wulf, G, and Su, J. An external focus of attention enhances golf shot accuracy in beginners and experts. *Research Quarterly for Exercise and Sport* 78:384-389, 2007.
31. Winkelman, NC. Attentional focus and cueing for speed development. *Strength & Conditioning Journal* 40:13-25, 2018.
32. Bell, JJ, and Hardy, J. Effects of attentional focus on skilled performance in golf. *Journal of Applied Sport Psychology* 21:163-177, 2009.
33. Porter, JM, Ostrowski, EJ, Nolan, RP, and Wu, WF. Standing long-jump performance is enhanced when using an external focus of attention. *Journal of Strength & Conditioning Research* 24:1746-1750, 2010.
34. Pulvermüller video, August 2016. http://serious-science.org/neuropragmatics-and-language-5989
35. Pulvermüller, F, Härle, M, and Hummel, F. Walking or talking? Behavioral and neurophysiological correlates of action verb processing. *Brain and Language* 78:143-168, 2001.
36. Pulvermüller, F, Härle, M, and Hummel, F. Walking or talking? Behavioral and neurophysiological correlates of action verb processing. *Brain and Language* 78:143-168, 2001.
37. Raposo, A, Moss, HE, Stamatakis, EA, and Tyler, LK. Modulation of motor and premotor cortices by actions, action words and action sentences. *Neuropsychologia* 47:388-396, 2009.
38. van Dam, WO, Rueschemeyer, SA, and Bekkering, H. How specifically are action verbs represented in the neural motor system: An fMRI study. *Neuroimage* 53:1318-1325, 2010.
39. Boulenger, V, Roy, AC, Paulignan, Y, Deprez, V, Jeannerod, M, and Nazir, TA. Cross-talk between language processes and overt motor behavior in the first 200 msec of processing. *Journal of Cognitive Neuroscience* 18:1607-1615, 2006.
40. Boulenger, V, Silber, BY, Roy, AC, Paulignan, Y, Jeannerod, M, and Nazir, TA. Subliminal display of action words interferes with motor planning: A combined EEG and kinematic study. *Journal of Physiology–Paris* 102:130-136, 2008.
41. Frak, V, Nazir, T, Goyette, M, Cohen, H, and Jeannerod, M. Grip force is part of the semantic representation of manual action verbs. *PLoS One* 5:e9728, 2010.
42. Aravena, P, Delevoye-Turrell, Y, Deprez, V, Cheylus, A, Paulignan, Y, Frak, V, and Nazir, T. Grip force reveals the context sensitivity of language-induced motor activity during "action words" processing: Evidence from sentential negation. *PLoS One* 7:e50287, 2012.
43. Becker, J, and Wu, WF. Integrating biomechanical and motor control principles in elite high jumpers: A transdisciplinary approach to enhancing sport performance. *Journal of Sport and Health Science* 4:341-346, 2015.
44. Schoenfeld, BJ, Vigotsky, A, Contreras, B, Golden, S, Alto, A, Larson, R, Winkelman, N, and Paoli, A. Differential effects of attentional focus strategies during long-term resistance training. *European Journal of Sport Science* 18:705-712, 2018.

45. Winkelman, NC, Clark, KP, and Ryan, LJ. Experience level influences the effect of attentional focus on sprint performance. *Human Movement Science* 52:84-95, 2017.

46. MacPherson, A, Collins, D, and Morriss, C. Is what you think what you get? Optimizing mental focus for technical performance. *The Sport Psychologist* 22:288-303, 2008.

Chapter 6

1. Arendt, H. *Men in Dark Times.* San Diego, Houghton Mifflin Harcourt, 1968.

2. Beilock, SL, Lyons, IM, Mattarella-Micke, A, Nusbaum, HC, and Small, SL. Sports experience changes the neural processing of action language. *Proceedings of the National Academy of Sciences* 105:13269-13273, 2008.

3. Bergen, BK. *Louder Than Words: The New Science of How the Mind Makes Meaning.* New York: Basic Books, 2012.

4. Borreggine, KL, and Kaschak, MP. The action–sentence compatibility effect: It's all in the timing. *Cognitive Science* 30:1097-1112, 2006.

5. Bowdle, BF, and Gentner, D. The career of metaphor. *Psychological Review* 112:193, 2005.

6. Calvo-Merino, B, Glaser, DE, Grèzes, J, Passingham, RE, and Haggard, P. Action observation and acquired motor skills: An FMRI study with expert dancers. *Cerebral Cortex* 15:1243-1249, 2005.

7. Calvo-Merino, B, Grèzes, J, Glaser, DE, Passingham, RE, and Haggard, P. Seeing or doing? Influence of visual and motor familiarity in action observation. *Current Biology* 16:1905-1910, 2006.

8. Geary, J. *I Is an Other: The Secret Life of Metaphor and How It Shapes the Way We See the World.* New York: HarperCollins, 2011.

9. Gentner, D. Why nouns are learned before verbs: Linguistic relativity versus natural partitioning. *Center for the Study of Reading Technical Report* 257, 1982.

10. Glenberg, AM, and Kaschak, MP. Grounding language in action. *Psychonomic Bulletin & Review* 9:558-565, 2002.

11. Graesser, A, Mio, J, and Millis, K. Metaphors in persuasive communication. In *Comprehension and Literary Discourse: Results and Problems of Interdisciplinary Approaches* Meutsch, D, Viehoff, R, eds. Berlin: De Gruyter, 131-154, 1989.

12. Hofstadter, D, and Sander, E. *Surfaces and essences: Analogy as the fuel and fire of thinking.* Basic Books, 2013.

13. Holt, LE, and Beilock, SL. Expertise and its embodiment: Examining the impact of sensorimotor skill expertise on the representation of action-related text. *Psychonomic Bulletin & Review* 13:694-701, 2006.

14. Liao, C-M, and Masters, RS. Analogy learning: A means to implicit motor learning. *Journal of Sports Sciences* 19:307-319, 2001.

15. Pollio, HR, Barlow, JM, Fine, HJ, and Pollio, MR. *Psychology and the Poetics of Growth: Figurative Language in Psychology, Psychotherapy, and Education.* Hillsdale, NJ: Erlbaum, 1977.

16. Poolton, JM, Masters, RS, and Maxwell, JP. The development of a culturally appropriate analogy for implicit motor learning in a Chinese population. *Sport Psychologist* 21:375-382, 2007.

17. Poolton, JM, Masters, RSW, and Maxwell, JP. Analogy learning as a chunking mechanism. In *Hong Kong Student Conference in Sport Medicine, Rehabilitation, & Exercise Science.* Hong Kong, 2003.

18. Stanfield, RA, and Zwaan, RA. The effect of implied orientation derived from verbal context on picture recognition. *Psychological Science* 12:153-156, 2001.

19. Zwaan, RA, Stanfield, RA, and Yaxley, RH. Language comprehenders mentally represent the shapes of objects. *Psychological Science* 13:168-171, 2002.

20. Piaget, J, and Inhelder, B. *The Psychology of the Child.* New York: Basic Books, 2000.

21. Gentner, D. Structure-mapping: A theoretical framework for analogy. *Cognitive Science* 7:155-170, 1983.

Chapter 7

1. Clear, J. *Atomic Habits: An Easy & Proven Way to Build Good Habits & Break Bad Ones.* New York: Penguin Random House, 2018.

2. Duhigg, C. *The Power of Habit: Why We Do What We Do in Life and Business.* New York: Random House, 2014.